2017年度国家社会科学基金项目"七七事变前东北新闻界对日本新闻侵略的抵制研究"（项目编号：17BXW017）

2014年度黑龙江省哲学社会科学规划一般项目"黑龙江新闻传播史研究（1901—1949）"（项目编号：14B055）结项成果

黑龙江新闻传播史研究
(1901-1949)

李 群 著

中国社会科学出版社

图书在版编目（CIP）数据

黑龙江新闻传播史研究：1901—1949 / 李群著. —北京：中国社会科学出版社，2021.5
ISBN 978 – 7 – 5203 – 7810 – 9

Ⅰ.①黑… Ⅱ.①李… Ⅲ.①新闻事业史—黑龙江省—1901 – 1949 Ⅳ.①G219.273.5

中国版本图书馆 CIP 数据核字（2021）第 019908 号

出 版 人	赵剑英
责任编辑	安　芳
特约编辑	张　婷
责任校对	张爱华
责任印制	李寡寡

出　　版	中国社会科学出版社
社　　址	北京鼓楼西大街甲 158 号
邮　　编	100720
网　　址	http：//www.csspw.cn
发 行 部	010 – 84083685
门 市 部	010 – 84029450
经　　销	新华书店及其他书店
印　　刷	北京明恒达印务有限公司
装　　订	廊坊市广阳区广增装订厂
版　　次	2021 年 5 月第 1 版
印　　次	2021 年 5 月第 1 次印刷
开　　本	710×1000　1/16
印　　张	20.5
插　　页	2
字　　数	301 千字
定　　价	108.00 元

凡购买中国社会科学出版社图书，如有质量问题请与本社营销中心联系调换
电话：010 – 84083683
版权所有　侵权必究

目　　录

绪　论 ……………………………………………………………（1）

第一章　俄报主导格局的形成
　　　　　——黑龙江新闻传播业的开端 ……………………（7）
第一节　清末黑龙江经济社会的发展变迁与新闻传播业的
　　　　兴起 …………………………………………………（7）
　　一　中东铁路的修建与黑龙江地区经济社会的发展演变 ……（8）
　　二　近代新闻业的产生 …………………………………………（12）
第二节　以俄报主导的外报格局的形成 ………………………（17）
　　一　20世纪初俄报主导地位的奠定 …………………………（17）
　　二　辛亥革命前后俄系报刊主导格局的继续与日系报刊的
　　　　发展 …………………………………………………………（25）
第三节　《远东报》前期的经营与言论报道 ……………………（28）
　　一　《远东报》的经营与新闻报道 ……………………………（28）
　　二　关于中俄关系的言论 ……………………………………（34）
　　三　《远东报》与黑龙江经济社会发展 ………………………（60）
第四节　逐渐发展的黑龙江国人报刊 …………………………（62）
　　一　辛亥革命前黑龙江国人报刊 ……………………………（63）
　　二　辛亥革命前后黑龙江地区的新闻传播业 ………………（75）

第二章　多元化发展的繁荣时代
　　——20世纪20年代前后黑龙江新闻传播业 …………（82）

第一节　企业化经营的国人新闻传播业 …………………（83）
　　一　民国初年奉系军阀统治时期的国人新闻传播业 ………（83）
　　二　东北易帜后加快发展的黑龙江新闻事业 ………………（91）

第二节　黑龙江民营报刊的代表：《国际协报》与
　　　　《滨江时报》 ……………………………………（96）
　　一　爱国报刊《国际协报》 …………………………………（97）
　　二　注重商业经营的《滨江时报》 …………………………（101）

第三节　中国共产党指导、主办、参与的新闻事业 ………（106）
　　一　五四运动后中共指导创办的报刊 ………………………（106）
　　二　中共满洲省委创办的报刊 ………………………………（114）
　　三　中共地下组织依托报刊开展的文艺活动 ………………（121）

第四节　外报多元化格局的形成 …………………………（125）
　　一　《远东报》后期的言论报道 ……………………………（126）
　　二　新旧两党报刊之争与"红白报刊"之争 ………………（138）
　　三　犹太人报刊 ………………………………………………（143）
　　四　日本在黑龙江的新闻扩张 ………………………………（152）

第三章　奴役与抗争的年代
　　——沦陷时期黑龙江地区的新闻事业 ………………（160）

第一节　日伪政府的新闻统制及日系新闻业的殖民、
　　　　侵略宣传 …………………………………………（160）
　　一　日伪的新闻统制措施及新闻整顿 ………………………（161）
　　二　日系新闻业的殖民、侵略宣传 …………………………（171）

第二节　日伪统制下的国人新闻事业 ……………………（179）
　　一　日伪统制下的报刊业 ……………………………………（180）
　　二　日伪统制下的出版业 ……………………………………（188）
　　三　日伪统制下的广播业 ……………………………………（194）

目 录

第三节 民营报刊《国际协报》的生存与抗争 …………… (196)
 一 "九一八"事变爆发后《国际协报》的言论报道 …… (197)
 二 伪满洲国成立后《国际协报》的言论报道 …………… (210)
第四节 黑龙江新闻传播战线的反满抗日斗争 ……………… (217)
 一 新闻出版战线的斗争 ………………………………… (217)
 二 其他依托新闻媒体的反满抗日文艺活动 …………… (228)

第四章 新民主主义新闻事业的胜利
——解放战争时期黑龙江地区的新闻传播事业 ………… (235)
第一节 以党报为核心的人民新闻宣传体系的建立 ………… (236)
 一 各级党报、军报的创刊 ……………………………… (236)
 二 各类专业报纸及机关团体报纸 ……………………… (244)
 三 党领导下的新闻媒体对哈尔滨解放的报道 ………… (249)
第二节 《东北日报》的新闻业务探讨与报道实践 ………… (255)
 一 《东北日报》的新闻业务探讨 ……………………… (256)
 二 开展评奖与介绍心得体会促进新闻业务实践 ……… (262)
 三 东北土地改革中《东北日报》的新闻业务实践 …… (266)
 四 《东北日报》对中共党报新闻业务工作方针的
  继承与发展 …………………………………………… (282)
第三节 党的新闻出版事业的发展促进了人民文学
  艺术的繁荣 …………………………………………… (286)
 一 人民新闻出版、广播事业的发展 …………………… (286)
 二 人民文学艺术的繁荣 ………………………………… (303)

参考文献 …………………………………………………………… (312)

后　记 …………………………………………………………… (321)

绪　　论

当19世纪末维新运动中国内出现第一次办报热潮时,东北城乡仍"不知报纸为何物"。1899年8月,沙皇俄国殖民机构——关东省总督府在旅顺创办了俄文《新边疆报》,开东北近代报纸的先河,已晚于关内近半个世纪,比俄国远东地区与东邻朝鲜也迟10—20年。但后来的发展却十分迅速且具有鲜明特色。包括黑龙江在内,近代东北地区的新闻事业史,在中国近现代新闻事业的历史中,具有十分重要的地位。

从中国近代历史总体来看,笔者认为,至少有以下三个主题值得关注。第一,黑龙江乃至整个东北地区,由于中东铁路的修建,是较早开始传播马克思主义革命思想的地区,这里面既有华工从远东西伯利亚带来的杂志,也有工人之间手抄的小册子。第二,东北地区的民族新闻业,中国报人,强烈的反抗外来侵略的传统,从早期据俄报到后来抵抗日本侵略,都有充分的表现。第三,在近代东北亚国际关系格局下,东北地区尤其是北满地区的新闻斗争中,当然有国人对日俄帝国主义新闻侵略的反抗,但更主要的是日俄及其他帝国主义国家之间的新闻斗争,这一领域也是目前学界关注不够的地方。

20世纪初日俄战争以后,日俄两国以长春为界分据南、北满,打破了近代以来俄国在东北的优势地位。日本在经济、文化领域不断向北满地区进行渗透和扩张。各帝国主义国家出兵干涉俄国十月革命失败后,都把北满地区作为介入东北亚争夺的重要基地,纷纷开设领事馆、投资、兴业。北满地区成为世界各帝国主义国家争夺的焦点地区。东北亚地区以北满为中心,出现纷繁复杂的国际斗争格局。

中国共产党第一份中央机关报《向导》周报（第五十二期至第五十四期），对此有过深入评析。"各帝国主义者利用旧俄盘踞东路，牵制中俄结纳；日本帝国主义者藉借美资开发南满，缓和太平洋上的恶潮，乘虚假手旧俄垄断北满，以达其地震后从容移拓南满的大陆政策；法国帝国主义者以道胜银行的债权者，觊觎东路，结交旧俄；美帝国主义者利用外交系进窥中东路。"就舆论界来说，"在哈是俄旧党的势力，哈尔滨华文报九家除了一家是日本人办的外，余者都无自己的生命，不只不敢针砭时局，有时还助军阀的势力"。军事是政治的延续，政治又是经济的外在要求，然而贯穿始终的则是新闻传播的活动。

近代以来这一地区国际关系的主题是日俄等帝国主义国家在此的侵略、争夺。对近代东北亚国际关系以军事、政治、经济等为线索展开研究的同时，还有另一个重要的历史发展主线值得关注——新闻传播领域的斗争及对于国际传播话语权的争夺。日俄等国要为侵略提供合理性、合法性的依据，其新闻传播活动极力宣传本国应该是东北亚地区的开发者、建设者、主宰者，并且力争在灌输与之相关的思想上获得话语权。这一地区日俄等国为代表的新闻宣传活动，既是其政治、经济侵略的开路先锋，又是伴随其侵略过程始终的主要工具。本书试图以新闻传播媒介为切入点，探索北满地区国际化背景下新闻传播活动的多元存在与斗争。

东北新闻传播业虽发展落后于关内，但其后来呈现出发展迅速、多元存在、矛盾复杂的鲜明特点。方汉奇先生指出东北新闻事业的一个主要特殊之处即是"情况异常复杂"，除了国人的官报、党报外，更有众多外国报纸的存在，这"是关内地区所没有的"。如果不考察帝国主义国家的新闻事业及其在新闻宣传领域的斗争，以及国人报刊在日俄侵略面前的不同反应，则这一复杂性就无法全面呈现。

实际上，整个20世纪20年代，北满地区新闻国际化、多元化充分发展。当时北满中心城市哈尔滨商贾云集，先后有19个国家在此建立领事馆。整个20世纪20年代，这里曾经出现过12种语言的报刊，在全国来说都是极为特殊的现象。包括俄、日、英、法、波、德等各种语

绪　论

言。以北满为中心的国际斗争，尤其是以日俄为主的帝国主义大国始终是决定这一地区历史走向的主要力量，各国角力、中外斗争的最终结果推动着这一地区历史的发展。这种角力绝不仅仅在军事、政治领域展开，新闻宣传是更重要的一个战场。日俄等国在北满的新闻传播活动中，国际化、多元化新闻传播格局的形成及斗争是一个重要的值得深入发掘的发展脉络。本书的研究价值即是以此为切入点展开研究，以促进东北新闻史以及东北亚新闻传播，将东北亚国际关系史的研究推向深入。

日俄利用报刊等新闻媒体对东北的新闻进行侵掠的同时，对东北的开发与拓展东北及整个东北亚地区的国际交流也有诸多宣传，实际上占了报刊版面的大部分篇幅。其对东北国人进行的富有倾向性的宣传，往往也都是融合到这些关于东北开发与建设的设计与思考之中，二者用一种截然对立的二元思维，很难断定清楚。开发是过程，侵略、占领、掠夺是目的，而侵略的过程中又伴随着开发和建设。认不清这一点，从单一侵略的视角，就很难理解当时人们的亲俄情绪。就像《远东报》第二任主笔杨楷，进入《远东报》时，他公开表示：绝不"发丧心蔑理之论，拨弄我国是非；作狂犬吠主之言，侵害我国权利"。但他对沙俄却有亲切感，称"俄人非日人可比"，"最为光明正大"。后来随着日本在东北进行新闻侵略，国人竟出现了"连日抗俄"思想的盛行。"九一八"事变前日本大肆为侵略东北宣传造势，两个月就占领东北，军事侵略只是完成最后一击，更多的侵略活动早已经在新闻宣传领域展开。

黑龙江地区最早的报纸应该是1901年在哈尔滨创刊的《哈尔滨每日电讯广告报》，本书就是以这一年作为近代黑龙江新闻事业的开端，至1949年9月中华人民共和国成立前，合计50年的历史。黑龙江地区有据可依的报纸，从1919年五四运动时起到1949年9月的30年间，总计出版350多家，其中中文报纸200多家，外文报纸140多家。

本书按照时间顺序，将黑龙江地区新闻传播业的历史分为清末、民国、沦陷与解放战争四个时期。

第一个时期是清朝末年到民国初年。东北报刊的萌芽是沙俄与日本两国侵略者占据东北后出现的。在日俄战争前后的数年间，俄日两国在旅顺、哈尔滨、营口、奉天（沈阳）与大连等地，先后用俄、日文等分别出版了10余种报刊。最早在东北出版的这些俄日文报刊，除个别报外都不是商报，也不是教会报刊，几乎都是入侵者军政机构的机关报。日俄战争之后，俄日两国以长春为界，在北满与南满地区分别建立其势力范围，于是俄国人以哈尔滨为中心，日本人则在南满铁路沿线城镇，除了出版俄日文报刊外，还创办了以中国读者为对象的中文报纸《远东报》与《盛京时报》。至辛亥革命前，两国先后共出版各种报刊近50家，分别在其势力范围内充当殖民统治的舆论工具。

这两个后起的帝国主义国家在东北的报刊，理所当然地招致国人的抵制与反对。1905年适清廷宣布对东北实行"预备立宪"，准予兴学堂与办报刊，一时三省官民，尤其是同盟会员及其他爱国人士纷纷筹资办报，自1905年至1911年底，东北三省先后创办国人报刊50多家。但是民国初年，东北地区在实质上延续清末的新闻统治，包括黑龙江地区在内的整个东北地区的新闻事业并无多大改变，甚至较清末还有所倒退，因此本书把辛亥革命后的一段时期和清末合并为一个部分论述。

应当指出，这些国人报刊，无论是官报、商报、民办报纸还是同盟会员主办的革命报刊，有不少共同点，如报人多为南方人（以东南沿海与中原人居多），内容与编排均仿效京津沪报刊，特别是各种报刊都异口同声严词抨击俄日两国对中国的侵略罪行，将中日甲午战争、1900年俄军入侵东北和1904年日俄战争合称为对东北的"三次浩劫"。各报一致呼请国人猛醒图强，共同抗击侵略。由此开始，东北国人逐渐形成了反对帝国主义侵略的光荣传统。

第二个时期是20世纪20年代前后。1916年张作霖主政东北、1917年俄国十月革命以及1919年五四运动，这一系列历史事件深刻改变了中国历史的进程，也开启了黑龙江地区新闻传播事业历史发展的新阶段。民国年间，20世纪20年代前后是东北新闻事业发展较快的时期，特别是在俄国十月革命与五四运动之后，东北新闻事业的发展出现高潮，走向成熟。以张作霖为首的奉系军阀开始统治东北后，东北局势

绪　　论

相对稳定，经济获得一定发展，东北国人报刊的境遇有所改善。

十月革命后数年间，由于大批俄国侨民涌入东北，哈尔滨成为闻名遐迩的"俄侨之都"，也成为国内出版俄文报刊最多的城市。同时还有日、英、德、瑞典、波兰、乌克兰、格鲁吉亚、爱沙尼亚以及希伯来语、世界语等文字的报刊纷纷问世，使哈尔滨成为国内外出版外文报刊最多的城市。

在十月革命与五四运动的影响下，一批宣扬民主与科学的进步报刊，20年代初在哈尔滨相继创刊。1923年9月创办的哈尔滨通讯社，是国人最早采用无线电的通讯社之一；1926年10月1日，哈尔滨广播电台正式播音，它是第一座由国人自办的无线广播电台。这一时期黑龙江地区新闻史两份最为重要的民营报刊《国际协报》和《滨江时报》相继创刊。这些报刊的出版极大地促进了黑龙江地区新闻传播业的多元化发展，改变了外报主导的格局。

与此同时，中国共产党早期在东北的党团组织与共产党人，如马骏、陈为人、吴丽石、刘少奇、郭隆真、任国桢、陈潭秋、赵毅敏、楚图南等，先后在哈尔滨与沈阳等地主持或参与创办了一批革命报刊与通讯社，为东北新闻事业发展史增添了光辉的一页。

第三个时期是沦陷14年，是东北新闻事业的黑暗岁月。"九一八"事变不久，日本侵占全东北，炮制伪满洲国，并对伪满实行高度集中的法西斯"新闻统制"。1936年9月后日本法西斯接连三次对伪满洲国的报纸进行"新闻整顿"：先是建立伪满弘报协会，挑选大连、沈阳、长春、哈尔滨等地日伪报纸为"加盟社成员"，实行集中统一管理，强令各地报纸一律刊用伪满洲国通讯社的时事电讯稿，制造社会舆论一律的假象。40年代初，日本军国主义为扩大其侵略战争，对伪满报纸进行第三次"整顿"，即伪满境内只在长春保留其机关报《康德新闻》，各省机关报全部改为《康德新闻》地方版；同时保留了一家日文报纸，从而对东北实行高度的法西斯新闻专制。

但是，中共满洲省委以及在白山黑水之间坚持斗争的东北抗日联军曾经创办了一批抗日报刊。包括周保中将军指导创办的《救国报》；赵尚志同志在兰棒山抗日野营中主编的《东北红星壁报》；杨靖宇将军主持创办的《南满抗日联合报》；李兆麟将军主编的《北满救国报》。在中国共产党领导、组织、参与下的斗争，在民营报刊、中共地下报刊、广播各条战线展开，成为漫长的黑夜里指引黑龙江地区中国人民斗争的一盏明灯。

第四个时期是解放战争时期，新民主主义的新闻事业最终获得了胜利。在抗日战争胜利后，东北解放战争时期是东北新闻事业发展最快的历史时期。东北解放区的新闻机构虽然早于国统区，但困难重重，中共中央东北局机关报《东北日报》迁址四次，先后在沈阳、本溪、长春、海龙出版，最后在哈尔滨坚持出版了两年时间，成为东北党报体系的核心。以《东北日报》为核心的东北党的新闻事业包括报刊、通讯社与广播电台，它们贯彻党的新闻工作路线、方针，有力地推动了东北土改、建政、剿匪、支前等各项工作的开展。

更为重要的是，黑龙江地区是新民主主义文化和社会主义文化产品的重要生产基地，如《东北日报》报道的侦察英雄杨子荣事迹，连载的作家周立波同志的《暴风骤雨》，东北书店及其他书店出版的《毛泽东选集》《资本论》，以及其他以报纸、杂志为载体出版的诸多音乐、美术作品。因此，黑龙江地区对全国革命胜利所作出的贡献不仅体现在经济、政治、军事上，更体现在文化上。

在黑龙江这片被列强长期进行新闻侵略、争夺与统制的土地上，在这片浸染了无数革命先烈、仁人志士鲜血的土地上，人民的新闻传播事业终于建立起来。

第一章 俄报主导格局的形成
——黑龙江新闻传播业的开端

报纸是大众传播的主要媒体。黑龙江地区的报纸发行是随着中东铁路的修筑而出现的,晚于我国内地半个世纪左右。光绪二十七年(1901),中东铁路部分路段竣工通车,由于铁路的功能、作用,以俄国为主的一些国家的侨民开始向哈尔滨及中东铁路沿线城镇移动聚集,使黑龙江地区尤其是中东铁路沿线呈现了较快发展的势头。第一张俄文报纸《哈尔滨每日电讯广告报》1901年创刊,向各国侨民发布世界各地的政治、经济、社会信息。光绪二十九年(1903),中东铁路全线通车,中东铁路机关报《哈尔滨公报》随之创刊。中东铁路的修筑使黑龙江区域逐渐对外开放,新闻传媒在这里的地位显得日益重要。特别是区域内的一些地方被辟为国际商埠后,报刊舆论宣传遂成为各派势力进行政治、经济争夺的重要阵地。面对东西方大国在这里角逐,国人中的有识之士也办报纸启民智、争利权,一时间黑龙江区域的报纸出版如雨后春笋般发展起来。而普通民众则从这种全新的传媒获得新知,了解世界,启蒙思想,接受教育。

第一节 清末黑龙江经济社会的发展变迁与新闻传播业的兴起

东北三省新闻传播的历史,与我国中原地区有比较紧密的联系。据史书记载:早在西汉年代,汉字就传到荒漠的东北大地,当为东北有

"文字新闻"之开始。7世纪,渤海国被称为海东盛国,在仿唐朝长安而建的渤海上京龙泉府(今黑龙江宁安市东京城镇),即用汉字赋诗撰文,并发布"昭告天下"的诏书。12世纪初,金代女真打败辽契丹时,曾用契丹文书写"露布"①,飞马巡游山林,劝告流民还乡。

金兵攻打北宋的捷报,同时用汉字与金文张贴于闹市,有时还绘有所俘宋军将领的头像。金上京会宁府(今黑龙江哈尔滨市阿城区)雕版印刷的水平,当时可与南宋京城媲美。明清之际,"塘报"频传②,至今仍不难寻觅。

清王朝建都北京后,将东北作为"龙兴之地",从17世纪中期实行封禁政策,严重地限制了新闻传播活动的发展,以致在19世纪末当周边的朝鲜与俄国远东都出版了报纸,东南沿海、中原内地都已经兴起以倡导维新变法的国人第一次办报高潮的时候,东北国人仍然多"不知报纸为何物"。最先在东北面世的近代报刊,是日俄两国入侵者创办的鼓吹侵占东北的舆论工具。开黑龙江地区近代新闻事业先河的,是随着中东铁路修建,一批俄国报刊的创刊。至辛亥革命时止,总计有40多家(其中俄文21家、日文14家、中文3家、蒙古文2家)报刊。③

一 中东铁路的修建与黑龙江地区经济社会的发展演变

19世纪至20世纪初期。随着鸦片战争后清王朝的衰落,中国当时

---

① 三国和魏晋南北朝时期主要的传播媒介就是布告和露布。露布是一种以张贴方式"露而宣布",欲"四方速知"的传播载体,主要用帛,也有用木板的,因此也被称为露板。内容主要用于军事方面,特别是用来传播战争胜利的消息,但有的时候也用来发布政治性的檄文。魏晋到南北朝时期,露布是主要的传播媒体。(见方汉奇主编《中国新闻传播史》,中国人民大学出版社2014年版,第4页。)

② 塘报是明代的官方媒体。塘报是一种由下到上,由地方向中央逐级汇报军情的文报,是有关军事信息的重要传播工具。塘报这一名称的塘,带有早和快的意思。塘报因此可以解释为有关军事信息的快报。塘报传报的内容,主要是军事信息,还有邻国情况的报道。由于塘报在传报军事信息方面具有重要作用,明代朝野人士对塘报都很重视。(见方汉奇《中国新闻传播史》第23页。)

③ 黑龙江日报社新闻志编辑室编著:《东北新闻史》,黑龙江人民出版社2001年版,第1页。

第一章 俄报主导格局的形成

正处于内忧外患的水深火热中，各帝国主义国家正在试图瓜分中国，国内各地农民起义此起彼伏，使这个腐朽的半殖民地半封建国家到了崩溃的边缘。沙皇尼古拉一世决心趁此机会实现约两百年以来历代沙皇梦寐以求的目标，即侵占我国的黑龙江地区并在东方获得出海口。[①] 1861 年俄国进行农奴制改革后，解放了大量农奴，使他们成为自由人，为资本主义经济的发展提供了大量的劳动力，使俄国走上了资本主义发展道路。随之，沙俄也开始加紧从西伯利亚向中国东北侵略扩张的步伐。

在中东铁路修建之前，沙俄就已经对东北的边境地区进行了剥削掠夺。俄国常常以高出常价的价格出售本国商品，沙俄向东北地区销售的棉毛织品和金属制品大都不纳税，但对出口的中国商品却课以重税。到19 世纪 90 年代，中国商品被征税率相当于该商品价值的 33%—100%，甚至更高。[②] 在商贸上疯狂剥削中国并没有满足沙俄的欲望，他们还大肆掠夺东北的森林资源、矿产资源，对当地的自然环境造成了严重的破坏。

在 19 世纪中后期，通过与清政府签订一系列的不平等条约，沙俄获取了中国 150 多万平方公里的土地，当时的沙俄打算修建一条从莫斯科直接到达符拉迪沃斯托克（海参崴）的西伯利亚铁路，用以巩固这片领土。沙俄认为，如果这条铁路竣工，则会为沙俄在亚洲的舰队和军队源源不断地输送给养，从而保证沙俄在远东的军事地位，一方面达到稳固侵占中国东北以及侵占朝鲜半岛的计划；另一方面还可以牵制日本帝国主义的势力。西伯利亚铁路在修建到后半段的时候遇到了问题，由于气候、地形等因素，铁路不能按照原计划修建，所以需要向南，从中国境内取道最终到达符拉迪沃斯托克（海参崴），从节省经费和战略地位等方面考虑这都是一个最佳的选择。

1840 年后，鸦片战争的失败使清廷已无力抵御西方列强的侵略，国内的阶级矛盾和民族矛盾空前激化，爆发了太平天国等农民起义运

---

① 北京大学历史系编：《沙皇俄国侵略扩张史》（下），人民出版社 1980 年版，第 37 页。
② 佟冬编：《沙俄与东北》，吉林文史出版社 1985 年版，第 333 页。

动。腐朽的清王朝为了镇压人民革命，维护其封建统治，对外国侵略者只能妥协退让。① 1895年中日甲午战争后，帝国主义国家掀起了一场瓜分中国的狂潮，清政府被迫签订丧权辱国的《马关条约》，割地赔款，辽东半岛成为日本帝国主义的势力范围。沙俄看到自身利益受到威胁，打算与清政府交涉，而清政府的权力中心慈禧、李鸿章等人妄图利用帝国主义国家之间的矛盾来维护自身统治，只能让沙俄在这片曾经是清朝"龙脉"的宝地上大兴土木。沙俄财政大臣维特说："在同李鸿章会见时，我坚称我们帮了中国不少的忙。我使他确信，我们既然宣布了中国领土完整的原则，则在将来，我们也要遵守这一原则。但是为求能够维持这一原则，我们必须要有一个在紧张情况下能给中国以军事援助的地位。为了维持中华帝国的领土完整，是有必要修一条穿过蒙古和满洲北部，通到海参崴的铁路。"② 正是由于沙俄的威逼利诱，对利用帝国主义国家之间的矛盾来实现和平抱有幻想的清政府选择接受这一提议。

西伯利亚铁路后半段在中国境内，西起满洲里东至绥芬河的"中东铁路"筹划开建了。从1897年到1903年，中东铁路建成。中东铁路促成了哈尔滨的发展，使其成为北满地区的政治、经济、文化中心。东北地区地大物博，在中东铁路建成以前主要是自给自足的小农经济，随着中东铁路的修建，哈尔滨一跃成为东北地区最大的商品集散地，大量资本涌入哈尔滨，银行、商铺迅速建立起来，哈尔滨得到了迅速发展。1897年至十月革命前，大量俄国人涌入哈尔滨，哈尔滨的俄国人比中国人还要多，客观上加速了哈尔滨及周边城市的城市化进程。在基础设施完善后，哈尔滨吸引了万千中外投资者办厂经商，刺激了当地的经济发展。

1907年哈尔滨交易所成立，当年《中俄北满税关章程》颁布，为哈尔滨地区商品经济带来了政治保障。一时间哈尔滨外资洋行如雨后春

---

① 北京大学历史系编：《沙皇俄国侵略扩张史》（下），人民出版社1980年版，第36页。
② 宓汝成编：《近代中国铁路史资料》（上），《近代中国史料期刊续篇第四十辑》，第348页。

第一章 俄报主导格局的形成

笋般兴起，不断从哈尔滨输出北满农产品，年进出口总额占当时北满进出口总额的50%。1898年7月，华俄道胜银行哈尔滨分行在今天香坊区安埠街附近成立，是中国东北地区出现最早的一家外国银行，哈尔滨近代金融业由其开端。哈尔滨的银行包括官办银行9家，外埠在哈尔滨设立民营银行分号11家，本埠民营银行18家，外资银行34家。[①] 这些中外银行不仅与国内有着金融业务往来，而且与国外金融中心联系也颇为密切。伴随着1897年中东铁路的修建、经济的繁荣，哈尔滨迎来高速发展时期，人口数量激增，城市规模不断扩大，城市化进程不断加快。哈尔滨城市兴起至今仅有一百一十余年的历史，在清朝时期是一个小渔村，仅仅用了半个世纪，就从无到有成为中国东北地区的金融之都和蜚声国际的大都市。

19世纪末20世纪初，虽然外国的文化已经传入了中国，但清朝政府闭关锁国，当时的东北地区思想更是封闭，文化程度和思想意识较上海和北京等一些城市有很大差距。据资料记载，当时哈尔滨的小学初中文化水平的人口仅占26%。而且随着殖民化进程的不断加深，哈尔滨原有的居民社会生活受到欧洲文化的冲击，人口的流动带来新的生活方式、新的文化生活。同时，中东铁路的开通使欧洲文化传入哈尔滨，为哈尔滨带来了建筑、绘画等西方艺术。哈尔滨兼容并蓄、中西合璧的城市文化由此开始形成。

随着哈尔滨经济、社会的迅速发展，信息的交流成为人们普遍的需求，哈尔滨的报业发展迎来了春天。1901年俄国人帕·罗文斯基创办了哈尔滨第一家近代民办俄文报纸《哈尔滨每日电讯广告报》。到1922年，哈尔滨俄侨人口累计达15.5万人，报刊多达60多家。[②] 起初民办报纸的创办是为了满足俄侨之间信息交流、了解商情的需求，同时也满足了他们热切希望了解祖国消息的需求。

---

① 石方：《哈尔滨——北满经济重心及国际都市成因探讨》，载《学习与探索》1994年第6期。

② 石方等：《哈尔滨俄侨史》，黑龙江人民出版社2003年版，第71页。

二 近代新闻业的产生

当外来文化传入中国时,中国总是处在十分被动的位置。18世纪以后,西方国家的科学技术得到突飞猛进的发展,中国则停滞不前。清政府为了遏制西方殖民势力的入侵,采取闭关自守的政策,禁止传教,严格抑制通商,致使中外文化交流隔绝,阻碍了西方先进科学技术传入中国,其结果只能使中国越来越落后。当闭关政策被打破时,中西文化交流得以恢复。[①]《远东报》等在华外报,客观上促进中外文化交流,但本质上是服务于侵略者的,都充当着侵略者的喉舌,为了其对外扩张侵略服务。

1905年日俄战争结束后,日本和俄罗斯成为帝国主义实际上控制东北的两大主要势力,北满由俄国掌控,南满由日本掌控。两国都希望利用报刊宣传自己的思想,让报刊成为本国对外侵略扩张的喉舌,办报成了两国对华侵略扩张的需要。这时俄报作为其宣传的阵地出现,一方面为本国侵略扩张辩护;另一方面为了遏制在东北的日本帝国主义势力。由于日俄两国都想从东北获得更大的利益,因此就存在多方面的交锋,报刊舆论界就是其中重要战场。从北京的《燕都报》到东北地区的《关东报》和《盛京报》,沙俄侵略者在日俄战争前就开始了其办报活动,但在与日本的报业交锋中屡战屡败。直到1906年3月4日,俄国中东铁路管理局在哈尔滨创办了中文《远东报》,在中文报纸方面,俄国才真正在北满地区形成了对日本的优势。俄国的中文报纸在内政外交方面,都显示了鲜明的反日、排日立场,因此对日本一侧形成了巨大的压力。[②]

俄报是为沙俄对中国东北的政治、经济侵略服务的,坚决地维护沙俄本国的经济政治利益。《远东报》的社论写作由深受俄国人信任的中国人顾植、杨凯等人负责,从其言论取向上看,不忤逆中国民意,但在

[①] 方汉奇:《中国新闻传播史》,中国人民大学出版社2014年版,第58页。
[②] 叶彤、王凯山:《近代东北地区俄日中文报业活动评述》,《新闻界》2013年第13期。

第一章 俄报主导格局的形成

涉及俄国利益上，坚决捍卫俄国的侵略利益。①沙俄在中国东北创办报刊的另一个重要的因素便是文化因素。不同于《察世俗每月统记传》的目的是来华传教，《远东报》在文化因素方面的目的相对赤裸，那就是为沙俄侵略东北造势，用舆论来为侵华辩护。

《远东报》由史弼臣创办于1906年3月14日，至1921年3月1日停刊。史弼臣深受俄国统治者的信任，中东铁路公司每年拨款17万卢布作为办报经费。《远东报》成为俄国统治者在远东推行扩张政策的喉舌。《远东报》的创办，扩大了俄国殖民文化渗透，力求从文化心理层面上征服东北人民，进而占领东北。

清末民初，哈尔滨近代报刊开始出现，并有较快发展，起初多为俄国人创办。《远东报》的创办是其中最具代表性的事件，虽然《远东报》根本上是为沙俄侵略者服务，但是客观上促进了哈尔滨新闻事业的发展。对此本章第二节将作详细介绍。与此同时，进步人士创办的报刊相继出现，马克思主义思想开始在哈尔滨传播。沙俄反动势力出于巩固殖民地的需要，哈尔滨当局为防止进步思想的传播，联合扼杀进步报刊，哈尔滨报刊业处于白色恐怖笼罩之下。

黑龙江地区最早创刊的报纸概况见表1-1。②

表1-1　　　　　20世纪初黑龙江报刊一览表

报纸名称	创刊年月（刊期）	停刊年月	主办者	创刊地
《哈尔滨每日电讯广告报》	1801.8.14［日］	1906.11.28	罗文斯基	哈尔滨
《哈尔滨新闻》	1903.6.10（周三、日）	1917.12	拉扎列夫	哈尔滨
《新境报》	1905［日］	1912.10	阿尔捷米耶夫	哈尔滨
《满洲报》	1905.12.4		罗文斯基	哈尔滨
《哈尔滨报》	1906.1.22［日］	1909.9	韦贝尔	哈尔滨
《远东报》	1906.3.14［日］	1921.3.1	史弼臣	哈尔滨

---

① 叶彤、王凯山：《近代东北地区俄日中文报业活动评述》，《新闻界》2013年第13期。
② 石方：《黑龙江区域文明转型研究》，黑龙江人民出版社2006年版。

续表

报纸名称	创刊年月（刊期）	停刊年月	主办者	创刊地
《年轻的俄罗斯》	1906		罗文斯基	哈尔滨
《军事生活报》	1906		俄国满洲部队司令部	哈尔滨
《东方通讯》	1907.1.27	1908.10	列文齐列格尔	哈尔滨
《东方晓报》	1907.7.19（周六）	1908.1	奚廷黼	哈尔滨
《九级浪》	1907.8.1	1908.10	克列奥林	哈尔滨
《满洲之声》	1907		罗文斯基	哈尔滨
《思想报》	1907.12	1908.2	阿列菲耶夫	哈尔滨
《钟声白话报》	1907.7			哈尔滨
《黑龙江公报》	1908.1.4（旬刊）	1909.5	黑龙江官报局	齐齐哈尔
《白话报》	1906.3（周三）		黑龙江官报局	齐齐哈尔
《黎明报》	1908.2	1908.4	阿列菲耶夫	哈尔滨
《北满洲》	1908.10.5	1922	布施胜治	哈尔滨
《新生活报》	1908.11		克列奥林、列文齐列格尔	哈尔滨
《滨江日报》	1908.12.23日	1910.9	奚廷黼	哈尔滨
《通报》	1910	1911.3.12	哈尔滨抗鼠疫总局	哈尔滨
《哈尔滨工商报》	1910.3.13（周）	1935	哈尔滨交易所	哈尔滨
《东陲公报》	[日]		周浩	哈尔滨
《黑龙江官报》	（旬刊）		黑龙江官报局	齐齐哈尔
《醒民报》			滨江商会	哈尔滨
《北报》			玉润	齐齐哈尔
《满洲报》	[日]		切尔尼霍夫斯基	哈尔滨
《北满日报》			富谢	哈尔滨
《滨江画报》	（二日）		王子山	哈尔滨

上述的 29 种报纸，其在规模上有的发行量很大、办刊时间较长，有的仅区区百份且很快停刊；其在性质上有的是官办，有的是私营，不同派别的报纸亦有所在；其在内容上既有鼓吹扩张，为殖民主义行径辩护的，也有宣扬民主、主张工农革命的，亦有抨击时弊、暴露社会阴暗面的，还有怒斥殖民侵略、倡导维护国家主权的。总之，清末黑龙江区域的报业，处在一个兴盛繁杂、良莠并存的局面，但其作为新兴媒体在文化上也起到一定进步作用。

清末黑龙江区域的报纸，处于各种舆论竞相争鸣的历史年代，有力

第一章 俄报主导格局的形成

地促进了该地文化事业的发展。总的来说,黑龙江区域报刊业的出现是历史进步的结果,对于开启民智、促进社会文明转型也是有益的。

此期间在哈尔滨的俄侨文化人成立了一些研究机构,如"哈尔滨俄国皇家东方学会"(又称"东方研究会""东亚研究会",简称"OPO")、"民众满洲学会"及官方成立的"中东铁路经济调查处"等。这些机构为了发表研究成果,当时都创办了一些较有影响的刊物,如由"哈尔滨俄国皇家东方学会"创办的《东省研究会会刊、历史——人类学分部》《哈尔滨自然科学与人种学汇编》《哈尔滨地方志博物馆会报》等均属此类。而由"中东铁路经济调查处"经过前期调查于民国初年出版的《黑龙江》一书,则更是将中东铁路西部沿线28县的沿革、地理、行政、交通、人口、面积、经济价值、借地关系、地价、农产、矿产、畜产、金融输入输出等方面的内容"尽述其详"[1]。

中东铁路的新闻媒体在客观上也传播了新的文化、知识。如在《远东报》的报道与广告中,有对传话器、飞行器、电铃、电报、照相机、轮船、火车、自行车、氢气球、显微镜、扬声筒、纺纱机、织布机、拖拉机、打桩机、印刷机等西方科学技术产品的介绍,这对国人了解西方、学习西方是有积极意义的。又如,"中东铁路经济调查处"对黑龙江西部28县进行的社会调查,是当时国人根本无法办到的。再如"哈尔滨俄国皇家东方学会"出版的《东省文物研究会会刊》,其中的一些考古史料数据至今仍为人们所使用。诸如此类的刊物还有不少,可见中东铁路的修筑及后来的开埠通商,对文化事业发展的客观影响是多面的。正是在这种"外力"与清末新政"内力"的合力作用下,才使黑龙江区域文化跨出了封闭的世界而步入现代社会。

无论中东铁路的修建给哈尔滨还是东北带来多大的经济收益,本质还是帝国主义侵略中国的手段。列宁在1900年12月《火星报》创刊号上发表的《中国的战争》一文中批评道:"欧洲资本家的贪婪的魔掌现在已经伸向中国了。俄国政府恐怕是最先伸出魔掌的,但是它现在却

---

[1] 石方:《黑龙江区域文明转型研究》,黑龙江人民出版社2006年版。

扬言自己毫无私心。它'毫无私心地'占领了中国旅顺口，并且在俄军队的保护下开始在满洲修筑铁路。""几年以前，它毫无私心地侵占了旅顺口，现在又毫无私心地侵占了满洲，毫无私心地把大批包工头、工程师和军官集结在与俄国接壤的中国地区，不得不引起以温顺出名的中国人的愤怒。在修筑中东铁路时，每天只付给中国工人十戈比的生活费，这难道还不是俄国毫无私心的表现么？"① 无论怎样，中东铁路从开通开始是一直服务于沙俄侵略者的。

东北的国人报刊，是在日俄战争之后清王朝宣布对东北实行新政才开始陆续创办的。首先是三省官署衙门的官报，同时有同盟会员在各地的革命报刊，以及一些私营的民办报纸，至辛亥革命时止，先后出版的报刊总计50多家。②

近代东北国人新闻事业的产生与发展又是东北亚国际斗争的产物。日俄战争后，两国以长春为界将东北划分为南满与北满，沙俄把其原来在南满地区的一切特权转让给日本，退而着力经营北满。在其势力范围内建立了独立于我国地方政府之外的新闻传播系统，并向日方渗透。俄文报纸的兴起使哈尔滨人民了解到报纸的重要性，刺激了国人报业出现，同时激起了国人报业反抗外来侵略的情绪。20世纪初，沙俄在中国华北、东北地区创办中文报刊，与日本逐鹿东北报坛，拉拢人心，麻痹中国人民思想。他们办报是"为了更直接地在中国人民当中，进行欺骗性和麻醉性的宣传，以消灭中国人民的伟大的爱国心和革命性"③。面对沙俄的文化渗透，一些知识分子和有识之士，为宣扬国人舆论、抵制《远东报》的文化侵略，开始创办报纸。1907年7月19日创办的中文报纸《东方晓报》，成为近代哈尔滨第一份中国人自主创办的民办报纸，《东方晓报》的创办成为哈尔滨中国人办报的开端，也是哈尔滨人民反帝反侵略意识的觉醒。

---

① 列宁：《列宁选集》（第1卷），人民出版社1972年版，第214页。
② 黑龙江日报社新闻志编辑室编著：《东北新闻史》，第3页。
③ 方汉奇：《中国近代报刊史》上册，山西人民出版社1981年版，第39页。

◈◈ 第一章 俄报主导格局的形成 ◈◈

第二节 以俄报主导的外报格局的形成

鸦片战争之后，帝国主义列强在上海、北京、天津、汉口、广州、福州等地，陆续创办了一大批专供中国人阅读的中文报。从出版时间看，以英国人的报刊为最早；从出版种数计，以日本办的报最多。沙皇俄国起步虽晚，但接连创办了北京《燕京报》、旅顺《关东报》、奉天《盛京报》和哈尔滨《远东报》。[①] 俄国在东北出版的《关东报》与《盛京报》，都是其俄文报附出的中文版，在日俄战争后俄国势力退出南满后停刊，出版的时间都很短，只有《远东报》长达16年之久。随着中东铁路的筑造，俄文报刊开始在黑龙江地区大量出现。

一 20世纪初俄报主导地位的奠定

1901年，中东铁路东线（至绥芬河）、西线（至满洲里）与南线（至大连）相继接轨，试运通车，铁路枢纽站哈尔滨开始成为粗具规模的国际城市。同年8月14日（俄历8月1日），哈尔滨第一张俄文报纸《哈尔滨每日电讯广告报》创刊，由铁路印刷所石印。[②] 该印刷所是中东铁路建设局为了印刷报表等，从俄国购买石印机等印刷设备建立的。中东铁路局商务处还曾在此编印《商业通讯》传播经济信息。[③] 1903年7月，中东铁路全线正式通车，中东铁路管理局取代铁路建设局成为沙俄在东北的主要殖民机构，其俄文机关报《哈尔滨日报》曾经译为《哈尔滨新闻》，在同年6月24日创刊。1904年中东铁路印刷所从德国购进多台铅印机与铸字机等设备，从此哈尔滨开始铅印报刊，其中一台印刷机直到80年代仍然运转正常。[④]

哈尔滨在日俄战争中成为俄军后方基地，俄国人陡增至10余万人，

---

① 《中国新闻事业通史》（第1卷），中国人民大学出版社1992年版。
② 东省文物研究会编撰：《东省出版物源流考》，1927年俄文版。《东北新闻史》，第12页。
③ 东省文物研究会编撰：《东省出版物源流考》，《东北新闻史》，第13页。
④ 《黑龙江省志出版志》，黑龙江人民出版社1996年版。

沙俄在南满的殖民统治中心也迁至哈尔滨。1905年,沙俄在哈尔滨懒汉屯建立临时无线电信局,1907年改为永久无线电信局,1920年由中东铁路护路军接收,交中东路电信科管理,1922年由中国电信局接收。战后哈尔滨迅即出现了创办俄文报刊的热潮。

首先是沙俄在哈尔滨各官方机构主办的机关报刊见表1-2。①

表1-2　　　　　　沙俄在哈尔滨官方报刊简况表

名称	主办者	创刊终刊日期	备注
《外阿穆尔人消闲报》	俄国外阿穆尔军区独立团参谋处主办,巴尔达诺维奇上校编辑	1905年1月创刊,1912年4月终刊	画刊,每周一期
《军事生活报》	俄国满洲部队后方司令部	1906年创刊	
《市公议会公报》	哈尔滨市自治公议会主办	1908年10月22日创刊	此公议会是俄国于1907年擅自成立
《远东铁路生活》	乌索夫编辑	1908年12月19日创刊	
《亚细亚时报》	俄国东方学者协会机关刊,多布罗洛夫斯基主编	1909年7月1日创刊	
《防鼠疫通报》	哈尔滨市自治公议会抗鼠疫总局主办	1910年冬创刊,次年3月停刊	
《哈尔滨商业通报》	哈尔滨交易所主办	1910年3月26日创刊,大约在中东铁路出卖给日本后终刊	每周一期,是哈尔滨出版时间最长的一家俄文期刊

在前述所有沙俄早期报刊中,创办最早、具有开端意义的是《哈尔滨每日电讯广告报》,但社会影响最大的乃是前述官办《哈尔滨日报》。②

《哈尔滨每日电讯广告报》于1901年8月14日(俄历8月1日)

---

① 黑龙江日报社新闻志编辑室编著:《东北新闻史》,第13—14页。
② 以下关于《哈尔滨日报》的介绍见关砚秋、李秀兰《哈尔滨早期珍贵的史志资料——官办俄文〈哈尔滨日报〉简介》,《黑龙江史志》2000年第4期。

第一章 俄报主导格局的形成

在哈尔滨创刊。主办人是俄国人罗文斯基。这是在黑龙江地区出版的第一家近代报纸，也是继旅顺俄文《新境报》（或译为《新边区报》1899年创刊，1905年迁哈尔滨）之后，在我国东北地区出版的第二家近代报纸，原报已失存。1902年5月23日停刊，1905年5月重新复刊，1906年12月11日终刊。罗文斯基生卒籍贯不详。1905年俄国第一次资产阶级民主革命期间，他参加了俄国社会革命党在哈尔滨的组织，成为这个党的一个活跃的成员。在《哈尔滨每日电讯广告报》创刊后，他还在哈尔滨相继与人合办过两种俄文报刊：《满洲报》和《年轻的俄罗斯》。前者于1905年12月17日创刊，仅出刊5期即被查禁；后者创刊于1906年2月，两个月后也停刊了。《哈尔滨每日电讯广告报》停刊后，罗文斯基和他的姐姐开办书店，并以此书店作为社会革命党的秘密活动据点。其与流亡日本归来的同伴出版的《自由报》，曾经在哈尔滨广泛传播。后来俄国社会革命党在哈组织被破坏，罗文斯基因进行革命活动于1908年8月被捕，并以"侵害国家罪"判了刑。①

哈尔滨早期官办俄文报纸《哈尔滨日报》是K.拉扎列夫提议创办的，1903年6月19日创刊。他本人担任第一任主笔，最初计划是出版一种中俄合璧的报纸，给出中文版做准备。《哈尔滨日报》是早期沙俄创办的一张具有重要影响的官办报纸，但是其价值目前还没有被充分认识到。②

《哈尔滨日报》（曾译作《哈尔滨新闻》）创刊初期，由中东铁路公司商务处主办，总编辑即该处负责人拉扎列夫，以"推进俄中两国商业交流"为宗旨，被称为中东铁路公司机关报。每周出刊不少于3次，在其余无报日子里，向订户提供商业电讯稿。1905年11月27日，中

---

① 罗文斯基：《哈尔滨的社会革命党团体》，载《哈尔滨史志》1984年第2辑。
② 《哈尔滨日报》是哈市俄侨创办较早和出版时间较长的报纸之一，是十分重要的哈尔滨史志资料。目前除中文《远东报》以外，没有一种报纸能超越其重要意义，而且后者在哈市创刊还比它晚两年，《哈尔滨日报》以前的俄文报纸早已散失，与其同期出版的大型报纸，如《新生活报》（1914年改名《生活新闻》）等，现已残缺不全，唯有《哈尔滨日报》保存得比较完整，只缺少1904年、1905年全年和1906年下半年的合订本，其余基本完好。（见关砚秋、李秀兰《哈尔滨早期珍贵的史志资料——官办俄文〈哈尔滨日报〉简介》，第36—37页。）

东铁路俄国工人火烧铁路管理局大楼,该报编辑部一同被烧。后经中东铁路公司董事会和铁路管理局批准,与商务处脱离,从1906年起改为"工商社会性日报",总编辑季申科,编辑部设在中东铁路民政部,每年平均出刊300期左右。1908年,报纸内容扩大为工商、经济、文学和社会生活等。1909年,声明"着重对远东的贸易、经济和政治关系进行考察";1912年,又提出"致力于报道满洲、俄国阿穆尔河沿岸和远东各国俄国侨民的工商活动,特别注意远东各邻国的政治事件,并设立小说专栏"①,因而越来越成为沙皇俄国推行远东扩张政策的重要舆论工具。1917年俄国二月革命,沙皇被推翻,该报一度停刊。季申科旋即就任俄国控制的哈尔滨市自治会会长。4月26日,多布罗洛夫斯基接任总编辑。十月革命胜利后,更名《铁路员工报》。1918年起又更名《满洲新闻》,充当沙俄残余势力反对苏俄的舆论工具。当时,霍尔瓦特在哈尔滨建立的白俄政权的"文告",多是由该报公布的。1920年,我国开始收回中东铁路路界主权。该报于年初即终刊。

与此同时,俄国侨民也出版私营报刊多种,其中发行达3年以上者,有《哈尔滨报》与《新生活报》。《哈尔滨报》是一个木材商于1906年创办的。值得一提的是《新生活报》。

《新生活报》于1907年11月1日在哈尔滨创刊。它是由《东方通讯》和《九级浪》两报合并后出版。戈公振著《中国报学史》中记述该报时说:"哈尔滨为俄国在东方之商业根据地,故有报纸亦最多。属于白党者:如НОВОСТИЖИЗНИ(意译《新生活报》)创立已二十一年,每星期增周刊画报一张。但现渐与该国政府接近,有左转之倾向。"②《新生活报》是在哈尔滨出版时间比较长、影响也比较大的一家俄文日报,也是少有的由"属于白党"而转变为"红党"的报纸。它的主办者是3个俄国犹太人:克列奥林(原《九级浪》主办人)、捷尔亚夫斯基和列文齐格列尔(原《东方通讯》主办人),由新生活报出版

---

① 关砚秋、李秀兰:《哈尔滨早期珍贵的史志资料——官办俄文〈哈尔滨日报〉简介》,《黑龙江史志》2000年第4期。
② 戈公振:《中国报学史》,上海书店出版社2013年版,第81页。

第一章 俄报主导格局的形成

公司出版发行。

创刊初期,即宣称在"俄国通商大埠以及欧亚、日本长崎、北京、上海、天津、牛庄、汉城、南满、西伯利亚等处,皆有访员",同时,还聘请"大著作家"撰写时事评论;报纸内容"皆关于政治、经济、学术"等,每星期皆出画报,消息灵通。1914年7月1日,更名《生活新闻》,主办人仍然为克列奥林和捷尔亚夫斯基等,但改由印刷出版公司发行,版面为4开,后扩大为对开。

俄国十月革命胜利后,该报开始逐渐改变原来的政治立场。特别是国际列强干涉军在西伯利亚失败后,编采人员中陆续增加了一些俄国革命者,从而促使其报道内容实行与俄国共产党布尔什维克接近的立场,它的消息在哈尔滨的俄人报纸中也最为准确,虽然遭到白俄和日本报纸的激烈抵制,但它的社会影响更加扩大。20年代,中国地方当局常常限制该报的出版。1926年11月,该报撰文纪念十月革命。东省特警处曾传讯其发行人,并勒令停刊两周。1928年12月,特警处以该报9日"登载倾向苏联,信仰共产之文字""妨害治安"为名,再次传讯捷尔亚夫斯基,并停刊3日。1929年5月27日,奉系当局特警处奉命搜查苏联驻哈尔滨总领事馆,并逮捕39人。《生活新闻》于6月18日被迫终刊。

1905年11月,在反对沙皇宣言的罢工中成立的"俄国社会民主工党哈尔滨工人团",曾创办俄文《新生活报》周刊(此周刊与前述犹太人《新生活报》不是同一份报刊),向俄国工人揭露宣言的欺骗性。① 曾任苏联外长、首任驻华大使的加拉罕,1905年从故乡第比利斯到哈尔滨。他因参加革命活动被学校除名而投奔在哈尔滨做律师的父亲。在哈尔滨,他一面继续学业,一面在《新边疆报》从事新闻工作。由于与社会民主工党布尔什维克组织关系紧密,他采写的稿件时有"触犯当局忌讳处,曾被逮捕";1910年"以不成罪获释,第二年归国"②。

---

① 陈臻、江南:《哈尔滨市报刊出版的历史资料》,1959年编印,《东北新闻史》,第15页。
② 上海《东方杂志》第20卷,1923年第15期。

俄国在哈革命党报人一再遭到镇压。

上述各种俄报均在香坊、南岗、埠头（今道里区）这些铁路附属地出版，从不向我地方当局申请立案。主管他们的沙俄在哈机构是中东铁路民政部下属的警察机关，中东铁路管理局还专门设立新闻出版科，管理铁路报刊。①

连续不断的镇压与迫害，使哈尔滨俄文报完全纳入沙俄远东扩张政策的轨道。鉴于东北国人当时能看俄文报刊者甚少，中东铁路管理局于1906年创办了中文机关报《远东报》。但哈尔滨国人从各种渠道受到俄国革命党人的启蒙，1907年俄历5月1日（公历5月14日），哈尔滨中俄两国工人在太阳岛上举行盛大集会与游行，纪念五一国际劳动节。会上提出了"反对剥削与压迫""八小时劳动制"等口号。这是在中国第一次纪念这一光辉节日，但遭到俄国军警的镇压。

清末黑龙江地区在俄报指导的格局下，各种性质的日文报刊也开始创刊。日俄战争以后，日本为实现取代俄国、独霸东北的野心，不断向北满渗透。早在中东铁路动工兴建之初，日本就派特务、间谍到哈尔滨与中俄边境进行秘密活动。陆军间谍石光真清与武藤信义（后来任关东军司令官等要职），在世纪之交都曾经乔装进入哈尔滨。他们是日本在中俄边境地区数百名间谍组成的间谍网中的佼佼者。通过他们的情报，日本总参谋部在日俄战争前即得知俄国各省、县、乡在战时能提供多少兵员与粮食。但间谍网中的日本记者已难以考证。日俄战争后，日本银行与商会纷纷到哈尔滨开设支行支店。1907年日本在哈尔滨设立了领事馆，在哈日本人增至627人（其中335个女人中，"卖春妇"186人，艺伎、舞女20人，她们多为日本间谍的情报工具），在此期间还成立了侨民会。

第一个到哈尔滨的日本记者，大约是时任北京《顺天时报》编辑的井深仲乡（井深彦三郎）。② 1902年8月，他与日本少佐服部贤吉、

---

① ［日］北辰社编撰：《哈尔滨遍览》，1910年大连出版。
② ［日］军司义南《哈尔滨日本人发展史》一文，原文载昭和十四年日文《北窗》一卷一号。

第一章 俄报主导格局的形成

特务横川省三（此人在日俄战争中被俄军捕获后在哈尔滨处决），穿越蒙古草原到海拉尔，搜集俄军情报，10月5日被俄国军警逮捕，押至哈尔滨。由于他记有俄军情报的笔记本被日侨店主藏匿在床下，未被缴获，11月3日被日本驻营口领事与日本驻海参崴贸易事务保释。①

日本在哈情报组织北辰社当时编印的《哈尔滨遍览》一书的序言中，公然提出："把北海道称为北国锁匙，是拥晴蛉洲屿（日本国的旧称）锁国自守的旧观念，属于19世纪的古话。"明治维新后"国威大振，现在应该把万里大陆的白山黑水之野，作为日本北国的锁匙重地"②。文章特别指出要"首先攻研哈尔滨"：

> 位于南北满中央、占四通八达之述要，新兴的有新生命和希望的都会是哈尔滨。日本对此北门锁钥，不可等闲视之。主动地去研究满洲是燃眉之急，而要研究满洲，捷径是首先攻研其中央枢纽哈尔滨。

为此，日本在北满的第一家报刊《北满洲》旬刊，于1908年10月5日在哈尔滨创刊，日文4开8版，每月3期。创刊号上的《发刊词》，第一句就是："北满土地肥沃，物产丰富，有待我们日本人开发。"呼吁有更多的日本人到北满，并表示该报将"成为在满日本人的指南针"。《北满洲》社长布施胜治，日本新潟人，毕业于东京俄文专科学校（一说"东京外国语学校"）。此校为鼓吹把俄国赶出黑龙江的黑龙会所办，有不少毕业生后来到哈尔滨办报。《北满洲》于1909年附出俄文版，"对北满和俄国进行了深入的调查研究，刊登了许多（对日本）有价值的资料"。布施胜治在第一次世界大战初离开《北满洲》，赴欧洲采访战事，后来成为曾经采访列宁与斯大林的日本著名记者。

日本在北满出版的第二家报刊是《吉林时报》，1911年2月在吉林省城创刊，每日4开4版。1912年1月，该报发起举办东三省中日记

---

① ［日］军司义南《哈尔滨日本人发展史》一文，原文载昭和十四年日文《北窗》一卷一号。
② ［日］北辰社编撰：《哈尔滨遍览》，1910年大连出版。

者大会，联络国人办报，排挤俄国报刊。日本关东军宪兵队长春分队为刺探吉省政情，曾派宪兵曹长腾进喜作进入该报，以记者名义广为搜集情报，每周回长春报告所获，直到"九一八"事变时止。

就在日本报刊在东北极力拉拢中国报人、排挤俄报之时，俄文报刊仍垄断着哈尔滨的新闻。沙皇俄国把推翻清王朝的革命斗争，视为瓜分中国的良机，一再叫喊"不再将良机错过"。正如列宁所说"其目的在于直接占领一直到长城脚下的大片领土，并获得在东北亚的霸权"[①]。为此，沙俄策划外蒙古独立，同时在东北与内蒙古地区，煽动部分蒙古王公搞"独立运动"，从而分裂中国。《远东报》高薪聘请蒙古翻译，附出蒙古文《远东报》[②]，并在各蒙古旗县设立分销处及访员，实行"访员售报即为访员之费用"，促使"访员皆力图销售"。这种免费以扩大发行的做法，政治上收效甚大，当时"别无可阅之报"的内外蒙古，"一切议论皆以《远东报》为趋向"[③]，为当时经费不足的国人报刊望尘莫及。

清末东北日文报刊与俄文报刊不同，只有派系（满铁与非满铁）之争，而没有政党对立，各报均以取代俄国、独霸东北为首要目标，连续出版的时间多长于俄报，反映日本企图长期侵占东北的野心。与我国关内和沿海地区城市不同的是，清末东北日俄报刊多为政治性报刊（俄文报刊中有少部分商业报刊），基本没有教会报刊。这一现象，反映了这两个后起的帝国主义国家武力侵占东北的战略企图。东北新闻界逐渐形成了俄系《远东报》与日本人创办的《盛京时报》南北对峙的局面。这两家报纸虽然仿效京津沪国人报纸的版面编排，文稿使用国人口吻，但与外国人在上海的《申报》《新闻报》不同，《远东报》与《盛京时报》都有本国的政治力量作后台，经济实力雄厚，是其侵华政策的重要舆论工具。

在报馆内分设编辑与经营两个部门，始于1817年的英国，改变了原来"胡子眉毛一把抓"的弊端，是办报实践中一大进步。俄日上述

[①] 《列宁选集》（第39卷），人民出版社1995年版，第765页。
[②] 林传甲：《龙江进化录》，1914年版。
[③] 林传甲：《龙江进化录》，1914年版。

第一章 俄报主导格局的形成

报纸为东北的国人报纸提供了"样板",也分设如"编辑"与"庶务"两所。但不少国人报纸当时限于人力与财力,依然由主办者"眉毛胡子一把抓",影响了报纸的发展。俄日报纸虽然均不以营利为主要目标,但都很注重召登广告,扩大发行,以增加经济收入。这是它们连续出刊时间较长的一个重要原因。

日俄两国报纸,虽然多是其侵华政策的舆论工具,但是它们的突然出现,打破了东北地区多"不知报纸为何物"的封闭状态,成为近代东北新闻事业的嚆矢,从而加快了东北报业的发展步伐。

二 辛亥革命前后俄系报刊主导格局的继续与日系报刊的发展

辛亥革命的爆发,并没有从根本上改变哈尔滨地区的报业格局。"哈尔滨地区的报刊,多为俄国人出版,他们只在沙俄驻哈尔滨中东铁路民政部下属的警察机关注册,从不向中国地方当局申请立案。中东铁路管理局还专门设立新闻出版科,管理铁路报刊。沙俄这种管理体制一直延续到1920年中国收回中东铁路路界主权后才改变。"① 1912年,俄国在哈尔滨的报刊共10家,主要还是沙俄主办的各机关报,包括俄文《哈尔滨日报》《新边疆报》《哈尔滨工商报》,民办《新生活报》《哈尔滨广告报》,以及中文《远东报》,还有俄文《外阿穆尔人消闲报》与《亚细亚时报》《远东铁路生活》《哈尔滨社会管理局通报》月刊。在哈尔滨出版的俄国报刊,几乎充当了其远东扩张政策的舆论工具。其中,专业性报刊如广告报与画报于是先后停刊。社会影响较大的仍是中东铁路机关报——俄文《哈尔滨日报》与中文《远东报》这两家大型综合性日报。

1912年,俄文《哈尔滨日报》改由布拉塔诺夫斯基主编。该报报道内容早于1908年即扩大至工商、经济、文学与社会生活诸方面,1909年开始"着重对远东的贸易、经济与政治关系进行考察"②。这一

---

① [日] 北辰社编撰:《哈尔滨遍览》,1910年大连出版。
② 东省文物研究会编撰:《东省出版物源流考》,中东铁路出版机构1927年版。

年，该报提出"致力于报道满洲、阿穆尔河（黑龙江）沿岸和远东各国俄侨的工商活动，特别注意远东各邻国的政治事件，并设立小说专栏"①。对中国内政的报道也增多了，在袁世凯搞帝制闹剧时曾刊文《中国之自扰》予以抨击。但对众多不谙俄文的中国读者来说，其影响远不及《远东报》。

在哈尔滨俄报主导格局下，任何挑战其地位，敢于在言论主张上与之抗衡的国人报刊，均难逃被封杀的命运。该报与《新东陲报》关于蒙古问题的笔战，足可为证。

《新东陲报》创刊于1912年7月1日，由尹连元（捷卿）与王德滋（目空）合伙招股（5000元）经营。尹捷卿曾任滨江禁烟所主事，王目空原是《东陲公报》编辑。《新东陲报》筹办时，得到哈埠道里与道外（滨江）两区商务会的支持，并按月资助150卢布，但被俄人操纵的商会要求将原《东陲公报》"办事人等，悉行更换"②。因此新报改原公报"注重外交与边务"宗旨为"提倡实业"③。新报创刊后，面对沙俄企图瓜分中国的侵略行径，两位报人难以坐视不理。

在沙俄导演外蒙古独立时，迫使袁世凯北洋政府于1913年11月5日签订《中俄声明》，承认外蒙古自治权与沙俄在外蒙古的特权。《新东陲报》得知消息即刊文表示坚决反对。1914年2月5日，《远东报》头版刊载时评，以《某报旧病复发》为题，指责《新东陲报》"素怀破坏主义""极力鼓动战争"。当《新东陲报》又揭载"俄国进兵北满，预备战争"，《远东报》在事实面前无法否认，则诡称"无暇为之辩驳"。2月初，《新东陲报》再次揭载"俄国移民外蒙，并有驻兵之权"等，《远东报》昧于事实，反诬《新东陲报》"在梦寐之中任意捏造谣言"，并诬称该报因"素不满意于俄人，不惜牺牲报纸

---

① 东省文物研究会编撰：《东省出版物源流考》，中东铁路出版机构1927年版。
② 吉林省档案馆：民国元年八月初九，王德滋为创办《新东陲报》的申请立案书及该报试办章程。
③ 吉林省档案馆：民国元年八月初九，王德滋为创办《新东陲报》的申请立案书及该报试办章程。

第一章　俄报主导格局的形成

之名誉，以泄私愤"①。在《远东报》极力排斥下，加之"复受袁氏之摧残"，《新东陲报》不久被迫停刊。

由于《远东报》及其他俄报对哈尔滨的新闻垄断，民国初年的哈尔滨较东北其他大城市，新办国人报刊为数最少。在第一次世界大战爆发后，俄国忙于应付欧战，无力东顾，其在哈尔滨几无新报创刊，东北俄国报刊的发展也一度陷入低谷。

民国成立以后，日本侵华势力扶植的由清王室组成的宗社党迅速瓦解，因而提出要"特别致力于（在中国）内地扶植（亲日）势力，并设法使他国承认我国在该地区（东北三省）的优势地位"，等待"最有利时机之到来"，从而取得"满洲问题的根本解决"，侵占东北。

为此目的，日本在东北的新闻机构异常活跃。在清末创刊民初仍继续在东北出版的日本报刊有：中文《盛京时报》《泰东日报》与日文大连《辽东新报》《满洲日日新闻》《安东新报》，营口《满洲新报》，沈阳《内外通讯》《奉天日日新闻》《辽阳新报》《铁岭时报》《长春日报》《吉林时报》《间岛日报》以及哈尔滨《北满洲》等。清末在东北创办的日本报刊，大多不仅继续出版发行，有的还扩大版面，缩短刊期，并且新办了一批中日文报刊，如吉林《边声报》《长春商业时报》，大连《大陆》月刊、《法律时报》，安东《鸭江新报》及《辽阳新报》等，连同清末即出版的报纸，合计共20家，约为同期东北国人报刊的半数。日人报刊有日本官方（如外务省、陆军参谋部特务组织、满铁与驻各地领事馆等）的支持，其办报宗旨都是为了扩大日本在东北的影响与优势地位，因而多数报刊连续出版时间都很长，有些报刊一直延续至日本投降后才终刊。

日本报人利用民初东北一度流行的"联日抗俄"思潮，积极拉拢国人报刊，排斥俄报。首先由《吉林时报》等发起，举行东三省中日记者大会。从民国元年开始，分别在吉林、大连、沈阳连续三次召开中日记者大会，这三次大会都不邀请东北的俄国报刊派人与会。齐齐哈

---

① 见《远东报》1914年2月5日报道。

《黑龙江时报》《黑龙江实业报》，哈尔滨《新东陲报》参加了在吉林举办的第一次中日记者大会。第二次与第三次记者大会，黑龙江及哈尔滨国人报刊未派人出席。

第三节 《远东报》前期的经营与言论报道

《远东报》于1906年3月14日（清光绪三十二年二月二十日，俄历3月1日）在哈尔滨创刊。由沙皇俄国控制的中东铁路公司出资创办，公司每年拨款17万卢布作为办报经费，隶属于铁路管理局新闻出版处，总经理（社长）为俄国人史弼臣。报馆馆址初设哈尔滨中国13道街西口路南。馆内设庶务部（账房）、编辑部、发行部、编译所和印刷所，聘请华人任主笔、编辑和记者（通讯员）。

一 《远东报》的经营与新闻报道

报馆总经理（社长）亚历山大·瓦西里耶维奇·史弼臣，毕业于海参崴俄国东方学院，成绩优异。① 其助手伊利亚·阿姆夫利霍维奇·多不罗夫斯基与秘书伊万·尼古拉耶维奇·韦廖夫也毕业于东方学院（此校于1898年创办，专为俄远东扩张政策培养通晓中、日、满、蒙文字的人才）。史弼臣后来成为有名的俄国中国学学者，他在《远东报》发表的关于远东问题的言论，引起俄国首相斯托雷平的关注，曾召他入俄都面谈远东问题。中东铁路管理局长霍尔瓦特更以为心腹，指派他任"铁路交涉代办"，可谓推行沙皇俄国远东扩张政策的重要人物之一②。在他们三人的控制下，《远东报》成为沙俄侵华势力在哈尔滨的重要舆论工具。报纸《发刊词》中宣布该报宗旨是："开发北满之文明，沟通华俄之感情。"但在"论说""时评"等新闻评论中，因为经常直言指责清廷和地方事务，引起中国当局和读者的愤怒与抵制。

---

① 据〔苏联〕斯卡奇科夫《俄国中国学史概要》一书称，史弼臣是东方学院造就的"中国通"之一，著有《中国当代社会政治潮流》等。
② 《在哈白俄巨子史弼臣逝世》，《滨江时报》1941年11月26日。

第一章　俄报主导格局的形成

《远东报》最初聘中国人顾植任主笔。每日对开两大张共8个版，周6刊，全部采用中国人口吻，版面安排仿效上海《时报》等中文报，要闻版上首列"上谕"。除报头旁边特署俄历年月日外，俨然是一家中国人自办报纸。① 顾植，又名次英，字冰一，上海南汇人，清甲午附贡，曾任直隶州通判。在日本留学时加入同盟会，拒俄运动后归国，在故乡从事革命活动，与好友黄炎培一起被捕，获释后到东北。《远东报》发刊词为他所撰，其办报宗旨"开发北满之文明，沟通华俄之感情"，是他与史弼臣一起商定的②，版面编排可能也是他主张仿效上海报纸。但因华人主笔"毫无言论之权"，他们的合作似乎并不愉快，一年后顾植即应邀去吉林办报，历时20多年，是吉林省最有声望的著名报人。③

第二任主笔连梦青，原名文征（一作文行），笔名忧患余生，是第一部义和团运动小说《邻女语》的作者，1903年因受沈荩案的牵连从北京逃到上海④，加入了中国同盟会，任上海《世界繁华报》记者，极力鼓吹"反清排满"，并参与调解《国民日日报》的内部斗争。⑤ 其间在《绣像小说》月刊发表小说与译作（《绣像小说》除连载其《邻女语》外，还发表了他的译作《第一伟人传》）。这位在清末上海活跃的革命党人、知名记者与作家，于1908年他所在的《南方报》停刊后来到东北。

如前所述，《远东报》由史弼臣等"谙悉内外国情之人以总其成"，华人主笔"毫无言论之权"。连梦青为该报撰写的批评清政府和地方官员的文章，如果当时刊在国人报纸，虽然可能被禁，但会得到读者好评，而在《远东报》发表，即被地方当局及国人读者视为干涉内政。特别是1910年冬至1911年春，他参与了该报扼杀国人报纸《东陲公

---

① 林传甲：《龙江进化录》。
② 顾植：《创刊十周年祝词》，《远东报》1916年3月14日。
③ 吉林省新闻（报业）志编撰办公室：《吉林报业史料》，1990年11月。
④ 据哈尔滨《益友》月刊1981年第1期载《刘鹗之死》称：连梦青逃到上海后，得到至交刘鹗安排食宿，并将《老残游记》全部稿费赠给连梦青。
⑤ 冯自由：《革命逸史》初集。

报》的行动，充当沙俄打手，上海《神州日报》与《申报》曾指名抨击他扮演了不光彩角色，此后销声匿迹，默默无闻。连梦青脱离《远东报》时间不详。民初他在香港出版了小说《红茄花》（见中国文联出版公司1990年版《中国通俗小说总目纲要》）。20年代末，他在《吉长日报》副刊以忧患余生笔名开设"笔记"专栏，专门撰写日常生活趣谈。

创刊之初，《远东报》由主办者依靠本国人助手控制报社大权，下设经营与编辑两部（局）。《远东报》主管经营的部门译称"账房"，统管报社人财物，并设立发行部与印刷所。编译部另设编辑所，除为本报翻译俄英日等文稿外，还编译图书。总经理（社长）史弼臣亲自采写本市重要新闻，见报时署名"本报记者"。他主持该报从创刊至终刊长达15年之久，但经常忙于政事没有长远打算。《远东报》一直没有自己的固定地址，10余年间搬家三四次。《远东报》创刊之初，馆址在哈尔滨江沿道里中国13道街，1916年迁西8道街正金银行楼上，1917年迁八站红十字医院旁，1918年迁石头道街德昌商号大楼3楼。该报印刷也长期由中东铁路印刷所代印。

据现有最早的《远东报》资料所刊登的广告记载，该报价目如下，"本埠：每号俄洋5分，每月俄洋6角，3个月1元5角，半年2元5角，全年洋4元正。外埠：每号俄洋7分，每月俄洋8角，3个月俄洋2元，半年洋3元，全年洋5元正"①。1910年《远东报》扩版至12版时，将读者最先看到的第1、4、5、8、9、12版，作为广告版。两报广告版面在1/3以上，甚至超过了1/2。

《远东报》除在馆内专设发行与广告部门外，还依靠各地分馆或代派处代销报纸，招揽广告。这些分馆或代派处工作人员都不是各报在册人员，分馆经理也不是报社雇员，而是各地自愿者或主动提出申请，并有可靠保证人担保，然后与报社签订合同，根据合约派销报纸，同时招揽广告，有的分馆还向报社提供当地新闻稿件。分馆经理一般多是所在

---

① 《远东报》头版广告，1910年7月21日。

第一章　俄报主导格局的形成

城镇活跃人物，也有无赖和地头蛇。1907年2月，《远东报》吉林分馆文某，见有人代销京津沪报纸，怕影响自己代销的《远东报》，"竟请俄国军政官闯入某宅，将所有报章付之一炬"①。该报延寿等地分馆经理，为扩大发行其代销报纸份数，竟在报刊载启示，表示代为"含冤莫雪，被人欺诬"者打官司，并狐假虎威地说可以"上勖官力之不逮，下作舆论之代表"，把自己装扮成了无冕之王。（据1910年《远东报》广告。）初期因甚少专职记者，《远东报》常公开招聘访员（或称通信员），一般要求送稿三日，被认为合格后"即行函订（合同），薪资从优"，但这些访员也非该报雇员，只有效忠者才获青睐。②

《远东报》为周六刊，星期一无报。这种安排为此后东北国人报纸仿效，很多日报社均在星期天休假。两报一律立文分栏竖排，版面分工和主要栏目多相似或相同。如最初将第一大张4个版作为正刊，第二大张4个版作为附张，免费附送。在要闻版首刊"宫门抄上谕""论说"（社论）、电报稿（《远东报》为本馆紧要专电）等，以后版面有"东三省新闻"或"满洲新闻"，"各国新闻""外洋新闻"，"本埠新闻"以及"专件"（专刊文牍），"时评"、短评（如"小言""咫尺足见"）等栏目，副刊版没有刊名，分设栏目："文苑"（旧体诗词）、"杂俎"或"杂录"，小说连载等。

《远东报》电报新闻稿很短，常常只有一两句话新闻。"本报专电"多为独家新闻，虽然多非当日新闻，但当时国人报纸因经费困难少有"专电"，所以即使非当日新闻时新性也往往优于本地国人报纸，在竞争中处于优势。在国内外新闻与东三省新闻栏内，各报均以国名、省名或城市名为题分别编排，每稿标题字号很小，但文字精练；本埠新闻稿件标题不另行，只用"。"将题与文分开。

《远东报》每日都刊载多种言论：每日"论说"字号大于新闻，并固定位置，每篇千余字，用浅白文言的"时务体"。在国内与东三省新

---

① 《盛京时报》1907年2月8日报道。
② 黑龙江日报社新闻志编辑室编著：《东北新闻史》，第30页。

闻版上，几乎都有"时评"，评论国内与地方时政，每篇二三百字，犹如文字简练的杂感。《远东报》一度在一版设"小言"的短论，分行排字，指名道姓地讥讽东北地方官员。此外，还效仿国内各地白话报，特设"白话演说"之类栏目，专刊通俗演讲稿。副刊虽然都没有统一刊名，但有不少栏目，并刊载风光照片与漫画。

《远东报》最初为每日对开两大张、八个版面，周六刊，版面基本上仿照上海《申报》的设计安排。1910年，中东铁路公司资助《远东报》增加版面，有时每日增至三大张，仿照上海《时报》，其中正张一、附张二；报道范围和内容也随之扩大，广告版增加到6个整版。第1版仍然为广告版，突出刊载本报各地分馆的广告，及中东铁路时刻表等；第4、5、8、9和12版，也都是全版广告；第2版是言论和专电版，设有上谕、本馆紧要专电、论说和时评等栏目；第3版设有中央要闻、本埠新闻和短评等栏目；第6、7两版设有满洲新闻和外洋新闻等栏目；第10、11版两版是副刊版，没有副刊刊头，但设有小说、文苑、杂俎等栏目。如此的版面设计安排，显现出《远东报》是一张大型综合性报纸，也多为东北国人报纸所效仿。

《远东报》曾多次举办赈灾募捐活动，救济水、火和风雪灾民，以博得读者的好感，但是报道内容仍然坚持为沙俄侵华行径代言和辩解。本文将《远东报》的历史以1916年为分界线，1906—1916年，也就是在俄国十月革命前，其言论基本立场是在处理中俄关系中，维护沙俄利益，为沙俄对中国的侵略摇旗呐喊。

在中俄交涉中，以及其他涉及沙俄利益的言论报道中，拥俄立场是不言而喻、毋庸置疑的。以往研究中探讨《远东报》的拥俄立场时，多根据《中俄划界情形》《敦固中俄邦交之最后期》等几篇文章的言论，指出其为沙俄侵略代言和辩护。①如"观之俄国虽强、苟无确实据者，虽一尺之地亦不能谋夺于中国也"②，"查俄国本意确不愿与中国起

---

① 相关研究见刘金福《〈远东报〉研究》，博士学位论文，吉林大学，2014年。
② 婴：《中俄划界情形》，《远东报》1910年10月6日，第一版。

第一章 俄报主导格局的形成

事,其一举一动无不欲维持两国和平交谊。"① 诚然这几篇文章确实是在维护沙俄的侵略利益,还反诬中国不遵守国际信义。问题是,这些言论都是在一定背景下发表的,脱离开这些背景,对其分析就不够全面。此一时期,即辛亥革命前后,正是日俄战争之后,日俄两帝国主义国家签订完《朴次茅斯条约》对东北瓜分完毕,进一步要与中国签订相关条约以确立其各自在东北的势力范围及各种侵略利益。

1910年3月,日本政府决定以明确划定两国在东三省南北的势力范围,为维护在那里的利益而采取共同措施并相互支援为目标,同俄国缔结新协约,并拟定了协约及秘密条约草案。② 从4月初开始,两国举行谈判,7月4日签订新的协约,并附带秘密协约。这就是第二次日俄协约,其实质就是巩固各自既得利益,抗拒其他列强的争夺,尤其是抗拒美国势力进入东北。此协约几乎就是共同防御同盟,就其强化对华侵略来说,则无异于进攻性同盟。日俄协约签订之后,为了迫使清政府承认俄国通过日俄之间的私相授受所获得的利益,俄国政府借修订《伊犁条约》的机会开始了和清政府的谈判,从1910年下半年起,俄国结合中俄修约的准备工作,已就进一步侵略中国从新疆到东三省的整个北部地区做了广泛的布置,为修约谈判做了充分的准备。其中《远东报》相关报道也为此做了充分的舆论上的准备。

这一时期俄罗斯占据北满,其言论的基调即是国际条约至上,俄罗斯经营北满给北满带来了经济发展和繁荣,中国政府和人民抵抗外侮,反对沙俄侵略的行为,一是违反国际信义,不具备一个基本的现代国家应有的国际外交素养;二是目光短浅,看不到所谓中俄"友好"带来的"和平与发展"。这是几篇言论应该注意到的时代背景。当时中俄关系是《远东报》报道的一个重要内容,发表的"时评""论说"很多。笔者搜集到的1911—1916年期间有关中俄关系的时评有几十篇,涉及政治、经济、军事、蒙古问题等方面。具体内容见表1-3。

---

① 婴:《中俄交际关系》,《远东报》1911年5月31日,第一版。
② 宓汝成编译:《日本外交年报并主要文书》(上),文书,第332—334页。

表1-3　　　　《远东报》关于中俄关系时评统计表

政治方面	《中俄两国之关系》《中俄之亲密关系》《中俄交际关系》《中俄交际之真相》《论中俄交际》《记中俄交涉》《中俄交涉问题解决》《中俄交涉近情》《俄议院开议中俄交涉》《中俄两国之交涉》《赵总督与中俄交涉》《瓜分中国之谣传》《俄陆尚书来远东之关系》
经济方面	《中俄商约问题》《中俄贸易之关系》《中俄关于阿穆尔之商务》《中俄商约之感言》《中俄协约近闻》《扩充俄货在中国销路》《南满蚕业近观》《中国及糖业》
军事方面	《中俄冲突感言》《中俄冲突解决》《再论中俄冲突》《中俄冲突余闻》《中俄战事之谣传》
蒙古问题	《俄人在蒙古之真相》《俄国在蒙古商务》《华蒙之关系》《俄蒙商务关系》《论蒙古宣布自主》《蒙古问题》《中国与外蒙》

尽管《远东报》一直由中国人担任主笔，但是纵观其在创办过程中发表的文章，对待某些事件的态度，都毫无疑问地证明该报自始至终都是对沙俄远东扩张政策鼓呼，不遗余力地宣扬和维护沙俄政府的利益，充当沙俄在远东推行扩张政策的喉舌。在《远东报》的各类时评中也反映出《远东报》所谓"开发北满之文明，沟通华俄之感情"的办报宗旨背后的真正意图。

二　关于中俄关系的言论

（一）关于中俄经济贸易关系的言论

随着中东铁路的修建，黑龙江地区与沙俄的贸易关系又一次发生了深刻变化。一是贸易的不平等性质更为明显；二是贸易形式由以边境贸易为主逐渐转变为以黑龙江地区内地贸易为主；三是贸易规模进一步扩大。

日俄战争后沙俄对于东北北部的侵略活动，主要是以沙俄政府出资经营的"私营企业"东省铁路公司的名义进行的，其基本策略是逼清朝政府承认战争以前和战争期间公司与东北地方官员擅自签订的各种"合同"有效，使沙俄非法攫取的侵略权益合法化，并伺机夺取新的特权。通过中俄商约相关时评可知《远东报》作为沙俄侵华行为的辩护

第一章 俄报主导格局的形成

者所起的作用。

有关中俄商约的时评,在1911年3月和7月都出现过。《远东报》1911年3月11日刊载的文章《中俄商约问题》曾指出:

> 华俄两国近时预备查看一八八一年商约问题,因两国近三十年来经济交涉多有变动且条约中数条须彻底更改以期商约与中俄两国经济情形不致达背。今姑且不言新约与政治之关系,仅就经济一面言之可亦。中国第一目的在谋蒙古边界收税问题添入新约,固然各国以保全本国人民利权为本且以本国之智识博国家之利益,然则与他国结约则不能实行此策,亦何以言之?若甲国征收税货可保全己国利权,殊不知乙一将如法办理,至于收税之多寡专观货品贵贱以及为数若干一节更不待言。今观近十年来中俄贸易情形,俄国常年居下位,以中国运入俄境货品多于俄国运出之。

虽然当时中国向俄国出口货品数量多于中国从俄国输入的货品数量,但这并不意味着中国在这段贸易关系中处于优势地位。黑龙江地区与沙俄的贸易不仅使沙俄获取了高额利润,而且更重要的是极大地促进了俄国远东地区的经济发展。

该篇报道还指出:

> 然在蒙古边界果设关征税则中国将大受损失较俄国为重,况中国既在蒙边设关收税,则俄国必加征运入俄境茶丝关税亦与蒙古相等。如此中国茶丝必然销路大减,俄人将改用日本丝货、次种之茶,如此中俄之贸易将日渐退败。俄国固然取用他国茶丝。若中国果在蒙边征税,则俄人亦将实行征收由满洲运入后贝加尔阿穆尔海滨省粮货关税,况粮货牲口等俄人可由西西比利亚取用,至于由满蒙运去之各货摈斥而不用,以期维持俄人利权。由是观之,两国经济之关系实为繁难,不得不洞观大局如何,以及关系华人利害,华人一面轻视两国商务关系,不知思其个中利害,则华人损失岂止数

百万，而向扶持中俄经济者亦受害匪浅，不特此也。①

从此篇报道中不难看出《远东报》作为沙俄侵华舆论工具所发挥的作用，其为中国读者作出关于"中国在蒙古设关征税"的解释，其所谓利弊皆是表达此行为对中国而言只有害而无益，本质还是在为俄国的利益服务。

此外，1911年7月14日《中俄商约问题》一文指出：

> 此次查看商约实与两国命运攸关，将来中俄两国各享善邻之幸福抑或在远东交涉关系背道而驰从此破坏邻国名义，演成国际仇敌亦无不在此举。然所期望者愿两政府设法消除彼此利权上一切繁难，共享永久和平，否则两国常抱猜疑、冲突之忧，必非持久之计，尤恐不免决裂之一日。是以中俄两国若非及早解决关于中俄政治经济重要问题，则俄国将不免力保自己在远东本有利权，果如此也，俄国一切举动必不利于中国。
>
> 想俄国一方面必然附和日本协力在满洲经营，然则事不若此，俄国亦然未必不出他策对付，以期力保俄国在远东稳固地位。由是言之，敢谓两国将来交际如何，端在此次俄京会议商约之善否。会议此会果有效果，中俄两国方能共享和平，不然将不免各怀仇视思想，破坏数世交谊，从此交涉决裂，两国无和平之望亦。今愿两国议约大臣深知委任之重要，设法会议此约得有美满效果，使中俄交际上一切繁难问题从此毫无隐忧。然本报一面深信中俄关系在远东政治经济情形势有不得不使两国人于和平范围者也。②

该篇时评无不体现着《远东报》所谓"沟通华俄之感情"的办报宗旨，对于真正和平中俄关系并未作出真实解释。沙俄不过是想通过商

---

① 《中俄商约问题》，《远东报》1911年3月11日，第二版。
② 《中俄商约问题》，《远东报》1911年7月14日，第二版。

第一章 俄报主导格局的形成

约进一步使俄国在中国东北地区的经济侵略合理化、合法化,而不是真正地与中国达成外交意义上的和平。

除去《远东报》在提及中俄商约中表现出的立场倾向性,从一些有关中俄贸易及相关实业的时评也可知晓编辑部时评作者对于中俄经济关系的态度与观点。由1911年4月5日《中俄贸易之关系》一文便可观之,文章如下:

> 本报迭次揭载,惟不知中俄两国贸易额者每主持征收俄国货品运入蒙古之关税,殊不知华人收入口税而俄人亦必由入口中国货品收税,果如此不知何人获利较厚也。总之某国入口货较多其所收取之入口税亦必占多数。至于近年出入口货品报告已早登诸本报,大率未变,其出入口增长之额更见中国之变乱实为交易上一大障碍,如拳匪之乱,入口货减少七倍而出口货几少二倍,不惟乱事日觉退败,至乱后亦不能一时复原。
>
> 惟俄日战争之后有兴盛之机。调查一九零九年入口货代价十五兆鲁布,出口货二兆鲁布,可见俄国金钱流入中国者较之由中国得回者不知减少几许。况中国运入俄境之货皆为茶货、牲口、米粮、皮毛、油等不能与平常货品一律视之。此外,瘟疫发现于满洲,更加屡有倡乱消息,于是俄人谋由他处供给以上货品于东西比利亚,而中国因失俄国远东销路,货场不知损失几许。①

该篇时评的主旨依然是上一部分涉及中俄商约问题中提到过的在蒙古设关征税的相关评论。对于蒙古问题笔者会在后文进一步阐述,但是不难看出该篇时评的作者虽是在陈述在蒙古设关征税对于中国而言的不利,以及进一步影响中俄贸易关系,看似是站在中国的立场为中方考虑,背后的真意实为沙俄侵华而开脱。

此外,1911年4月20日《南满蚕业近观》一文也可体现《远东

---

① 《中俄贸易之关系》,《远东报》1911年4月5日,第二版。

报》虽以事实为基础但实为沙俄所发声的倾向性，文章提道："本报迭次揭载满洲经济日见充裕实赖俄国及外国资本家为之振兴，一八六一年营口未开商埠之前，满洲商务困顿异常，自开营口为商埠后，满洲商务日有起色。现在商务每年可达一百五十兆鲁布，占中国商务五分之一，可见中国各处无外人贸易者未必能若满洲之兴盛也。"①

该篇时评字里行间透露着沙俄对于满洲经济振兴所起到的重要作用，中东铁路建成之后，沙俄为促使黑龙江地区商品输出到俄国远东地区，采取了一系列措施：一是用运费政策予以支持；二是用关税政策予以鼓励。这些行为背后并不是真正想帮助满洲经济振兴抑或稳固中俄贸易关系，实则是为更好地为沙俄对中国的经济侵略服务。

《远东报》有关中俄经济关系的时评则反映出的是当时中国在整个中俄贸易过程中所占优势以及如果中方未与俄国达成良好的贸易伙伴关系，中国将受损严重。这种带有倾向性的时评文章一经发出，必定带着影响舆论的目的，并不会让中国读者真正了解中俄贸易关系。

经济侵略是沙俄侵华过程中不可忽视的一部分，不可否认的是依据中俄当时的贸易情况，中俄贸易规模确实有所扩大，但是由于铁路和航运都掌握在沙俄手中，中国人只能在当地作为俄国商品的购买者和农畜产品的提供者，从而遭受俄商的盘剥。随着俄国远东地区人口的不断增加及对黑龙江地区商品尤其是农畜产品需求量的日益增长，这一时期的贸易对俄国远东地区经济发展所起的促进作用更大、更显著。

（二）关于中俄政治关系的言论

《远东报》涉及中俄关系的时评中，占比最多的就是政治相关的时评。笔者对收集到的政治相关的时评文章予以整理分类，主要侧重于以下几方面。

第一，摈斥中国仇俄思想。

《远东报》作为沙俄对华传播喉舌，在应对中国报界及社会鼓动之仇俄思想这一方面做出的回应态度很坚决。1911年5月9日《中俄交际关系（续）》中写道："中国对俄之恶感实受各国数年蛊惑，仇俄之

---

① 《南满蚕业近观》，《远东报》1911年4月20日，第二版。

第一章 俄报主导格局的形成

影响更加。中国不以邻国交际和平胜于争斗为意，然与邻国有若水路之不可须臾二离，是以邻国利权少有争执之事。"《远东报》认为中国对于俄国厌恶之感是源于其他国家如英法美日的蛊惑，根本未从实际情况去评析中国人民仇俄的原因，把仇俄思想的苗头指向他国。不仅如此，该篇文章也进一步阐述了假如中国不改仇俄思想的后果。

  总之和平解决为愈，不得结怨于日深，盖邻国不以交谊为主，必与两国生计有损，更贻害于无穷矣。中国若仇视俄国，与两国之危害岂不大哉？仇视俄国之结果除自寻失败外必无所取益，尤恐中俄两国繁难交涉与远东大局有莫大关系，故中俄亲密实为今日最重要问题，更能以边防之费移之办理新政，未必不有益于国家，不特此也。中俄果能在远东合力进行中国政治之平权自然有恢复之望。
  今敢告政界社会中国与俄国敦固交谊实为稳固中国在远东势力及将来发达之要素。若不改其向日仇视宗旨，不过徒劳为他国取利，更与中国在远东政治有碍。由是观之，中国官场社会当一变现在仇俄方针，仍守以前中俄亲密政策，以期两国交谊日厚，不惟满洲无分裂之忧，而远东亦可常保和平，岂非中俄两国当务之急耶？①

《远东报》认为中国只有一改仇俄思想，中俄两国交谊才可永保和睦，进而远东地区也可常保和平。文章中"若不改其向日仇视宗旨，不过徒劳为他国取利"一句表面上是对中国提出的建议，其实质则是为俄谋利的私心。

在1911年7月22日《中俄两国之关系（续）》中依旧能了解到《远东报》认为中俄两国交恶的结果对中国危害更大，更是在文中劝诫中国消除仇俄思想，并认为人民消除对俄恶感实为两国人民之幸福。文章谈道："据云中俄为直接邻国，当彼此保守和平不可互相仇视，以两国恶感与两邻国不利，尤与中国为害甚大。……愿他报深知中国仇视俄

---

① 《中俄交际关系（续）》，《远东报》1911年5月9日，第二版。

国与国家在满洲利权之大害,亦当就国际大势秉公而论,更须留意者欲求中国在远东利权势力常保其稳固地位,须借好于俄国,切不可用仇视主义。……勿忘谚语有云二三新交不如旧友一人,庶乎邦交日笃,人民以前之恶感亦可日见消除矣,岂非两国人民之幸福乎。"[1]

在 1911 年 4 月 6 日《瓜分中国之谣传》一文中,《远东报》竟发出"俄人并未谋夺远东土地"此等违背事实的言论。《远东报》认为中国不能把俄国视为仇敌,因为俄国并未有所谓敌人之行为,并一味地为沙俄开脱,解释道如果俄国有侵略之意早就可以行动而不至于按兵不动,此等言论不仅展现出沙俄的军备实力,又表达了沙俄没有侵华之思想,尽显其为沙俄统治而进行的舆论引导之能力。文章谈道:"试观前曾谣传,俄国谋归并满蒙,而今两国冲突竟能和平了结,显然前日之言,俄人有侵略政策者,未尝不出乎臆度之词,若俄人果谋归并,早可趁机而入,何以至今毫无影响?可见俄人并未谋夺远东土地,惟愿挽回在满蒙之利权耳,故不能谓俄为中国仇敌,实为中国之善邻。"[2]

《远东报》不仅对中国仇俄思想发表观点,对于中国一方在中俄进行交涉时外交方针也进行批判,认为中国并非真与俄国交好,并指责中国重视与邻国的关系。在《远东报》中充斥着指责、哄骗、恐吓。

第二,中俄边界条约谈判中维护沙俄利益。

在 1911 年 3 月 4 日《中俄之交际如何》一文中,《远东报》认为俄国只是在边界条约的基础之上应合理享有自身权利,并称俄人在北满的一切经营都是以尊崇中国主权为本旨。该篇文章不仅为沙俄侵华的罪行开脱,而且用"俄国在南洲权利多遇事退让中国者,其第一目的即在敦固两国交谊"此般言语,以时评的方式企图让中国人民明白沙俄想要与中国敦固和平,文章指出:"今日俄政府及俄国官吏虽有一切举动,未尝出乎法律范围,无如报界反对俄人之记载无日无之,更加各地方官每小题大做,于是中政府乃怀猜疑,遂以为俄人在北满举动似

---

[1]《中俄两国之关系(续)》,《远东报》1911 年 7 月 22 日,第二版。
[2]《瓜分中国之谣传》,《远东报》1911 年 4 月 6 日,第二版。

第一章 俄报主导格局的形成

乎专尚侵略政策,其实俄人在北满一切经营无不以尊崇中国主权为本旨,更以遵守条约权限为执行方法,本报洞观时间,中政府无可猜疑俄人有侵略土地思想,更未有心图谋中国,现在俄国仍愿重结旧好,维持中俄两国邦交,中国一面若坚执成见,不愿两国和好,惟知希望结好于重洋以外之各国,则非俄人之咎也,事果如此,岂不能不为之深惜哉。"①

《远东报》除了对中俄在北满地区的边界条约发表评论之外,还借新疆伊犁问题阐述中俄条约之况以及谴责中国政府不遵守条约的行为。1911年3月5日《记中俄交涉》一文便是该报对于新疆伊犁问题之辩解,文章说:"一千八百七十一年,俄国不得已占据伊犁,逾九年后俄皇承认归还中国,于是一千八百八十一年二月十二号中俄议定两国边界条约,然此约有关各项问题如在中国各处设立俄国领事馆领事权限,在中国陆路通商章程,并在边界各河航行及通商各问题,条约中所定各节已然明晰,定约之初,十年内并无特别误会,虽有小冲突,亦彼此和平议结,故此约颇可遵守至一千八百九十一年,两国并未声明改换,于是仍照原约十五条接续实行。"②

根据1881年中俄《改订陆路通商章程》的规定,俄国商人在中国内地购买土货回国,必须按条约指定的路线行走,即由张家口至恰克图;由张家口至尼布楚;或由张家口经科布多进入俄国境内。如有违反,"一经查出,罚令完一正税"。该章程还规定,俄商运货回国必须领取执照,沿途不得出卖原货,也不许重新将中国土产运入中国界内出售;否则"一经查出,其货全行入官"③。但事实并非如此,俄国商人不仅在新疆倾销商品,掠夺原料,而且违反条约的规定,在新疆进行非法的茶叶贸易。但是文章不仅不唯实,更是在下文中对俄国违约之事只字不提,并且将中国所进行的合理反抗视为违约。

---

① 《中俄之交际如何》,《远东报》1911年3月4日,第二版。
② 《记中俄交涉》,《远东报》1911年3月5日,第二版。
③ 《改订陆路通商章程》,步平等编著:《东北亚国际约章汇释》,黑龙江人民出版社1987年版,第76页。

惟近年情形较前不同，中国地方官每轻视条约，至今约中各条几无一条能守完全，不为中政府或地方官不遵者。……条约中中俄两国无不尽知条约几同废纸，然俄国自不能缄口不言，况中政府仍极力不遵条约，俄国不得不用强力争执遵守此约。……俄国已屡次声明不惟不愿与中国开战，且不欲得中国寸尺土地，其第一目的在保全条约利权耳，更可消减中俄冲突，况中俄风波一起，甚至演成万国繁难，其结果与中国之危险恐较之俄军暂时占据伊犁尤甚耳。①

19世纪末20世纪初，沙俄对新疆地区的经济侵略活动，范围广，领域多。沙俄不仅把新疆变成俄国的商品市场和原料供应地，还进行非法的茶叶贸易以及掠夺新疆矿藏资源。但《远东报》却在该篇文章中表明"俄国已屡次声明不惟不愿与中国开战，且不欲得中国寸尺土地，其第一目的在保全条约利权耳"，丝毫不以事实为依据，并把沙俄包装成不愿与中国开战、不曾想侵略中国土地的形象，以期掩盖沙俄的真实侵华行为与目的，影响中国舆论。

除此之外，《远东报》还借俄国出版刊物来侧面论述所谓沙俄向来无仇视中国思想，一直视中国为善邻的观点。1911年3月22日《中央与边地关系》一文中说："近日新出版之《俄国二十世纪中央边地考》一书，足证俄国社会宗旨如何也，其内容略谓俄人毫无仇视华人思想，且视中国若善邻，因向来各以交谊，为至多年未闻有战事也。然至今两国不可轻视国际和平，中国一面仍须若以前之看待俄国，照常遵守条约，预防边界交涉。"②该篇文章一方面借《俄国二十世纪中央边地考》一书说明俄人无仇视华人之意，更表达出该报劝导中国应当仍然按照之前条约处理与俄国的关系，防止出现边界纷争，无不体现着《远东报》营造的沟通华俄之感情的形象。

---

① 《记中俄交涉》，《远东报》1911年3月5日，第二版。
② 《中央与边地关系》，《远东报》1911年3月22日，第二版。

第一章 俄报主导格局的形成

第三，为俄国外交上的侵略立场辩解。

《远东报》在涉及中俄关系的政治时评中，不乏利用俄国与他国对待中国之区别来衬托俄国待中国之友善，1911年5月6日《中俄交际关系》一文中指出："今姑不言中政府借用民力维持外交以致演成繁难状况，故敢谓中国现在政治未能尽美尽善。至于远东问题尤觉措置失宜，固然满洲问题为中国中外交涉之关键，故政府社会颇注意和平了结，无如政见与实事竟成为一反比例。"不仅对于中国政治现状的所作所为进行评判，还对中国政府于满洲问题所表现出的言行不一而不平。文章后一段更是为掩盖沙俄侵华行径所作的辩解。

> 固然俄日两国较他国关念满洲问题，然两国之宗旨彼此不合，俄国在满洲并未希望政治上之利益，向无新要求，所希望者惟知遵守中俄条约，保全满洲经济利权耳。日本一面与此大相反背，除经济利权外并在南满谋夺政治权，意在著著进行揽尽南满大权、渐变为中国领土之主人翁，不认南满为租借之地，意旨亦当视以区别。不意报界社会与此大反，可见中国内地南省不解满洲现在情形如何，以致报界社会攻击俄国较之日人尤甚，能不使人奇异耶？
>
> 又如各报无日不有揭载俄人谋清之阴谋，于是极力攻击不遗余力，深知官场社会亦受报界之影响，反对俄国以上之目的颇有达到之矣，如现在京外人员多仇视俄国，今欲求联俄人员百不得一，至于社会上亦不少仇俄之影响。然则政界社会如此对待俄国，与现在两国交际及将来国际交谊如何果能合乎时宜欤。①

以上两段文字不仅将日本在南满的侵华行径一一列举，把侵华矛头直指日本，只称俄国在北满的立场是"俄国在满洲并未希望政治上之利益，向无新要求，所希望者惟知遵守中俄条约，保全满洲经济利权耳"。这与沙俄在北满的侵华行为大相径庭。另外，《远东报》还在此

---

① 《中俄交际关系》，《远东报》1911年5月6日，第二版。

篇文章中对中国报界以及社会进行批判，称其宣扬仇俄思想会进一步影响中俄两国和平交谊。

除此之外，在1911年7月18日《远东报》刊载的《中俄两国之关系》一文中写道："中国政治每受他人之牵制，各大国中，除俄国外，未有不思干预政治者，俄国一面向不过问，惟知与中国和好。"一句话道出俄国政治立场是与别国不同的，并写出俄国不似他国一般干涉中国政治，不遗余力地为沙俄辩解。文章后一部分还为读者分析日俄协约对于中国的不利影响，看似为中国利益着想，实则为沙俄侵华行为蒙上保护伞。文章指出："然自一千八百八十七年来，中国极力反对俄国，如外交界报界群起攻击，甚至著书提醒中国所谓俄国将侵夺远东土地，岂忆中国为舆论所迫，竟与一千九百年间与俄国日觉疏远，甚至满洲问题亦处于孤立地位。……谚语有云好结怨于人者不可与邻舍交恶，而今中国不以此为念，极力抵制俄国，众演成日俄协约结局。将来日俄两国亲密方兴未艾也，中国一面或与俄日和好无足为患，殊不知日俄同盟凡关于国际问题恐中国不能享受平权。况日俄结约使中国在远东势力消减殆尽，几不能在远东有政治主权。"①

第四，渲染中俄官员的所谓"亲切会晤"。

《远东报》有关中俄关系的政治时评，除了对两国关系现状及未来期许予以评论之外，对于中俄官员进行的政治交涉，该报也为之发表评论。

1911年7月11日《俄皇优待中国专使》一文中，《远东报》就俄皇优待中国议约专使一事表达俄愿与中国为善，字里行间传达出中俄两国交谊甚好之况。"俄报揭载日前中国议约专使陆征祥等觐见俄皇时，待以特别优礼。据俄报云，此次接见陆使备极优待，足证俄皇不忘两国交谊之厚，尤望与邻国彼此保守和平之政。今愿中政府一面注视俄皇遇待陆使之够，更当非速，表明中国亦愿互相敦固邦交，如此俄皇优待陆使一节，将为中俄交际亲密之起点，两国邦交之诚谊耳，谓之方兴

---

① 《中俄两国之关系》，《远东报》1911年7月18日，第二版。

第一章 俄报主导格局的形成

未艾可也","然近时报界攻击俄人之言论,亦可从此休矣,何以言之。俄人以和平待我中国一面,岂有一味拒绝之理,愿社会报界不得无端猜忌,俄国尤当协助政府敦固两国邦交,如此未尝不为中俄人民之幸福也。谚语有云好打不如歹和,今愿中政府一味斯言。"①

1911年8月6日《记俄兵在奉天为阵亡兵士修墓事》一文中描写了东清铁路总办霍尔瓦特与东三省总督赵尔巽等人在为日俄战事俄国阵亡兵士修墓大礼时,中俄相关政治官员会面的和谐景象。

> 赵督于席间演说中俄边界万里,两国人民当共敦交谊,本督素钦佩霍总办,深喜今日欢聚于一室,更愿早日会晤于哈尔滨。况北京俄使署代表亦驾临奉天,实为莫大之幸,惟祝霍总办与各俄员等享无限幸福,尤愿中俄两国永固邦交云云。
>
> 当时中国音乐队齐奏俄国民歌和之旋,由霍总办答云予深谢总督欢迎,顷间闻总督语言中深愿与俄国俄民永固交谊,我等在座之人极愿赵督以上所言广布于俄国全境,并祝赵督获福无量,多任满洲总督数年,使两国日渐亲密云。当时以中国音乐和之。今观以上祝词足为两大国亲密之特征,岂能不为之深念耶。②

《远东报》还在1911年8月13日刊载《赵总督与中俄交涉》一文中肯定了赵总督为中俄两国和平政治关系所作贡献。

> 自赵总督来满,凡遇中俄在满洲所起之问题,无不以和平解决,敦固两国邦交,是以政治上大有效果。然而中俄交涉亦未见有极大冲突,较之以前之交涉迥乎不同,况赵督以和平解决中俄交涉,亦未见有何损失主权者也。总之今日之交涉得以和平了结者,不过因两国不抱一己之成见,为愿据公理解决耳。

---

① 《俄皇优待中国专使》,《远东报》1911年7月11日,第二版。
② 《记俄兵在奉天为阵亡兵士修墓事》,《远东报》1911年8月6日,第二版。

今赵督能如此和平断事,显然俄国在满洲举动未尝出乎法律范围,固能从公解决中俄交涉,至于以前猜忌俄国仇视中国或疑其侵略满洲者是否得尝不言而喻矣。

从前俄国因中国每有无理要求或无端排挤俄人满洲固有之利权,自不能不以无理对付,若中国为满洲代表者,果能以和平公正为主义,俄人岂有不欢迎者乎?为中俄交涉至今日始能得就和平亲信范围耳。赵督见识之远,不惟整顿国际交涉,更愿两国人民互换知识,以期中俄交谊日笃。

……本报深信赵督与俄国亲近,保全两国邦交,俄国一方面亦未有不欢迎者也,然则赵督既以中俄当彼此亲睦,不可视为仇敌,而俄国政府社会岂能不表同情乎。①

总而言之,以上与中俄关系相关的政治时评皆体现着《远东报》所谓"俄国从未有过侵略中国土地、干涉政治,只是想要保护自己在满洲的权利,并一心想要与中国和平共处"的观点,其中为沙俄侵华行为所作辩解的目的显而易见。

(三) 关于中俄军事关系的言论

《远东报》涉及中俄军事关系的报道主要是在中俄冲突解决后对冲突原因做出解释,并在此基础上宣扬所谓中俄应避免冲突、敦固和平。

第一,这些时评更多是指责中国在中俄军事冲突中负有责任。

在1911年3月4日《中俄冲突解决书后》一文中,《远东报》认为中俄之所以起冲突是因为误会,将起因复杂的军事冲突的原因归结为误会显然是对沙俄侵华目的的掩盖"近年来中俄每起交涉,两国照会解决,今姑不论将来交际如何,惟就现在实事言之可矣,冲突之由来必缘误会而起,此世界所公认者也,个人与国际交涉亦未尝不若是,惟国际交涉果起误会自不免继之以冲突,于是人民亦受其影响。此次中俄演成繁难交涉,一联此故也,以中国不顾全条约之故,殊不知既有条约,

---

① 《赵总督与中俄交涉》,《远东报》1911年8月13日,第二版。

第一章 俄报主导格局的形成

万不能任意违背。不为国际如此,虽个人交涉,亦未尝不以此为重,中国岂能不重视条约,然有数事颇有违背条约性质。"

《远东报》认为中俄双方此次军事冲突源于中国违背条约,并称战争对于中国大为不利:"此次中国政府照复中声称一切问题愿照条约和平解决,以便共享利益,维持两国邦交,谚语有云好争不如歹和。想外部既抱此主义也,中俄两国边界万里,自当各守和平,无荣各事争论,况战争问题大与中国不利,不惟政治经济力有不足,而魄力亦不能胜。"

文中继续写道:"固然有时为之争执,然未必能有何效果,且俄国在满洲举动每自己限制,并望中政府对于俄国之要求亦有一定界限,惟终不能免交涉之决裂者。俄国虽然退让,万不能供中国无厌之要求,故惟中国不知要求之界限,以致演成国际冲突,试观近时中俄交涉,中国每思限制俄国在法律上之权限,故俄国不能不起而抵抗之,此次中俄冲突已然和平了解矣,吾人尤恐将来再起新冲突,恐不能如此易于解决也。"① 文中丝毫不提沙俄侵华的种种行迹,并把俄国的形象塑造成退让且因中国之无理才发起冲突。

在文章末尾,《远东报》还对当今中国政府提出建议,称中国必须坚守条约:"此次中俄交涉得以和平解决,海内闻之共喜,现在中国正在变法时代,魄力正觉不足,故必须坚守条约,不得违背。……总之华俄两国果能和平亲睦,实为有益两国人民,尤为保全远东和平之要,故谈国际交涉者不可忽诸。"②

4月21日《中俄冲突余闻》一文中在谈及蒙古问题时,《远东报》声称如果中国政府不认可俄国在蒙古权利,则俄国将派兵占据库里扎,并称俄国外交界不愿轻易开战:"近日中俄对于蒙古冲突已然和平了结,为当日会议情形如何想为阅者所乐闻者也。……若中政府不能按照俄人提出在蒙古各项利权答复认可,俄国即以兵力占据库里扎,然俄

---

① 《中俄冲突解决书后》,《远东报》1911年3月4日,第二版。
② 《中俄冲突解决书后》,《远东报》1911年3月4日,第二版。

国外交界本不愿轻开战端，亦未谋调回俄使不再与中国交涉。"在文中最后，《远东报》依旧贯彻自身期待中俄常保和平，不再有冲突的愿景。"今幸两国得以和平了结，惟愿两国各无猜忌思想，彼此以交谊为主义，如此两国长保交谊，不至再有冲突矣。"①

1911年4月27日《俄报论中俄冲突解决》一文中写道："此次电达驻北京俄使答复，满意中政府末次照会一事务，布告周知，以免互起猜疑，况中国得俄人满意照复，不受他人蛊惑，无战事之思想，实为中国之幸福。"②《远东报》认为中国应不受他人蛊惑，放弃与俄国交战思想，称此为中国幸福之事。

第二，是渲染中俄交战的严重后果。

《远东报》除了在中俄冲突解决后发表相关言论，对于中俄交战后果的种种列举在一定程度上也可视为其想要达到影响中国舆论的目的。

《再论中俄冲突》中谈道，"假使中俄冲突酿成战事，则中国将困顿不堪，更不利于中国，不过为局外人得利，如俄日一战，可谓前车之鉴，故中俄顾全邦交，实为维持远东和平及保全中国疆土之要素，今愿中国此次与俄和好出于真诚，非若纸上之空文，更不至于延缓时日，将来又变其初志，今观北京末次照复俄使，一切误会皆可消减，惟愿中国永与俄国和好，共享和平，实为中俄两国在远东之幸福也"③。文中列举战事的种种后果，如中国困顿不已，并且结果是局外人得利，还拿出俄日战争为例。此外，文章后半部分依旧点出俄国唯愿中俄两国共享和平，维护沙俄形象之目的不言而喻。

《报界传言之非》中依旧道出中俄交战后，他国得利且中国受损害程度更大的结果，"中俄两国世为善邻，虽起战争之事，亦未必能彼此隔离，假使两国侵入中国或俄国内地，则中俄两国仍必接壤，仍为邻国。如此中俄虽云邻国，因侵略故必至两国仇视无极，故思想高上之人必愿彼此和平而不喜两国战斗，然则使两国果起争端则不知战事若干时

---

① 《中俄冲突余闻》，《远东报》1911年4月21日，第二版。
② 《俄报论中俄冲突解决》，《远东报》1911年4月27日，第二版。
③ 《再论中俄冲突》，《远东报》1911年3月31日，第二版。

第一章 俄报主导格局的形成

始能共享和平,如此不惟紊乱政治和平,且彼此仇恨。……此外中俄两国更须留意者,若两国战争徒为第三国得利,何以言之中俄从事战争,他国未必不谋借此扩充土地,不特此也。若战争之地点在中国,则中国受害较俄国尤甚"①。《远东报》对于战争后果的描述看似有为中国考虑的倾向,并在文中称中俄两国世世代代皆为善邻,事实却是沙俄侵华之行为较其他国家尤为残暴。

第三,对于中俄战事谣言的澄清,以引导舆论。

《远东报》除了发表自身对于中俄战事的观点外,对于中俄战争的谣言的批判在一定程度上体现该报的办报宗旨,表明该报的立场为期待中俄所谓的和平共处。

1911年6月15日《战事之谣传》一文中对于战事的谣言,《远东报》认为此皆无稽之谈。"此次俄国陆军尚书来远东调查惹起报界社会坚称中俄不日战争消息,据称俄人在哈埠预备战事,武员分途侦探军情,并极力往满洲运兵,种种无稽之谈不胜枚举,此外俄国大商行减价拍卖货品亦惟有战事关系,然华人一面以如此惊恐,而俄国社会上亦未尝不有如此思想,然则哈埠中俄人民皆有朝不谋夕之势,实与中俄交际上有是非倾倒之忧。"《远东报》继续对谣言进行抨击,表明该报观点:"本报敢信俄国未尝预备战事,至于派遣武员以及运兵于哈尔滨,皆出于臆度之词。俄国各商行减价拍卖一节更不值一论,盖往时虽有拍卖货品之事,华人毫不为之留意,且商界拍卖之积习,各地皆然,非哈埠有此特别举动。"②

《战事之谣传(续)》一文中继续就谣言问题进行分析。"近时各报揭载俄国在中国之可危,中政府亦用仇视政策对付俄国,是以俄国一面亦不能不揣度中国预备与俄国开战。想两造谣言由是而起,然始作俑者实在中国政府,若果能改其对俄之现行政策,一切战事之谣传自然化为乌有,况俄国官场社会皆不愿与中国起冲突,然中政府若不知量力而

---

① 《报界传言之非》,《远东报》1911年4月15日,第二版。
② 《战事之谣传》,《远东报》1911年6月15日,第二版。

为，则俄国自不免起而卫护自己利权。"《远东报》认为中国政府利用仇视政策对付俄国，且俄国不愿与中国起冲突，并称中国政府如果不自量力则俄国便会开战。下文中继续坚持俄方观点为保守和平且与中国交好，并对中国政府提出倡议，建议中俄双方敦固邦交。"假使俄国果欲与中国起战，早可藉端宣战，然俄国始终保守和平，惟愿中俄交际永守旧好，得为善邻。惟惜中政府以守邦交为重，常受外力影响，大起猜疑，于是中俄交涉日坏，为今之计，中政府若能一变对俄方针，则战争之谣传不致演成实事，故本报希望中俄两国敦固邦交，不以操切用事，庶不至破坏国际和平也。"①

（四）关于蒙古问题的言论

蒙古地区位于中国北部，中间有一条戈壁沙漠，其北为外蒙古，其南为内蒙古，自古以来就是中国的领土。外蒙古地区对沙皇俄国来说是一块战略要地，它从南边掩护西伯利亚地区和西伯利亚大铁路。

沙俄阴谋侵占外蒙古地区的野心由来已久。沙俄首先加强了对外蒙古的经济渗透。"贸易是俄国扩大经济影响的武器。"《恰克图条约》签订后的一百多年间，俄国垄断了中俄陆路贸易，取得了巨大的经济利益。

从 1860 年中俄《北京条约》开始，中经 1862 年《陆路通商章程》，到 1881 年《改订条约》，又获得了在蒙古各处免税贸易和在库伦设置领事馆的特权，并规定科布多、乌里雅苏台等地"俟商务兴旺"，经两国协商后，俄国也得在那里设立领署。从此，俄国对蒙古的贸易得到了迅速的发展。

20 世纪初期，沙俄对蒙古日益加紧的侵略活动，使清政府焦虑不安。早在 1905 年日俄战争失败后，沙俄被迫将松花江以南的南满和内蒙古东部地区既得利益让给日本，换取日本承认沙俄在外蒙古的"特殊利益"。1907 年 3 月 30 日，沙俄和日本缔结了第一次密约，划分两国在中国的势力范围，日本承认沙俄侵占外蒙古地区，作为日本吞并朝

---

① 《战事之谣传（续）》，《远东报》1911 年 7 月 3 日，第二版。

第一章 俄报主导格局的形成

鲜的交换条件。

从《远东报》涉及蒙古地区的报道,不难看出其政治倾向性。

1911年4月30日《华蒙之关系》一文中,列举多项所谓中国压制蒙古的行为。

一是中国想要把蒙古改为行省并视蒙古人民为鱼肉:"中国向来视蒙古为外藩,考之史书莫不如是,近数百年来未常有变革,近十年中政府变其方针,拟改蒙古为行省,于是移民入蒙古开垦,设中国地方官,然惜华员兴办蒙古事宜百端舞弊,视蒙人为鱼肉";二是中国对蒙古佛教及经济的压制手段,"蒙古人民税费比中国更高,若华人对于蒙人佛教及经济界仍不改其压制手段,任意剥削蒙民,则将来之变乱,诚恐方兴未已。然则此等政策未免不适于用,又如由蒙人抽收之税较华人由重,故不能得蒙人之欢心"。

文中还表示俄国在蒙古不过是一心一意收买蒙古物产,以此俄蒙双方都可获益,但中方却在蒙古发放传单抵制俄国。"想中国各官至今尚未了然因此之故,以致激起恶感,况发布传单鼓动蒙人抵制俄国,亦未出于正当,何以言之?俄人在蒙古地方不过一意收买蒙古物产,蒙人亦藉此坐获厚资。至于中国人比之,竟成为一反比例,其所行政策多不合乎公理,蒙人未必心服。"

文章最后一段对中国政府提出其应改变对待蒙古的方针政策,以此来稳固蒙古与中国的和平:"总之中国政府对蒙人之举动,有若使蒙人不堪其扰者。……虽现在蒙人势力消弱以极,然恐其来日方长,蒙人终将为害也。故中国政府欲求和平长久之计,须改变对待蒙回之方针,由当使蒙人与华人一律平等,如此行之庶有挽回之一日,不然蒙人与华人感情愈恶而为害亦愈深也,岂可不为之留意乎。"①

1911年10月24日《俄蒙商务关系》中描写了俄国商界希望中国政府允许俄国在中国境内开通新航路,以便俄国在蒙古贸易的进步。文章指出:"俄国商界每研究俄蒙商务关系改良问题,至今俄国所用牲口

---

① 《华蒙之关系》,《远东报》1911年4月30日,第二版。

毛巾多取之于蒙古，惟输入蒙古者，因交通不便，故为之不振。俄货运入蒙古者多经过比斯克，再至科布多各城，相距不过八百五十俄里，然运费甚贵，以致货价亦觉大增。……克兰河位于蒙古商务中心点，而比斯克与蒙古商务上少有关系，今轮船会社极力整顿黑依尔特什河水路，与俄国在蒙古商务进步攸关，固愿中政府准俄人在中国境内开一航路，此俄货可直入蒙古各处，各国洋货不必再与俄货竞争也。"①

1911年12月26日，《远东报》刊载《论蒙古宣布自主》文章，极力为沙俄策动外蒙独立进行辩解，借口外蒙宣布独立是受中国内乱的影响。"据新时报云，蒙人与满汉人语言生计宗教皆不相同，惟蒙古政治大权皆属于清政府而已，现在中国各党纷起革命风潮，大率以改良政治为主义，虽各处乱党以革命为名义反对满洲政府，故蒙人趁此机拟脱离清政府之羁绊，然考其原因未必不受中国内乱之影响，固然俄国本不予干预中国内政，无如此次中国变乱非土匪可比其重要，宗旨不外谋各省各族独立，故俄国与各国不得不维持大局，尤不可轻视中国现在问题。若蒙古果能独立，则俄国亦可出为承认。"②

《远东报》还借他报以表自己立场，即俄国不愿瓜分中国："莫斯科商界早报云，俄国颇不愿瓜分中国，然以近势观之，或不免干预此事，以中国一旦分裂，无论自立之某省被外国吞并，则俄国亦将起而均分，如此与中俄之感情未必有损。据称中国革命风潮之结局不知归于何等政体，之中国满汉人竞争结果如何及是否能改为联邦国难以预言。"③

在文章中，《远东报》表明了中国分裂后他国之瓜分行为以及俄国对于中国各事务的态度："惟欧洲各国皆在远东有生命财产关系，是以北京政府一旦推翻，则全国必不免互起冲突，而各国势必趁机群起瓜分。俄国一方面亦不能置身于事外矣，至于中国内地商务俄国不似他国之留意，以俄国位于中国之北界，故俄国在中国利权不过满蒙两处，现在盛传蒙人求受俄人保护，考蒙古相分内外，其中有沙漠隔离，故外蒙

---

① 《俄蒙商务关系》，《远东报》1911年10月24日，第二版。
② 《论蒙古宣布自主》，《远东报》1911年12月26日，第二版。
③ 《论蒙古宣布自主》，《远东报》1911年12月26日，第二版。

第一章　俄报主导格局的形成

古人颇欲趋向俄人一面。又日俄两国早定立特约声明，南北满势力平均，今日本国欲归并南满，则俄国必同时举事归并北满。"

文中《远东报》反驳中国报界实为不了解中国大势："由是观之，报界评论中国大势未免多少题大作，不解中国之大势，如各省宣布独立者不过希图自保以救一时之燃眉。"

对于中国的政治形势，该报也作出评论："然据以上所传，若中国不能作速统一政治或改为合众，抑或组织君主立宪，则中国必不免分裂之虞。"

文章末尾，《远东报》还在极力为沙俄策动外蒙古独立进行辩解："近闻俄外部声明蒙古宣布独立一节，俄国实未尝干预此事，据政界消息报界近载，蒙古王公求俄人保护问题实为不确，现在蒙古王公极力组织政治机关以冀完全独立，至于蒙古各王遣代表赴俄京运动，俄政府保护一节与实事上毫无影响云云。"①

1916年8月30日《中国与外蒙》一文中，《远东报》就俄国钦使要求中国政府按约取消参众两院中外蒙古议员一事进行报道："俄国驻北京钦使照会中政府，要求取消参众两院外蒙议员一节以志本报，闻俄使照会内容，据称两院虽云补足1913年缺额继续开会，然1913年中俄成立外蒙协约，1915年中俄蒙各遣代表会议于恰克图订立新约，已变更中国外蒙彼此关系，应照两国际法取消外蒙议员。……一味引据各国宪法证明1915年恰克图协约不能发生效力，与俄国为敌者，更妄谈国际公法，证明恰克图条约由袁世凯批准，当时并未要求议院同意，故中国无遵守之必要，今观中国政治大事，政府深愿和平解决此问题，惟议院有误会之处，故俄使提出之问题一时尚无眉目，假使议院诸人以前总统所行有碍中国利权，则欲求洗刷非尽废其所定条约不可。"

并在文中提出愿中政府良好解决此事："愿中国一时不易言此，且与各国查看条约亦非一朝一夕所能办者。故愿中政府转达两院反对俄使

---

① 《论蒙古宣布自主》，《远东报》1911年12月26日，第二版。

抗外蒙议员多加议会为无意识之事，且无法理不合又何必出此耶。"①

《远东报》涉及中俄两国就蒙古地区的相关时评可以反映出该报对于俄国企图侵占蒙古意图的掩盖，为沙俄营造一种与中国交好且从未有过侵占蒙古的想法的氛围。

除了以上经济、政治、军事、蒙古问题四个方面外，《远东报》也是沙俄在中国进行舆论引导的重要角色，该报涉及中俄关系的时评也是综合运用了其他报刊的观点作为支持，同时针锋相对地打压当时国人的拒俄言论。

首先是转述他报观点为己所用。

《远东报》涉及中俄关系的时评中，不乏引用他报观点来支持本报观点的文段，这种写法在一定程度上会增强观点的说服力。

1911年4月9日，《俄新时报论中俄冲突之解决》中提到："俄京最有价值之新时报论中俄解决冲突云，本报不以此次为俄国外交战胜中国，经两国和平了结冲突实为中俄人民之幸福。况两国为保全交谊起见，彼此认可，足能使向之假好，于中国挑唆执意反对俄人要求者为之寒心。固然此次未受售其隐计，尤觉不安，将竭力鼓动中国，使争执之各问题另生变动。然北京政界果能善于操守，使此次和平解决之冲突不为局外人插动，以期于中取利，如此中俄交际将更觉亲密也云云。"②文章中贯彻了《远东报》认为中俄两国和平乃是两国人民之幸福，并愿中国不要反对俄国的要求，在以后的交际中也不要让局外人插手以谋取利益的思想。

1911年4月13日《俄报再论中俄交涉之解决》一文中，转述俄京《新时报》对于中俄冲突解决一事的观点："俄京新时报论中俄冲突解决问题云，俄政府现已满意中国末次照复，从此战争之危机可若冰消雾释，两国边地之人民可无事惊恐，更无须乎彼此仇视，查中国照复原文，可信中国政府自此永守约章，两国互敦交谊，仍为善邻，实为中俄

---

① 《中国与外蒙》，《远东报》1916年8月30日，第二版。
② 《俄新时报论中俄冲突之解决》，《远东报》1911年4月9日，第一版。

第一章　俄报主导格局的形成

人民之幸福。"① 文章中写到，战争危机解除，中俄两国边界地区的人民便可安稳生活，并称俄方一面相信中国政府守约，此事实为中俄人民之幸福。

1911年4月27日《俄报论中俄冲突解决》一文亦是转载其他俄报观点，议论中俄冲突解决的报道。文章提道："俄国商务消息报云，中国外部照复原文颇为俄政府欢迎，虽然俄国条约权限问题尚未议安，然由外交界议定时必不至有碍中俄两国利权，此次中政府认可俄人一切要求，无所谓之胜负，不过各从和平一面解决耳。所希望者愿摄政王及执政人员洞观俄人素以交谊为重。此次电达驻北京俄使答复，满意中政府末次照会一事务，布告周知，以免互起猜疑，况中国得俄人满意照复，不受他人蛊惑，无战事之思想，实为中国之幸福云。"② 文章观点亦是对于俄国满意中国政府在冲突之后做出的回复，并且认为中国保持不与俄国起军事冲突的思想是中国的幸福。

在1911年10月16日《中国革命与国际关系》一文中，《远东报》借《俄国消息报》的"俄国向来不用强权思想处理国际关系问题以及俄国报纸反驳瓜分满洲"的观点来维护沙俄国际形象，文章说："近日西报多主持国际关系问题，用强权政策，俄国消息报颇反对此说，以为俄国向无此等思想。……况各国中凡与中国有商务关系，无不反对满洲封闭政策，是以英国外交界因谣传满洲分裂特通知德国，不念摩洛哥之旧战，共起保护两国利权，可见俄报力驳瓜分满洲之事，出乎时事所迫。"

其次是打压中国报纸的拒俄观点。

《远东报》经常以犀利言辞反驳中国某些报纸对于沙俄形象的诋毁。1911年2月21日《中俄冲突感言》一文中认为中国报纸与中国政府行为不相一致并非良事："正月二十日，俄政府以哀的美敦书照会中国，凡关心保全两国和平交谊者，闻之无不深惜此次照会是为中政府社会意料所及之事，惟中国报纸近时每载中俄将不免战争冲突，想各报东

---

① 《俄报再论中俄交涉之解决》，《远东报》1911年4月13日，第一版。
② 《俄报论中俄冲突解决》，《远东报》1911年4月27日，第一版。

洞观时局，将有国际冲突发现，因考察中俄一切政治交涉，华外部对于俄国在满蒙签约利权坚执己见。近两月来俄使一切照会外部概置之于不顾，显然外部不欲与俄使交涉，故演成交涉决裂现象也。"

对于中国报纸观点影响中俄关系起到的负面作用也一并阐述："总之中政府与俄人交涉之事，惟听报纸一面之词。近时华报当记载失实，甚至有无稽之谈谣言，故阅者以为俄国为中国之祸首，实为阻挠中国文明进步之罪人。"对于中国报纸仇视俄国的思想加以批判，对于中俄交涉起冲突的后果也加以描述："更愿中国各报向之激成决裂交涉者了然，若仇视中俄交涉果起国际冲突，必不利于中国，且使两国交际演成繁难现象。……若果起战事，失者在中国，而非俄也，惟不知政府报界赞成为何如耳。"①

1911年4月2日《中俄交涉问题解决》一文中对于中国报人素质进行诋毁，并对中国报纸散布言论的行为进行批判："今欲留意中俄交涉，不能不注意中国报纸及青年轻易举动，如中国报纸向不能与西报比较，其中多有素无历练或见解浅陋者也，如不实之谣传多认为实事，甚至道听途说亦载诸报纸，阅者易信以为真。前各报纷传俄国在满蒙进兵数千，于是各报互相抄录传遍全国，其实并无一兵入国界一步。总之各报见诚不远轻易登载无稽之事，不遑考其虚实，更不调查现在中国政治情形，于是中国报纸不能有最大价值。"举前日之例污蔑中国报纸刊登谣言实为无稽之谈，并称中国报纸没有最大价值。

文章继续对中国报纸与中国青年只知以热心救国的行为予以否认，认为中俄双方只有保持和平交谊，两国才能更好地发展："况中国百废待兴，繁难问题不知几许，尤须不可浮躁用事，是以中国各报及青年只知以热心救国为主义，无暇计及国事如何也。现在中俄两国已然极力解决两国冲突，仍未破坏善邻之本旨，足见中政府操守和平得渡过危难时代，然不能不希望两国照常和好，永远保全两国邦交，岂非亚东之幸耶。"②

---

① 《中俄冲突感言》，《远东报》1911年2月21日，第二版。
② 《中俄交涉问题解决》，《远东报》1911年4月2日，第二版。

第一章 俄报主导格局的形成

1911年4月6日《瓜分中国之谣传》一文中就中国报纸对外人瓜分中国一事严厉指责，认为中国各报将中国前途看得如此悲哀，并称各大国在中国仍是极力保全中国自主的。"近时中国各报纷传，日本议决要求中国延长远东租界期，于是各报咸以此举为外人瓜分中国之起点。然不解中国各报何所见而为中国前途如此悲哀也。本报以为各报如此言论颇不近理，盖近时各大国在中国举动，每有赞助思想，更极力保全中国自主。"

文章中又对中国报纸散布言论的态度提出质疑："本报洞观时局，如此敢谓各报大惊小怪，毫无根据之言也。试观前曾谣传俄国谋归并满蒙，而今两国冲突竟能和平了结，显然前日之言，俄人有侵略政策者，未尝不出乎臆度之词。"

最后，该报还提出愿各报力求事实真相，不为流言所惑："今愿政府、社会以及北京上海各报勿河汉斯言，从此力求事之真相，不为流言所惑，勿以俄人一举一动咸有谋中国思想，殊不知与实事不同。顾主持此说者为之留意焉。"①

1911年4月15日《报界传言之非》一文中，《远东报》对于中国报纸声称俄国官员虐待中国民众的观点予以反驳："近日北京上海各报对于阿穆尔移出游民问题又起愤嫉思想，本报迭次记载此事，声明移出者皆为无业之游民，万不能以此法行之于阿穆尔，视为商工界良民或公正之华民也。惟各报不问事之如何，但一味痛诋俄人之无理。……由是观之，北京上海各报深责阿穆尔俄员虐待华民者，亦未免不察实际矣。"

文章中还列举阿穆尔总督在威埠面见华商时所表现中俄双方深厚感情的现象来反驳中国报纸对于俄国所抱成见："试观日前，阿穆尔总督在威埠面见华商时声明，彼与华人感情深厚，至于移出俄境之华民，惟施之于无业者及可疑之游民耳。想中国各报一早有所闻，若对于此问题仍抱其一己成见，则显系故意作此记载，以期中国南北人民仇视俄人

---

① 《瓜分中国之谣传》，《远东报》1911年4月6日，第二版。

而已。"

对于中国报纸宣扬仇俄思想并污蔑俄国人在北满的行为，文章也一并予以反驳："惜近时各报极力鼓吹此等主义并诬举俄人在北满一切野蛮举动，以求社会上认可俄人为中国仇敌者在报纸一面之思想耳，其不遗余力鼓吹社会排俄思想者，吾不知其意云何。殊不知欲求激成仇视之结果，匪特将来再难做亲睦之友邦。"

文章还告诫中国报纸中俄两国和平共处对于双方皆是好事："愿各报详细思之欤，中国与俄国战争为愈欤，抑两国共处和平为中国之幸福欤。世有辨别此问题当及早求之，否则为各报酿成仇不可解之，事后再悔之，恐无及矣。"①

1911年6月25日《中俄两国之交涉》一文中，《远东报》对中国各报描写俄国对于中国的强权政策极为不满："据近日各报对俄国之一举一动莫不关心、注目，每日必著论描写俄国对于中国之强权，及不久即在满蒙大施其各种奸谋等事。"

并对中国报人的素质提出质疑，认为中国报纸的观点与态度皆是受西方影响，并称此种行为的结果便是外国较之中国获利更多："据各报之意，中国之否泰仅关于俄国之方面，倘若今而无俄国立于世界，中国亦绝不至如现在之困难也者。想阅报者亦必有所感触，然各报论说关于中俄之交涉问题，本报已屡指其纰缪，查其所以至此错误之故，因中国报纸无多对于议论外交之事，循在中国所设置之各西报之意旨，此等无经验无知识报纸不觉已入外国各报之义中矣。其结果有益于外人在中国之利益者实多，于本国之人则反受其害。"

文章继续对中国报界进行批判，认为中国报纸对于外交问题并未有任何高谈阔论，并称中国报纸长篇累牍议论俄国，却不提英国、法国、德国、日本等国的观点，批判中国各报抑此扬彼的态度："今观南北各报于外交问题未有何高论，至外交之困难，满洲蒙古西藏扬子江以及四川等处均受同等之困难也。然各报每日成篇累牍惟论俄国之事，并未有

---

① 《报界传言之非》，《远东报》1911年4月15日，第二版。

第一章 俄报主导格局的形成

议论英法德日等国者,不知各国在中国之利益并不略少于俄国。其于中国之可危,各国与俄亦在同等之地位,于此可见,各报不免有抑此扬彼之弊矣。"

并在文中继续表明中俄交恶只会给他国以可乘之机的观点:"今各报为以激俄为尽国民之天职,不查历来中国与俄为难之事,孰人实受其害。须将往日之过失详为翻查,无再令其发生,以致中俄两国徒争执之,而他国于中取利也。"①

对于攻击俄国的后果,《远东报》也作出假设,认为中俄交恶对于中国而言损害更大:"倘若各国如此攻击俄国,不幸而起暴烈之事,惟中国受其害。好勇爱国之心,世人固尊之敬之,然必出于正当也,中俄两国之交涉,倘一不慎,必有星火燎原之虞,以致中国全国受其害。今各报宜设法维持,勿令其罹此祸为幸,然甚惜各报未必具此精神具此魄力耳。"

1911年7月18日《中俄两国之关系》一文中,《远东报》就中国报纸仇视俄国的原因作出解释,认为各报实为不知俄国内情:"北京上海各报每评论中俄两国问题,其内容专以仇视俄国为主义,然又无一定根据为出乎测度之词,抑或因不解俄国实在情形之故。虽然中俄往来交涉300余年之久,中国多不知俄国内情,更有多数人民不知俄国位于某洲,虽有研究者,不从实际入手,惟就无稽之谈引以为实事。"

文章中对于中国报纸攻击俄国及鼓动愚民抵制俄国的行为进行批判:"至于俄国,报界社会亦常谓中国仇视俄人,并预备与俄国开战等语,考其由来,不过因中国各报每每攻击俄国,社会上亦无端煽惑愚民抵制俄国。然则今非昔比,不能专执一己之成见而不顾虑国际大局,惟知逞其私愤而已。"

对于中国报界记载俄国相关事宜所用之痛骂手段以及此行为对于中俄交涉会造成负面作用,文章也一并指出:"试观报界社会从未有推究中俄关系能就实事上而判断也,其记载关于俄人之事,无不以痛骂为得

---

① 《中俄两国之交涉》,《远东报》1911年6月25日,第二版。

计，未尝见其实事求是，可见中俄交涉之恶劣亦非无因也。总之中国各报至今未尝致力研究中俄关系如何，不过抱其多年成见，任意评论是非，以致中俄交涉日趋于繁难。"①

文章以上海《民立报》发表支持中俄和平言论为例，指出了中国报界应有之态度："近月七月初六日上海民立报揭载中俄问题当从和平上解决，然该报亦向来主持反对俄国者也，而今参透国际大局，以为势有不得不如此者。……固然此次民立报和平言论对于素知中俄亲密颇能振兴内政外交者无足奇异，惟中国报界社会向以仇视俄国为主，必期中国在远东失败而后，可今得该报公论不啻阴雨中霹雳一作，然大放光明矣。本报因民立报如此评论中俄交涉，不能不为之首贺，并愿他报深知中国仇视俄国于国家在满洲利权之大害，亦当就国际大势秉公而论。"②

总而言之，《远东报》对于中国报纸观点的反驳，不外乎以下几点：认为中国报纸报道不实言论对沙俄造成负面影响；批判中国报纸煽动仇俄思想并报道沙俄侵华言论。对于中国报纸应有之态度，《远东报》亦多次提及：中国报纸对中俄两国的关系应是以两国敦固邦交为主。

《远东报》对于中俄关系的时评，不乏对沙俄侵华行为的掩盖，对于中国报纸仇俄言论也一并进行批判。《远东报》的发行量决定了其受众范围，其对中俄关系的不实报道也在一定程度上影响受众对于沙俄真实目的的了解。

三 《远东报》与黑龙江经济社会发展

《远东报》是黑龙江第一家中文日报，到五四运动前的14年间，黑龙江先后出现各种中文报刊共45家。其中出版时间最长、社会影响最大的也是《远东报》。③《远东报》能在特殊的历史时期在黑龙江出现，最重要的原因是中东铁路的开通。《远东报》是在中东铁路修建通

---

① 《中俄两国之关系》，《远东报》1911年7月18日，第二版。
② 《中俄两国之关系》，《远东报》1911年7月18日，第二版。
③ 林怡：《黑龙江的近代新闻事业》，《新闻大学》1994年第2期。

第一章 俄报主导格局的形成

车后创办的,一方面,《远东报》是为沙俄侵略者的侵略行为服务的,包括为其许多丑恶行为辩护掩饰。另一方面,中东铁路建成通车后,大量资本和俄国人涌入哈尔滨,为了满足俄国人的生活需要,《远东报》承担起报道物价、汇率等重要信息的任务。第一次世界大战爆发后,沙俄陷入欧洲战场的泥潭并产生财政危机,《远东报》记载:"月余以来鲁布价格成一种平稳状态,每百鲁布兑换小洋在十七八元左右无甚出入。乃昨一日之间忽大跌落,其最低之价格每百鲁布仅换小洋十五元有奇,数据一般只推测将来仍是愈趋地下云。"①

中东铁路的建成,为哈尔滨带来资本、人口,还传播了文化知识。由于长期处于闭关锁国的状态,中国的科学文化知识远远落后于西方国家,中东铁路的修建通车客观上为哈尔滨带来了先进的西方文化知识。许多中国学生在中东铁路创办的学校里获得了新知哲理,晓得了声、光、化、电、天、地、生、医,了解了在"儒道"之外还有民约论、进化论,在孔孟之外还有卢梭、达尔文,而这些对于当时大多数中国人来说,却是茫然无知的。②而传播这些新知识、新科学的媒介除了书本之外就是报纸,《远东报》在这方面起到了重要的传播媒介作用。

由西方人创办的报刊中,有《察世俗每月统记传》这样的宗教报纸,也有《申报》那样的商业报纸,还有政治色彩浓厚的《东西洋考每月统记传》。《远东报》的目的相对于其他在华外报很明确,就是成为沙皇的喉舌,为其侵略进行宣传。

《远东报》在宣传沙俄思想、为侵略造势的同时,催生了国人办报。被外报聘请的国人从办报过程中学会了诸多新闻采编业务等办报知识,为国人办报培养了第一批新闻人才。依旧志所载,在《远东报》创办之时,吉黑两省多数人"还不知报纸为何物",因而作为普通民众的传播媒介,其影响是深远的。如前文所述,《远东报》主笔顾植因"毫无言论之权"于工作一年后到吉林办报,"历时二十多年,成为吉

---

① 《远东报》1918 年 7 月 13 日。
② 石方:《中东铁路的修筑对哈尔滨经济社会发展的作用和影响》,《学习与探索》1995 年第 4 期。

林省城最有名望的著名报人"①。《远东报》对于东北新闻事业的发展在一定程度上起到了刺激和促进作用。

随着《远东报》业务的逐渐扩大,中东铁路沿线各大车站还有列车上均有零售《远东报》,除了刊载必要的商业信息外,《远东报》还报道时事政治。在1917年十月革命之后,随着沙俄帝国主义的倒台,《远东报》开始走下坡路。

19世纪末20世纪初,中国正处在被列强瓜分的时期,中国的东北地区主要由沙俄和日本两大帝国主义势力控制,中东铁路与《远东报》正是在这一时期出现的。如果中东铁路的修建被称为经济政治侵略的话,那么《远东报》则属于文化侵略中的新闻侵略。历史上在华外报都是充当帝国主义国家对外侵略的喉舌,《远东报》也不例外。在华外报本质上虽然是一种文化侵略行为,但是作为早期中国报纸的重要组成部分,促进了中国近代报刊的转型,推动了中国近代报刊的发展。同时,在华外报也传播了一些先进的思想和科学文化知识。作为报刊资料,《远东报》也比较全面地反映了东北地区早期的经济政治文化活动。

第四节 逐渐发展的黑龙江国人报刊

从整个近代中国新闻事业的发展历程来看,东北落后于关内,而在东北地区,黑龙江又落后于辽宁、吉林。黑龙江地区的国人报刊是在以俄报为主的外报带动下和清末地方政治变革促进下发展起来的。

最先在东北出版的俄文报刊,曾聘用华人参与办报,如日俄战争前在旅顺《新边疆报》任职的沈阳人刘德,营口《满洲新闻》中文版主编韩杰,战后曾分别在吉林与黑龙江省城创办报刊,成为东北国人报刊中第一批报人。《远东报》对东北国人报刊的影响尤大。这些报刊都曾利用华人当编辑、记者,甚至主笔,版面编排及新闻文体等都仿效京津沪等地报纸,在办报业务上对东北国人报刊有直接示范作用。它们的报

---

① 田雷等:《论哈尔滨近代化外报格局的形成和影响》,《哈尔滨学院学报》2010年7月。

第一章 俄报主导格局的形成

道时常被转载,有不少被聘者另行创办或转入国人报刊,其中有些后来成为东北著名报人,如《吉长日报》社长顾植、哈尔滨《国际协报》社长张复生、《大公报》天津馆副经理傅立渔等,曾分别任《远东报》《盛京时报》《泰东日报》担任主笔与论文撰述。

黑龙江近代国人报刊,最早的创办时间晚于辽吉两省,总数也少于辽吉两省。清朝末年省城齐齐哈尔仅有一两种册式官报;现为黑龙江省城的哈尔滨当时属于吉林省区划,国人报刊创业艰难,而且迭次遭受沙俄势力的排斥与破坏。至辛亥革命时止,两市的国人报刊先后不足10家,且为时都不长。

一 辛亥革命前黑龙江国人报刊

国人在哈尔滨创办的第一家报纸是《东方晓报》。1907年7月19日创刊,为每日出版的"拒俄"报。1900年,沙皇俄国乘"八国联军"进攻北京之机,出动十万大军侵占东北,并违约拒不撤军。1903年,我国各地爆发了声势浩大的"拒俄运动",深受俄军蹂躏的东北各地国人纷纷成立"仇俄会""抗俄铁血会""义勇队""自卫军"等组织,反抗俄军入侵。"以山东籍居多"的哈尔滨华人,当时曾设拒俄的"自保会","期以守望相助,不复受俄之压制"。同时,中东铁路的"中国劳工,素伏于俄人之下,若奴隶然,近日忽一变故态,无论何事,皆喜与俄人相抗,俄人苦之"[①]。

日俄战争后,沙俄将其在南满特权转让于日本,退居北满,并以哈尔滨为其殖民统治的中心城市,擅自成立了由俄国人组成的哈尔滨自治公议会,严重侵害了中国主权。《东方晓报》就是为抵制沙俄殖民机构的报纸而创办的。

《东方晓报》创办者奚廷黻,字少卿,原籍安徽黟县,曾留学日本,1900年到哈尔滨,任吉林交涉局职掌文书的小官,后因"丁忧"而"候选",创办报纸时的身份是"丁忧候选府经历"。在哈尔滨,他

---

① 杨天石等:《拒俄运动》,中国社会科学出版社1979年版。

目击沙俄报纸侵犯我国主权与内政忧心忡忡，曾上书官署说："报纸为开通民智、启发新机之方针。欧西文明之报馆林立，哈尔滨为吉江两省之中心点，近来俄文报馆已有三处，而铁路公司又特设远东华文报馆，独我中国报馆阙如，亦无筹及于此者。彼之报纸每日与我政治权限隐相干涉手段，颠倒是非，混淆黑白，则我自不可以人之耳目，自当速设报馆以期抵制。"①

奚廷黻的禀请得到哈尔滨关道杜学瀛的批准，并征得哈尔滨商务总会的支持，组成了《东方晓报》董事会，共同决定实行官督商办。奚廷黻"仗策公门"，多方奔走，共集资12456卢布（其中有黑龙江省署认购官股50份，计俄洋5000卢布，吉林省署也认购了官股，数目不详）。② 报馆设在中东铁路附属地界外的傅家甸（今道外区，时为滨江厅）。奚廷黻亲自动手，"租赁民房，延主笔，购机器，招手民（捡排工人），订访友"，历时半年，"一切规模具备，开办有日"。不料，1907年4月上旬，"傅家甸火警，将报馆房屋、机器、纸张焚毁一空"。奚廷黻不甘心前功尽弃，在废墟上收拾余烬，加上杜学瀛极力维持，"复经筹及款项"，使《东方晓报》终于创刊。③

《东方晓报》与当时各地日报一样每周六刊，对开四版，以"研究政治实际，供当道采择，改良东省习惯，导社会先河"为宗旨。④ 报纸内容"暂分十一类"，即谕旨、社说、要点、时评、新闻（一紧要、二内省、三东省、四本埠、五边事、六外洋）、译件（一西报、二东报）、小说、白话、来函、答问、市况报告及广告，与当时国内报纸略同。期发数千份左右，其中由黑龙江省官署派销300份，吉林省署派销200份。零售每份4分，月价1元，半年5元，全年8元。⑤

---

① 《东三省总督徐世昌、暂属黑龙江巡抚程德全为派销〈东方晓报〉的札》，黑龙江省档案馆编：《黑龙江报刊》，1985年编印，第149页。
② 《东方晓报社开办总纲》，黑龙江省档案馆编：《黑龙江报刊》，1985年编印，第150页。
③ 《东三省总督徐世昌、暂属黑龙江巡抚程德全为派销〈东方晓报〉的札》，黑龙江省档案馆编：《黑龙江报刊》，1985年编印，第149页。
④ 《东方晓报社开办总纲》，黑龙江省档案馆编：《黑龙江报刊》，1985年编印，第150页。
⑤ 《东方晓报社开办总纲》，黑龙江省档案馆编：《黑龙江报刊》，1985年编印，第150页。

第一章　俄报主导格局的形成

兼任经理与总主笔的奚廷黻,比较重视对采编人员的培养与管理。当时"报律屡定未颁,编辑无从标准"。他针对《远东报》"所请者心术不纯者属多数,而学术芜浅,下笔不衷,论理学以为断"等弊端,要求本报同仁"总以平心论事,力谋社会公益为归",并分别向采编人员提出"必须摒绝者数事",即采写者不能"大言欺人""危词耸动""混淆黑白""讪谤怨望";要编者不能"不知取裁""有意诬陷""贡媚取悦""营私舞弊"①。这两个"四不准"为此后哈尔滨"拒俄"报纸一直遵行,从而保持了其严肃报纸的品格。

《东方晓报》创刊前,奚廷黻即申明该报"专为抵制《远东报》而设",因此《东方晓报》"出版以后,两相对峙",时常进行笔战。《远东报》对于我国国事的报道,特别是地方新闻"稍存偏袒",《东方晓报》都及时"得而纠之,其于吉江(两省对俄)外交,不无小补",而《远东报》却视之为"眼中钉",极力进行排挤。

在与实力雄厚的《远东报》抗争中,《东方晓报》心有余而力不足。一是"敝报资本微不如其万分之一";二是当时吉江两省"无论穷乡僻壤,编户齐民固不知报纸为何物,即城镇殷帐之区士商号称开通者,亦且不识报界与地方之关系",扩大发行与召登广告都较困难,出现亏空。

为使《东方晓报》坚持按期出版,奚廷黻自办了印刷厂,企望以代印业务收入补充办报经费的不足。杜学瀛却以其争得官股为借口,派人到该报任"庶务所经理",掌管财务,同时还"处处以官力压制"奚廷黻。杜学瀛经营不善,"诸与原定宗旨相悖,入股者裹足不前",该报亏损更加严重。据杜后称:"通盘核算,亏赔俄洋一万八千卢布之多,因饬暂停出版。"在杜学瀛因"颓靡自私,罔知政体"被革职而解任之前,他还曾下令拍卖印机与铅字,以图"充彼私囊"②。《东方晓报》于1908年1月终刊。

---

① 《东方晓报社开办总纲》,黑龙江省档案馆编:《黑龙江报刊》,1985年编印,第150页。
② 《滨江日报社承办员奚廷黻为经营苦难请赏津贴的禀》,黑龙江省档案馆编:《黑龙江报刊》,1985年编印,第160—161页。

《远东报》幸灾乐祸，不时刊文耻笑奚廷黻。奚"心火如焚，痛旧业之不舍，日思有所振兴"。"热心时务"的滨江厅同知何厚琦，十分惋惜《东方晓报》不幸遭遇，他"鉴于《远东报》之狂悖，协力赞助筹备成本四千卢布"，并"由该厅按月津贴三百元"①。奚廷黻仍就《东方晓报》旧底，于1908年12月23日（农历十二月初十），重新出版了《滨江日报》。

《滨江日报》每日对开一大张半，为争得吉江两省官署资助，"专以辅助吉江两省政界机关为宗旨"②。但创刊之后，即"与《远东报》建对峙之旗"，继续抵制《远东报》，对该报在路矿、市政、禁粮、航业、界约等方面的捏造，都及时予以驳斥。1909年8月5日，《滨江日报》揭载俄军渡松花江，在中东铁路界外的马家船口岸登岸，强迫富华制糖公司停工，引发我国官民强烈抗议。沙俄当局及《远东报》力谋扼杀该报。

奚廷黻为了更加有力地抵制《远东报》，一方面奔走吉江两省官署，请求增加津贴和派报数量；另一方面"急增（报纸）章幅"，并"重加组织"报馆内部，同时广泛采用各地通讯社消息，使《滨江日报》版面"材料较丰富，见闻亦较为灵通"，社会影响越来越大。1910年9月，该报主笔周浩赴南京参加中国报界俱进会成立大会，结识了上海《申报》和《神州日报》等报许多报人。

就是在这个时候，《远东报》姚岫云，挑拨利用《滨江日报》的内部矛盾，取代奚廷黻接管该报。姚岫云原在道里商会任职，因"吞款及万，被会中驱逐控追"③，于走投无路时投靠《远东报》，充任该报新闻编辑。由于该报的庇护，他逃脱了惩罚，吞款也未退回。但他胸无点墨，不能胜任编辑工作，后商务总会总经理换人，他狐假虎威到道外商务分会充任"坐办"，主持分会日常工作。于是利用职权操纵《滨江日报》股东大会，诬指奚廷黻"盗卖"印机与铅字，将奚廷黻关押。然

---

① 吉林省档案馆藏：滨江同知章绍洙1910年转详滨江日报社情拨款接济事。
② 吉林省档案馆藏：滨江同知章绍洙1910年转详滨江日报社情拨款接济事。
③ 长篇通讯《东陲公报被封之悲愤录》，上海《申报》1911年4月3日、4日。

第一章 俄报主导格局的形成

后以商务分会代表的名义，出任报馆经理，新办《东陲公报》。《远东报》不费吹灰之力扼杀了"拒俄"报纸《滨江日报》。①

1910年10月3日，《东陲公报》在《滨江日报》原班人马基础上创刊。戈公振《中国报学史》称其为《东陲新报》。《东陲公报》仍为哈尔滨商务总会主办，经股东推荐道外与道里商务分会代表姚岫云、游家铨（少博）任经理，分管财务与发行。姚、游二人都不谙办报，姚岫云"置报纸于不顾"，却一心"尽行攫取"非他分管的报馆财务大权。采编业务完全由周浩主持。

周浩字少衡，贵州贵阳人，原《滨江日报》副主笔，在报上与《远东报》多有交锋。此前，虽然他对奚廷黼"办理报务种种不善"也有所不满，但坚持"拒俄"，"抵制《远东报》"的初衷不改。② 1911年，哈尔滨中俄当局相勾结，派警察查封《东陲公报》，是1911年影响较大的新闻事件。

当时中国报界俱进会接到东三省报界公会关于《东陲公报》的求救电报，"当俱进会公议发电东督及哈尔滨道"。电报原文如下：

> 奉天督宪钧鉴：东陲报触俄人怒，郭道既令停刊，又派兵围守。谨查中外报律无此办法，乞电郭道释围，秉公核办，以维言论。
>
> 中国报馆俱进会
>
> 哈尔滨道台鉴：东陲报触俄人怒，既令停刊，又派兵围守。谨查中外报律无此办法，乞即解围，秉公核办，以维言论。
>
> 中国报馆俱进会③

吉林巡抚陈昭常发电责问吉林西北道台郭宗熙时，才将围困《东陲公报》报馆警员撤走。商会立即送来了柴米给经受两昼夜饥寒交迫的

---

① 《远东报》1910年9月连续报道。
② 1910年9月吉林西北路道呈报《滨江日报》改名《东陲公报》出版日期请立案事。
③ 黑龙江日报社新闻志编辑室：《东北新闻史》，第94页。

报人。3月18日，陈昭常电示郭宗熙说："应饬姚经理将周浩即速辞退，毋任久留滋事。"①《东陲公报》至此被中俄反动政府联合扼杀，报人周浩被迫离开哈尔滨。

《东陲公报》被封禁前几天，沈阳《大中公报》3月6日也被军警捣毁。中国报界俱进会除发电抗议外，上海《神州日报》3月17日还刊载社论《论摧残报馆之适以速亡》，抨击东北当局。

3月17日，上海《神州日报》发表社论《论摧残报馆之适以速亡》。文中抨击郭宗熙等东三省官吏：

> 今日故国外患愤兴之日，而官吏乃与人人舆论为难也。比如奉省巡警之摧残《大中公报》，哈尔滨郭道之摧残《东陲公报》，乃连翩而至，并出于今兹之时，此其事固可异者也。夫外患方棘，东三省又方为首祸之区，果使官吏有丝毫为国之心，固当百加护惜，以图苞桑之系。顾今报馆之被摧残者，旬日以来，事乃迭发不绝，而皆起于东三省。然则东三省之官吏之用意，殆欲将此一线未亡之人心，与其绵绵辍仅存之舆论，锄之而去，以为敌人先驱之慧乎！②

关于此次沙俄殖民者勾结中国当局查禁《东陲公报》事件，引起了全国舆论的强烈反响。上海《申报》于4月3日和4日连续刊载长篇文章《东陲公报被封之悲愤录》，详细揭露此次事件的过程。③ 后来关于此事件的研究大多根据此报道。特引述如下：

东陲公报被封之悲愤录

哈尔滨之东陲公报于二月十二日"晚十二钟"由吉林交涉使

---

① 吉林省档案馆：郭宗熙与陈昭常电报原件。
② 黑龙江日报社新闻志编辑室：《东北新闻史》，第94页。
③ 黑龙江省地方志编纂委员会编：《黑龙江省志·报业志》，黑龙江人民出版1993年版，第28—29页。

第一章　俄报主导格局的形成

前述西北路道郭宗熙饬京剧论令停刊当由主笔周浩询问获罪之由,谓系俄人要求致是夜即派警兵多名将馆内外把守白书手犹持枪如封待就擒之胡匪,不许编辑房之人出门,有误犯者即以枪指其身而发拦阻之词,友朋过访复不准入,免致走漏消息,此亦封禁报馆未有之怪相也。

郭宗熙对封禁报馆传谕者系傅家甸巡警二区区官王武功,至十三日全馆之人因不能出外购买柴米以御饥寒,由周君电话问锢闭之理由,王当赴防疫局见郭宗熙(郭是时适在防疫局,平日畏疫症传染主宰俄租界)请示办法,郭曰:"俄人现在痛恨若辈,欲得其肉而食之,倘令若辈外出俄人得知彼与政府交涉,且我之出此原以俄人将电报拟好欲向北京发去,幸我得信尚早故先行下手,今稍姑息则前功尽弃,不得俄人之欢心则未来之事盖难矣,宁可使文士埋怨不可使外人生气,汝可饬巡警戒严晚间尚回租借与俄人会议对待若辈之法王奉谕后即赴馆转告周君少安毋躁。"周君答曰:吾辈或打或杀郭宗熙何不自行主持乃欲听令于俄人,凡有血气者闻之,俱必羞死。王默默退不知若何回复郭宗熙。

俄人在北满之势力以哈尔滨为集中点,官府昏昏国民昧昧,俄人种种之阴谋毒计及违背公法之蛮行从无人道破,自东陲公报去年九月出版保定对外宗旨记事立言俱能搔着痒处,于是俄人畏之如虎。其国首相屡次发电东清铁路总办问东陲公报探有俄人秘密消息否,彼国阿穆尔边防军派人赴蒙古招远,蒙兵以作夺取蒙古之前导取道哈尔滨直问呼伦贝尔而趋,忽为东陲公报揭载立将所派之人撤回,然此犹事之权获去东陲公报拒绝之词纸,为之满激励官民之心不肯退让,俄人始行作罢,惟其心终未甘租借内有远东报者为俄人行使缱绻之机关。由东清铁路公司年掷数万金钱以维持之。其主笔为浙江钱塘人连梦青(在上海办理南方报事阿附奸人为公论不容,遁至哈尔滨),俄人遂令日作诋毁东陲公报之词,无如理不能直东陲公报驳之辄败北。延至腊月乘东陲公报在年假休刊之际,连梦青忽大发谬论谓主权轻而疫情重,尽可与外人合办防检之事,今正东陲公报许看后复加痛斥并将连之历史和盘托出，连逐日请其外国主人翁要求郭宗熙从严干涉之，东陲公报编辑人员不受，全体告退，郭宗熙险喜其省事盖报既无人办而媚外之道尽矣，无如议事会及董事会群起挽留编辑人员记事立言之宗旨仍不稍改日撰有《讨远东日报奴檄文》檄文一篇甫及三日而封禁实行矣。

东陲公报之悲愤录（续）要求干涉于驷兴

前任西北官道于驷兴尚有硬性，当俄人要求防检傅家甸疫祸时，东陲公报拒绝之东清铁路公司及驻哈俄国领事前后照会计有七道，于驷兴俱以言论自由驳覆之后，又电请俄使向外务部交涉外务部发电严斥于驷兴仍力为保全，未几竟被撤任，其原因实在于斯。郭宗熙即替于驷兴之后被先任延吉边道以媚日得升交涉使将吴禄贞（前吉林边务总办）所苦心经营者尽拱手让之日人，今在哈尔滨仍袭延吉之故智，故俄人恨东陲公报不得不立为封禁，惟郭宗熙初亦惧众情不服，曾迭传东陲公报经理人姚岫云问对待绅商之法，姚岫云告以小民疑虑无敢，显然与大人为难者于是郭宗熙之意始决。

姚岫云者本声名恶劣之小人，在租界商会办事吞款及万被会中驱逐。控追不得已向远东报运动俄人留之馆中编辑新闻，得此逃脱，所吞之款竟未追出，及商会总理换人，俄人遂辞退之，以其不胜编辑之任也。嗣居傅家甸，逢迎前任滨江厅何厚琦，其间亦有商会，而会中之人皆忠厚有余。何厚琦硬派为坐办及东陲公报开办，遂夺得经理之席，租界商会则举游少博为经理。东陲公报本商办性质，租借股本较傅家甸为多。但是议定由姚岫云发行报纸，而游少博则专司财政及出版。无几姚置报纸于不问。惟将财政发行攫去侵蚀，不可以数计，从未与人算账。馆内手民工资馆外访员薪水亦陆续拖欠。编辑人员颇非之，于是遂生意见。恐郭宗熙之清查也力谋讨好，故封禁东陲公报与之言及，百依百随，并藉以酬报俄人从前庇护之恩，当事未发表俄人曾命连梦青赴姚岫云处探信。姚岫云告之曰："皆矣，议事会及董事会曾得此恶消息，咸向姚岫云力争，姚岫云不

第一章 俄报主导格局的形成

听众商家婉讽之，亦逆其意而不从，反观至警局促之速行否则为时已晚，东陲公报尚须多延半夜生命至十四日，编辑人员得间派人背警兵破窗而出，始一面发电东三省报界公会一面发电吉林巡抚电局处不肯收后期总理吴树甫君以事关公愤一力承担得以立时发出，至十五日由吉林巡抚电告郭宗熙干预。郭宗熙警兵撤退，有商会送柴米济急然已受饥寒二整夜有余矣，现郭宗熙仍不能容饬周君率同编辑人员出境，姚岫云则为之献策舆论大哗。另聘编辑人员续谋出版以作郭宗熙之机关，从而抵舆论此东陲公报被封之始末也。"

为了平息报界公愤，郭宗熙唆使姚岫云致电沈阳《微言报》等报馆，"谓该报系自行停刊，并无勒令情事"。但是欲盖弥彰，被《泰东日报》直接戳穿，"既系自愿停刊，何以兵为，其自相矛盾不言而喻，为过道台之使可知矣"①。

周浩事后曾希望复刊《东陲公报》，但当局害怕他"久留滋事"，最后不得不愤然南下上海，民国初年在那里创办了在近代中国久负盛名的《民权报》。而在哈尔滨，道外商会一度曾创办《白话醒民报》与《哈哈画报》，但为时都很短，影响甚小，难以打破俄国报刊对全市的新闻垄断。

清末黑龙江仅有200万人口（2028778人，不及吉林省558万人的半数，甚至不如辽宁省1213万人的零头），省城齐齐哈尔建于清康熙三十七年（1698），长期为黑龙江将军衙门所在地。但第一家报刊官办《黑龙江公报》于1908年才创刊，它是黑龙江末任将军、首任巡抚程德全饬令创办的。

程德全在日俄战争后，颇思振兴黑龙江。他提出发展实业，兴办教育，整顿军队，"无如旗署人员风气未开，语以维新诸务，不但茫然不知，而且以为怪，相悖而驰，办理逾形棘手"②。为此他奏请清廷批准，

---

① 关于《东陲报》的报道见《泰东日报》1911年3月31日。
② 黑龙江省档案馆藏：《程中丞奏稿》。

从奉天、安徽、湖北、江苏、广西等省及清政府现职官员中，抽调 20 多人到黑龙江，充实巡抚衙门及学堂等，其中有些人后来未曾参与办报。

1907 年初，程德全派候选通判韩杰东渡日本采购印刷机，并在北京聘请了 5 名印刷工人。韩杰时任省城同文学社社长，曾在营口主编《满洲日报》中文版，接受了一些西方新闻学理论，如视报馆为"贵族、教会、平民三大种族外，具绝大势力而为第四种族"①。因此，他建议创办《龙江公报》，"官倡商办"，每周 6 刊，"有言论自由之权"，其"与全然官报性质不同"。状元出身的省提学张建勋，反对韩杰的主张，提出"既用官款办理，宜正名《黑龙江官报》"②，报纸内容应"专就本省情形，却空言而纪实实政，每月三册"③。程德全依张所言出版官报，但报名却仿《东三省公报》，定名《黑龙江公报》，任命张建勋为官报局总办、张国淦为专办，同时选派韩杰、林传甲等 10 余名现职文官兼职办报。④ 并附出双日刊《白话报》。

官报局专办（总编辑）张国淦（1876—1959），字乾若，号石公，湖北人，清末举人，内阁中书。他在芜湖看护病母时，应上海《沪报》征文投稿三篇，分别论述日俄战争后东北三省的政务与边防问题，辽吉两篇见报后，被奉命主持宪政编译馆的恩师宝熙召为馆员，于是他将论述黑龙江的文章改呈程德全，程阅后大为赞赏，专奏请将张调至黑龙江省主管官报。⑤ 该报创刊前，清政府礼部与宪政编译馆分别指名调他晋京。程德全两次奏请清廷挽留，终获"朱批：仍留龙江"⑥。

由巡抚衙门拨款 2000 多两银的《黑龙江公报》，筹办将近一年，于 1908 年 1 月以书册形式创刊，每月 3 期，期发 500 份。⑦ 该报"以开

---

① 黑龙江省档案馆藏：1907 年《龙江公报创设缘起》。
② 黑龙江档案馆藏：1907 年提学司为创办公报给黑龙江巡抚程德全的呈文。
③ 黑龙江档案馆藏：1907 年提学司为创办公报给黑龙江巡抚程德全的呈文。
④ 程德全 1907 年 10 月委派《黑龙江公报》编译、编辑、校对各员的札。
⑤ 《民国人物志》第 2 卷，中华书局 1980 年版。
⑥ 黑龙江省档案馆藏：光绪三十二年十月十五日程德全奏留张国淦获朱批照准给提学的札。
⑦ 黑龙江省档案馆藏：光绪三十二年十月十五日程德全奏留张国淦获朱批照准给提学的札。

第一章 俄报主导格局的形成

通本省风气,俾官绅士民明晰要政,内地各省借以洞晓边情为宗旨"①,但所设栏目除译述外,余皆谕旨、奏章、辕门抄、专件等文牍,既没有新闻,也没有评论。第一期出版后,官报局内部并不满意。早年馆藏档案中有4则楷书评报小纸条,提出了一些改进办法。这是东北报界仅存的即时评报,原文抄录如下:

> "奏章"一门仅列本省取材,未免过狭。现今举行新政,凡京外奏章有关系于外局者,及与该省有直接关系者,如奉天、吉林、直隶等省所出之奏章,及中央政府议覆该省之件,均宜采取。
>
> 命名公报,即仰体谕旨、庶政公诸舆论之意,则登载之牍不必仅取官家文告。凡该省官绅士民具有特识者,或条陈时事,或有要闻函寄报局,均宜酌采,即另列"舆论"一门亦可。
>
> "要政附录",实属赘疣。凡奏章文牍所采取者,均有关于要政,内而各部章制,外而各省要件,宜分别列入。"奏章""文牍"不必另立"要政附录"一门。既郑重又称之曰要政,似不宜慑之以附录也。
>
> 该报共立十门,"要政附录"既拟除去,宜添入"本省新闻",最足醒国民之耳目,彰善瘅恶,寓观感于无形。故世界有识者,目新闻纸为开通风之第一利器。②

根据评报意见,所设栏目有所调整。该报全部由省提学司具文派销,每册3角,全省月薪30两银以上的官员,人手一册。同时通过邮寄,向全国22个省的提学司移送,还发往我国驻俄国大使馆10册,其中9册由程德全在俄国留学的儿子程世模分致诸生。

然而,程德全因"病"辞职于3月获准,使该报兼职编辑们多不安心于位。视编报乃"此倍辛苦之事,人多不为也",也纷纷请辞。③ 5月中旬,该报"已属六期"而告终。附出的《白话报》,只有一人编

---

① 黑龙江省档案馆藏:《黑龙江公报章程》,第71页。
② 黑龙江省档案馆藏:《黑龙江公报》第1期。
③ 黑龙江省档案馆藏:光绪三十四年三月十九日程德全为准常荫廷开区编辑公报差使的札。

辑，也因"苦无材料"，"徒恃抄袭各报"，此前停刊。①

1910 年初，继任黑龙江巡抚周树模，下令重设官报局，委派候选知县张仁静任总经理，创办《黑龙江官报》与《黑龙江日报》，官报每月 3 册，期发 500 份，日报每日一大张，期发 2000 份。并奏报清廷，5 月"奉到朱批：衙门知道"②。

实际上，《黑龙江官报》早在 3 月初就创刊了。《黑龙江官报》仍为册式旬刊，但"以开通全省官民知识，鼓吹宪政之进行，并提倡实业，开拓利源为宗旨"③。期发照旧 500 份，每册 3 角。比较原《黑龙江公报》，主要有以下几点不同：一是不再设兼职编辑；二是虽仍用较大篇幅刊载文牍，但新闻与评论各占一半；三是办报宗旨与内容突出了"鼓吹宪政""提倡实业"等清王朝"新政"；四是增设了"杂俎"即副刊。但经官署派销后所得，仍然入不抵出，月亏 200 多两银。1910 年 7 月，官报局内调整，编辑改由常荫廷担任（不久由梁鸿灏接任），而原定《黑龙江日报》一直未能出版。④

1911 年武昌起义后，周树模却顽固坚持保皇立场，扎饬官报局参酌《吉林官报条例》，改良《黑龙江官报》。⑤时任官报局总理的程某被作为革命党通缉严拿，官报因而终刊。

12 月 20 日，黑龙江省民政使宋小濂派人利用官报原址，创办《北报》，"当风声鹤唳之中，作扶危持颠之论"，企图消除辛亥革命的影响。但是匆忙出版的《北报》，"兢兢业业，费尽苦心，惟以经费艰虞，发行人来不久旋即停刊"⑥，成为清王朝的殉葬品。

---

① 黑龙江省档案馆藏：光绪三十四年三月十九日程德全为赵秉璋恳辞编辑给提学司专饬的札。

② 《宣统元年十二月十二日，黑龙江巡抚周树模为委派张仁静任官报局总理兼编辑长及抄发〈黑龙江官报〉简章的札》，黑龙江省档案馆编：《黑龙江报刊》，第 56 页。

③ 《黑龙江官报局简章》，黑龙江省档案馆编：《黑龙江报刊》第 56 页。

④ 齐齐哈尔市志总编室：《齐齐哈尔市志稿·新闻出版志》，1995 年编印，第 66 页。

⑤ 《宣统三年十月十二日，黑龙江巡抚周树模为参酌吉林官报条例改良江省官报的札》，黑龙江省档案馆编：《黑龙江报刊》，第 61 页。

⑥ 齐齐哈尔市档案馆藏：民国元年八月初一，黑龙江都督宋小濂准予《龙江时报》继续招股的咨文。

第一章　俄报主导格局的形成

二　辛亥革命前后黑龙江地区的新闻传播业

1912年1月1日，孙中山先生在南京就任临时大总统，宣布中华民国成立，从而结束了两千多年的封建专制统治。但是东北三省当时仍被清王朝的封建残余所控制，他们按照窃取大总统权位的袁世凯电令，至2月18日（农历正月初一）才降下了大清黄龙旗，挂上了共和五色旗，并改行民国纪元。三省文武属官照旧供职，只是改了名称（如三省巡抚改称都督，咨议局改称省议会），日常政事仍按老办法，对报刊的管理继续奉行原应废止的《大清报律》。这与孙中山先生当时倡导的言论出版自由政策背道而驰。这年，三省当局仿照南京临时国民政府出版的《临时政府公报》，将清末官报改为"政府公报"，同时还以省议会的名义创办机关报，或拨款扶植半官方报纸。

黑龙江省议会利用《黑龙江官报》旧底，于2月25日改组出版了《黑龙江时报》。其办报经费也是"合官绅商学之集资"，得股银12000两。此报创刊，省城齐齐哈尔警务所依照《大清报律》之规定，以该报"尚无章程"，要求其"通盘筹划"后，再"一并具报核夺"[①]。该报因为得到了首任黑龙江巡抚宋小濂的支持，对其置之不理，继续出版发行。9月又附出《爱国白话报》，请从长春到齐齐哈尔的魏毓兰任总编辑，以浅近文言，介绍政治常识，以唤起社会公众的爱国热忱。1913年初两报合并出版，魏毓兰主笔政，从此立足黑龙江报界20多年，成为黑龙江省城最有声望的报人。他不久后集资创办的《黑龙江报》，是一家独占省城的半官方报纸。

除了上述各报外，东北三省在民国元年（1912）还有不少国人报刊相继创刊，总计仅30家，约为全国报纸总数500家的6%。其中，在黑龙江地区的有：在哈尔滨出版的《新东陲报》；在齐齐哈尔出版的《黑龙江时报》《爱国白话报》《龙江民报》《砭俗报》《黑龙江实业报》（月刊）、《民生报》；在黑河出版的《黑河白话醒时报》《边声报》《瑷

---

① 齐齐哈尔档案馆藏：宋小濂1912年6月19日给龙江府的咨文。

黑公报》。这种因民国成立而兴起的"办报热"仅延续到第二年。1913年，东北各地新办国人报刊只有10多家。

随着新办报刊陆续问世，新闻通讯社应运而生。1913年七八月间，东北最早的国人通讯社——东亚通讯社在哈尔滨创设，相较1904年国人自办的第一家通讯社——广州中兴通讯社晚了近10年。东亚社"为谋求新闻事业之发达及边远消息之灵通"①。在齐齐哈尔等地还设立分社，向各地报馆提供"特别通信、上等通信、普通通信及电报通信"，并代揽广告，代销报纸，"开办以来，颇承诸报欢迎"②。在此前后，"有白君者在沈阳发起一通讯社"，向各报提供新闻稿件。从此，东北新闻事业增加了新的新闻传播机构，不再仅限于报刊。③

1914年4月2日，袁世凯政府以清除报界"败类杂种"等理由，以比前清报律"稍严"为主旨，制定和颁布了《报纸条例》。该条例共35条，集中了日本等国报律中的限制性条文，明文规定：发行报纸须经该警察官署许可；禁止25岁以下者曾受监禁之罪者、军人、官吏、学生等，担任报纸发行人、编辑、印刷人；禁止报纸登载"淆乱政体""妨害治安""败坏风俗"及各级官署禁止刊载的一切文字，报纸发行前须将报样送警察机关备案；等等。条文十分严苛，被北京英文《京报》称为"世界上报律比较之最恶者"④。同年12月5日，袁政府又颁布了《出版法》，对所有文字、图画印刷品也做了类似规定。而且，对这些已经十分苛刻的法令，在执行过程中，各地官府还层层加码，擅自增益。⑤ 如发行前呈送警厅备案的规定，在很多地方被发展成出版前的预检制度。杭州警厅就规定，各报每晚9点前须将次日报纸大样送审，

---

① 黑龙江省档案馆藏：1913年何如宾东亚通讯社驻齐支社社长韩鑫楼、编辑岳慕先申请立案呈文。
② 黑龙江省档案馆藏：1913年何如宾东亚通讯社驻齐支社社长韩鑫楼、编辑岳慕先申请立案呈文。
③ 《二十年来沈阳之报界》，《盛京时报》1929年11月20日。
④ 北京英文《京报》1914年4月14日。
⑤ 以上关于《报纸条例》史实引自方汉奇《中国新闻事业通史》（第1卷），中国人民大学出版社1996年版，第773页。

第一章 俄报主导格局的形成

由警厅检查员在每条新闻上逐一验讫盖章,如有检扣,还需立即补稿送检。每家报纸须缴保证金 100 元至 350 元的规定,在福州被擅自增加到 700 元,无力缴纳者,被勒令停刊。报纸发行、印刷、编辑人须年满 25 岁以上的规定,在成都被擅改为 35 岁以上。1914 年第一次世界大战爆发时,东北当局也在按照袁世凯新颁布的《报纸条例》,摧残国人报刊。

民国初年新办的国人报刊连续出版的时间都不长,除官办的《东三省公报》等很少几家外,一般都不足一年;有的甚至只有一两个月。因此,统计报刊家数不算少,而实际上出报却不多,可以说是"勃而不兴",没有形成较为繁荣的局面。其原因主要有二。

首先是东北地方当局残酷镇压革命党,查禁革命报刊,使革命政党报刊难以立足。其次是不少报馆实力不足,又拙于经营;除少数官办或由官署扶持的报刊外,多数民国刊因为经费不多,报馆规模甚小,人手很少。民国元年在吉林省城最先创刊的《风俗改良报》,每日对开 4 版,却仅由主办者安铭(原《吉林白话报》主笔)一人独自采编出报(另聘会计、校对各 1 人,报差 4 人),因而很快就不得不停刊。长春的 4 开《一声雷晨报》,主编江大峰因为赴吉林开记者大会,不得不请别的记者代他编辑。

官办报刊也有因经营不善而夭折的。《黑龙江时报》附出《爱国白话报》时,巡抚宋小濂拨银 6000 两。但两报仍沿用清末由官署扎饬所属按数派销的发行方式,以宋小濂的名义下令全省 25 个府、道、厅、县共派销 1150 份。无奈时代已变,扎饬派销已经不灵,龙江厅接到派销 80 份的任务后,当即派人向街商分派,但应者寥寥,"有谓自行订阅者,有谓无力订阅者,种种言论,势难强迫"。最后"仅城议事会、劝学所各派销十份,剩余六十份原报送回"。《爱国白话报》不到三个月即与《黑龙江时报》合并。《黑龙江时报》为鼓励积极派销该报,对超过派销任务者"予以特别优待和奖励",但仍不能实现派销 1150 份的计划，终因"赔累过巨"，于1914年5月终刊。①

中华民国成立伊始，东北地方当局对报刊，特别是对革命党人报刊的限制与镇压，比较清末变本加厉。民国宣告成立的第一个月内，东三省总督赵尔巽唆使张作霖在血洗奉天城大惨案中，枪杀《国民报》社长张榕、主编田亚宾，开了东北枪杀报人之先例。这个不祥之兆，昭示东北新闻事业在民国时期的厄运。

东北"下旗改历"前后，由大清东三省总督摇身一变而成东三省都督的赵尔巽，根据袁世凯的电令，公开宣布革命党人继续进行革命活动者，"均被认为马贼，即行弹压勿贷"。同时派军警镇压各地起义军，迫使起义军移师烟台。沈阳城中革命党人的报刊全部被查禁。

哈尔滨的革命党人在"下旗改历"前夕，实行武装起义，策动警官率兵攻占了自治公所与邮电局等处，但因轻信佯装归顺的道尹，功败垂成，起义军9人阵亡，11人被捕，其中6人惨遭杀害。"下旗改历"后，官署严加防范，致令清末国人报刊刚刚兴起的哈尔滨，民初几无新报创办，反倒不如清末兴盛。

黑龙江省齐齐哈尔，1912年全市仅28661人。革命党人因响应武昌起义遭到镇压。同盟会黑龙江支部的成员星散，有的被迫亡命俄罗斯，有的被勒令返乡。6月，支部副长周天麟由俄归国至黑河，建立同盟会分会，并筹办维新报社，出版《瑷黑公报》。

周天麟，字祉民，号亚伯，哈尔滨人（一说吉林永吉县人），自幼遵父命习医，及长弃医从政，由珲春副都统"学习文案"，升至黑龙江交涉局员。辛亥革命前辞官进入报界，任上海《新闻报》"驻东三省主任记者"，并加入了同盟会，成为省城齐齐哈尔一个很活跃的革命人物。

迭遭俄军洗劫的边境小镇黑河，边务棘手，实业废弛，信息闭塞，边民疾苦令人触目惊心。这是周天麟此次办报的一个重要原因。但以册式周刊出版的《瑷黑公报》，"甫经开办，即遭回禄"②。这场大火起于

---

① 黑龙江日报社新闻志编辑室编著：《东北新闻史》，黑龙江人民出版社2001年版，第86页。

② 齐齐哈尔馆藏：1913年11月24日周亚伯为创办通讯社给省民政长的申请书。

第一章 俄报主导格局的形成

9月27日夜，至次日中午烧毁商店及民宅近500家，累及该报不足三月而终。

这年8月，同盟会等在北京改组成立国民党，随后成立的国民党黑龙江支部，于翌年4月委派周天麟建立黑河分部。4月27日，周天麟又创办了《边声报》周刊。该报以"监督政府，代表舆论，巩固共和，筹卫边徼，开通民智，发展民生"为宗旨①，设有社论、时评、命令、案件、译丛、电报、国内大事记、边务大事记、世界大事纪、本埠新闻、政党消息、从录（副刊）等栏目，内容较为丰富。这对地处极边的黑河，十分难能可贵。地方当局却不予扶持，该报第5期刊载《巡差可恶》，批评税务局巡差的不法行为。7月27日，巡差王某到报馆滋事，痛殴该报记者，并捣毁了编辑部。周天麟一再请求官署秉公处理，但不了了之。最后，他无奈宣布该报于8月1日停刊，并从黑河回到了齐齐哈尔。

国民党黑龙江支部曾计划在齐齐哈尔创办"民报"，筹办经年，终未出版。周天麟于11月回到省城后，申请创办东亚新闻社，多次上书均未获新任民政长批准，愤而出走，进入哈尔滨新闻界。致使黑龙江省城没有一家正式出版发行的国民党报刊。

当周天麟在黑龙江一再碰壁时，新任吉林军政要员正忙于查封革命党报刊，枪杀革命党报人。其为首者是袁世凯的手下孟恩远，此人早在袁世凯天津小站练兵时加入新军，民国二年（1913）被委任为吉林护军使。上任不久就对《新吉林报》开刀。

1914年4月2日，袁世凯以民国大总统令颁布《报纸条例》，妄图进一步控制新闻舆论。这个条例集中了日本等国报律中限制性条文，遭到了国内各地的强烈反对与抵制。但东北三省当局不仅及时予以转发，并扎饬所属遵照实行。当时主管报刊的三省民政长官及警察机关，以此条例为借口使不少申请新办的报刊胎死腹中，在三省档案里，至今留存一些办报人未获批准的呈文。

---

① 黑龙江省档案馆藏：《边声报》简章。

其实，官署不予批准的理由不少是不合条例的有意刁难。如前述周天麟三次申请在齐齐哈尔创办东亚新闻社未果一事，黑龙江民政长最后的批复竟是：该社简章"文内有发表本省政见及筹卫边徼等语，尚欠斟酌"①。即使在袁氏《报纸条例》中，也没有规定报刊不得"发表本省政见及筹卫边徼"的条文。其不予批准的根本原因，只是因为周天麟是个革命党人。

随着《报纸条例》的颁布，官署对报纸内容开始进行检查。1914年8月，第一次世界大战爆发后，齐齐哈尔2月创刊的《龙沙新报》，于8月23日刊载消息，报道日本拟出兵攻占已被德国侵占的我国领土青岛。事实证明，这是颇有价值的新闻预报，不料第二天省署长官就扎饬警察厅："欧洲各国开战，我国严守中立。"该报"此种论调，万一引起意外之交涉，该报馆何能当此重咎"，并指示"该厅即便遵照《报纸条例》，从严取缔"，同时传知各报，"嗣后每号报纸底稿，于发行先一日送由本公署饬科检定后，方准印刷发行"②。此举乃黑龙江省官署对报刊进行印前检查之嚆矢。

与此同时，三省当局还严禁外地反袁报刊传入东北。哈尔滨《新东陲报》主编王目空，即因代销上海《中华新报》，于1916年初被捕，并押解省城吉林究办。③ 幸而袁世凯宣布停止其"洪宪皇帝"的丑剧，王目空才得以获释。

自《报纸条例》颁布到袁世凯垮台毙命，东北的新闻事业遭到严重破坏。这两年许，三省新办国人报刊仅10余家，而被禁或被迫停刊者十五六家。其间，革命党人的报刊全部消失而"莫谈国事"的小报开始走俏，并出现了大量关于妓女嫖客的黄色小报。

东北报刊的黄色新闻始于清末，但最初也只是少数私营报纸，特设

---

① 黑龙江省档案馆藏：1913年12月11日黑龙江省民政长朱庆澜对周亚伯申请创办通讯社的批示。
② 黑龙江日报社新闻志编辑室编著：《东北新闻史》，黑龙江人民出版社2001年版，第90页。
③ 黑龙江日报社新闻志编辑室编著：《东北新闻史》，黑龙江人民出版社2001年版，第92页。

第一章 俄报主导格局的形成

"……城风月""花园春秋"之类的栏目,用以招徕读者。以此单独设报的,是1911年6月在沈阳创刊的《谭风报》。谭风者,即谈男女风情。不久,齐齐哈尔有人"为改良风俗"石印出版《谭风新闻》画报,报纸内容虽有所扩充,但仍专设"章台杂志"等栏目,在"章台"里大做文章。此类专栏在民初东北报纸上相沿成习,却成为区分报纸品位与报人品格的一个标志。

应该说,民初两年,东北国人报刊的主办人办报热情都很高涨。他们之中许多人原是清末官署中的中下级文职官员,有的曾留学日本,有的清末就主办报刊,有的曾经参与日俄在东北的中文报,有的还是同盟会员与国民党员等革命党人。他们大多数都拥护与支持推翻清王朝、建立民国,希望尽快改变东北因日俄入侵而造成的山河破碎、经济与文化落后、民不聊生的现状。不少报人的定名如《共和报》《醒狮报》《大中华报》《民生报》《实业报》《爱国白话报》等,反映了他们积极的办报初衷与美好心愿。但是除了少数由官署扶植的报刊外,多数报刊得不到官署应有的扶持,有的还受到限制与摧残,严重地影响了报业的发展。以致当国内各地流行政党报纸与企业化报纸之时,民初东北既没有较有影响的政党报得以持续出版,也没有经济独立的企业化报纸,出版时间较长的《吉长日报》与《东三省公报》,虽然相继改由个人经营,但仍接受官署律,只能算"准企业化报纸"。

第二章 多元化发展的繁荣时代
——20世纪20年代前后黑龙江新闻传播业

俄国十月革命、五四运动是20世纪初发生在国外和国内的两大重要的历史事件，两者都深刻改变了世界历史和中国历史的进程。十月革命推翻了沙皇的统治，使中东铁路失去了沙皇政府的支持，随着中苏建交，和苏联驻哈尔滨领事馆的建立，中东铁路也开始实行中苏共管。哈尔滨乃至中东铁路沿线不再是俄国的势力范围，哈尔滨俄国主导的报业格局也发生了改变，失去了过去的特殊统治地位。诸多原俄国报刊有的停刊，有的成为顽固反苏反共的白俄报纸，与新创办的布尔什维克报纸形成了红白对峙。随着帝国主义干涉军退出远东，众多外国军队在此停留，哈尔滨作为远东以中东铁路为中心的贸易都市地位日益凸显，一时商贾云集，众多外报开始创刊，最多时哈尔滨出现过20多种语言的报刊。五四运动是中国新民主主义革命的开端，马克思主义逐渐传入东北并开始在黑龙江地区传播，中国共产党早期领导组织都把黑龙江哈尔滨地区作为开展新闻宣传工作的重要地区。奉系军阀在东北统治地位确立后，政治经济相对稳定，民营报刊也获得了较大发展。所以说，整个20年代应该是近代以来黑龙江新闻事业比较繁荣的时代，外报、党报、民间报多元共存，一同发展。

第二章　多元化发展的繁荣时代

第一节　企业化经营的国人新闻传播业

一　民国初年奉系军阀统治时期的国人新闻传播业

1916年，当了83天洪宪皇帝的袁世凯，在举国反对与唾骂中病逝，拥袁的张作霖就任奉天督军兼省长。为了称霸东北，张作霖在日本的支持下，接连赶走了吉黑两省督军。1918年9月，张作霖在日本侵华势力的支持下，以"东三省巡阅使"的身份正式开始称霸东北。

三省当局对报刊的限制较民初有所宽松，不再动辄封报抓人。1916年，吉黑两省新办国人报刊竟达13家，比1915年增加了3倍多。在前述吉林省城警务处强令《新共和报》更名时，1916年创刊的吉林《民报》，也因"报名与帝制有违"而责令更名，该报以停刊表示抗议。哈尔滨也有类似事件。1917年6月创刊的《白话画报》，7月初报道张勋复辟时，为溥仪分封张作霖、孟恩远等一事配发两幅插图：《兔子登基》与《龟鳖谢恩》。哈尔滨当局以该报"有辱国体"为罪名，封禁该报。主办者牛安甫请人"从中关说"，官署取消禁令，7月14日该报即复刊。① 东北新闻事业（主要是国人报刊与通讯社）在张作霖的统治下逐渐发展。据统计：自1916年6月至1919年五四运动前夕，东北三省新办国人报刊先后共计40多家（其中吉林8家、长春10家、哈尔滨10家、齐齐哈尔5家、辽沈地区近10家）。连同此前创刊继续出版者，总计约50家；此外还有国人新办通讯社3家。②

在此期间，执东北报纸牛耳者，首先仍是实力雄厚的俄办《远东报》，日办《盛京时报》与《泰东日报》等，其次是半官方国人报纸《东三省公报》《吉长日报》等。在民国时期，有许多新的报纸诞生，也促进了通讯社的创办。东亚新闻社是东北地区一家最早的通讯社，于1913年在哈尔滨正式成立。哈尔滨通讯社在不久之后也宣告创办。当

---

① 《远东报》1917年7月连续报道。
② 黑龙江日报社新闻志编辑室编著：《东北新闻史》，黑龙江日报出版社2001年版，第101页。

时的通信技术为报纸的发展提供了技术支撑。不仅如此，还有效缓解了当时日本的新闻通讯社一家独大的境况。1924年，东部三省的广播电台开始直接与欧洲和美国的广播电台进行沟通，而且对于国外的新闻，也在报纸上进行了刊载。如此一来，有三种媒体在东北地区诞生，即通讯社、广播和报纸。这打破了最初单一而传统的新闻传播形式，在拓宽了读者眼界的同时，也使消息传播的路径更加丰富。

值得一提的是，有几家新办私营民报逐渐崭露头角。包括齐齐哈尔的《黑龙江报》、哈尔滨的《东陲商报》以及《国际协报》《滨江时报》等。这几家日报是东北较早实行企业化经营的民办报纸，一般不靠官署按月津贴，社会影响却越来越大，多延续出版10数年。其中《国际协报》和《滨江时报》是影响力较大的两份民营报刊，本书将在下一节单独介绍。

齐齐哈尔《黑龙江报》1916年2月10日创刊，主办者魏毓兰个人招股1000元，利用《垦务公报》旧址而创设。该报以"提倡殖边，促进教育，代表舆论，拥护政府"为宗旨，每日对开两大张，正编与附刊各半，7月又附送8开《小报》，专刊连载小说。延续出版至1929年4月，是民国期间齐齐哈尔出版时间最长的一家综合性日报。

主办人魏毓兰自长春北上黑龙江省，曾先后主编过多家报刊，如省议会机关报《黑龙江时报》及其附出的《爱国白话报》，进步党哈尔滨交通处主办的《东亚新报》以及省城官办《垦务公报》等，但都不太成功，出版的时间不长。1915年，他与合伙人筹办新报，历时多日仍不能定案。为不受人掣肘，最后他独自创办了《黑龙江报》，自任社长兼总编辑，另聘编辑1人，校对兼广告1人，报差2人，夫役2人。他事必躬亲，辛勤经营，并征得官署按月津贴，以补每月百余元的亏空，是年该报在多家民办报纸中脱颖而出，终于成为省城最有影响的一家半官方报纸。

与其他报人不同的是，魏毓兰在百忙之中还收集了许多地方文史资料。据其自述，办报期间"或得诸故老传闻，或参以私家著述，或网罗散失，参以群言，人物臧否；凡地理、历史、土物、风俗，以及军警

第二章　多元化发展的繁荣时代

法学之科，垦矿渔林之业，一切内政外交，与夫金石、诗歌、货殖、方技之属，兼收并蓄，锲而不舍，积时六寒暑，计稿得百万言，分类约二十余种，统名之曰《龙塞丛编》"①。1919年3月，为纪念《黑龙江报》出版第1000号，他从丛编中"抽摘旧闻数十种"，特出增刊《龙城旧闻》，这部8万多字的地方志书，迄今已多次再版。20年代，魏毓兰在办报的同时，还参与编纂了《黑龙江志稿》中的《职官志》《武备志》。《黑龙江报》时常刊有他撰写的文史方面稿件，丰富了报纸内容。

1917年5月20日，哈尔滨《东陲商报》创刊，主办者乃《新东陲报》社长与总编辑尹婕卿、王目空。他们二人是在袁世凯暴死后重返哈尔滨，经过将近一年艰苦筹办才出版了这家商报的。该报每日对开8版，广告居半，设有论说、专电、命令、时评、国内外要闻、东三省新闻、本埠新闻与副刊等栏目，另附画报一小张，期发1000份并创设东陲通讯社。《东陲商报》仍然坚持"拒俄"传统，"抵制《远东报》"，其"攻击俄人的新闻比比皆是"，因此《远东报》认为该报"颇为中俄提携一大障碍"，表示"岂能安于沉默"②。两报笔战迭起，直到1921年《远东报》终刊时止。20年代，《东陲商报》总编易人，但仍保持商报特色，销路趋旺，一度远销青岛、香港等地。该报编辑出版的《哈尔滨指南》一书，每日对开一张半。

此外，还有齐齐哈尔《启民报》（韩鑫楼1916年8月创办）、哈尔滨《东亚日报》（周天麟等1916年9月创办）等，也乘势而起。这些报纸的背景多不相同，却少有特色，办报业务也没有多少改进，对北京、上海等开始兴起的新文化运动几乎毫无反映，报纸版面编排几乎与清末国人报纸一样，仍然是立文竖排，题不跨栏，没有新闻照片，呆板单调，期发数量不多，连续出版的时间一般仅三五年，个别出版十年以上者，社会影响也不是很大。造成这种情况的客观原因很多，就报纸自身而言，主要原因是主办者或社会知名度不高又实力不济，或缺乏办报

---

①　魏毓兰：《龙城旧闻》（序言），黑龙江人民出版社1986年版。
②　《愿某报早变方针》，《远东报》1918年5月24日；《东陲报记载失实》，《远东报》1919年11月29日。

经验与敬业精神，把办报作为跻身官场的工具。当时，在齐齐哈尔与长春等地，就曾发生因报纸销路不畅、亏损过多，以致主办者潜逃的事件。

1919年北京爆发的五四运动，迅即得到东北学生响应。五四新文化运动借助电波与报刊，不断越过山海关，推动了东北新闻事业的发展。一些报刊特别是新办报纸开始使用白话文，开设副刊，宣扬民主与科学，提倡新文艺作品。报刊的种类也有所增多，除综合性日报外，晚报、画报与专业报等开始出现。

五四运动爆发之后，各地报纸根据不同的消息来源，陆续有所报道，其政治态度也不一样。《远东报》肯定五四运动是"北京学生之爱国潮"，称许"此诚痛快人心之事"①。当时仍在反对十月革命的《远东报》之所以声援五四运动，主要原因是企图利用国人的反日斗争，抵制日本在东北取代俄国的扩张。哈尔滨《新东陲报》和齐齐哈尔《黑龙江报》等各地主要报纸，多因本报北京专电，依例抄转外国通讯社及京津沪报上的消息而较少报道。各报言论也照旧"打远不打近"，对北洋政府镇压学生的暴行，猛烈抨击，而对本报所在地当局的类似举措，则不置一词。

东三省的青年学生在五四运动的影响下纷纷建立自己的组织，如黑龙江学生团，以及哈尔滨"救国十人团"等。有的学校还仿效北京高校创办了校刊，如哈尔滨东华中学的《东华实业周报》（1919年7月）和滨江道一中的《学生杂志》等。这是东北三省最早创办的一批中学校刊，它们对传播五四精神，推动新文化运动的发展有所贡献，可惜为时不长，且多已失存。东北地区只有吉林的《毓文周刊》延续出版到"五卅运动"。

总体来看，相较于学生报刊，东北传统的国人报纸改进不大。各报版面多无大变化，仍是文不跨栏，几乎没有照片与插图，稿件也仍多用文言，甚少白话文。因此，当瞿秋白1920年从北京赴莫斯科途中在哈尔滨逗留时，走访多家报馆之后，他在《北京晨报》的报道中说：哈

---

① 社论：《北京学生之大活动》，《远东报》1919年5月11日。

第二章　多元化发展的繁荣时代

尔滨的"中文报纸有四种……销路都不很广,仅仅限于本地,日文报刊及俄文报都能销到外埠,而且中文报的内容都不大高明"①。这些报纸内容不高明、销路不很广的主要原因有二:一是当地中国报人跟不上社会进步,又不适应新文化运动发展的潮流;二是当地政府的限制与压迫。如《东三省公报》12月增出副刊性附张《小公报》,内容为游艺小品,形式也不是新的文学作品,因此在与其他报纸副刊的竞争中失败。哈尔滨当局颁布《管理报纸营业规则》,并实行新老报馆一律取保连坐的办法,严重地限制了报业发展。由于上述种种原因,本应迅速发展的东北新闻事业,却一度止步不前。据《中国新闻事业通史》记载:"五四运动呼唤言论出版自由,一年中全国涌现的新思潮报刊达400余种。"②而查考当时的东北三省,国人新办各类报刊仍寥寥无几,两年许总计20多家。

1920年,武装干涉苏俄的国际列强干涉军从西伯利亚撤退,我国政府开始收回中东铁路路政主权,在张作霖统一东北后出现了相对稳定的局面。由于民族工商业的加快发展,以及"五四精神"的广泛传播,东北在20年代初陆续出版了一批"外争国权、内倡国货"的国人报纸。这些报主要由两种人创办:一类是工商界人士主办,如哈尔滨《滨江时报》《滨江午报》与《东三省商报》等;另一类是经过"五四"洗礼的青年知识分子主办,如《哈尔滨晨光报》《松江日报》。

20年代不仅是黑龙江地区而且是中国广播事业的开端。中国人自办的第一座广播电台,是哈尔滨广播无线电台,1926年10月1日正式播音。它与世界上第一家广播电台(美国匹兹堡KDKA广播电台,1920年11月2日正式开播),开播时间相差不到6年。

哈尔滨广播无线电台的前身,是沙皇俄国驻北满部队在哈尔滨自行设计的无线电台,用于军事通讯,在十月革命后改由中东铁路管理局管辖,为铁路内部通讯服务。奉系当局1922年根据华盛顿九国会议决议

---

① 瞿秋白:《俄乡记程》。
② 方汉奇主编:《中国新闻事业通史》(第2卷),中国人民大学出版社2000年版,第1页。

案第三条规定：外国在华无线电台设备全部移交中国，决定由东北保安军陆军整理处代表中国政府于9月28日派人接收后纳入其军事系统，后来更名为东北三省无线电台，全台55人。当时参加接收的刘瀚任副台长①。

刘瀚（1891—1941），字东樵，河北通县人。清末在保定、北京从事有线电报工作，1916年学习无线电报，曾编出《汉字注音字母电码本》，1921年到东三省无线电专门学校任教，讲授《无线电报》课程。1922年9月，刘瀚任东三省无线电台副台长后，翌年2月在中东铁路护路军总司令部支持下，试办无线电新闻通讯业务，在中国广播史上开创了用无线电传播新闻的先河。

1923年2月，东三省无线电台在沈阳、长春、齐齐哈尔三地设立无线电分台，同时在军用电报之外，试办新闻通讯，为期三个月。设在哈尔滨的总台与三地分台，分别与所在地通讯社、报馆接洽，免费提供本地新闻及军政当局须传播之新闻若干份，每稿字数以50字为限，沈长齐三台每日不得超过150字，哈尔滨台不超过300字。各台采集本地报馆之新闻，用汉字明码拍发，发稿时间为：沈阳台上午8时发，长春台9时发，齐齐哈尔台10时发，哈尔滨台11时发。哈尔滨台还接收世界各地新闻，择其要者提供，但各报刊用时须注明"东三省无线电"字样。②

5月15日，奉系当局决定，将沈阳台改为东三省无线电总台，哈长齐三地为分台，刘瀚代理哈尔滨无线电分台台长。9月他帮助共产党员陈为人、李震瀛创办了哈尔滨通讯社。1924年8月，刘瀚还创设了哈尔滨无线电通讯社，"接受各地无线电报，传播国内外消息"③，同时使用中、俄、英三种文字，每日早晚两次发行油印复写新闻稿1—5页50份。

---

① 黑龙江省地方志编纂委员会：《黑龙江省志·广播电视志》，黑龙江人民出版社1996年版，第14页。
② 《滨江时报》1923年2月25日报道。
③ 《滨江时报》1926年7月2日报道。

第二章　多元化发展的繁荣时代

在东省特别区行政长官、护路军总司令朱庆澜的支持下，刘瀚早在1923年春就开始试验无线电广播。这年元旦，美国人奥斯邦在上海创办了中国境内第一座无线广播电台。刘瀚用马可尼野战电话机改装成广播发射机，并自装话筒和收音机，进行广播试验，获得成功。于是他在哈尔滨南岗转角楼（今省博物馆），开始创设临时广播电台，呼号为XOH，功率50瓦，频率600千赫，波长500米，分别用汉语与俄语轮流播音。① 刘瀚的创举一时轰动哈尔滨，全市人人称奇，但市内缺乏收音机，听众甚为稀少。

1925年4月，日本驻沈阳总领事馆无视我国主权，并违反"九国公约"，向奉系当局提出要东北各地设立无线电台和长途电话，三省官宪不得干涉等8项无理要求。7月，大连日本关东军递信局建立"放送局"；8月开始试播音，其发射功率为500瓦，频率465千赫，呼号JQAK，播发新闻、音乐、演讲、娱乐、行情及教育性节目。② 1926年1月，哈尔滨的日本商务通讯社，私设无线电台及天线（呼号XOY，波长50米），擅自收发新闻电讯与商电，严重地侵犯了我国电政主权。

按照民国四年（1915）颁布的法律性文件《电信条例》规定，通信不管有无天线、电报电话都是电信，而电信事业必须由国家经营。凡是没有得到中国当局允许的电信活动都属于非法。刘瀚以职业的敏感很快就发现日本人的侵权活动，查出其利用中东路长途电话的号码及联络暗号，并收集到日商私发商电的收据及在报纸上刊登的广告，还测出XOY电台的波长、呼号。

1926年3月，刘瀚呈文东三省当局，要求取缔。后来又呈文东北无线电长途电话督监处，转张作霖公署，交涉取缔。张作霖公署专饬在哈尔滨的交涉员同驻哈日本总领事馆交涉，制止他们侵犯中国主权的行为。③

---

① 黑龙江省地方志编纂委员会：《黑龙江省志·广播电视志》，黑龙江人民出版社1996年版，第15页。
② 大连市地方志编纂委员会办：《大连市志广播电视志》，大连出版社1996年版，第26页。
③ 尔泰、丛林：《哈尔滨电台史话》，哈尔滨市人民政府地方志编纂办公室1986年版，第6页。

当哈尔滨当局向日本领事馆提出抗议时，日本人始则狡猾否认设立收发报机，继而谎称所设收发报机是为收听与研究广播用的。面对蛮横日方的挑战，刘瀚根据东三省无线电总台督字第211号训令，进一步改装XOH广播发射机，将功率由50瓦增大为100瓦。8月举办了历时四天的广播试验展览。在王兆屯（今哈尔滨文治街165号）进行无线广播，收听现场仍在转角楼。届时，哈尔滨军政要人、各国驻哈外交人员与侨民等到场参观，收音效果良好，受到一致好评。

1926年9月22日，哈尔滨广播无线电台与哈尔滨广播无线电台事务所成立，台址设在外国八道街18号（今道里马端街16号）。刘瀚奉命"兼管哈尔滨广播无线电台事宜职"。29日，东省特别区行政长官公署颁布了《广播无线电条例》《装设广播无线电收听器规则》和《运销广播无线电收听器规则》。

10月1日，哈尔滨广播无线电台正式开播。该台呼号XOH，发射功率100瓦，波长280米，频率1071千赫，每天播音2小时，主要内容有新闻、音乐、文艺、钱粮行情与气象等。次年底，在哈尔滨公署街（今民益街）新建的集编播与发射为一体的两层楼房竣工，总面积达844平方米。1928年元旦，新楼正式启用。

在1927年新年第一天，哈尔滨广播无线电台呼号改为COHB，波长445米，频率674千赫，发射功率1000瓦，每天下午6时开始，用中、俄、日3种语言播音6个小时。[①] 这在当时是中国境内功率最大的无线广播电台。

为扩大收听范围，台长刘瀚于3月4日呈请东省特别区行政长官公署，"拟请签署专饬所辖各机关及地方商会一体装用"收音机。其时装一台收音机并不是很困难，各商号工厂、公司馆舍，请法商长途电话公司等数家，随时派员装置，"每台最廉者不过七八十元，举凡东亚各地广播无线电台之放送者，均可听得之"，一时成为时髦，时

[①] 黑龙江省地方志编纂委员会：《黑龙江省志·广播电视志》，黑龙江人民出版社1996年版，第18页。

第二章 多元化发展的繁荣时代

人赞曰:"聆歌曲于千里之外,知天下于斗室之中,舍此莫属,谓娱乐之无上妙品。"① 年底,哈尔滨拥有收音机多达1200多台。

11月9日,哈尔滨大中学生2000余人举行示威游行,抗议日本建筑吉会等五路,有150多人被军警打伤。为抵制日本侵华野心,哈尔滨广播无线电台在1929年撤销了日语商情节目,改播英语节目。在哈日人对刘瀚恨之入骨,力谋置刘瀚于死地。1930年6月,日本人给刘瀚加了一顶曾支持共产党人办通讯社的"红帽子",致使刘瀚被迫辞去电台台长之职。哈尔滨广播无线电台在关东军侵占哈尔滨时,被日伪电话总局接管。

二 东北易帜后加快发展的黑龙江新闻事业

东北易帜结束了奉系军阀割据东北的历史,因而也加快了东北新闻事业的发展步伐。

因为同内地新闻界联系的恢复与加强,三省各种新闻机构都不断扩充,逐渐完善,形成了一批实力雄厚、稳步发展的报纸与通讯社;一些较有影响的大报,改变文不跨栏的旧模式,并且增加文艺副刊与图片,使报纸版面大为改观。

1928年就任东北保安司令的张学良,年底通电全国宣布将"遵守三民主义,服从国民政府,改旗易帜",由此结束了奉系军阀割据东北的历史。东北三省的新闻事业也因此改变了多年来与内地新闻界隔绝的状态,重新恢复了同京、津、沪等地新闻界的交往与联系,从而促进了东北新闻事业的加快发展。

上海新闻界组团访问东北。1929年5月,由戈公振以及严独鹤、赵君豪等率领的上海报界记者团,一行20人走访易帜后的东北新貌。这是国内第一次大型记者团到东北参观采访,受到了沈阳、长春、哈尔滨等地当局,特别是新闻界的热烈欢迎与接待。戈公振及其他知名报人多次应邀举行新闻学术讲演,上海《申》《新》两报还聘请当地

---

① 刘静严:《滨江尘嚣录》,哈尔滨新华印书馆1929年版。

报人为其驻东北特派员（特约记者），《国际协报》记者王研石就被《申报》聘为驻哈尔滨特派员，从而加强了东北与上海新闻界的联系。在20年代末东北多事之秋，有不少重大外交事件，如中苏两国在同江交火、万宝山事件等，上海报纸及时刊载了其特派员所提供的"独家新闻"。

东北的新闻事业因易帜也出现了新起色，打破了由于"反赤"造成的停滞状态。易帜后，东三省省城新办了《黑龙江民报》（1929年元旦在齐齐哈尔）、《东北民众报》（10月10日在沈阳）和《东北实业报》（3月在吉林）。

当时行政区划仍归吉林省的哈尔滨，国人报纸比较多，如《国际协报》《滨江时报》《滨江午报》《东三省商报》《商报晚报》《华北新报》以及《哈尔滨公报》等，其中不乏经营多年的大报。当时已被查封两年的《哈尔滨晨光报》，经吉林省长张作相批准，在易帜前夕复刊。

《晨光报》于1928年12月12日复刊时①，于芳洲与张树屏分任社长与总编辑。主编副刊《江边》的陈凝秋从来稿中发现时年不足20岁的金剑啸，1929年推荐他参加《江边》编辑工作。金剑啸由此开始走上文学之路。

专门刊载新文艺作品的《江边》，每天半个版，设有小说、诗歌、杂文、笔记等栏目，颇受文学青年欢迎。时在哈尔滨邮局当练习生的孔罗荪，处女作（一首小诗）就在它的"每周诗刊"上发表。在呼海铁路传习所学习的罗烽，曾以"洛虹"为笔名在《江边》发表诗歌。②《江边》与哈尔滨新成立的左翼文艺团体灿星社交往密切，曾率先刊载灿星社成员杨定一的著名长诗《放歌龙潭山上》。不久，灿星社主编的《国际协报》文艺周刊《灿星》又转载了这首诗。哈尔滨这两家进步的民办报纸副刊，共同为新文艺的推广作出了贡献。

---

① 吉林省档案馆藏：滨江警察厅高齐栋1928年12月19日给吉林警务处的呈文。
② 黑龙江省地方志编纂委员会：《黑龙江省志·报业志》，黑龙江人民出版社1993年版，第60页。

第二章　多元化发展的繁荣时代

1929年，哈尔滨还创办了一家大报《东华日报》。该报于1929年11月14日在哈尔滨创刊，每日对开两大张，社长兼总编辑为化名薛醒吾的薛大可。

薛大可（1891—1960），字子奇，湖南益阳人，早年曾加入兴中会，后东渡日本于早稻田大学攻政治系，回国后投靠袁世凯，充当其御用报纸《亚细亚日报》社长，曾与袁克定一起伪造《顺天时报》，"恭呈"袁世凯一人"御览"，为中国新闻史一大丑闻。袁死后，他被作为袁世凯"十三太保之末"明令通缉，但被奉系军阀张宗昌豢养，主办《黄报》。北洋军阀集团覆灭后，他潜逃哈尔滨，化名薛醒吾[①]，1929年依靠旧友就任哈尔滨《市报》编辑部主任，11月14日又创办了《东华日报》。他网罗白俄，于翌年6月又附出俄文《东华日报》，每日对开一大张。

中文《东华日报》自出版以来，每日除报头外，余稿连篇累牍完全照《东三省商报》版排印。[②]俄文《东华日报》报头，汉翻译为"东方"而非"东华"[③]，为此，哈尔滨的一个通讯社曾发专稿嘲笑薛大可"不知俄文为何物"。但他利用与奉系当局的私人关系，劝使当局鼓吹其报，"议论宏博，记载翔实，消息又极灵捷"，并下令所属一体订阅。[④]

薛大可在哈尔滨立足稍稳，就摆起架子骂人。1930年7月8日，他在《东华日报》发表《新闻记者的品格》，文章开头先盛赞欧美及日本记者"品格高尚"，接着贬斥我国舆论"幼稚"，吹嘘他本人"在报界如何历练"，最后侮辱哈尔滨"新闻记者全是穷极无聊，心无点墨，狗屁不通之辈，以及无赖下流，皆得以新闻记者自居"，甚至说，因"狗屁不通"记者太多，以致在哈尔滨"譬之行至狗国"[⑤]。

[①] 黑龙江省档案馆藏：1931年10月《东华日报声请登记事项表》中"发行人"栏内填写："薛醒吾，中国人四十岁。"
[②] 《看看薛大可如何应付》，《滨江时报》1930年7月12日、19日。
[③] 《一家报纸竟有两个名》，《滨江时报》1930年7月19日。
[④] 黑龙江省档案馆藏：1929年11月30日省政府秘书处转请各机关订阅《东华日报》的函。
[⑤] 《新闻记者的品格》，《东华日报》1930年7月8日，第二版。

此文一发，立即引起报界大愤，各报纷纷刊文批驳。批驳文章中称"譬之行至狗国"，是薛大可诬哈为狗国，咒骂全市人民。于是，署名"哈尔滨公民"的来信与文章，异口同声共斥"洪宪余孽"薛大可，"罪在不赦"。全市各界代表还呈请张学良严惩薛大可。

10月12日，薛大可在《东华日报》发表声明，指责各报"滥用发行权"，并恫吓对他抨击最力的哈尔滨报界大会，要负法律责任，还引用刑法条文说，将判处二年至五年徒刑。

就在这天，东省特警处奉张学良之命，查封了《东华日报》。禁令称："诽议党国，簧惑民众，虽其亲厚亦所痛心。"但经"反复劝诫，彼终矜愎不悟"，不得不采取强硬措施。全市各界无不拍手称快。薛大可在"九一八"事变后离哈南去。《东华日报》被特警处查封后，薛大可在关内外多方奔走，终于12月中旬使该报启封，但因经费原因未继续出版。

东北易帜时，人口仅有五六万人的黑龙江省城齐齐哈尔只有两家民办报纸：一是老报人魏毓兰主办多年的《黑龙江报》；二是刚由《龙江益时报》更名的《龙江公报》，而后者因内部纠葛旋被取缔。早在易帜之前，新任黑龙江省省长常荫槐即拟出版省属机关报《黑龙江民声日报》，当时从上海派到哈尔滨不久的共产党员王复生，曾参加筹办该报，后因故未果。①

1929年元旦，黑龙江省长公署机关报《黑龙江民报》在齐齐哈尔创刊，主办者乃继任省长万福麟之子万国宾。该报以"启发民智，宣达政情"为宗旨②，每日对开一大张，星期日增出《教育周刊》和《荒原周刊》（文艺）等。它的出版，迫使魏毓兰于4月3日停办《黑龙江报》，改而在齐齐哈尔创设政文通讯社。另有《广告小报》与《奎生日报》两家小报，同年在齐齐哈尔创刊，不过都为时不长。

---

① 据伪满洲国中央警务同志委员会1936年7月27日第219号通报，现存吉林省公安厅，卷3—1—106，第16—37页。
② 据黑龙江省档案馆藏：黑龙江省教育厅1929年1月19日为《黑龙江民报》创刊发行给第一中学的训令。

第二章　多元化发展的繁荣时代

《黑龙江民报》社长之下设编辑部（总编辑王生吾）与经理部（经理林阳南），全社仅数十人，发行仍然依靠省署具文派销，期发千份，但不少稿件颇能反映民声。11月26日，该报开始连载长文《军人应以保国雪耻为己任》，文中揭露日本侵略朝鲜的罪行，日本驻齐领事曾照会诬为"诽谤捏造之纪事"，并要求停止续登。但该报像当时东北各地国人报纸一样，坚持反对日本侵华的严正立场，继续刊出如"太阳旗下血鲜鲜"等诗文。① 因此，当日本关东军在"九一八"事变后侵占齐齐哈尔时，即派人武力强行接收该报。

总之，东北易帜后的第一年，东北三省开始结束割据状态，黑龙江省新闻事业加快了发展的步伐。

首先，东北的新闻设施。这年9月，国人在三省的报纸30多家、通讯社及分社10家、广播电台两座（哈尔滨与沈阳）。此外，还有各种期刊30多家（多为官办）。在黑龙江地区的包括哈尔滨《国际协报》（1918）、《滨江时报》（1921）、《滨江午报》（1921）、《东三省商报》（1921）、《哈尔滨晨光》（1922）、《哈尔滨公报》（1926）、《哈尔滨新报》（1931）、《松浦市声报》（1931）以及齐齐哈尔《黑龙江民报》（1929）和边城《黑河日报》（1920）等，共10家。

这些报纸虽然不及《盛京时报》等日办报纸的期发数多，发行面广，但其中不少家已出刊多年，基础日臻稳固，在所在地影响较大。特别是各报在东北易帜前后，陆续革新版面，改变了以前标题与文字不破栏的陈规，同时增加照片与副刊版面，使报纸大有改观。

东北三省的通讯社也有所增加，沈阳除了报联社与世界社之外，还有国闻社与复旦社都设立了辽宁分社；哈尔滨各报联办的华东社与哈尔滨社，已开设多年，1929年又增加了光华社；以前没有通讯社的吉林与黑龙江两省省城，也分别新设了吉林社与政闻社。不过，多数通讯社的规模都不大，一般只向所在地报刊供稿。

---

① 齐齐哈尔市志总编室：《齐齐哈尔市志稿·新闻出版志》，齐齐哈尔市地方志办公室1995年版，第47—48页。

其次，随着新闻事业的发展，黑龙江省新闻团体也开始建立。东北的新闻团体，自清末东三省报界俱进会被捣毁后，一直未再恢复活动。1923年，哈尔滨的7家国人报纸与一家日本人主办的中文报纸，因"深感有联络的必要"①，一起建立了哈尔滨记者联欢会。该会重要成果之一，就是同年5月1日创办了华东通讯社。这家报联社发稿10年之久（1933年被日伪当局勒令停办），对北满新闻事业多有贡献。同年，南满的两个海港城市报界，也分别成立营口报界联合会与大连记者协会。前者为营口报业公会，后者乃大连日本报刊、通讯社的65个编辑记者，援用日本"新闻纸法"成立。②

比起组织严密的记者协会，哈尔滨记者联欢会则比较松散。1924年初，各报因对中东铁路筹款演戏的报道，细节不一大起冲突，记者联欢会名存实亡。五家自办印刷的国人报纸，在1926年为"互助协助改善业务"成立哈尔滨报界公会。东北易帜后，全市国人报纸几乎都加入了这个新闻团体。此会曾有不少计划，如创办图书馆、平民学校与通讯社等，但限于财力多未实现。不过也干了几件大事，如热情接待上海报界记者团，联合声讨洪宪余孽薛大可③，特别是在"九一八"事变后，举行中外记者招待会，揭露日本帝国主义侵华罪行。

第二节 黑龙江民营报刊的代表：《国际协报》与《滨江时报》

20年代前后，黑龙江地区先后创刊了多家报刊，其中最有代表性的民营商业报刊当属《国际协报》与《滨江时报》。两份报纸都一直坚持出报到黑龙江沦陷后，是黑龙江地区当时政治、经济、社会环境下成长起来的经营较为成功的报纸。相比而言，《滨江时报》更侧重商业化经营，《国际协报》更加侧重文化传播，更具抗日爱国传统。

---

① 《华东通讯社简章》，《滨江时报》1923年4月29日。
② 《大连报史资料》，大连日报社编印，1989年。
③ 《滨江时报》1930年7月报道。

第二章　多元化发展的繁荣时代

一　爱国报刊《国际协报》

《国际协报》于1918年7月1日在吉林省长春市创刊，1919年10月迁到哈尔滨。创办人张复生自任社长兼主笔，报纸创刊前计划每日出版一大册，计8页共16版，实际为对开一大张半。《国际协报》在长春每期只发七八百份，在哈尔滨分馆的每日销售量却有四五百份。为此，决定于1919年10月27日将报馆迁到商业发达的哈尔滨道外北七道街。

主办者张复生（1887—1952），原名张仁铎，山东掖县人，中学毕业后，"赴北京研究新闻学两年，后入中央《大同日报》任编辑"①。在此期间他加入了中国同盟会，清末赴沈阳充当上海《申报》驻奉天特约记者，民国元年（1912）受聘沈阳《亚洲日报》主笔，不久自办《健报》，因经营不善，及东北政局动荡，先后停刊。后相继任《盛京时报》与《泰东日报》"论文撰述"。1916年，"因愤日本之压迫我国"，北上长春任《大东日报》主笔，一年后因该报"不足有为"而自办了《国际协报》。②

就在《国际协报》创刊前后，国际列强正出兵西伯利亚，企图扼杀俄国十月革命后建立的世界上第一个社会主义国家苏俄。张复生在《国际协报》发起的宣言中指出：

> 哈尔滨者，远东问题之大动脉，与海参崴、西伯利亚同一特角分据之形胜，其骚乱速度不唯足以牵动协商共同战策，而直接间接予吾国国际以根本上之变更者，尤难臆度。今政府虽援公法惯例，贯彻属地保安政策并执行中东警备之全权，居恒谓俄德单独媾和之始，即为远东战争爆发之日。于今日西伯利亚骚乱现状，其导火线也。

---

① 张复生：《复生简历》，1942年。
② 《本报之略史》，《国际协报》1931年新年专刊，1931年1月1日，第1版。

吾人希望东北半壁之武装国防，当具有特别防止动乱之实力。易言之，今后远东防务精神，一在消弭敌人东窥野心，一在监视俄国乱党勾煽。中东干路不啻我国家第一中心防线，而长春密尔，奉吉锁匙，龙沙为南北满出入门户及东北边檄之重镇，盖位临两大、地衔三路之中枢，在地理上洵有左右轻重之价值。"万一俄乱波之远东，则长春一隅或为国际间会师之机要中枢"，"鉴于国际未来之繁难，益以促进国人应付世界大势为首务"。

　　故不得已以"国际"为标题，所以翊赞中央远交近亲之方针，冀为平和正谊之保障。非敢标榜政见，以阿当世；非敢依附党派，相竞流俗。耿耿私怀，但愿抒为平易公正之论，唤起国人之大觉悟暨贯输平民外交常识而已。

　　海内豪杰与拥兵相圻，倘知感于国际地位之危险，及时弭止骨肉萧墙之争；为政客者，蓄其财力，以盾民气；拥军符者，移其兵力，以充国防。化南北为一统，融私斗为公敌。同人于奉扬仁风之余，益叹吾道为不孤。则斯报之作，或能有功于天壤间也。①

随后，关于报名，张复生在《组织大纲》中说："同人凛凛于国际地位之动扰，颇思造成一健全有力舆论，藉资拱卫国家，故定名曰《国际协报》。"并确定办报宗旨："志在扶持正义，促进和平，务期抒发谨厚平易之言论，贯彻中央远交近亲之政策，并始终以辑睦邦交为前提。"②

创刊之初，张复生除日常社务外，还负责编写社论与国内外新闻，其叔张子淦及工人束峰山，分别"编辑本埠新闻，以及发行、广告、庶务、会计、装订等"，"报差不敷分配时，二人尚分班赴邮局送报"③。三个人办一张报，定然十分辛劳，但期发仅七八百份，广告"不易多得"，而该报哈尔滨分馆每日却销售四五百份，于是 1919 年 10 月决定

---

① 《〈国际协报〉发起宣言》，黑龙江省档案馆编：《黑龙江报刊》，第 168—169 页。
② 《组织大纲》，黑龙江省档案馆编：《黑龙江报刊》，第 169 页。
③ 《本报之略史》，《国际协报》1931 年新年专刊，1931 年 1 月 1 日，第 1 版。

第二章 多元化发展的繁荣时代

将报馆迁到"商业日渐发达"的哈尔滨。果然该报迁到哈尔滨后，稳步发展，20年代成为全市最具影响的两家国人报纸之一。

《国际协报》曾被《申报》评价为哈尔滨地区资质最老、记载最详细的一家报纸。知名报业人士徐铸成赞扬它是当时东北地区最富有生气的一家报纸。《国际协报》的文艺副刊和社评在当时具有很大的影响力。"九一八"事变爆发后，各大报都处于日伪政权严苛统治之下。这时《国际协报》的文艺副刊广受好评。更加可贵的是，它给当时大量爱国青年提供了抒发情怀的平台，更号召许多青年人参与到抗战队伍中来。不仅仅是对于国内外新闻的刊登报道，《国际协报》甚至会从维也纳、巴黎等国家和地区拿到无线电稿件，它曾刊登《真理报》的新闻报道。通过对于国外新闻、国际动态纷争的新闻报道，使受众对于当前国际政治的纷杂情况有清醒的认识。

从开始发行到终止发行，《国际协报》所经历的恰好是东北历史上最不安定的时期。它目睹了日军侵华行动的开始和发展。而《国际协报》在这个不安定的年代，给以后的报人树立了良好的典范，那就是那一代报人的办报态度和社会责任感。也正是这一点，使《国际协报》成为东北地区乃至全国一份重要的民营报刊。

《国际协报》各版主要内容如下。

时政新闻。《国际协报》时事政治报道主要是当时时事类的重要新闻。首先是最近的政治局势，人员调配，政府各部门之间的访问和召开的大会，等等。其次是政府的工作成果汇报，其实是说政府成就的实现，例如抓到了几个匪徒，收容了几个流浪汉，还有多少人温饱得到解决。虽然有些报道并不贴近真相，有些荒诞，但这类报道在《国际协报》中却有很大的篇幅。

社会新闻。对于哈尔滨当地的受众，《国际协报》给他们展现了一个普通人生活的社会。在《国际协报》中，可以看到当时的哈尔滨，在那个年代，读者同样爱好猎奇，并且会追踪影视剧明星的花边新闻。报纸涵盖了当时社会的各个方面。在表面复杂纷扰之下，是当时真切的哈尔滨。社会新闻倾向于通过猎奇的报道吸引读者，描述夸张，富有趣味。社会新闻一般出现在《国际协报》的第三版，大部分在整个报纸的中间和偏下位置。社会新闻与之前的时事政治报道比起来，所占据的报纸版面也明显缩减。从《国际协报》社会新闻的稿件来看，社会新闻有这样两个类型：骇人听闻的"色情案例"和街巷中的猎奇故事。

教卫文体新闻。《国际协报》中不仅有时事政治、社会新闻报道，还容纳了教育卫生文化体育等多个类型的新闻，并以报道当前正在发生的事件的方法，方便受众及时知悉当前社会的发展变化情况。通常来说，《国际协报》中与卫生教育相关的新闻报道，会出现在第六版以及第十一版。这样在对教卫类型消息进行报道的同时，给受众传播了一些卫生知识理论。如此一来，受众既能读报纸看消息，又可以提升教卫文体的相关知识能力。

消息、广告、社论和副刊一般被认为是报刊的重要组成元素。在过去，副刊的效用很差，被人们戏谑地叫作"报屁股"。在日伪当局负责看管监督的情况下，《国际协报》的副刊却在抗日文学的发展中发挥了重要作用。而且后来《国际公园》作为《国际协报》的文艺副刊，逐渐成为抗日救国文学作品的根据地。

东北易帜后，《国际协报》进入了它的黄金时代。1929年，《国际协报》除了每日出版的副刊《国际公园》外，又陆续增设了五个文艺周刊，它们是：

《绿野》：由赵惜梦于1928年成立的绿叶社供稿。

《灿星》：由楚图南指导成立的灿星文艺研究社供稿。

《蓓蕾》：由陈纪滢、孔罗荪等成立的蓓蕾社供稿。

《五分钟》：由青年文学爱好者成立的五分钟社供稿。

《电影》：由赵惜梦组稿编辑。

这五个周刊每周轮流出版一期，文责自负，报社不发稿酬，每期多印若干份交各文艺社留存，积多时装订成册，委托市内书店代售。同时，《国际协报》因社长张复生所撰写"国际评论，甚至中外当局

第二章　多元化发展的繁荣时代

所注目"①,"同时一再增加周刊而日刊十四版,篇幅之多为东三省第一……执哈尔滨新闻界牛耳"②。

自1918年7月至东北沦陷前,《国际协报》展现出了东北地区政治及社会环境的转变,尤为可贵的是,《国际协报》的稿件尖锐而强烈地抵制日本,宣扬爱国主义。即使在东北地区沦陷后,《国际协报》依然想尽办法让受众知晓国际和国内贴近真相的新闻报道,并总是针对外国的新闻报道"有闻必录"。《国际协报》记录、反映了东北地区尤其是哈尔滨非常生动的社会图景。

二　注重商业经营的《滨江时报》

在十月革命和世界民族解放运动的推动下,出版长达15年之久的《远东报》失去了沙俄政府的支持被迫停刊。1921年3月15日,《滨江时报》在哈尔滨创刊,主办者为范氏兄弟。二哥范聘卿任总经理,四弟范介卿任社长,他们兄弟是充当沙俄的买办而致富的。报馆起初设在原来的《远东报》总发行部,后迁至他们同时经营的华俄运输公司的楼上。范介卿从俄国人那里买来该报的设备,聘用《远东报》原班人马。《滨江时报》创办之初沿袭了《远东报》的版面样式,报道内容也以市民生活、社会现象为主。

由于范介卿长期与《远东报》的关系,在该报奉命停刊后迅即创刊的《滨江时报》,沿袭《远东报》言论传统,继续反苏反共。对外的报道,偏重于苏俄,而对苏俄的评论则多拾人牙慧,宣传"有妻共御""杀人放火""不合中国之情"等。③ 范介卿幼年只读过几年私塾,但他常以"介"为笔名刊发言论。在《商人应具世界眼光》一文中,他写道:"现今谓为商战时代,亦即经济战争时代,为商人者胸无经济之学,缺乏远大之眼光,一经纳入商战之中,无迎敌妙术,举措失当,所

---

① 《一九三零年东三省民国报纸调查》,日文《吉林时报》1930年12月3日。
② 《一九三零年东三省民国报纸调查》,日文《吉林时报》1930年12月3日。
③ 《盛京时报》1917年11月中旬连续报道。

谓一招错，而处处无不失败也。"① 为此，他开辟专栏，在该报逐日连载他的专著《经济政策》和《法律解释》（后该题为《好学近乎智》），系统介绍西方国家的经济发展情况与法律知识，可谓该报当时的"独家新闻"。

后来为追求销量进行改版，增添了大量版面栏目，报道内容也包括热点时事、国计民生、广告宣传等内容。但该报明确表示，"以佐商扶导为不二法门"，声言"每著社论，首倡实业"②。果然在该报创刊伊始，尤其重视地方经济的报道，并在要闻版头题刊载发展地方经济的社论。如在7月下旬，该报社曾分别论述参茸益人、宜种瓜子、松香宜采、柳条用项以及粮商关系、依兰开埠等问题。论题小，字号大，引人瞩目。如此紧密结合地方经济发展的社论，在东北当时综合性日报上比较少见。

五四运动以后，中国知识界追求的反帝、反封建、爱国主义逐渐被人们所接受。哈尔滨城市兴起较晚，当哈尔滨地区报业兴起后人们才逐渐接触到新思想、新文化，《滨江时报》在这时也开始倡导反对封建主义、倡导民主自由的思想。具体来讲包括以下几个方面。

第一，反对妇女缠足。在封建社会，中国女性历来社会地位低下，她们在男权社会和封建思想的压迫下饱受摧残，自宋代程朱理学兴起，存天理、灭人欲，女子三从四德、三纲五常更是压在这些弱势群体身上的两座大山。虽然随着清朝的灭亡，封建思想开始逐步消失，但是千年以来女性一直生活在男权的阴影下，失去了独立生存的能力，不得不继续依靠男性而存活，所以无论男性还是女性对于女权的意识都很淡薄。而近代哈尔滨地区由于城市的独特性，居民成分复杂，外国的思想也随之传播到这里，越来越多的人呼唤自由平等、女权解放。《滨江时报》关于女权解放思想讨论最多、最激烈的是"读者之声"栏目，笔名为"武生"的读者关于放足运动所写的一文中指出"天足的行动仅限于繁华的大都市中"，闭塞的乡村仍以"三寸金莲"为美。而一篇名为《缠

---

① 介：《商人应具世界眼光》，《滨江时报》1923年11月11日，第十一版。
② 《滨江时报·发刊词》，《滨江时报》1921年3月15日。

第二章　多元化发展的繁荣时代

足之害》的文章更是指出缠足的危害："缠足乃一种极不良之陋俗，故自革命北伐成功以来，良以风俗难移。且不知其害故也。谚云：'小脚一双，眼泪一缸。'缠足者，其鉴及之乎。""读者之声"成为当时有识之士发表见解、针砭时弊的舆论阵地。

第二，声讨社会时弊。《滨江时报》的"如是我观"栏目的主旨是针砭社会时弊、提出改良方案，其中有大量文章都是关于针对社会不良风气提出声讨，找出解决方案的。更有大批怀有强烈的爱国主义情怀和社会责任感的读者在"如是我观"中发表了非常多的文章。署名为"天真"的读者在《国民须自治》中对国民意识薄弱、军人政客乱国的现象表达了自己的担忧。他认为我国国民主人翁意识薄弱，任由军人政客手握重权，对国家政治不闻不问，而一些谈论政治的也不外乎把注意力放在某些人身上，眼光没有放在国内外局势上，有的甚至成为政客们的附庸，俯伏自缚听命于其，放弃自己主人翁的资格。[①]

《滨江时报》对当时社会上娼妓泛滥的问题进行过很多次报道。署名为"是我"的读者发表名为《淫荡的害处及其末路》的文章："我们谁不知道淫荡逛窑子是有害的呢？从小的方面说是荒废事业，耗费金钱，损害自己的身体；若往大处说，是弱族亡国，倾家荡产，是不爱国的行为。"[②]《滨江时报》也对妓女这一行业表示出了更多的同情，其认为妓女所遭的痛苦"实牛马之不如也"。《滨江时报》在一篇名为《废娼》的文章里也对社会反对娼妓制度空喊口号，没有实际政策的现实进行了批判，认为娼妓制度的由来有很多客观因素，与社会各行各业存在牵连，不能独立解决，要想彻底解决娼妓问题还是要对症下药。[③]

第三，反对军阀割据。《滨江时报》认为社会动荡不安的一大原因就是"大兵和土匪的扰乱"，军人本是保家卫国的，但现在军阀要扩大势力，为一己之私发动战争，搜刮民脂民膏。强大的军阀吞并弱小的军阀，割据一方为所欲为，致使人们无法安居乐业，外敌有机可乘霸占我国

---

① 天真：《国民须自治》，《滨江时报》1922年4月13日，第十一版。
② 是我：《淫荡的害处及其末路》，《滨江时报》1930年5月30日，第十一版。
③ 《废娼》，《滨江时报》1930年5月30日，第十一版。

土、损害我权力、侵略我文化。文章进一步指出军阀割据带来的危害——土匪横行,认为战争失败导致土匪的形成,"若想没有失败,除非没有战争;要想没有战争,除非没有大兵;要想没有大兵,除非没有军国对立"①。指出土匪的形成很大一部分原因就是战争,只有结束战争,真正地统一中国,消灭军阀割据的现状,才能国泰民安,《滨江时报》表现出了对军阀政客的深恶痛绝和对处于水深火热中人们的深切同情。

第四,提倡恋爱自由。自古以来在封建家长制控制下的男女没有婚姻自由,父母之命媒妁之言成为男女双方自由恋爱的阻碍。在包办婚姻中男女双方的结合只是一场"买卖",女子成为生儿育女的工具,还要遭受丈夫和公婆的压迫,婚后难有幸福的结局。《滨江时报》副刊对这一封建思想进行了批判,刊登了大量关于男女平等恋爱自由的文章,反对封建包办婚姻,鼓励男女社交,从不同角度启蒙中国妇女的现代婚恋观念。要女子跳出"男女授受不亲""大门不出二门不迈"传统观念的束缚,鼓励女子多接触社会,认为"故为人生道德计,为婚姻幸福计,为创造美满坚实之社会计,均不得不从婚姻出发"②。《滨江时报》副刊还发表了作者秀芳女士的文章《恋爱与自由》,文章中指出:恋爱自由的第一要点是"选择对双方的自由"。男女之间应该平等相待,婚姻幸福的基础是对双方的了解,这就需要男女之间进行正常的交际。《恋爱与自由》还指出"真的自由不可不有节制,恋爱自由不等于荒淫无度,要在道德的基础上自由恋爱,男女都应该自尊自爱"③。这篇文章阐述了什么是真正的恋爱自由,对追求自由恋爱的男女给予了指引,恋爱自由是女子个性的体现,是建立在自由平等的基础上,但是恋爱自由也是有节制的自由,要建立在道德的基础上,男女双方更要洁身自好。

第五,呼吁妇女解放。中国在民国以前历来是被封建专制主义所统治,中国人的性格中带有深深的受压迫性和奴役性。"君为臣纲、夫为

---

① 《大兵和土匪的扰乱》,《滨江时报》1928年11月22日,第一版。
② 《男女社交与婚姻的问题》,《滨江时报》1928年1月26日,第十一版。
③ 《恋爱与自由》,《滨江时报》1931年8月19日,第十一版。

第二章 多元化发展的繁荣时代

妻纲、父为子纲",历朝历代在这种层层压迫的剥削制度下,妇女无疑为受奴役的最底层群体,在男权社会被强行赋予了思想的枷锁。随着时代的进步,封建专制制度的瓦解,寻求妇女解放的呼声日益高涨,人类文明重新被审视,自由平等的社会逐渐被人们所渴求,世界各地的女权运动逐渐兴起。《滨江时报》对这一思想给予了肯定和鼓励,认为女权必须崛起,要让中国女性参与到这场女权运动当中,"成长为话语主体"。针对中国妇女解放运动的开展,《滨江时报》也给出了建议:"于相当长的时间内举行公开演讲并开研讨会,研究解放妇女的一切问题;建设妇女学校、平民学校,补充未受教育的妇女们,以便将来和她们一起携手做事;把妇女现在的地位和受的一切痛苦深刻地描写出来作普通的宣传,借此灌输些知识唤醒他们,使一切为妇女的都有所觉悟。"[1]认为应该在公开场合举行演讲并开研讨会,深刻地认识到妇女解放的前提是要让她们受教育,用知识启蒙她们的思想,要独立必须有工作,经济上不依赖男性。《滨江时报》认真地分析了中国女性在社会上受到的不公正待遇,并为女性的觉醒和独立提出意见和建议,这种启蒙思想在如今看来不失为为时代发声。

第六,提倡教育兴邦。在一篇名为《女子宜自由》的文章中谈道:"凡人生于世,须一技之长,始能生存于社会,此系固定之理也。察我国自古以来,视限于男子方面,至女子则不闻之例。所有他人一切,均仰赖于男子,愿诸女同胞各自思量,并慎勉之于自立之途。"[2]一针见血地指出女权解放的基础是普及教育、提高国民素质,教育是一个民族振兴的基石。在那个风雨飘摇的时期,《滨江时报》和诸多有识之士认识到唯有大兴教育才能让落后的中国日后不成为刀俎上的鱼肉。《滨江时报》更是就兴办教育的细节问题进行了深入讨论,一篇名为《中国教育之将来》的文章就学校兴办的地理位置、教学设施和课堂环境进行了探讨。"愿我同胞各抱独立精神,牺牲金钱之主义,其他游戏之物

---

[1] 《对于妇女的几句话》,《滨江时报》1928年12月4日,第十一版。
[2] 《女子宜自由》,《滨江时报》1930年1月10日,第十一版。

件及游艺室运动场等,无一不要洁净,无一不要整齐,至于校址取中之由盖以学生便利也,此其于乡校者二也。"① 认为学校校址的选择应该以方便学生为准,而教学设施和教学材料要选择最好的,不要因为节省金钱而以次充好。随后指出了课堂环境的重要性并详细说明课堂的建造标准。"课堂为学校之根本,为学生授课之集地,苟无课堂不得称之为学校,亦不得授课于学生。"② 认为课堂是学生学习的根本,课堂可以不华丽但一定要注意卫生,防止疾病肆虐,鼠蚂横行。

《滨江时报》作为记录东北地区历史变迁的一面镜子,详尽记录了十六年间东北地区的经济、政治、文化的发展变化。尤其是详细记录了哈尔滨市民的文化生活、风俗习惯。《滨江时报》所倡导的新思想在那个年代通过报纸的方式传播开来。

第三节 中国共产党指导、主办、参与的新闻事业

中国共产党成立后,中共东北地方组织团结进步青年,创办通讯社,出版报刊,宣传马列主义,为东北新闻事业的发展作出了贡献。中共满洲省委成立后,在极其艰苦的斗争中,陆续创办了不少党报党刊及其他报刊。正是中共报刊在"九一八"事变中率先号召"工农兵武装起来把日本帝国主义赶出满洲"。

一 五四运动后中共指导创办的报刊

早期在哈尔滨开展新闻宣传工作的是陈为人和李震瀛两位同志。"二七大"罢工时,李震瀛任京汉铁路总工会秘书长,参加领导了大罢工。陈为人此前由李大钊派到正太铁路从事工人运动。他们因参与领导"二七大"罢工,被直系军阀"指名通缉"。

---

① 《中国教育之将来》,《滨江时报》1930年3月19日,第十四版。
② 《中国教育之将来》,《滨江时报》1930年3月19日,第十四版。

第二章 多元化发展的繁荣时代

陈为人作为正式代表赴广州出席中共三大。会议认为哈尔滨在产业上及地位上皆甚重要，为此在《劳动运动决议案》和《教育宣传问题决议案》中提出：应在哈尔滨创设有党"所能支配的新闻机关"，哈尔滨的工人运动"更宜作与苏俄工人联合之宣传，现时反对苏俄之趋势亟宜纠正"。在中共三大精神的鼓舞下，陈李二人下定"为革命而死"的决心，并坚信"反对帝国主义的空气已浓，寅人系的哈埠，必有到来的一日。前中夏说人恐将被驱逐出境，但以现状而言，倘无此等能人"。1923年3月，中共北京区委领导人李大钊派陈李二人到东北进行党建工作。陈李按照罗章龙（罗年前曾到东北考察工运）规定的路线及联络地点，接上了关系后化名进入《晨光报》，以记者名义从事革命活动。① 陈为人在哈尔滨化名陈涛，李震瀛化名骆森与警寅。

《哈尔滨晨光报》1923年2月21日创刊，因报头常突出或简用"晨光"二字，时人通称《晨光报》。主办者为8个爱国知识分子组成的哈尔滨救国唤醒团，为首者韩庆昌（又名韩铁生）兼任发行人与著作人（社长兼主编）。哈尔滨救国唤醒团是华盛顿九国会议结束时，在共产党员马骏的指导下，为反对国际共管中东铁路、要求取消"二十一条"而成立的。马骏原籍吉林省宁安县（今黑龙江省宁安市），五四运动时为天津南开学校和全市学生运动的领导者之一，与周恩来、邓颖超、郭隆真等组织了著名的觉悟社。1921年末回故乡，他是中国共产党成立后第一个到东北从事革命活动的共产党员。

在救国唤醒团的影响下，全市工、商、学、医等各界也陆续成立各种救国组织，并建立了全市总部，总部的牌子就挂在滨江商会门口。由于经常集会游行，为适应斗争需要，马骏指出："用我们的舌头唤起了哈尔滨的万人，但是纯用喉舌是很不经济的，必须假一种永久继续的工具，为哈尔滨市建造坚固的舆论。"为此，他们决定"为发扬民意，组设《哈尔滨晨光报》"②。滨江商会不仅资助办报经费5000元，还提供

---

① 罗章龙：《我到东北考察工运》，转自《黑龙江党史资料》第4辑，1985年。
② 黑龙江省地方志编纂委员会：《黑龙江省志·报业志》，黑龙江人民出版社1993年版，第57页。

了办报用房。滨江道也大开绿灯，韩庆昌 2 月 10 日具名申请立案，道尹张寿曾 14 日即指令警厅准许备案。一周后该报即与全市读者见面。

《晨光报》每日对开两大张 8 版，为了便于"发扬民意"，除个别言论常用当时流行的"报章体"外，多数稿件都是用白话，是哈尔滨最早响应"五四"、利用白话文的报纸之一。3 月，李震瀛和陈为人，化名进入《晨光报》，以记者身份进行革命活动，在该报加强联合苏俄的宣传，纠正当时反对苏俄之趋向，开哈埠报界风气之先。其副刊《艺林》也有不少新的创造。

陈为人（1899—1937），原名陈蔚英，湖南江华人，五四时期就读于衡阳师范学校，因在上海误了赴法勤工俭学的船期而流落街头，1920 年加入中国社会主义青年团，成为上海共产主义小组机关报《劳动界》的撰稿人，同时在华俄通讯社社长杨明斋主办的俄文学校学习俄语，后只身经满洲里赴莫斯科学习，1921 年归国后加入中国共产党，在北京开展工运。当时中国劳动组合书记部负责人罗章龙主编《工人周刊》，并附设劳动通讯社，陈为人曾兼任周刊编委。

李震瀛（1900—1937），天津人，五四时正在南开学校读书。与周恩来、马骏、郭隆真、邓颖超等一起组织觉悟社，1921 年加入中国共产党后被派到上海，任中国劳动组合书记部干事，负责编辑机关刊物《劳动周刊》，在该刊被禁前的 40 多期中，几乎每期都有他撰写的文章。1922 年，在中共二大当选为中共候补委员，被派到郑州任京汉铁路总工会秘书长，是"二七"大罢工主领导人之一。①

哈尔滨工作的开展遇到很大困难。1923 年 10 月，哈尔滨"已下雪，气候特别冷"。陈李二人因经济拮据经常饿肚子，但"每日的工作，至少有十五小时以上"，因此身体"大不如前的好了"，革命热情却有增无减。当时的生活境况非常艰苦，但是他们都有一份豪迈的革命乐观主义精神，在给林育南、刘静仁、邓中夏的信中，他们满怀豪情地表示："现因此地已下雪，气候特别寒冷，寅、人每日工作至少有十五

---

① 北京《党史资料通讯》，上海《党史资料》，及《北京文史资料》等。

第二章 多元化发展的繁荣时代

小时以上,闲暇之余,又无他项以助余兴,精神、物质、工作,均调剂不周,故身体已微弱,大不如前的好了。下月(十一月)寅将担任他一项事务,人的事亦将增加,是困苦的速度,有进无已。非如沪中济济多士,且有以助余兴及增自然活泼之精神。诸兄,苦恼!干!愿与诸兄共勉之。"① 10 月又秘密成立了中国共产党哈尔滨组。

这两个年轻共产党员在《晨光报》很快打开了局面。在二人的努力工作下,哈尔滨党团各项工作都取得了可喜的成绩。1922 年 9 月 16 日,哈尔滨通讯社宣布成立。

哈尔滨通讯社初期与东三省无线电台合办,是东北最早采用无线电收发稿件的通讯社,同时它还是中国共产党人在哈尔滨进行革命活动的据点,为时将近两年。哈通社联名申请创办人为韩铁声、陈涛、骆森、吴春雷。陈李二人创办哈通社的初衷有二:一是根据中共三大的决议,创设一个有党"所能支配的新闻机关",进而在东北建立"一种中日苏俄舆论最低限的联合战线运动";二是为谋生与发展党团组织的需要。②

陈李当时的调查:东北的新闻界"在哈是俄旧党的势力,在奉是张作霖的势力。其他外国人的通讯社,实可左右一切政治潮汐的消长"。在具体分析哈尔滨、长春、沈阳、大连中外报纸的现状后提出:"我们为了东三省舆论想,很应该有一种中、日、苏俄最低限的联合战线运动的必要。"为此,哈通社在成立公告中破例提出:"凡表同情于本社宗旨而愿尽力协助本社者均可为本社社员,不分国界性别。"而当时在东北各地国人新闻机构,公开声明都是不吸收外国人的。同时还在其"简章"中宣布,将聘请当时在欧洲、南洋、日本及京津沪汉等地的一些共产党员、青年团员为该社特约通讯员。哈通社"简章"中称:"本社设在哈尔滨,渐次在国内外各地特约通信员,拟约请巴黎谢振河、南洋董楚平、柏林张松年、日本周佛海、伦敦李传曾、莫斯科骆觉、北京

---

① 《陈为人等给林育南等的信——在哈尔滨开展工作情况》(1923 年 11 月 1 日),中央档案馆、辽宁档案馆、吉林省档案馆、黑龙江省档案馆编:《东北地区革命历史文件汇集》(1923 年至 1928 年 3 月),辽宁美术印刷厂 1988 年 1 月印制,第 3 页。

② 李震瀛:《东三省实情分析》,中共中央党刊《向导》1924 年 1 月 20 日、2 月 20 日。

张克仁、上海罗正宇、广州冯菊坡等为本社通信员","本社以宣传消息,介绍文化,拥护舆论,编纂各项统计调查为宗旨"①。

陈李二人与当时派到各地的共产党员一样都必须自谋生计,自筹活动经费。而创刊不久的《晨光报》,由于办报经费困难,社长与采编人员都无薪可支(他们多另有职业,兼职办报)。陈李在哈初期,没有任何收入。随着党团组织的发展,"此间新友已有六人,共计九人,青年二十余人",其中"六口的供给"须他俩承担。而当时办通讯社比报刊所需经费少得多,有个办公处与油印机即可对外发稿。这是他们创办哈通社的一个重要原因。

哈通社是仿效上海华俄通讯社与北京劳动通讯社而创办的。上海华俄通讯社原名中俄通讯社,由共产国际派来中国的杨明斋于1920年7月在上海创办;北京劳动通讯社是中共北京组织1921年创办的《工人周刊》编委会附属的一个宣传机构。它们是中国共产党成立后最早由共产党人创办的两个通讯社。陈李二人同华俄社社长杨明斋、劳动社社长罗章龙,都曾有交往与联系。哈通社内部实行的民主管理以及在国内外特约通讯员等措施,都是仿效这两个通讯社的。华俄社所发国内新闻,主要由北京、哈尔滨与长春等地提供,劳动社当时在东北也设有通讯员。因此,这两个通讯社要求陈李二人向两社供稿,当时在京沪报刊曾发表过他们的署名文章,如著名报人邵飘萍的《京报》,1923年4月曾刊载陈为人的《俄国劳动政府对于教育事业的建设及其经过》。党刊《向导周报》1924年初连载李震瀛的长文《东三省实情分析》。

哈通社的创办还得力于东三省无线电台副台长刘瀚。当陈李二人结识这位爱国的青年无线电专家时,双方一见如故,一拍即合。刘瀚主动与东省特别区行政长官公署斡旋,使哈通社很快得以立案。如前所述,他还提供物质援助,使哈通社"有了两个办公处,电话等都齐备"。双

---

① 黑龙江省地方志编纂委员会:《黑龙江省志·报业志》,黑龙江人民出版社1993年版,第339页。

第二章 多元化发展的繁荣时代

方商定:哈通社"与无线电收发处合办"新闻通讯,电台接收的外电,经哈通社译后送各报刊载;电台播发的新闻,由哈通社提供。① 因此可以说,哈通社是中国共产党人最早尝试利用无线电传播新闻的通讯社。

哈通社社长韩铁声,时任《晨光报》社长;丛刊主任吴春雷,曾任《东三省商报》总编辑。这两家较有影响的大报负责人的加入,增加了哈通社的知名度,还有一定的掩护作用。当时远在上海的团中央组织部邓中夏,仍在担心被通缉的陈李二人一旦暴露身份,"恐将被驱逐出境"。所以他们以化名做发起人,并分别出任哈通社编译主任与新闻主任。他们一个会俄文,一个会英文,在编译外电时各显身手。

哈通社内设编译、新闻、丛刊、书籍、营业和调查科,实行"分工合一制",民主办社,重大事务"须由社长及科主任多数决定之";"经济纯属公开,各人去尽自己的能力筹划之";"社员皆有建议之权",同时"对于本社的经济及新闻材料等,均有尽力负担之义务",并"有相互监督及勉励之责";"每星期开常会一次,商决一切进行事项"。比较东北当时各地新闻机构,如此民主办社,可谓独树一帜。②

哈通社职员张昭德、彭守朴、李铁钧和10月到哈的陈晦生,都是北京俄文专修馆毕业的党团员。这也是中共早期在哈尔滨的一大特点。他们分别在大中学校与铁路任教师、翻译等,广泛地结识各界人士。1923年10月10日,哈通社在新世界大饭店举行辛亥革命12周年纪念会,应约到会的有商学报界百余人。《滨江午报》特发消息与评论赞曰:"真没想到,我们这个偏僻边陲、北塞草地的哈尔滨,竟有这么些爱国志士,同聚一堂讨论国事,宁不教人喜出望外。"并称赞"所到会者,大半皆系少年英俊,学问见解奇妙新颖,犹如一般虎豹蛟龙,有日若得林泉相助,料必借风云而腾。那时寰球大局不能勘定,我不信也"③。哈通社传播的新思想与新见解令人耳目一新。

哈通社"除每日发新闻稿外,每星期送一次有系统的记载,每月赠

---

① 韩铁声:《忆陈为人同志》,《黑龙江党史资料》第4辑所载。
② 《哈尔滨通信社章程》,黑龙江省档案馆编:《黑龙江报刊》,第272页。
③ 《滨江午报》,1923年10月12日报道。

送关于社会问题之译著数次"。新闻稿向本埠订户"按日专人送递，每月收大洋十元；外埠照加邮费，个人订阅者特别减轻"①。11月7日，苏俄侨民集会庆祝十月革命六周年，哈埠当局派警镇压，日本报纸趁机制造反苏舆论。哈通社特派记者走访苏联驻哈全权代表，揭露日报挑拨中苏关系的行径，供哈埠各报刊用，以遏制反苏宣传。

为贯彻中共三大《劳动运动议决案》，陈李在哈还成立了中东铁路华工部，并由"此间友人每月出八十元，办《劳动周刊》"。团支部"已有六人，努力于商人学生两方面，从事组织"，还筹建"东三省哈尔滨青年学院"，开展平民教育，并拟出版《青年》半月刊。11月7日，党团组织"合作印发传单"2000份，"宣传承认苏俄"，以纪念十月革命6周年。②

根据中共中央指示，哈尔滨组创设了国民党市党部，并推荐张昭德为市党部部长。他在接到"部长委任状"后即开始开展活动。不久，张昭德赴广州参加新改组的国民党第一次全国代表大会。会后以国民党党员身份在哈活动。

各项工作的顺利开展，使百忙中的陈李二人感到"此间各情颇顺适，惟'人''钱'缺乏耳"，11月下旬，李震瀛护送黄镜到满洲里过境去苏俄。不料争取主持《晨光报》受挫，该报出资者滨江商会与报内几个同事公开发表启事，声明该报"完全归商会"所有，"无论何人不得擅动"。韩铁声被迫宣布脱离《晨光报》。③这两个启事在一些报上连载多日，在新闻界引起轰动。

12月上旬，哈尔滨党团组织几次开会研究了应变措施。因无线电台停止合作，哈通社暂停发稿。李震瀛应聘到《国际协报》专职撰写评论。④为了保持哈通社的经营，吴春雷利用哈通社在道里二道街的办

---

① 《哈尔滨通信社简章》，黑龙江省档案馆编：《黑龙江报刊》，第273页。
② 《哈尔滨社会主义青年团支部书记汪洁曼给团中央刘仁静、林育南的信》（1923年11月12日），中央档案馆、辽宁档案馆、吉林省档案馆、黑龙江省档案馆编：《东北地区革命历史文件汇集》（1923年至1928年3月），第4—7页。
③ 《晨光报声明广告》，《滨江时报》11月下旬，第二版连载。
④ 《骆森〈警寅〉启事》，《国际协报》1923年12月13日。

第二章 多元化发展的繁荣时代

公处,代销由著名报人林白水在京主办的《社会日报》。12月底,陈李等人获悉因《晨光报》遭到匿名者向奉吉两当局举报,哈尔滨党团联合组织决定暂时停止一切活动。陈李二人被迫南下,以哈通社记者身份赴大连进行革命活动。

1924年初,孙中山先生改组国民党,实行联俄联共扶助农工"三大政策";张作霖也派人与孙中山联系建立反直系军阀的"三角联盟"。哈尔滨政治空间较前宽松,《晨光报》与《国际协报》等报也开始宣传国民党"三大政策"。中共哈尔滨组当时仅陈晦生、张昭德、彭守朴、李铁钧四人,虽然"同志无多",并"因官厅颇注意我等","不能常常开会",但大家"精神方面尚称团聚"。[①] 他们利用公开的职业身份,坚持合法的斗争。原在哈工大任教的张昭德,参加国民党一大回哈后,成为全市知名人士,他因兼职办《国际协报》,尤为新闻界推崇,在全市各界发起举行孙中山先生追悼会时,被推举为筹委会主席。陈晦生以为俄人翻译讼状为掩护从事工人运动。他活动能力很强,当时传说:只要把他看住,哈尔滨就不会有群众"闹事"了。李铁钧时在广益学校(哈一中前身)任教,同时开展平民教育。他接替彭守朴任青年团支部书记后,与《晨光报》"颇有联络",向该报"可以随便投稿"[②]。在现在残存的《晨光报》上,时有署名哈通社的文稿。《国际协报》因张昭德兼职该报,对哈通社也开绿灯。

大约在1924年5月以后,哈通社又重新发稿,但因与电台停止合作,不再提供每日新闻,而是以复印稿为报纸提供本埠通讯,稿件内容多是其成员所在机构中的见闻,或是他们正在从事的工作报告。

《晨光报》在5月30日刊载署名哈通社的《平教会第一次视察报告》,报道新成立的哈尔滨平民教育促进会,视察道里两所平民学校的情况。同时刊载的《广益学校之平民教育热》一稿中,特别突出该校

---

① 《李铁钧给邓中夏的信》,中央档案馆、辽宁档案馆、吉林省档案馆、黑龙江省档案馆编:《东北地区革命历史文件汇集》(1923年至1928年3月),第37—38页。
② 《李铁钧给邓中夏的信》,中央档案馆、辽宁档案馆、吉林省档案馆、黑龙江省档案馆编:《东北地区革命历史文件汇集》(1923年至1928年3月),第37—38页。

"李教员"演说平民教育与人民群众的密切关系。这个李教员就是李铁钧,该报在其他报道中曾多次直呼其名,足见当时的社会影响。

9月5日,该报同时刊载两篇哈通社署名稿:《东路经济拮据黑幕大披露》和《工大学生勘查东路各路报告》。前者揭露中苏合办中东铁路前沙俄残余势力挥霍侵占公款的现象。后者报道哈工大学生勘察东线车站的状况,结尾时提出以煤代木的建议。

根据中共四大决议和中央第13号通告,在哈的共产党员、青年团员都以个人身份跨党加入了国民党,张昭德、陈晦生、彭守朴与朱霁青等一起组成了国民党哈尔滨市执行部,此后中共党团的对外活动,均以国民党的名义进行。

在"五卅"运动前后,哈通社停办,张昭德、陈晦生等人不久筹组创办了《东北早报》。哈通社计划建立国际舆论联合战线的努力虽然被迫中断,但它对中共哈尔滨党团组织的建立与发展发挥了重要作用。

二 中共满洲省委创办的报刊

中共满洲省委自1927年成立,至1936年奉命撤销的九年间,在领导东北三省各族人民反对军阀压迫与反对日本军国主义侵略的斗争中,战胜各种困难,相继创办了不少内部党刊与机关报刊。几任省委领导人如陈为人、刘少奇、陈潭秋等,曾在极为严重的白色恐怖中,亲自参与或指导党报的编辑发行。这些党的报刊对巩固与扩大东北地区党的队伍,促进党所领导的民主革命与民族解放斗争,曾经发挥了不可忽视的作用。

以下是在"九一八"事变前满洲省委主办的一些报刊。

1927年12月1日,《满洲通讯》在沈阳创刊,油印发至东北各地党支部,主编是满洲省委第一任省委书记陈为人。陈为人是在党的"八七"会议后,根据中共中央的指示到东北的。此前,东北党团组织遭到严重破坏,党报全部被迫停刊。10月24日,陈为人在哈尔滨主持召开东北第一次党员代表大会,传达贯彻"八七"会议精神。大会决定成立中共满洲临时委员会,并推选他任临委书记兼宣传部长。临时省

第二章　多元化发展的繁荣时代

委的办事机关在会后改设沈阳。年底，各地党团组织迅速恢复与发展，党员总数达170多人。①

《满洲通讯》是仿照中共《中央政治通讯》而出版的，其《发刊词》确定刊物内容有三："一、公布临委的政策、重要决议及一些政治上、工作上的指示；二、转载中央或北方局的重要通告；三、登载各级党部重要报告，各级同志对党的各种意见。"第一期主要刊载临时省委成立时的政治报告及各项决议。《发刊词》要求："各级同志接到此通讯后务须详加研究与讨论或批评"，"应一致接受与努力奋战，达到满洲工农兵贫民革命在本党所指导之下，迅速成功"②。

因为需要刊登的文件较多，《满洲通讯》有时一个月内出刊两期，以适应处于转折时期各地党组织所急需。每期刊载的各地工作报告，常附有省委常委复信，肯定成绩，指示缺失，颇具针对性。第5期所刊《入党须知》《秘密工会章程》等，首次为东北党组织提供了建党与工作的统一规范。在刊载几则开除党籍的决定时，还发表了《追悼姜朝风同志》，以纪念"北满工人惟一的革命领袖"。此文是东北党刊第一篇人物报道。

《满洲通讯》另一突出特点是：提倡党内民主，勇于批评与自我批评。第4期全文刊载的某同志给陈为人的信，批评他"不常到外面与群众接触"，有时对下级态度"傲慢"。当时陈为人以英美烟草公司高级职员的身份为掩护，白色恐怖使他不能"常到外面与群众接触"，他对自己和对工作的严格要求引起群众误解，本可以交换意见以消除。但该刊郑重刊载省委常委复信，首先表示热烈欢迎"第一次接到下级同志对上级党委的批评"，并检讨常委过去"互相间的批评过少"，"常有个人式非集体化的领导"，最后提出今后"惟有努力的去改正"。在自己编的党刊上指名批评自己的缺点错误，表现了共产党人无私无畏的革命

---

① 《陈为人关于中共满洲临委工作情况给中央的报告》，《东北地区革命历史文件汇集》（1923年至1928年3月），第212—213页。
② 《〈满洲通讯〉发刊词》，《东北地区革命历史文件汇集》（1923年至1928年3月），第182页。

风格。①

后来，《满洲通讯》还刊载了"之"同志对省委决议的质疑信，就军工运动与农民运动的策略问题提出了不同的意见与建议。这些批评性稿件增强了该刊的思想性与指导性，同时活跃了党内民主生活，极为难能可贵。此外，还有《满洲工人》《政治文艺》等，"都是经过党和团的支部散发了出去"。

1929 年 10 月在哈尔滨创刊了《白话报》，用两张蜡纸油印出刊，每期 500 份。它是中共满洲省委第三任书记刘少奇催促与指导而创办的"哈尔滨工人群众最欢迎的小报"②。

年初新组建的满洲省委，工人出身的新省委书记肺病缠身，不能坚持工作，他与代理书记又互不信任，不团结共事。下级组织虽然要求复刊《满洲通讯》，他却否认其作用，致未恢复出版，给党的组织造成很大损失。到 6 月初，党员由年前 280 多人减至 120 多人（其中哈尔滨 90 多人）。正在东北视察的中央特派员谢觉哉，专函吁请党中央："满洲党需要一个有本事的领导者。"

刘少奇 7 月化名赵之启从上海抵沈阳，迅即在纱厂被捕，但不久获释。9 月省委分工，他负责主管"全省工作、宣传工作及政治方面"，并根据党中央 6 月的决议，率先成立了三人"党报编辑委员会"，还计划创办党刊《真理》和《工人周刊》等③，同时要求哈尔滨出版一份至少为五日刊的工人刊物。9 月 26 日，他按照党中央的指示，带病赶到哈尔滨，组织发动中东铁路工人运动。

早在满洲省委成立之初，就曾多次要求在哈尔滨创办《北满工人》周刊，加强对工人的宣传。先是哈尔滨市委书记杨伟坚（杨宁涛）害怕白色恐怖，放弃领导。他被开除出党后，新市委成员中没有知识分

---

① 《满洲临委常委复某同志的信》，《东北地区革命历史文件汇集》（1923 年至 1928 年 3 月），第 306 页。

② 《一九三零年全国革命报刊调查》，中共中央宣传部主办的《上海报》于 1930 年 4 月 17 日出版的《上海报周年纪念册》。

③ 《满洲省委给党中央的满字第五十五号报告》，《东北地区革命历史文件汇集》（1929 年 3 月至 1929 年 10 月），第 335—340 页。

第二章　多元化发展的繁荣时代

子,大家都"不会做宣传品"。直到1928年11月派任国桢任市委书记后,宣传工作才开始改观,在"一一·九"反日爱国护路运动中,市委曾组织反日宣传队,创办了《抗路》月刊,并印发了大量传单与标语,扩大了这个群众爱国运动的影响。后来东北著名女作家萧红,当时与同学们一起高举写着反日口号的彩色小旗,也参加了声势浩大的示威游行队伍。1929年初,任国桢在新改组的满洲省委中兼任候补常委。当时各党组织发展受挫,而哈尔滨市委却取得较好成绩。

刘少奇到哈尔滨后,赞扬新成立的哈尔滨市委成员积极斗争的勇敢精神,但要求他们坚持地下工作的隐蔽原则,改变斗争方式,不应亲自在街头"壁写口号",散发传单,而应"计划文字（宣传）怎么办"。根据他的指示仍回哈尔滨市委的任国桢"答应负责"。后来哈尔滨市委多次作出决定,要坚持出版《白话报》,如1930年1月9日给满洲省委的信中说:"白话报须尽量出版,小传单应不断地散发,发行工作须详细计划,应特别注意政治宣传。"① 在刘少奇抵达哈尔滨的第二天,即报请党中央给哈尔滨增加宣传经费20元,并加派一个掌握油印技术的人。但在经费与加派人员尚未到哈时,提前创办了《白话报》。

同时,按照刘少奇的指示,郭隆真11月5日由沈阳到哈尔滨,任中东铁路总工厂支部书记。第2天,市委决定:"《白话报》主要为中东铁路的工厂小报,特别指导目前的斗争,至少为五日刊。"② 现存《白话报》第6期是纪念十月革命12周年专号,刊载了4篇纪念文章,分别阐述十月革命的伟大意义,揭露国民党政府与东北当局挑起的"中东铁路事件"真相,报道苏联劳动法和工人生活状况,号召工农团结起来,推翻国民党政府,"建立中国工农共和国"③。文章中联系实际对比中苏两国工人生活,鼓动性很强。

---

① 《中共哈尔滨市委关于中东路斗争情形致满洲省委的信》,《东北地区革命历史文件汇集》(1929年5月至1936年11月),第69—76页。
② 《中共哈尔滨市委关于最近工作情形给满洲省委的报告》,《东北地区革命历史文件汇集》(1929年5月至1936年11月),第27页。
③ 《纪念十月革命12周年专号》,《白话报》1929年11月10日。

哈尔滨戒严司令部 15 日在邮检中发现了这期《白话报》，当即"饬属随时严防"①。满洲省委也于 20 日通告各地党组织，立即指定专人负责发行分配工作，把党的报刊尽快分发给党员与群众。据铁路工厂工人柴好回忆说：郭隆真曾多次把《白话报》与《真理画报》交给他，带入车间放进工人的工具箱里。有些工人几天没看到《白话报》就"向别的工人探问接到没有"②。

中共中央对《白话报》赞勉有加。中宣部在审阅前六期《白话报》后，12 月 18 日复信满洲省委，肯定"满洲的宣传品比过去有长足的进步"③，指示省委："《白话报》应该在你们整个群众工作中占着重要地位，整个省委必须用较多的精力去注意。"并就《白话报》的编辑与发行工作提出一些改进意见。如"你们还必须更努力于取得通俗化"，"论文要短，每个论文都尽量从一个事实说起，使群众易于明了"，"最重要的必须在中东路及其他产业中建立通信员，兵营学校农村中都可以照样去作"，等等。④

1929 年底，任国桢被派往上海学习后，哈尔滨市委"经济困难已达极点"，但中共中央给满洲省委的报告要求《白话报》坚持照常出版。⑤ 1930 年 1 月 11 日，刘少奇第二次到哈尔滨，发动铁路工人总罢工。2 月 13 日（农历正月十五），刘少奇在铁路工厂委员会上，总结了半年来工人斗争的经验教训，提出建立"五种组织形式"，其中第三种是"成立小报社，出版小报，须有四五百社员"，要求"同志们立即进行"⑥。

当时东北当局对《白话报》深感不安。3 月 21 日，张学良训令东

---

① 黑龙江省地方志编纂委员会：《黑龙江省志·报业志》，黑龙江人民出版社 1993 年版，第 71 页。
② 柴好：《全总代表在我家开会》，《黑龙江文史资料》第 16 辑。
③ 黑龙江省地方志编纂委员会：《黑龙江省志·报业志》，第 71 页。
④ 中共中央 1929 年 12 月 18 日《对满洲杂志的意见》。
⑤ 《中共哈尔滨市委关于中东铁路工人斗争的教训给满洲省委的报告》，《东北地区革命历史文件汇集》（1929 年 5 月至 1936 年 11 月），第 110—111 页。
⑥ 《中共哈尔滨市委关于中东铁路工人斗争的教训给满洲省委的报告》，《东北地区革命历史文件汇集》（1929 年 5 月至 1936 年 11 月），第 103 页。

第二章 多元化发展的繁荣时代

省特别行政区长官公署说:"哈埠近有共产党散布传单","由邮局寄送《白话报》者","详译各单报意味,纯系苏联口吻,宣传赤化。若任其再接再厉,不加防止,则哈埠不久将成第三国际矣!"为此下令:国民党在哈"党务须缓办,党报亦须缓设,免致鼓吹过甚,流于宣传共产";同时"从严整顿"学校,严密管理工人,使其"免受外界传染"。并要求警察进行"邮检检查,调查户口",务使《白话报》等"弭患于无形"①。

由于多种原因中东铁路总罢工未能实现,《白话报》大约在3月下旬郭隆真去沈阳后停刊,但哈尔滨市委及其领导的群团组织1930年利用铅印、油印及石印等工具,先后创办了近10种革命报刊,如市委党刊《群众》《无产者》以及《工农旬刊》《滨江工人》《北满工人》,共青团市委与反帝大同盟创办的《反帝周刊》《现在旬刊》。7月市委改组为北满特委后出版机关报《北满红旗》。中东铁路总工会筹备处也创办了石印小报《火车头》。这些报刊虽然出版时间都不长,在宣传报道的内容上受到党内"左"倾错误的影响,但在党所领导的反帝运动中,发挥了积极作用,扩大了党的影响。1931年初,北满地区的党员发展到244人。中共哈尔滨市委党团组织于1930年出版的小型报刊,见表2-1。②

表2-1　　　中共哈尔滨市委党团组织出版的小型报刊

刊名	创办者	出版时间	期发量(份)
《群众》		1930年2月	2000
《无产者》	哈尔滨市委	1930年3月5日	
《北满红旗》	中共北满委员会	1930年9月21日创刊,1931年4月下旬停刊	3000

---

① 《张学良东省特别区行政长官公署的训令》(1930年3月21日),黑龙江省档案馆编印:《黑龙江学运》。
② 此表格根据《黑龙江省志·报业志》第57—71页相关内容整理而成。

续表

刊名	创办者	出版时间	期发量（份）
《现在旬刊》	哈尔滨青年反帝大同盟机关报	1929年12月底或1930年1月初创刊，3月11日被特警处查禁	1500—2000
《反帝周刊》	共青团哈尔滨市委	1930年3月创刊	
《工农旬刊》	地下党津贴资助开明书店出版	仅一期	
《滨江工人》	同上	不详	500
《北满工人》	同上	1930年6月10日创刊	

"九一八"事变后，满洲省委决定，由时任省委秘书长的聂树先负责宣传及党报的编辑工作。他即是后来的历史学家尚钺。1932年1月30日，《满洲红旗》在哈尔滨出版了第1期，猛烈抨击日本侵华罪行，同时批判了国民党市党部机关报《国民公报》鼓吹的"反共就是反日"等谬论，号召各界"民众立刻武装起来赶走日本帝国主义出满洲"①。

1932年2月5日哈尔滨沦陷后，《满洲红旗》继续出版，并套色彩印。为了表示坚决反对日本扶植的伪满洲国的出笼，在"九一八"事变一周年时，《满洲红旗》更名《东北红旗》，坚持进行反日宣传。

《满洲红旗》的战斗历程，反映了共产党人不屈不挠、英勇奋斗的革命精神。在它的影响下，东北各地有一批油印的党报创刊，如北满特委的《北满红旗》、南满特委的《南满红旗》、东满特委的《争斗》（后改名《火花》，同时用中文与朝鲜文出刊）。与此同时，大连又出现工厂小报；哈尔滨市总工会成立后，当即创办《工人事情报》，并附出画刊；哈尔滨市委还创办了机关刊物《组织者》；吉林磐石县农民协会创办了《磐石农报》。随着党的影响不断扩大，党的队伍迅速发展，在"九一八"事变前，东北各地的中央党团员已达2132人。

---

① 《满洲红旗》副刊，1932年第1期。

第二章　多元化发展的繁荣时代

三　中共地下组织依托报刊开展的文艺活动

在东北易帜前后，中共满洲省委除了编印各种党报党刊外，还指示各地党团组织利用各种合法条件，创办公开出版的文艺刊物和"灰色报刊"，或设法进入"反动报纸"以扩大传播革命思想，领导文化运动。

灿星文艺研究社是共青团在哈尔滨主办的一个"辅助组织"，1928年夏秋之间在哈尔滨创刊《灿星》，1929年五六月移作《国际协报》副刊，由共产党员楚图南指导组织成立。《灿星》曾约法三章："一不登才子佳人等封建作品；二不登歌功颂德的奴才文章；三不登对人生、事业悲观失望的灰色作品。"①

楚图南是李大钊在1925年派到东北的，他先后辗转于哈尔滨、长春、吉林等地，以中学教师的身份秘密从事革命活动，结识了不少进步教师和文化界知名人士。1928年在哈尔滨吉林省立六中任国文教师时，与同事程沐寒一起，指导六个爱好文学的学生成立了灿星社；为了练习写作，自筹资金出版《灿星》月刊。②《灿星》问世，在校内受到好评，不少师生要求加入灿星社，但《灿星》"只出了一期，就因经费无着不得已停刊"③。后来《灿星》得到当时哈尔滨影响最大的《国际协报》的青睐。经双方商定：《灿星》作为该报副刊之一，每周对开一大张，稿件由灿星社自行编辑，报社"文艺编辑亦有检查其稿件之权"④，并加印200份作为稿酬，由灿星社按卷装订成32开的专集，每册5角。⑤

楚图南不仅具体指导《灿星》，还以"介青"等笔名发表了不少作品。包括杂文《三本书皮》《赠这里的青年》《吊屈原》《赞大盗》，散

---

① 世啸：《楚图南在哈尔滨》，黑龙江省人民政府参事室、黑龙江省文史研究馆编：《龙江文史》（第4辑），黑龙江新华印刷厂1996年印刷，第6页。
② 高乃贤（高鸣千）：《关于"灿星"社的材料》，黑龙江日报社档案1969年。
③ 高乃贤（高鸣千）：《关于"灿星"社的材料》，黑龙江日报社档案1969年。
④ 《1930年12月16日〈国际协报〉陈述灿星社情形的公函》，黑龙江省档案馆编印《黑龙江报刊》，第181页。
⑤ 《国际协报》1929年11月7日副刊广告。

文诗《塞北春风》，长诗《铁的龙》《吉卜希人追风曲》，独幕歌剧《地狱的母亲》，以及长篇文章《读〈史记〉》等。[①] 这篇洋洋5000言的"读后感"，以司马迁的悲惨人生遭际评述其呕心之作《史记》，抨击历史上的暴主及阿附时主的奴才与文士。文章感时而作，立论奇伟严正，评述有据而富有文采，可以说是他在哈尔滨的扛鼎之作。他是《灿星》中最受读者欢迎的人，外埠读者也尊之为"介青师"。

当时同楚图南联系密切的朝鲜族画家韩乐然、进步教师杨定一、后来成为史学家的尚钺、诗人柯南平（柯仲平）、高长虹等人，都为《灿星》供稿。大心（杨定一）的长诗《放歌龙潭山头》，在"春逝已远"的北国，呼唤"创造新人类的乐园"[②]。这篇激情澎湃的战歌，同时被另一家大报《晨光报》刊载。依克（尚钺）的《碰到》很像一篇江北的《狂人日记》，他的杂文《骂人论》也用鲁迅笔法诅咒当时社会上存在的主人与奴隶的"非人状态"，主张建立"不主我，不奴你"的"正当的人的社会关系"。韩乐然为《灿星》合订本的封面绘画[③]，使这个左翼文艺刊物更受读者欢迎，被誉为"真正当行出色、高出一筹"的文艺刊物。[④]

追随与学习鲁迅成为《灿星》第一大特点。灿星社发起之初就有一共识：阅读鲁迅先生的著作。《灿星》首任编辑高鸣千的小说《黯淡的命运》，就是仿效鲁迅先生的《祝福》，描写了一个东北的祥林嫂。[⑤] 第三任编辑张逢汉，曾将俄国著名诗人莱蒙托夫的《天使》与《帆》等诗，译成中文在《灿星》发表。1929年初，他在鲁迅主编的《奔流》第9期上，看到孙用转译的这两首诗，"发现有些与原本不合"，"失掉了与原文的精彩"，5月7日写信告诉鲁迅。鲁迅6月25日在上海复信表示，"很感谢"张逢汉的"好意"，并将张的翻译诗在《奔

---

① 《灿星》第2卷第11号，1929年12月7日。
② 《灿星》第2卷第8号，1929年11月20日。
③ 《灿星》第2卷第19号，1930年1月14日。
④ 《灿星社启事》，《国际协报》1929年11月6日。
⑤ 《灿星》第2卷第8号，1929年11月20日。

第二章　多元化发展的繁荣时代

流》发表。后来，鲁迅还把这次通信一并收入他的《集外集》。鲁迅当时还把他写给任国桢的信请楚图南转介，其中有封长信是请他们介绍一些马列主义理论书籍。[①] 时任中共哈尔滨县委书记的任国桢与楚图南一起找到中东铁路图书馆长替托夫，共同拟了一个书目给鲁迅。鲁迅在上海水沫、光华书店出版的文艺理论书，其中有些就是他们提供的。

试译俄国文学名著是《灿星》的另一个特点。在楚图南的指导下，正在求学的高鸣千、张逢汉等灿星社的社员们，除了习作外，还尝试翻译俄国著名作家、诗人的短诗与小说片段。现存《灿星》的25篇译作，都是俄国19世纪名著，其中有托尔斯泰、普希金、莱蒙托夫、屠格涅夫、契科夫、昆察洛夫等的作品。这样大量刊载俄国文学译作，在当时东北报刊上是绝无仅有的。灿星社社员中不少后来成为俄语翻译人才。

1930年10月，楚图南在哈尔滨被捕。当局确认《灿星》"内容为普罗文学"，并说"此种刊物，实足以煽动青年。若任其宣传，殊能危害治安"。为此决定"严行取缔出版，并禁止售卖，以免流行"[②]。正在出刊的《灿星》第4卷被迫终止。与此同时，吉林省伊通县青年读书会仿效《灿星》于11月才创刊的《微光》月刊，也被当局认为"有宣传共产性质"并立即查禁。该刊在哈尔滨南岗邮局的信箱120号也被搜查。

前后延续两年的《灿星》，是北满第一个左翼文学刊物。它不仅对东北新文艺运动的发展有贡献，而且有不少成员由此走上革命道路，后来成为知名的学者、作家、诗人和革命干部。

中共满洲省委成立后，指派党员设法进入"灰色报纸"和"反动报纸"，伪装成报人秘密进行革命活动者，不胜枚举。"九一八"事

[①] 《复旦大学鲁迅日记》注释组1977年6月28日《访楚图南同志》，原载《鲁迅研究资料》第2辑。
[②] 《东北边防军驻吉林副司令长官公署，民国十九年十二月五日，为查禁〈国际协报〉副刊〈灿星〉的咨文》，黑龙江省档案馆编印：《黑龙江报刊》，第180页。

变前夕，中共北满特委根据满洲省委"迅速出版党报"的指示，选调共产党员，以民办报纸的形式创办了《哈尔滨新报》。《哈尔滨新报》于1931年8月15日创刊。一个月后，日本关东军侵占了沈阳、长春、吉林等地，铁蹄驱向黑龙江省，在黑云压城城欲摧的哈尔滨，貌似"灰色报纸"的《哈尔滨新报》，坚决反对蒋介石的"不抵抗"政策，动员全市各界群众奋起抗敌，犹如一面团结抗日的红旗在危城高高飘扬。

《哈尔滨新报》每日对开4版，报头为市政府要员宋子林题写，曾经收降张作霖的清代新民知府曾子固，为报馆大门手书匾额。而具名该报社长的地下党员吴雅泉，原籍为辽宁开原人。继任总编傅希若，上海大学毕业，曾在开原任教。特委宣传部长贺昌之，时在英亚电讯社任职，他经常在夜间到报馆指导办报，提供英亚社电讯稿，并撰写社论。① 特委还通过苏联驻哈总领事馆，征得苏联煤油石璃油公司长期刊载广告，一个月得广告费三五百元。"九一八"事变后，还派地下党员刘铁肩（后来延安的作家晋驼），到呼兰设立分馆，推销该报千余份，不久成立了中共呼兰特别支部。②

《哈尔滨新报》版面少于哈埠民办大报，但它的两个新闻版不刊载黄色新闻，本埠社会新闻也较少，而英亚社电讯稿占一半多，并突出抗日斗争的报道，以反对"不抵抗"政策。《哈尔滨新报》另一个特点是，积极宣传苏俄的建设成就和中共的政治主张，并以"正面文章反面做"的手法，报道江西苏区红军反围剿的战事。如在要位，刊载加了花边的消息《赣红军三千进犯莲花塘》《共产党彭德怀攻赣州》，说政府军"猛力击退红军"，但战果却是政府军队的伤亡人数，从反面告诉读者，红军部队又打了胜仗。③

---

① 何耿先：《哈尔滨新报与东北红旗》，中共黑龙江省委党史工作委员会编：《黑龙江党史资料》第5辑，黑龙江省统计局统计印刷厂1986年版，第101页。

② 何耿先：《哈尔滨新报与东北红旗》，中共黑龙江省委党史工作委员会编：《黑龙江党史资料》第5辑，第103页。

③ 《哈尔滨新报》1931年12月6日、13日，第2版。

第二章　多元化发展的繁荣时代

其副刊《新潮》每日在第3版或第4版上半个版，主题鲜明，体裁多样。刚从上海回到哈尔滨的共产党员金剑啸，和在北满铁路任职的罗锋，根据特委的指示以此为"宣传阵地"，并"团结进步的文艺工作者，通过文艺手段进行反帝反封建斗争"①。《新潮》每日除杂文、小说、新诗、散文外，还刊载译文、剧本、日本侵华史料、科普知识《毒瓦斯》等，从各方面满足读者的需要。以"机关枪"与"迫击炮"为笔名的杂文，抨击实行"不抵抗"政策者，是"保土自卖的人"②，他们用镇压与哄骗的手段，对付各地学生的反日斗争运动。寓言小说《钟华村残史》，嘲讽蒋介石与东北当局在"九一八"事变中的不抵抗丑行。反对国联偏袒日本军国主义者的散文《清晨的收获》，高歌抛头颅卫山河的新诗《秋风篇》，以及剧本《铁蹄下》等，都唱出了时代的最强音。③

1932年2月5日，日本关东军侵占了哈尔滨。《哈尔滨新报》被迫终刊，报馆人员根据地下党的安排，走上了新的战斗岗位。

第四节　外报多元化格局的形成

20年代初，随着大批俄侨涌入东北，哈尔滨俄文报刊陡增。被迫从西伯利亚撤退其干涉军的日本势力，也加紧在东北创办报刊、电台与通讯社，企图在东北留下一支永不撤退的干涉军。同时，在哈尔滨还新办了一些英文、瑞典文、乌克兰文、格鲁吉亚文、爱沙尼亚文与犹太文等文字的报刊。如英文《哈尔滨每日新闻》（1918—1932）和《哈尔滨观察家》（1924—1933），波兰文《波兰天主教星期日报》（1922—1949），德文《德国—满洲信息》（1929—？）等。此外，还有一些通讯社、广播电台与新闻团体相继成立，各类新闻机构应有尽有。

---

① 罗锋的回忆文章，原载《哈尔滨日报》，转引自《东北新闻史》，第219页。
② 黑龙江省地方志编纂委员会：《黑龙江省志·报业志》，第73页。
③ 《新潮副刊》，《哈尔滨新报》1931年12月10日。

表 2-2　　　　　　　　哈尔滨市苏俄侨民统计表①

年份	1916	1918	1920	1922	1924	1925	1926	1927	1928
人数	34115	60200	131073	155402	58559	92852	54644	56000	108666

1920年，瞿秋白途经哈尔滨，曾对纷繁的俄文报刊有如此描述："那一天我从前进报馆出来到七道街江苏小饭馆吃了饭，沿着俄国人所谓中国大街回家，已是傍晚时分。走进一家俄国报馆，看见许多中国卖报的，领着报后争先恐后地到中国大街去抢生意做——抢着跑着，口里乱喘，脚下跌滑也顾不得，逢着路人，喘吁吁叫着：买'Novoctizizni'《生活新闻报》呵！买'Vperiod'《前进报》呵！买'Zarya'《柴拉报》！买'Russky Goloc'《俄国之声报》呵！——为的是生活竞争。"②

外国人在东北的新闻机构，在20年代随着国内外形势的发展，出现了不同的变化。《远东报》独霸哈尔滨报界的格局被打破。中苏两国新闻界开始交往。"红白之争"中哈尔滨白俄报刊逐渐减少。满铁巨款收买日本在东北的报纸。其他国别与文种的报刊有所增加，犹太人报刊活动在历史上留下浓墨重彩的一笔。

一　《远东报》后期的言论报道

1916年，俄国人在哈尔滨的中文《远东报》举办了纪念创刊十周年的盛大活动。《远东报》在这年迁至道里区一家日本银行的楼上，并大量招聘访员，调整报纸版面，头版报头三个字放大到三栏多，各版栏目都重新绘制了新刊头，更加美观醒目。

从3月14日，也就是《远东报》创刊纪念日起，该报改变原来的版面分工，以较多版面刊载国内各地给该报的祝贺词。中东铁路管理局长霍尔瓦特是日"特为嘉奖"，称该报与史弼臣"以联络中俄感情为宗旨，收效甚大，且对于敦促北满文明进步，不无微劳"。

---

① 李德滨、石方：《黑龙江省移民概要》，黑龙江人民出版社1987年版，第136页。
② 瞿秋白：《瞿秋白文集》（第1卷），人民文学出版社1954年版，第54页。

第二章　多元化发展的繁荣时代

该报在纪念日头版刊载了纪念词，全文如下：

　　世界自有报纸以来，以舆论监督政府积极进行而不已者已历数百年之久也。中国自有报纸以来输入文明发扬民气奋迅直前而不怠者已历数十年之久也，东三省自有报纸以来开通风气提倡公益急起而直追而不懈者亦有十数年之久也。

　　本报为三省报纸之一而发行不限于三省，本报又为滨江报纸之一而发刊独久于滨江。盖在本报发刊以前，而滨江并无所谓报纸。迨本报发刊以后虽有数种报纸继续发刊然其延长之时期或将及一月而停刊焉，或将及数月而停刊焉，或将及一年二年而停刊焉，曾无四五年发刊如一日者况且十年之久乎？

　　如斯之报纸以云开通风气而风气所开通无几也，以云提倡公益而公益所提倡亦微也，是故滨江一隅不啻独让本报负开通风气，提倡公益之责。本年三月十四日即俄历三月一日为本报出版届满十年之期，此一日也诚本报之大纪念日哉。溯自东省铁道告成轮轨纵横交通，便利昔日之荒原万里已渐为人烟稠密之区，而哈尔滨一埠尤为东省铁道之中心点。当此新都市开辟伊始，人民之智识尚多蔽塞，满洲之商业仅属萌芽。设无有言论机关藉文字以鼓吹，商业能否有今之盛，未可知也！人民能否为今日之开通，未可知也！

　　回溯此数年中历史本报亦既备尝艰险煞费经营，倘语以开创艰难则本报之生产又何异披荆斩棘，迄于今而始有此十年之纪念也。说者谓本报独能持久在东省报界中首屈一指，一在经费充足，一在经理得人，此固不易之论也，然而报纸为世界新势力是必持论公正始能博世人之欢迎。

　　本报发刊以来公是公非不稍假借亦为持久之一大原因也，今届十周年纪念各界纷纷祝贺记者躬逢其盛勿略著数语以为将来之希望乎，爰为之辞曰：

　　长白之山　永镇东土　远东之报　笔歌墨舞！
　　松江之水　东归大海　远东之报　宗旨不改！

> 长白之山　匆匆毓秀　远东之报　名留宇宙！
> 松江之水　龙兴宝藏　远东之报　万古消畅！①

该报后来刊登答谢词，表示该报将"宗旨不改""名留宇宙""万古消畅"。不仅要纪念二十周年、三十周年，而且"来日无穷，即纪念亦与之无尽"②。

这次纪念活动进一步扩大了《远东报》的社会影响，达到其发展的顶峰。哈尔滨街头于是年 8 月开始有专人零售报纸。③《远东报》也是在这一年开始代办发行。范介卿原籍河北盐山（今黄骅市），少年赴海参崴谋生，因乃兄就任哈尔滨警察教官而返哈，不久成为一个投靠沙俄势力的买办，充任中东铁路商务代办处处长，《远东报》总发行部主任。第二年他还包销俄文机关报《哈尔滨日报》，并在中东铁路沿线车站与客车厢内，设专人零售《远东报》与《哈尔滨日报》，开东北在火车上卖报之先河。

范介卿的努力扩大了《远东报》期发量，他常在该报刊署名"远东报总发行部总经理"的业务广告，曾使后人误以为他是该报主办人。但《远东报》在纪念创刊十周年后即开始走下坡路。在《远东报》纪念活动半年后，《盛京时报》于 10 月在沈阳也举办盛大活动，纪念其创刊十周年，规模超过《远东报》。俄国十月革命胜利的消息，经无线电迅速传到了哈尔滨。哈尔滨及中东铁路沿线的俄国新旧两党斗争激化，日本乘机提出在东北取代俄国。俄国新旧两党以及俄日两国的报刊，展开了激烈笔战。为此，《远东报》后期的言论主要是：反对苏维埃政权；反对马克思主义的传播；抵制日本在东北的新闻扩张，随之《远东报》的对华态度也发生了转变。

1. 反对苏维埃政权

十月革命后，《远东报》极力反对沙俄国内苏维埃政权，将列宁塑

---

① 《本报十周年纪念辞》，《远东报》1916 年 3 月 14 日，第一版。
② 《答谢文》，《远东报》1916 年 3 月 14 日，第一版。
③ 《滨江之文明现象》，《远东报》1916 年 8 月 13 日，第一版。

第二章　多元化发展的繁荣时代

造成造反派，使国家陷入恐慌的罪人。甚至欢迎西方他国出兵干涉："如联盟各国趁机进兵扫除西比利亚之多数党，俄人必表示欢迎，以期早日脱离苦海，共战强德也。"① 将国内战争惨状的原因强加于列宁身上，认为列宁是德国的奴隶。② 在《霍中将之宣言》中称"自多数党政府成立后，俄国人民之经济一落千丈，强锐之师全然解体，该党后与敌军议和，而叛联军。各国多数党所以诱惑人心者，彼等拟将数百年根深蒂固之政治推翻，全行改以社会政治，以致人民失其正轨，国家扰乱乃至不堪收拾矣"。

《远东报》想要通过文章来使中国读者一同反对苏维埃政权，将俄国的经济低迷与秩序混乱都推脱到多数党身上："忆从前华人对于俄人未尝不表示其尊重之意，乃自多数党篡夺政权以来，一味蛮横，以致地方秩序不能维持。"③ 1920 年 2 月 7 日发表《铁路界内之秩序》称："并谓俄国内战两年，人人内战，渴想政权之统一。其最要之原因亦无非自革命之后全国鼎沸，现在交通不便，民食缺乏，经济困顿，民穷财尽，如长此骚扰，鲜有不再步奥国之后尘者。"认为多数党借助德国力量，为取政权甘为德国走狗，弃国家于不顾。"所谓多数党徒拥自主之名，甘听德人奴隶，有若国家不至灭亡，该党终不甘心者也。"在《哈尔滨政治大会（时论）》一文中细分几点。阐述苏维埃对俄国造成的惨状，以及对他的抨击抵抗："为今之计，宜以全力反对布列司特议和，抵制德人进取野心，恢复国家自主，收回割让土地，以便取消俄德单独议和，再与联盟各国重续旧好。然进行之方针非先扑灭多数党不可……""无如多数党与德奥俘虏狼狈为奸，仍以武力把持西比利亚政权，任意鱼肉小民。"④

2. 反对马克思主义在中国的传播

1903 年布尔什维克成立后，便注重对中东铁路工人宣传社会主义

---

① 《西比利亚现状》，《远东报》1918 年 6 月 27 日，第一版。
② 《日武员之报告》，《远东报》1918 年 6 月 27 日，第一版。
③ 《俄报论中俄两国不可发生误会》，《远东报》1918 年 5 月 28 日，第一版。
④ 《哈尔滨政治大会》，《远东报》1918 年 6 月 23 日，第一版。

事业的必要性和正义性。与此同时，马克思主义也率先在中国工人阶级中传播开来。在十月革命的影响下，哈尔滨总工厂的中国工人建立了自己的工会——三十六棚工业维持会。中国工人阶级在马克思主义的指导下，勇敢地站出来反抗资产阶级和地主阶级，维护自己的合法权益。1918年1月5日，三十六棚工业维持会工人发动集体大罢工，要求增加工资，维护自身合理权益。罢工人数高达4000多人，引起哈埠轰动。

对此《远东报》发文极力打压，称此次罢工不过是一群乌合之众，倚仗人数多其实并无能力。为铁路公司开脱，"闻铁路公司极愿设法通融，华工亦不可固执己见，如与公司议商自有效果，又何必不顾商务影响及于穷民生计乎？"[①] 诱劝威胁工人放弃罢工，"若铁路公司无法办理时，未必不别有所图，而本埠之华工将追悔无及矣"[②]。同时《远东报》刊文引导舆论反对此次罢工，为罢工增加压力，"现在运货之减少，不及往日万一，粮食出口者更无希望，而华工更继之以罢工，哈埠之前途不堪过问矣"[③]。《远东报》对此次罢工的抵制威胁，不仅是维护沙俄利益，更是反对马克思主义在中国的传播。在《华人罢工之影响》中写道："大致工匠之中狡猾之徒极力煽惑愚人，并出以威吓手段，于是工人无可如何。"将此次华人罢工原因归结到马克思主义的先进思想，认为华工是被蛊惑而引发罢工。同时反对社会主义传入中国，称中国虽然地大物博，但穷困人民占大多数，共产党的传播会让社会充斥无业游民，危害社会，因此社会主义不适合中国国情。

3. 抵制日本在东北的新闻扩张

在对待日本态度上，《远东报》着力于剖析日本侵略中国野心，以引起中国民众对日本的厌恶与抵抗："将来日人提出意见固不能得各国十分赞同，惟中东铁路之问题与中俄两国利权有密切关系，岂能置之于度外耶？逆料日人之要求如涉及他国主权，未必能得和平之许可。"[④]

---

① 《三十六棚罢工风潮》，《远东报》1918年1月6日，第一版。
② 《华人罢工之影响》，《远东报》1918年1月20日，第一版。
③ 《华工罢工风潮》，《远东报》1918年1月13日，第一版。
④ 《和平会与中东铁路》，《远东报》1918年12月17日，第一版。

第二章 多元化发展的繁荣时代

宣扬日本不满足于在南满势力,试图将势力扩张于北满。"不过日人刻在北满收买地皮、电灯公司,皆足以表示日人对于北满有极大之计划,未必不希望以南满之势力推及于北满。"① 想通过联合联盟国一起抑制日本在南满的权势,激发中国人民的反日心理,在《法报论日人在满洲之进行(时评)》中称:"其最足使人注意者,北满之日本领事俨然以中国地方官自居,有若日领事之权利远在各国之上。果如此,岂美总统提出之十四条议和本旨独不能实行于远东乎?非也。"这一时期的《远东报》经常向中国民众介绍日本侵华的意图与事实:"近日来民政、商业、农务皆归日人完全管理,与其他国殖民地大致相同,名虽在他国营业,实谋立足于满洲。"②

早在俄国二月革命后,哈尔滨日文报纸《北满洲》就制造在北满取代俄国的舆论,曾猛烈抨击俄国昏庸无能,哈尔滨混乱无主,鼓吹由日本取而代之。因而引起俄日两国报纸笔战。

日本将1917年视为在东北取代俄国的有利时机。这一年,每月进入东北的日本人增加一千多人,东北的日本人总计达111095人。"哈尔滨特务机关"就是这年3月开始建立的。因此,在前两年几无新报之后,日本人这年在东北又开始新的办报热潮,三年内办报刊10余家。在哈尔滨出版的有《极东新闻》《西伯利亚新闻》与《哈尔滨新闻》,原《北满洲》周刊于1917年改出日报。

十月革命爆发的电讯传到沈阳,《盛京时报》以"幸灾乐祸"的得意心情编造大字标题:"俄京大混乱""俄京又将大混乱"等,进行连续报道。③ 该报当时在俄京并无特派记者,所刊稿件都是外国电讯稿,但字里行间有鲜明的倾向性,如说"俄国临时政府现经颠覆,探其原因系守备队与劳动党大起冲突之所致"④,"俄京现有反革命运动发生,大有推倒过激派之兆"(《盛京时报》1917年11月11日),俄临时政

---

① 《和平会与中东铁路》,《远东报》1918年12月17日,第一版。
② 《日人经营南满》,《远东报》1918年2月8日,第一版。
③ 《盛京时报》1917年11月中旬连续报道。
④ 《盛京时报》,1917年11月10日。

府"奎相（克伦斯基）率二十万兵逼近俄京"（《盛京时报》1917年11月14日），"过激派首领窜逃芬兰"（《盛京时报》1917年11月16日）等，多为不实之传闻，反映了该报的立场与幻想。

《盛京时报》是所谓"共产共妻"这个流言在东北最早的播弄者。1919年1月19日，该报头版刊载《人伦之贼过激派》，文章说："据哥片哈来电，俄京市会决议：凡女子十八岁以上四十五岁以下者，悉迫令与市会所选定之夫同妻，其所生之孩儿，不准与两亲同妻，须交劳兵会豢养教育。俄国之过激派之残忍好奇，一何至此，如斯不啻衣冠禽兽。"① 这种谎言不胜枚举。

俄日两国笔战的起因，原是日报鼓吹在东北取代俄国。为此，《远东报》抨击日本吞并朝鲜，侵占台湾与旅大，予以反攻。《盛京时报》则诡辩说："台湾系碧血所购者朝鲜为势之所迫，不得已而合并者，在满洲的特殊利益不过仅继承俄人权利而已。"《盛京时报》刊文称："《远东报》对于日本人方面曲笔舞文，谗言中伤已非一日，然该报狂态逾出逾乱，殆为俄过激派思想所染，其故意破坏极东和平。"② 这次笔战是俄日两国长期争夺东北的继续，而非意识形态之争。东北国人仍采取旁观立场，未加入这一事关我国主权的争论。其实，东北国人报纸多为接受官署津贴的半官方报纸，他们按照官方政策，也对十月革命持否定态度，但限于实力很少有"独家新闻"，每日转发外电及当地日俄报纸的消息，不免时常以讹传讹，令读者"一夕数惊"，"人心更觉浮动"。③

因此，从日俄报纸充满火药味的笔战中，很难准确了解十月革命的真相及其伟大意义，当时较为可靠的新闻传播渠道是中东铁路。哈尔滨中俄两国铁路工人联合罢工中，曾散发大量传单，如《声明俄国旧官僚罪状，通告中华民国农商军学各界人等急速省悟》《俄国一般劳农警告中国劳农兄弟》等，比较及时地传播了马列主义与十月革命，纠正

---

① 《盛京时报》1919年1月19日。
② 傲霜庵：《亚细亚自觉主义》（论说），《盛京时报》1919年1月25日。
③ 傲霜庵：《亚细亚自觉主义》（论说），《盛京时报》1919年1月25日。

第二章 多元化发展的繁荣时代

俄日报纸的歪曲、诬蔑及片面宣传。此外，许多旅俄华工陆续归国时，随身携带不少在俄国出版的中文报刊，如莫斯科《旅俄华工大同报》、赤塔《华工醒时报》，以及后来创办的《工人之路》等。这些报纸多采用白话，通俗地宣传马列，因而不时被当局查禁，但仍源源流入各地。

4. 对华态度的改变

在对待中国的态度上，《远东报》在十月革命前后也有很大变化。1910年前后，俄国在北满实力雄厚，对于中国政府异常不屑。《远东报》作为沙俄的文化侵略工具，也同样蛮横强势。在中国政府欲与其交好时，以高高在上的姿态发文，"所欲求中俄两国修复旧号之意固为可嘉，吾人亦颇表赞成。奈早不及此，而今已嫌其晚矣"①。

在中国民众受到沙俄匪徒欺辱时，《远东报》作为中文报刊却发文称："夫人必自侮，然后人侮之，此自然之理也。今即以居留阿穆尔省华民而论，因人数过多，自不免有匪徒无赖混迹。""俄国驱逐奸民之事，固为俄政府之政策。然若旅居华人束身自爱，俄官亦无隙可乘……"②。

十月革命后，沙俄在北满势力一去不复返。《远东报》对中国的态度是有意拉近关系，共同抵抗日本和反对苏维埃政权。1920年7月4日发表《哈埠非是俄人党政之地》："铁路租界以内，党争不已，将引起外人之干涉，足以妨碍俄人在满洲之事业云。""俄国官商各界深知俄国内地党争之危险，不容哈埠受其波及。"在俄人与哈尔滨警察发生摩擦时，也不再偏袒俄国，称其中必有误会，强调万事不要伤害两国人民感情。对华态度有极大转变，承认中国领土"东省铁路界为中国完全领土，不容俄国政党作为争讧之区，本总司令迭经布告在案"③。并将俄国对中国的侵略，强行解释为误会，以对中国示好。"总之，中俄两国数百年来邦交向极敦固，其中间或有误会之处，而莫不旋起旋灭，

---

① 《日人经营南满》，《远东报》1918年2月8日。
② 《论阿穆尔居留之华民》，《远东报》1911年8月25日。
③ 《中东路护路军总司令之布告》，《远东报》1920年7月3日。

于两国之邦交固为损失毫厘也。今两国更宜亲密,使两国大民族同登寿域。"①

十月革命后沙俄对日本也不再有私下关于谋划中国领土的联合,而是坚定地反对,因此《远东报》也非常支持中国的反日活动。1919年1月,第一次世界大战结束后,战胜国在法国巴黎召开"和平会议",中国作为战胜国一方,本以为可以收回失去的土地,可西方列强勾结联合,拒绝中方请求,将战败国德国在山东的一切特权转让给日本,并将其写入《凡尔赛和约》。这是对中国土地赤裸裸的侵占,对中国主权的侵犯。消息传回中国,引起了全国人民的不满与反对,最终爆发了五四运动。1919年5月4日,以北京大学为首,北京各大高校学生、工人、商人各阶级联合一起,通过游行集会示威的方式,提出"誓死力争,还我青岛""收回山东权利""拒绝在巴黎和约上签字""废除二十一条""抵制日货""宁肯玉碎,勿为瓦全""外争主权,内除国贼"等一系列口号。五四运动一经爆发,在全国上下引起了极大的轰动。《远东报》对此事件非常关心,在五四运动初始阶段刊载了题为《论北京学生之大活动》的文章,对北京学生的爱国行动从原因到过程详细地进行报道。并从5月份开始,持续刊登有关五四运动报道。主要内容见表2-3。

表2-3　　　　《远东报》关于北京学生运动的报道

	时间	标题
关于学生运动和青岛交涉方面	1919年5月1日	电请力争青岛
	1919年5月14日	关于力争青岛之电报
	1919年5月15日	各界电慰学生
	1919年5月16日	各界筹议救亡策
	1919年5月20日	我国民其触目惊心学界欲作示威运动
	1919年5月24日	电复力争青岛交涉
	1919年5月25日	学生示威运动被阻
	1919年6月14日	散放警告同胞书

① 《俄报论中俄两国不可发生误会》,《远东报》1918年5月28日。

第二章　多元化发展的繁荣时代

续表

	时间	标题
关于抵制日货运动	1919年5月18日	抵抗某国货之动机
	1919年5月22日	排外货之酝酿日甚，着手调查某国货
	1919年5月25日	救国监视团，小学生亦知爱国
	1919年5月28日	维持国货近讯
	1919年6月6日	奉商会抵制日货办法
	1919年6月10日	抵制日货之反响
	1919年6月19日	女学亦倡抵制日货
	1919年6月25日	商人提倡国货之决心
	1919年12月31日	抵制日货团将来哈

在6月20日学生运动迎来胜利之时发表《电贺学生之胜利》："曹、章、陆免职，北京学生团实为其原动力。本埠各界昨特电致该团表示贺忱，并劝其毅力坚持，勿达到救国目的而后已云。"① 在舆论上为五四运动制造声势。

《远东报》在1906年创办至1921年停刊这15年中，一直是黑龙江影响最大的中文报纸。《远东报》以"开发北满之文明，沟通华俄之感情"为宗旨，这一宗旨只不过是表面上的宗旨，因为《远东报》的大部分言论都为沙俄对中国东北的侵略造势，维护沙俄的利益，其本质上是一种新闻侵略。中东铁路是俄国远东侵略计划的重要一环，中东铁路的开通直接打开了沙俄在东北的大门，正是中东铁路的开通，为《远东报》的创办奠定了一系列基础，可以说没有中东铁路就没有《远东报》的出现，而《远东报》不停为沙俄宣传、造势，为沙俄侵略辩护，而且沙俄通过《远东报》的舆论不停地干涉中国内政，严重侵害了中国的主权。如果说中东铁路是沙俄入侵中国的经济策略，那么《远东报》就是在经济策略基础上而制定的思想文化策略。

《远东报》虽为俄人创办的一家中文报纸，但其一直聘用华人担任主笔，这对报刊内容的登载是有较大影响的。如第一任主笔顾植（上

---

① 《电贺学生之胜利》，《远东报》1918年6月20日。

海南汇人）在发刊词中阐述其办报宗旨是："开发北满之文明，沟通华俄之感情。"而继任者连梦清（浙江钱塘人）曾参加过中国同盟会，任《远东报》主笔后，其虽"毫无言论之权"，但他的反清思想并不被报馆主事人所禁忌，因而一些抨击清廷的"时评""论说"常见报端。最后一任主笔杨楷（奉天人），在与报馆签约时即言明："凡于俄国有利于中国有害者，概不登载；于中国有利于俄国无害者，随意编入。"杨楷直言：不"发丧心灭理之论，拨弄我国是非；作狂犬吠主之言，侵害我国权利"。

同时也应当指出，《远东报》是由中东铁路公司出资并加以控制的一份报纸，国人称它是中东铁路的机关报，而俄国学者则称其为"俄国半官方报纸"。在这样一个前提下，《远东报》的宣传口径处处"偏袒"帝国主义俄国的对外扩张政策亦是不足为怪的事情，否则它不会有15年的生存期，因为任何一个"出资者"都不会拿钱找人同自己作对。例如十月革命后，白俄政权擅自发行的纸币（黄条子）扰乱市场，令"商民不堪损失"。《东陲商报》刊文揭露白俄政权因无储备，造成卢布贬值。《远东报》则诡称，白俄政权"既能代表全国，其全俄之财产皆足为卢布之担保"，并夸口说俄国"有白金一项约占全球出产之百分之九十五，亦可用之为纸币之担保"。① 哈尔滨物价飞涨，连《远东报》也不得不提高报价，零售由每份5分提高到4角。该报却反诬因《东陲商报》"终日鼓吹鲁布低落，以致中外商人皆受损失"②。

马克思指出："报纸具有连植物也具有的内在规律，这种规律不能而且也不应该由于专横暴戾而丧失掉。"因此，即便是对中东铁路公司创办的《远东报》，亦不能仅用"喉舌""反动"等作简单定位、定性。

《远东报》在它的报道中不仅体现生活点滴，还能够充分发挥报纸舆论作用，比如1920年12月11号《远东报》两则启示。

---

① 《论鲁布之将来》，《远东报》1919年6月5日。
② 《远东报价目》，《远东报》1919年4月4日。

第二章 多元化发展的繁荣时代

敬启者：

本馆筹办各地灾民省振捐，荷蒙好善诸君子协同赞助本馆深为各地灾民感幸。今夏筹办吉林火灾振捐，又蒙诸君子热心捐助，本馆更为欣感无极。今者吉林依兰，黑龙江绥化、呼兰旬日间叠被水灾区域过广，本馆特发敢再为近地灾民申请伏乞，好善诸君子解囊相助不厌再三之求，则君子获福亦大无量也敬启。

本馆协振所顿首

还有一则关于中东铁路公司发的"布告事刻因南满路变更行车表应自本年十二月一日起南路往来客车照下开时间变更以便行人"①。其他新闻也多有关于生活，更接地气、更日常化。尽管《远东报》主要表达俄国人的思想主张，但它对中国国内的一些政治斗争时有客观的报道，比如就五四运动一事，就曾经以详细报道学生游行示威全过程、在社论中抨击北洋政府暴力镇压学生的罪行等方式表示支持。

以哈尔滨地方志编纂办公室出版的《远东报摘编》为样本，做一分类统计分析。样本范围：1910年7月至1912年1月、1916年2月至12月、1917年、1918年、1919年、1920年至1921年2月。样本分类目录：政治法律、外交、市政、军警治安、财政金融、物价捐税、商业贸易、文化教育、卫生防疫、交通运输、邮政电信、工矿、农业渔业、社会、人物、水清气候等16大类，报道信息13111条。其中，政治法律类1246条，占整个报道信息量的9.5%；外交类587条，占4.47%；市政类935条，占7.13%；军警治安类1221条，占5.95%；商业贸易类1440条，占10.98%；文化教育类1595条，占12.15%；卫生防疫类751条，占5.72%；交通运输类964条，占7.35%；邮政电信类254条，占1.93%；工矿类426条，占3.24%；农林渔业类113条，占0.86%；人物类85条，占0.64%。通过上述统计，信息刊载量在10%以上的有财政金融、商业贸易、文化教育等大类。自然，在对《远东

---

① 《远东报》1920年12月11日。

报》的取样范围上超出了课题的论述时限，方法也并非完美，但从参考价值上可见的是，该报充当殖民主义侵略喉舌只是其功能的一面，而在大众信息传播方面体现了传播知识、文化，提供娱乐，社会服务等多元功能。

二　新旧两党报刊之争与"红白报刊"之争

戈公振先生在《中国报学史》中，将俄国十月革命后在哈尔滨出版的倾向俄新党的报纸称为"红党"报纸，将旧俄势力在哈尔滨出版的报纸称为"白党"。1911年3月，圣彼得堡爆发了二月革命，推翻了沙皇，哈尔滨的俄国殖民当局及侨民5000余人集会庆祝。《远东报》按照霍尔瓦特拥护俄国临时政府的声明，及时刊文支持"俄国共和""变法维新"。5月1日，该报还以《劳动界之佳节》为题，热情报道哈尔滨中俄两国工人共同庆祝国家劳动节的活动，文中甚至突出俄国"工党万岁""合力则强"等口号，并主张"为今之计，宜由各色工人组织特别团体，相互联络，以期劳动家不受资本家之限制，非特不受痛苦，并可享受本有之利权矣！"①

5月1日这天，哈尔滨俄国工人士兵苏维埃，创办了俄文机关报《劳动之声》。哈尔滨工兵委员会是俄共布尔什维克在二月革命后组建的。这家俄文日报是在哈尔滨公开出版发行的第一家"红党报纸"。

俄国十月革命爆发后，《劳动之声》表示拥护这个震惊世界的伟大革命。而以霍尔瓦特为首的沙俄残余势力所控制的报刊，如《远东报》等则激烈反对十月革命。11月12日，霍尔瓦特成立的人民自由党哈尔滨支部还出版其支部《公报》，进行公开对抗。12月上旬，哈尔滨工兵苏维埃按照列宁的电令，成立临时军事委员会，实行夺权。工兵苏维埃一度控制了中东铁路俄文机关报《哈尔滨日报》，并更名为《铁路员工》，继续出版。②

---

① 《劳动界之佳节》，《远东报》1917年5月1日。
② 《东三省出版物源流考》，1927年。

第二章　多元化发展的繁荣时代

12月下旬，东北当局与霍尔瓦特商定，由中国军队协助解除起义俄军武装，并于12月底押解出境。《劳动之声》于13日被迫终刊，总计出刊148期。《铁路员工》也重被霍尔瓦特所控制，1918年元旦更名《满洲日报》，充当霍尔瓦特白俄机关报，该报积极呼吁国际列强出兵干涉苏维埃俄国。

史弼臣曾为工兵苏维埃指名捉拿，在起义俄军解除武装后继续主持《远东报》。由于市场混乱，卢布贬值，该报"亏损较前逾十倍"，1918年起一面提高报价，一面减页为对开两大张。① 但史弼臣继续追随霍尔瓦特，反对十月革命。《远东报》拼命鼓吹列强出兵西伯利亚，支持白俄军队叛乱，同时主张俄国远东地区中立化，反对中国与苏俄建交，并一再刊文宣传社会主义不合中国国情，要中国不能走十月革命之路。9月已经处于困境中的《远东报》，曾因印刷工人一度罢工而不能按时出版，并再次减至每日对开4版。

1924年5月中苏两国正式建交，9月又签订了《奉俄协定》，苏联在沈阳与哈尔滨相继设立总领事馆，俄文"红党报纸"因此得到了苏联领事馆的照顾。许多不愿意加入苏联国籍的白俄人士，一批一批地南下天津、上海等地，哈尔滨的俄文报刊从此逐年减少。同时因为中苏建交时两国签订的第一个平等条约——《中俄解决悬案大纲约定》，在中国的苏联人包括"红党报纸"，都不再像过去那样享有"治外法权"，而必须接受我国地方当局的管理。东省特警处为了加强对俄文报刊的管理，除了专门颁发《限制各俄报登载之条例》，1925年10月又制定了《暂行限制派销俄报办法》，但是特警处等在实际执行这些法规时，往往有意地偏袒白俄报刊。

1925年4月，白俄《俄声报》与《东方报》，连日捏造诽谤苏联之词，挑拨中苏关系。苏联驻哈总领事多次照会东省特别区行政长官公署，均被搁置，不予理会。② 4月22日，红党《论坛报》以中苏关系为

---

① 启事《阅读诸君公鉴》，《远东报》1918年1月10日。
② 南满洲铁道株式会社总务部调查课：《满洲言论机关的现势》，南满洲铁道总务部调查科1926年11月出版。

题，揭露"哈埠要人不乏与前俄帝余孽亲善，借保护政治犯之名，袒护白俄"。文章特别点名批评新任中东铁路中方督办吕荣寰，"利用其地位袒护白俄"。当局迅即给《论坛报》加上了"毁谤我中国东三省官宪"的罪名，同时指责该报"任便登载过激主义之词，如打倒资本家，战胜资本主义，均成共产国等"，"此种传闻，最足惊讹中外人民之视听""尤易危及治安"。4月27日，特警处以"破坏登载条例"，强令该报停刊。面对攻击中东铁路苏方董事长及管理局长的《俄声报》，仅给予停刊10天的处罚。①

但是，中苏建交确为两国新闻界的交往创造了有利条件。1925年5月1日，苏联塔斯社在哈尔滨开设了分社。8月3日，苏联新闻记者团一行11人抵哈，随后南下京沪等地采访"五卅"反帝爱国运动。随后，作为共产国际在哈尔滨设立的秘密新闻机构——英吉利—亚细亚电报通讯社于1929年成立，这是由于当时苏联的塔斯社不能在我国东北公开发表电讯稿，因此苏联就通过一些从共产国际调来的外籍人士来东北创立通讯社，以此来为共产国际服务。社长为英籍犹太人哈同·弗利特，在该通讯社创立之后，国内外大多数新闻机构都采用"英亚社"的电讯稿，可惜的是因为后来中东铁路在1936年被日伪收买，英亚社至此结束了它的业务。

塔斯社哈分社像当时哈尔滨各中外通讯社一样，每日向订户发行复写稿，稿件"多是从苏联发来的消息"，引人注目。《哈尔滨晨光报》《国际协报》等，拥护孙中山先生"三大政策"，改反俄为"联俄"，曾刊用该社的消息。为此，满铁调查科公开抨击塔斯社哈分社为苏联在哈尔滨"挥动魔手的中心"②。

俄文"红党报纸"也主动联络哈尔滨国人进步报纸，以建立友好关系。1926年3月12日，俄文《爱和报》《新生活报》《莫洛瓦报》《戈比报》发起，邀请《哈尔滨晨光报》《国际协报》《东陲商报》等，

---

① 黑龙江省档案馆藏：1925年4月28日东省特警处查封《特利布那报》等。
② 南满洲铁道株式会社总务部调查课：《满洲言论机关的现势》，南满洲铁道总务部调查科1926年11月出版。

第二章　多元化发展的繁荣时代

举行中俄新闻记者联欢会。到会者有中俄各报社长、主笔与记者10人，共同纪念俄国推翻沙皇的二月革命，纪念孙中山先生逝世一周年。这是两国新闻从业者前所未有的一次友好盛会。

据当时的国人报纸报道：联欢会于晚8时开始，两国报人首先在宴席前合影留念，然后由《爱和报》社长费德洛夫致欢迎辞：

> 中俄记者在哈埠素无联络，因语言文字相隔膜，有时不免发生误会。今日欢迎贵国记者到此聚会，诚为不可多得之机会，必将由此昌明。中国对俄文报纸不无疑惑，以为凡属俄文报，即是宣传机关。此种诟病，实由中俄两国方面缺少联络之故。但言论界负绝大使命，一方面代表国家，一方面代表民众。言论界的本体重要如此，惟于国际间的重大问题，更非言论所能解决。今日为苏联革命纪念日，民众推倒沙皇后，对国际及声明取消不平等条约，并愿以绝大计划，打倒帝国主义，同时很愿中国民众能自动起来革命……从此更愿互相谅解，中俄记者既有相当联络，更有长期的组织。俄国方面很愿意组织一中俄新闻记者俱乐部，以期实行亲善，未识诸君以为如何云云。①

应邀到会的《哈尔滨晨光报》社长张树屏、总编辑于芳洲和《国际协报》代表张子淦等，先后演说，一致表示两国记者应"由良心里把亲善的调子唱起来"，"从实际上作起"，"不话诸空谈"，同时支持早日成立中俄新闻记者联欢会。至深夜12时"山呼万岁"而散。② 由于多种原因，中俄新闻记者俱乐部（联欢会）未能实现，但两国进步记者的联系增多；同时，大批苏联图书报刊传入哈尔滨。奉系当局因国际合作进行的北伐节节胜利，在东北加强"反赤"。特警处11月制定《检查宣传赤化书籍暂行办法》，并先后查封了《哈尔滨日报》与《哈

---

① 《滨江时报》1926年3月14日。
② 《滨江时报》1926年3月14日。

尔滨晨光报》,严厉地限制了中苏两国记者的友谊与交往。

在特警处紧紧盯着"红党报纸"的同时,对其他外文报刊则大开绿灯,一任英文及其他文种的报刊在哈尔滨相继创刊。其中英文《哈尔滨先驱报》将近 10 年,为时最长。

《哈尔滨先驱报》于 1924 年 4 月 15 日创刊,一年后更名《哈尔滨观察家》,俗称《大光报》。这家英文晚报的创办者,是英国人哈同·弗利特,原为英国保守党《晨邮报》驻哈尔滨特派记者,但思想倾向于"红党"[①]。他在该报编辑部的二楼临街阳台上,挂了一面很大的英国国旗,利用其享有的"治外法权",传播苏联塔斯社的消息。直到哈尔滨沦陷后,日伪警察厅以该报"在哈作共党之宣传",于 1933 年 5 月查封。共出刊 3013 期。

1924 年,在哈尔滨还出版了瑞典文报 *Ryska Evdngelisten-Manatlig*、乌克兰文《满洲新闻》和《乌克兰语报》等。

1925 年,在哈尔滨新创刊的《犹太生活报》,是家文学周刊,专门报道远东犹太人生活。同年 7 月,爱沙尼亚文报 *Oriento* 创刊。

1926 年 3 月,格鲁吉亚文报纸也在哈尔滨创刊。

这些文种的报刊多已散失,只有乌克兰文《满洲新闻》出版的时间较长。[②]

1927 年,郭松龄反奉倒戈之后,奉系报纸大多不予报道,而当时的日本报纸却逐日详细报道反奉战况,因而吸引了大批国人读者,销量大增,哈尔滨《大北新报》期发数陡增三倍以上。

至 1931 年,东北新闻事业已过而立之年。三省国人新闻界筚路蓝缕,历经坎坷,终使各种新闻设施不断发展,正逐渐完善。哈尔滨的俄文报刊却由盛而衰,时有所减;而日本在东北的报刊、广播与通讯社,越来越咄咄逼人,妄图在东北实行新闻垄断。

自从由俄国人把持的哈尔滨自治公议会于 1926 年被解散后,白俄

---

① 姜椿芳:《解放前地下党怎样利用公开报纸阵地》,载《新闻学研究资料》。
② 以上各报均据秋宁:《东省出版物源流考》,1927 年出版。

◈◈ 第二章 多元化发展的繁荣时代 ◈◈

势力受到冲击,白俄报刊因而锐减。这年,哈尔滨白俄报刊仅有30多家,比上年减少10多家。

东北易帜后,先是"红党在北满唯一有力报纸"《莫尔瓦报》于1月5日被查封,接着因奉系当局派警搜查苏联驻哈总领事馆,迫使在十月革命后逐渐转向新政府的《生活新闻》,于6月18日终刊。由此,"红党报纸"一度在哈尔滨完全消失。

"九一八"事变前,哈尔滨的俄国人只有81637人(其中苏联侨民39642人,无国籍俄人41995人),因而俄文报刊更加少,俄文报纸只有8家。它们是《霞光报》(1920—1942)、《喉舌报》(1921—1936)、《俄语报》(1926—1935)、《哈尔滨传令官》(1930—1935)、《俄罗斯商业经纪人报》(1930—1936)、《商业哈尔滨》(画报周刊,1931—1935)、《满洲生活报》(1931—?)等。这些报纸多由无国籍的白俄人主办,他们企图借助国际列强特别是日本进行反苏宣传,因此在东北沦陷后仍得以继续发行。还有一家俄文周报《哈尔滨工商报》,早在1910年创刊,因为只刊载经济信息,一直出版到40年代,是哈尔滨出版时间最长的俄文报纸。

三 犹太人报刊

1840年鸦片战争以后,中国被迫向世界敞开大门,大量的西方人涌入中国沿海和东北地区①,过去的哈尔滨只是一个小渔村②,商人们将其作为一个经济立足点进行贸易往来,当时外面的人要想进来也只能通过水路。③ 其中包括许多犹太人。1903年哈尔滨已经有500名犹太人,到1904年,第二批犹太移民潮又从俄国涌向哈尔滨④,这些犹太

---

① 潘光:《犹太人在亚洲:比较研究》,上海三联书店2007年版,第100页。
② 潘光:《犹太研究在中国——三十年回顾:1978—2008》,上海社会科学院出版社2008年版,第231页。
③ 张铁江:《揭开哈尔滨犹太人历史之谜 哈尔滨犹太人社区考察研究》,黑龙江人民出版社2005年版,第12页。
④ 特迪·考夫曼:《我心中的哈尔滨犹太人》,刘全顺译,黑龙江人民出版社2007年版,第13页。

人组建了远东最大的犹太社区。随着中东铁路的修建，第一次世界大战的爆发以及各国尤其欧洲和俄国排犹政策的实施，再加上当时沙俄政府与清政府签订《中俄密约》所带来的便利，使一大批俄籍犹太人经由满洲里沿中东铁路来到哈尔滨，在俄国十月革命后，犹太人更是迅速增加。

（一）犹太人在哈尔滨的办报活动

哈尔滨犹太人数量增多，给当地带来经济的不断发展，其经济地位也随之提高。犹太人在哈尔滨从事文化、经济等各项活动，而新闻出版活动则尤为活跃。他们不仅创办出版了一批报纸杂志，还创立了通讯社、印刷厂，这对哈尔滨及黑龙江地区的经济发展都起到了重要的推动作用。通过这些组织和报刊，哈尔滨犹太人的政治观点、文化生活，及其思想、价值观等被介绍和传播。哈尔滨的俄籍犹太人同欧美及印度的犹太人保持着密切的联系。这些文化活动引进和介绍了欧美各地的社会风貌、文学艺术和自然科学的成果，在一定程度上促进了西方文化和先进的科学技术在哈尔滨的传播，使哈尔滨中西结合特征更加明显，也加深了城市的文化底蕴。

犹太人在哈尔滨创办了众多的报刊，这些刊物大部分为俄语和意第绪语读物，在向哈尔滨犹太人传递国际新闻的同时，也报道犹太社团的日常生活和各类活动。① 这些报刊包括《生活新闻》《柴拉报》《犹太言论》《我们的言论》《西伯利亚—巴勒斯坦》（后来更名为《犹太生活》）。《犹太生活》虽然最早在上海创刊，但考虑到哈尔滨才是大量远东犹太人聚居地，因此在创刊两个月后迁往哈尔滨。

伪满洲国建立前，哈尔滨有一份存在了 15 年的俄文犹太日报《生活新闻》，其前身是创刊于 1907 年的《新生活报》，是由著名记者扎·马·克列奥林创办的报纸《九级浪》和《东方通讯》合并而成的报纸，虽然在 1914 年改名为《生活新闻》，人们还是习惯以旧称呼之。瞿秋

---

① 张铁江：《揭开哈尔滨犹太人历史之谜　哈尔滨犹太人社区考察研究》，黑龙江人民出版社 2005 年版，第 26 页。

第二章　多元化发展的繁荣时代

白同志曾在回忆录中，记录了在哈尔滨中央大街报童沿街叫卖《新生活报》的场景。《新生活报》在创刊初期，就在国内国外，比如日本、西伯利亚、上海、天津等地派驻"驻地记者"，因此所得消息灵通且准确。同时还聘请一些资深人士撰写时事评论，其日常工作人员也几乎都是犹太人。阿布拉姆·约瑟福维奇·考夫曼从1912年起，利用其作为宣传阵地，每周两次在报上发表有关犹太问题的文章，阐述犹太人的生活和复国问题。[①] 报纸内容多关于政治、经济，甚至学术，加上每周必出画报，该报刊内容丰富多彩。1917年俄国十月革命之后，《新生活报》开始逐渐倾向苏联，报道立场也是与俄国布尔什维克党相接近。到了20世纪20年代，东北地方当局对该报有所限制，直至1929年"中东路事件"后被迫终刊。

具有激进民主主义特色的《新生活报》虽然并不是一份专门的犹太报纸，但它不时宣扬犹太社会主义意义，备受欢迎从而被广泛阅读。除此之外，使其备受欢迎的另一个原因还在于它在哈尔滨俄文报刊中算得上是报道比较准确的一家报纸，对社会产生了深远持久的影响。从另一个角度讲，重视文化传统和教育事业本来就可以说是犹太人的一个传统。

值得一提的是，哈尔滨的印刷业始于1898年，之后正值犹太社会逐渐兴起与发展的时期，一大批犹太人创办的印刷厂如雨后春笋般涌现，印刷业发展的同时也在带动着出版业的发展。1915年，犹太人埃林贝尔格创办埃林贝尔格出版社兼营印刷厂；1918年，俄籍犹太人阿布拉莫维奇创办阿布拉莫维奇石版印刷厂，其主要业务是美术石版印刷，不仅可以镂刻文图效果优良的石版，还可以将在石版上面绘制的图案用特别的机器按需要的尺寸加以缩小，这些技术在同时期的其他工厂可是达不到的。

在漫长且曲折的岁月里，整个犹太民族靠着书刊和知识维系着精神世界的生存，同时也成为哈尔滨犹太文化传播的重要桥梁。其中最有代

---

① 曲伟、李述笑：《哈尔滨犹太简明辞书》，社会科学文献出版社2013年版，第340页。

表性的人物和报刊要属叶夫根尼考夫曼的"柴拉"报系和阿布拉姆·约瑟福维奇·考夫曼的《犹太人生活》。

(二)"柴拉"报系

《柴拉报》最初实是由列姆比奇·连比奇创办,在其逝世后方由叶夫根尼·考夫曼接手。被谓为"远东俄侨报界的北岩"的列姆比奇是20世纪20年代活跃在中国的著名俄侨报业家,也有人称其为"远东俄侨最大的报业活动家""远东俄侨报业巨头"。与连比奇同时代的俄罗斯报人给予他的评价是"具有坚定的民主原则,清醒的、实际的头脑,开阔的视野,丰富的生活经验,是地道的报人",并且"待人温和,意志坚强,精力充沛"①。他坚持"无党派的独立报纸"的办报宗旨,忠实地服务于侨民事业。

1920年,列姆比奇·连比奇在中国大街(现中央大街)创办了在私人出版社中规模最大的柴拉(扎里亚或曙光)出版社兼印刷厂,接着创办了一份大众化日报——《柴拉报》(又名《霞光报》《霞报》),20世纪上半期在中国存在时间最长的俄文报业集团——"柴拉"报系问世。《柴拉报》呼吁俄国侨民团结一致,在政治上更倾向于白俄,节假日有扩版,印数可达1万份,可见销量之大。"柴拉"报系成为在远东最引人瞩目的报业集团,事实上也极大地促进了哈尔滨新闻出版事业的繁荣,其受众几乎涵盖了在中国的全部俄侨,集团经营着杂志、出版社的同时也开有图书馆。1925年,连比奇创办《上海柴拉报》。1928年,他在天津创办的《俄文霞报》,甚至声名远扬至欧美。至于连比奇的创业精神,《霞光报》的记者回忆道:"只要一遇见他,只要坐到他的办公桌前,就会感到在他的脑子里有无数个计划。"②

《柴拉报》又名《霞光报》(以下篇幅以后者称之),报道内容包括对国际时事述评、哈尔滨及整个东北的地方新闻,以及一些重大事件的评论。《霞光报》使哈尔滨人能更多地了解到世界形势的变化,也成为

---

① 赵永华:《在华俄侨报人连比奇的新闻活动和办报主张》,《俄罗斯学刊》2011年第5期。
② 赵永华:《在华俄侨报人连比奇的新闻活动和办报主张》,《俄罗斯学刊》2011年第5期。

第二章 多元化发展的繁荣时代

当地人观察世界发展的新窗口。

《霞光报》聘用从圣彼得堡大学记者专业毕业的什布科夫为报社主编。戈公振在他的《中国报学史》一书中这样写道:"意译《霞报》,每日发行两次,晨刊名曰《朝霞》,夕刊名曰《晚霞》。昔在哈尔滨最占势力,在上海亦设有分馆。今日白俄虽失势,但以其消息灵通,议论精辟,故仍为俄人所爱读。"[①] 因为列姆比奇·连比奇与什布科夫都是无党派人士,他们反对俄国十月革命,所以时有反苏文章见报。但总的说来,这份报纸还是接近日常生活,常将普通市民作为读者对象,内容通俗易懂。它的夕刊以儿童、妇女及家庭生活为主,有较强的趣味性,深受各界读者喜爱。《霞光报》从创办之日起对哈尔滨俄文报界产生了深远的影响,被认为是打开了哈尔滨报刊史的新篇章。来自《俄国言论报》的列姆比奇·连比奇,把之前在俄国报业工作所得的先进经验运用于《霞光报》,从而改变了其落后的面貌,并带动着哈尔滨俄文报业向前发展。相比于之前的俄文报纸版面单调乏味,所有内容沉闷、分不清主次,既不美观也不便于读者阅读,《霞光报》的编排采用不同的字体和字号,而且标题跨栏,成为哈尔滨第一家实行"花样"排版的报纸。

与此同时,《霞光报》还改变了新闻记者的工作习惯。20 世纪 20 年代初,在俄文报业的激烈竞争中,一种高度组织化、规模化的体系形成,不仅提高了信息服务的速度和质量,更主要的是其分析问题的深度以及对远东发生事件和全世界俄侨生活的报道和评论,达到"快、准、狠"。因为醒目有特色的版面、准确及时的报道,《霞光报》逐渐拥有了稳定庞大的读者群,其销量迅速攀升。1923 年底每日销量甚至可高达 1.2 万—1.5 万份。而一般说来,那时哈尔滨的俄文日报平均每日销量还不到 1300 份,也因此《霞光报》吸引了身处世界各地的俄侨作家和记者为其撰稿,在中国建立起广泛的专业记者报道网络。

1932 年由于列姆比奇·连比奇病逝,俄籍犹太人叶夫根尼·考夫

---

① 戈公振:《中国报学史》,商务印书馆 1927 年版,第 76 页。

曼接手《霞光报》。叶夫根尼·考夫曼通过举办"选美"活动、向订户发储蓄彩票等方式招徕读者，使得其发行量持续上升。并且由于其中部分骨干人员投靠日伪，它在1942年后仍能继续发行，成为东北地区除当时日本人主办报刊之外唯一能发行的俄文报刊。

叶夫根尼·考夫曼作为俄籍犹太人，早年曾因加入俄国社会革命党而被沙皇政府流放，1913年获释后至1918年在俄国为多家报纸撰稿。1921年再次来到中国，开始在哈尔滨定居，担任《传闻报》主编之余在哈尔滨与人合作创办《鲁波尔报》，而后又于1926年与好友列姆比奇·连比奇和希普科夫共同创办《边界》杂志。《边界》是柴拉出版社的一个商业性刊物，在上海、天津均有其分社。值得一提的是，自从叶夫根尼·考夫曼出任该杂志主编后，刊物办得有声有色，内容上诗作、小说、译作、书评、新闻、传记、日常生活皆有涉及，且在国内国外均流传甚广，里面刊发的除了有来自驻地记者和本地记者的稿件，还有来自世界各地俄侨作家自己的作品，他们几乎都以能在《边界》上发表文章为荣。该杂志凭借良好的声誉，拥有着庞大的读者群，当然《边界》能如此受欢迎的原因还少不了它远离政治的独立性。[①] 从1929年第102期开始，这份杂志由原来的不定期发行转变为定期发行的周刊，从未间断。1930年初，发行量最多的一期达7000余册。在考夫曼的经营下，杂志办得蒸蒸日上，直到1945年，杂志遭进驻哈尔滨的苏军查封。

1931年，他买下哈尔滨濒临倒闭的俄侨儿童刊物《燕子》双周刊，还把《鲁波尔报》儿童版的记者瓦西里耶娃调到《燕子》编辑部，并给予她充分的编辑写作自由，后来瓦西里耶娃担任该刊主编，进一步促使它成为当时最受欢迎的儿童刊物。1945年，考夫曼被苏联红军逮捕回苏联，获释后直至去世都一直生活在斯维尔德洛夫斯克州。

（三）阿布拉姆·约瑟福维奇·考夫曼与《犹太生活》

阿布拉姆·约瑟福维奇·考夫曼是《犹太生活》的主编，是原居

---

① 石方：《20世纪一二十年代哈尔滨多元文化研究》，黑龙江人民出版社2012年版，第248页。

◈◈◈ 第二章 多元化发展的繁荣时代 ◈◈◈

哈尔滨的俄籍犹太人,是医生、社会活动家,更是当时哈尔滨犹太社区领袖①,参加过锡安主义运动。1912 年移居哈尔滨,仍旧积极从事社会活动包括锡安主义运动等,在其中担任了诸多职务,曾经组织远东地区犹太人返回巴勒斯坦。还在第一次世界大战、俄国国内战争、第二次世界大战期间做了大量救助犹太难民的工作。为了救助难民,发起并成立了犹太免费食堂以及养老院等。② 考虑到有近半数的哈尔滨犹太青年还没有参加犹太组织,作为传统锡安主义者之一的考夫曼提议重新组建"马卡比"。1921—1943 年期间担任《犹太生活》主编,1945 年被苏军抓捕,因被指控为从事间谍活动和锡安主义运动而被判处 25 年有期徒刑,11 年后又被无罪释放,1971 年因病去世。

《犹太生活》是一份原刊名为《西伯利亚—巴勒斯坦》的周刊,虽创于上海,但后来上海的巴勒斯坦远东情报局迁至哈尔滨,该刊随之迁往,并于 1925 年更名为《犹太生活》,成为哈尔滨历史上重要的犹太刊物之一。③ 最初的 22 期由亚历山大·叶夫泽罗夫担任主编,后来直至 1943 年则是由阿布拉姆·约瑟福维奇·考夫曼(亚伯拉罕·考夫曼)担任主编。对于讲俄语的犹太人来说,这份杂志在当时是唯一的俄文杂志,不过为了扩大读者范围,在 1937 年还增添了英文版。它致力于保护犹太文化,主张犹太复国主义,也为此同反犹太主义和法西斯主义进行了经常性的斗争,如在报道谢苗·卡斯普事件中鲜明地表明了自己的立场④,这在日德结盟的年代,尤其是在日本占领时期极其难能可贵。《犹太生活》是整个东北地区锡安主义运动的舆论阵地⑤,其言论在一定程度上代表了考夫曼的正统犹太复国主义观点,包括推动犹太

---

① 曲伟、李述笑:《哈尔滨犹太简明辞书》,社会科学文献出版社 2013 年版,第 256 页。
② 曲伟、韩天艳:《东方诺亚方舟——犹太人在中国哈尔滨历史文化研究》(上),程红泽译,黑龙江人民出版社 2014 年版,第 693 页。
③ 傅明静:《哈尔滨与世界犹太人》,黑龙江人民出版社 2007 年版,第 2 页。
④ 谢苗·卡斯普是哈尔滨马迭尔宾馆创始人约瑟夫·卡斯普之子,青年才俊,遭白俄法西斯分子绑架后被撕票。
⑤ 锡安主义是以号召散居在世界各地的犹太人重返家园并在那里重新建立一个以犹太人为主权民族的国家为目标的一场还乡复国运动和一种回乡观。

社会进步以及希望受到国际承认和法律保障这样的一些内容,其时政评论作为报刊的灵魂也是与宣传犹太复国主义相呼应。因此,《犹太生活》成为沟通哈尔滨犹太人和其他犹太社区甚至是巴勒斯坦的主要桥梁。同时经常向时事热点地区的诸多记者和政论家约稿,拥有丰富可靠的消息来源、专业全面的报道内容。《犹太生活》不仅能够紧跟国际发展的形势,在宣传策略上也非常灵活。[1] 其发行范围并不局限于哈尔滨,杂志发行量1200—1500份,不算大,但每期也都会有几百份发往巴勒斯坦。该刊虽在有着"东方小巴黎"之称的哈尔滨出版发行,但在经济报道方面关于犹太资本投资巴勒斯坦、大豆贸易等商业活动为其报道热点。在社会责任和商业贸易面前,它选择了前者,因此《犹太生活》的广告数量不多。通过它的封面我们可以看到大大的俄文字体作底,版面整体干净简单,标题甚至以弧形弯曲形象示人,较为活泼。

在漫长曲折的岁月里,整个犹太民族靠着书刊和知识维系着他们的精神世界,架起了文化传播的重要桥梁。虽然作为周刊的《犹太生活》每份页数不多,但会集中报道他们的文化活动,比如报道音乐会、在固定栏目刊发新书出版消息,又或是配合某个文艺活动而刊载消息。比如为了配合"马卡比"(犹太青年组织)的文体活动[2],《犹太生活》从1939年起特意增发了《马卡比》附刊。正是这一系列的报道让人们了解到"荷花"艺术学校的历史,一些音乐家开始为人们所熟知。而且这份周刊对学校教育尤为重视,以致在数次财政危机中对学校教育的延续发挥着重要的舆论作用。它的成功在于除了有鲜明的犹太民族特色,还有优秀的采编人员,他们具有渊博的学识、发散性思维、新闻敏感性,更重要的是他们始终投放着自己的热情。更让人敬佩的是刊物工作人员除了编辑部3名技术人员有相应薪水之外,其余的都是无偿地在工作,就连主编考夫曼也是如此,他甚至还要承担出版费用,仿佛每一期

---

[1] 潘光、王健:《犹太人与中国》,时事出版社2010年版,第159页。
[2] 哈尔滨犹太人首个大型文体组织,其成立正值锡安主义盛行之时。提倡从事民族文化和体育运动,发扬自强不息的精神,在1925年被迫停止一切活动,后在考夫曼提议下重组,间接促进了哈尔滨的发展。

第二章　多元化发展的繁荣时代

的顺利出版都是他们不变的信仰。此外，《犹太生活》还有着兼收并蓄的特点，里面不仅能找到许多关于中国历史民俗的文章，甚至有很大一部分是中国记者和政论家采写的关于犹太复国主义、巴勒斯坦以及孙中山对犹太复国主义态度的文章和其他资料。总的来说，《犹太生活》在很大程度上丰富了哈尔滨的文化内涵，促进了当地犹太新闻事业的发展，作为喉舌在当时算是出版时间最长，对哈尔滨犹太社区系统反映的俄文杂志，见证了犹太社区的变迁和犹太人的点点滴滴。

（四）其他犹太报刊

除了辉煌的《霞光报》、"柴拉"报系、《犹太人生活》，哈尔滨的犹太人在种种限制下还办过一些地下秘密报刊。20世纪40年代，他们时常迫切想要了解祖国以色列及世界的变化，尤其在以色列国家成立后，愈加渴望。但由于一些海外报纸和邮件无法到达中国、无法到达他们手中，又畏惧而不敢收听外国电台，犹太报人特迪·考夫曼打算收集消息后，发送给哈尔滨的犹太同胞们。那时，上海的锡安运动最为活跃，那里有两种犹太报纸《我们的生活》和《奋斗》，但当时没有从上海到哈尔滨的直接邮件往来，只能从香港寄来，同时在走私者的帮助下收到报纸和信件。尽管常常影响消息的时效性，但能了解到祖国的信息，他们就很满足了。

特迪·考夫曼每晚收听俄文广播"美国之音"并做好笔记，再以时事通讯的形式打印出来，然后叠成火柴盒大小秘密分发传递给犹太社区成员。从1948年5月至1949年9月，共出版了153期的时事通讯，几乎全是关于祖国以色列的消息，为了安全起见也会从《共青团真理报》那里摘抄部分消息。

当时对哈尔滨犹太人文化发展发挥较大影响的报纸还有《传闻报》（别称《喉舌报》）。该报于1920年创刊。叶夫根尼·考夫曼为主编，通常每期为4个大版，发行量在1000—2000份之间。为了进一步扩大发行，采用了和《霞光报》相同的方式吸引读者，到1930年发行量更是达到了5000份。虽然社址与《霞光报》在同一所大楼内，但政治倾向要比后者更加鲜明。不过1938年在日伪的"报业整顿"中终刊。

犹太民族是一个古老的民族,在历史长河中,犹太人的一生总是命途多舛,无止境的打压和迫害,终使他们流落异乡。但即使在如此艰难的情况下,他们仍旧用坚毅的品性战胜一切,仍旧以海纳百川的姿态用他们的文化滋润着周围,并时刻闪烁着智慧的光芒,所到之处尽是他们智慧的结晶。在那个年代,哈尔滨的犹太人对城市发展也起到了重要的推动作用。可以说这些犹太人和他们所在城市是相辅相成的,一方面,从19世纪末这座城市初建,它的历史就同犹太人的命运联系在一起。犹太人组成了生机勃勃的社区,从1903年一直到1962年哈尔滨犹太历史结束,他们都积极参与了城市的发展。另一方面,哈尔滨这座北国城市对生活在那里的犹太人来说意义也是重大的,"我们每个人都忘不了那松花江的两岸,忘不了那一辆辆马车,当它们隆隆驶过没有铺路面的街道时,身后扬起一团团灰尘。我们忘不了那市立公园、跨线桥和教堂广场。不错,那曾是一座老式的城市,它深深地铭刻在我们心中"[①]。

四 日本在黑龙江的新闻扩张

视东北易帜为"困难临头"的日本侵略势力,加紧武力侵华的步伐,其在东北各地的新闻机构,则充当其"密探员"与"先锋队"的角色。当时不用说国人报纸,就是《远东报》这样的俄国大报也难以抗衡日本报纸。据日伪当局统计,1931年"九一八"事变前,"日本在东北各地出版各类报刊共260家,其中有年刊40家、日刊148家、周刊11家、日刊57家、不定期刊4家;报刊期发总数为677446份、月刊335861份,都远远多于东北国人报刊"[②]。

正如日文周刊《吉林时报》1930年12月3日所刊《一九三〇年东北三省民国报纸调查》一文所说:"东三省的新闻事业完全处于日本言论势力笼罩之下,所有中国报纸的发行份数加一起,恐怕也不能与

---

① 曲伟、特迪·考夫曼:《哈尔滨犹太人的故乡情》,黑龙江人民出版社2005年版,第348页。

② 佟雪:《沦陷时期(1931—1937)的东北文学研究》,博士学位论文,东北师范大学,2012年5月。

第二章 多元化发展的繁荣时代

《盛京时报》《满洲报》《泰东日报》三社相抗衡。"① 当时整个东北报业的格局即是如此。这3家报纸是日本在东北出版的6家中文报中的佼佼者,期发数合计为五六万份。日本在东北的报刊、广播和通讯社等新闻媒体,与"红白之争"剧烈的俄文报刊不同。它们虽然也有如"满铁系"与"反满铁系"之类的派系争斗,但是都鼓吹武力侵华。原来不主张武力侵华的金子雪斋去世与傅立鱼被日本殖民当局驱逐出境后,《泰东日报》也被纳入日本军国主义掌握之中,成为其侵华舆论工具之一。

当时在哈尔滨地区出版的日系报纸也逐渐占据主导地位。在哈尔滨出版的中文报纸《大北新报》日发8000份。同时还有在哈尔滨出版的《哈尔滨日日新闻》。这两份报纸在"九一八"事变中都充当了关东军的先锋队。"九一八"事变前,日本在哈尔滨的通讯社还有哈尔滨通讯社(1921)、哈尔滨露西亚通讯社(1926)等。

当时作为日本在东北最大的经济、政治一体的侵华机构满铁充当了日本帝国主义向东北进行新闻扩张的主导力量。其向北满地区进行扩张主要使用以下四个手段:"直接出资收购,创办日本报纸;拨经费,以'拨款''津贴'的名义收买黑龙江地区的日本报人;收买中国报刊及中国报人;控制广告投放,侵蚀中国报业投放,达到控制言论的目的。"②

对日本在东北各新闻媒体的侵华实质,当时东北有识之士曾撰文揭露。哈尔滨《国际协报》的"一九三一年新年专刊",曾发表该报副刊主编赵惜梦长文。文章首先列举日本当年在东北的40家主要报纸、月刊与通讯社的简况,接着从五个方面剖析它们的侵华"使命",即"一是日本政府的密探员""二是一切侵略的先锋队""三是统帅日侨的司令塔""四是东省政府的泻肚剂""五是东省同胞的麻醉剂"。为此,作者呼吁东北当局与新闻界"连同一气","积极的努力合作起来",共同

---

① 王翠荣:《伪满洲国成立前日本对东北的新闻侵略即东北新闻界的抵制》,《民国档案》2010年8月。
② 齐辉:《"九一八"事变前日本在中国东北的新闻扩张》,《现代传播》2015年。

对付日本的挑战。①

"九一八"事变前各报出版发行情况按照时间顺序,介绍如下。

《极东新报》创刊于1918年11月1日,是日本人在哈尔滨出版的第一家中文报纸。

第一次世界大战爆发后,日本经济势力乘机进入北满,侨民大为增加。1916年春,日本人黑田禀请其国驻哈尔滨总领事馆,拟出版中文报。他筹集资金5000元,租用停刊的国人《新东亚报》的机器,准备出版《东亚新报》。但因故未果。

俄国十月革命胜利后,长期梦想在北满地区取代沙俄势力的日本出兵西伯利亚。日本干涉军陆续进入或途经哈尔滨,金融界和工商企业也纷纷涌入哈尔滨。这一年,日本人在哈尔滨还新办了日文报《西伯利亚新闻》和《极东》月刊。

《极东新报》就是在这种情况下出版的。社主斋藤竹藏,聘请中国人王鼓晨、王作东任主笔,社址设在道里石头道街。因为订购的印刷机器没有运来,交哈尔滨工艺教养所代印,期发1000份。

《极东新报》现已失存。据其"宣言书"称:该报"以国际亲善为宗旨,以东亚和平为目的","使极东一隅放一光明"。"宣言书"使用中国人口吻,中心讲"中日亲善"。但宣言又特别指出:"无如我中国内顾多艰,相持未息,致对于亲善各问题,究不无抱歉之处。"末句竟公然指责中国人民反对日本帝国主义强加给中国的"二十一条"不平等条约等爱国行动,令日本"抱歉"②。因此,其报纸宗旨和内容可以想见。后来,该报出版一个月后,因欠印刷费数额巨大,工艺教养所将该报停印,于是该报不再出版。

1919年5月,斋藤准备专程前往日本东京,向政府筹款,然后再回哈尔滨恢复该报。时日本驻哈尔滨总领事馆计划创办中文报纸。斋藤

---

① 王翠荣:《伪满洲国成立前日本对东北的新闻侵略即东北新闻界的抵制》,《民国档案》2010年8月。

② 黑龙江省地方志编纂委员会:《黑龙江省志·报业志》,黑龙江人民出版社1993年版,第22页。

第二章　多元化发展的繁荣时代

主持其事，聘请了中国编辑数人，报纸定名《北晨时报》，社址设在道外，并且派人回日本购买印刷机器，预计在7月初出版。其间，北京爆发的五四爱国运动传至哈尔滨，各界群起响应，山东籍商号一致行动，都不订阅日本人在奉天和大连出版的《盛京时报》和《泰东日报》。由于国人的抵制，《北晨时报》胎死腹中。①

《哈尔滨日日新闻》于1922年11月1日，由《北满洲》《西伯利亚新闻》和《哈尔滨新闻》3家日文报纸合并后出刊。它是日本人在哈尔滨出版时间最长的一家大型日文报纸。

《哈尔滨日日新闻》创刊于日本干涉军从西伯利亚大撤退时，犹如干涉军留下的一支别动队，"站在北满第一线，在错综复杂的国际舆论之中，一贯以文章报国而努力"（引自日文《露满蒙时报》）。它的报名中长期顽固地坚持使用"宾"字，而不按中国通用的"滨"字。后期报名改用"滨"字。②

《哈尔滨日日新闻》以"株式会社"（公司）的形式组办，最初资金为20万元，对开4版，周6刊。第一任社长儿玉右二，是一个右翼人物，后来曾任日本宪友会代议士。编辑长濑金平，不久由大河原厚仁接替。社址在道里区一面街。编采人员只有四五人，期发数也很少。③

1925年"五卅惨案"的消息传至哈尔滨，各界群众共同抵制日货和日报，《哈尔滨日日新闻》顿时陷入困境，1926年初被南满洲铁道株式会社"收买"。新任社长佐藤四郎，继续坚持原来的办报宗旨，为日本加速侵华步伐制造舆论。满铁事务所、日本领事馆及哈尔滨特务机关，利用《哈尔滨日日新闻》搜集情报，并进行其他特务活动。"九一八"事变后，《哈尔滨日日新闻》捏造谣言，为日本侵略军侵占黑龙江地区制造舆论。9月21日，日本特务甘粕正彦制造《哈尔滨日日新闻》与日本领事馆被炸假象，日本驻哈总领事大桥忠一以此作为在哈日人不安的口实，要求关东军占领哈尔滨。《哈尔滨日日新闻》不惜版面为之

---

① 黑龙江省地方志编纂委员会：《黑龙江省志·报业志》，第22页。
② 黑龙江省地方志编纂委员会：《黑龙江省志·报业志》，第25页。
③ 黑龙江省地方志编纂委员会：《黑龙江省志·报业志》，第25页。

鼓吹，参与了这一阴谋事件。①

　　1931年12月，大泽隼接替佐藤任社长。此人在布施胜治之后毕业于东京俄语专科学校。"九一八"前后，他网罗了一批白俄报人，非法地出版俄文《哈尔滨时报》。他兼任日、俄文两报社长，在黑云压城的哈尔滨，充当日本关东军的内应。哈尔滨沦陷后，《哈尔滨日日新闻》充当了日本占领者在哈的主要喉舌，内部机构也随之扩大和加强。"主干"大森清腾实际主持社务，下设整理部、社会部、取材部，以及营业部、庶务部等，报纸扩大为对开6版，并附出晚报。在纪念创刊15周年时，期发数超过万份，宣称为"哈尔滨第一报"②。

　　《大北新报》于1922年10月1日在哈尔滨创刊，时为沈阳《盛京时报》"北满版"，哈尔滨沦陷后，1933年6月脱离《盛京时报》而独立，成为日本占领者的喉舌。《大北新报》的创办人中岛真雄1861年4月6日出生于日本山口县，1891年来到中国，进入上海"日清贸易研究所"，在中日甲午战争开战前一直从事间谍活动，甲午战争打响后立即返回日本，再度返回中国时摇身一变成了日军的随军记者。1897年中岛真雄作为东亚同文会的福州支部长远渡中国，进入了福州。中岛真雄与前田彪、井手三郎等人在同年12月收购了中文杂志《福报》，重新创刊了《闽报》。《闽报》的经营相当成功，在创刊不久后中岛真雄就离开了福州，但《闽报》靠着日本官方的资助继续发刊，并且很快发展成为日本"在华南的唯一大报纸"③。

　　由于第一次在华办《闽报》的成果显著，中岛真雄大受鼓舞。1901年，中岛真雄前往北京。到北京后他发现，这里非但没有外国人办的外文报纸，连一份中文报纸都没有，于是创办报纸的想法应运而生。此后，在相识的顺天府尹陈璧的支持下，在台湾总督儿源玉太郎后续的资金支持下，外国人在北京创办的第一份日报《顺天时报》就此

---

① 黑龙江省地方志编纂委员会：《黑龙江省志·报业志》，第26页。
② 黑龙江省地方志编纂委员会：《黑龙江省志·报业志》，第26页。
③ [日]东亚同文会编：《对华回忆录》，胡锡年译，商务印书馆1959年版，第494—495页。

第二章 多元化发展的繁荣时代

诞生。

20世纪初,伴随着日本对中国东北地区的军事入侵,日本人的报刊也负着"宣传吞并满蒙的任务"进入了中国东北。① 作为日本统治满洲文化的一环,参谋部要求中岛真雄前往满洲。为了响应参谋部的号召,中岛真雄由北京到了营口,并于1905年7月26日创刊《满洲日报》,大力宣传日本的满洲政策。1906年10月18日,中岛真雄在沈阳创刊中文报纸《盛京时报》。以此为开端,《蒙文报》(1918年创刊)、《大北新报》(1922年9月22日创刊)等各种报纸相继创刊。

1921年《远东报》停刊以后,北满地区一时间出现了没有报纸独大的局面,中岛真雄为了占领这一地区的报业市场,开始向哈尔滨地区发动蓄谋已久的攻势。在得到财力支持后,他与高桥谦和山本久治开始策划《大北新报》的创刊。中岛真雄也成为中国大陆日系报人的"元老级"人物,《大北新报》也是他在中国出版的最后一家报纸。其时,日本干涉军从西伯利亚大撤退。在哈尔滨的日本人惶惶不安,人心思归。中岛早就瞩望于哈尔滨,在日军出兵西伯利亚之后,他"日益觉得该地的重要"。于是他拜见日本外相内田康哉,征得他的支持,从外务省得到1万日元,又从满铁得到5000日元的创办费。然后委托旧友高桥谦任主任,山本久治为"主干",创办《大北新报》。他在自传《不退庵的一生》中曾说:"我把本报题名'大北',实因有远大的抱负。"到了1925年,身兼《盛京时报》《大北新报》两个重要报纸发行人的中岛自觉身心疲惫,难以继续维持,遂将两报改为股份制,发行人转由佐原担任,自己离职退休。②

《大北新报》社址设道外北三道街(后迁桃花巷口),但只在日本驻哈总领事馆注册,未向中国地方当局申请立案。哈尔滨各界人民对日本人经营报刊持强烈的反感,为了阻止《大北新报》的创刊,成立了"滨江各界联合会"。《大北新报》的发刊由于外界的强烈反对而多次延

---

① 赵新言:《倭寇对东北的新闻侵略》,东北问题研究社1940年版,第7页。
② 曲晓范、潘华:《中岛真雄与近代中国东北的日本殖民化报纸》,《日本学论坛》2007年第3期。

期,但却得到了北洋政府的支持,最终在1922年10月1日出版。在创刊号头版刊载黎元洪头像和题词"职司遒铎",以表示"大总统"准予该报以有力地发布政令为天职。同时,还用大量版面刊载北洋政府陆军、司法、交通总长,以及奉吉黑三省省长等军政要员的祝词。创办初期的《大北新报》是作为沈阳《盛京时报》的"北满版"存在的。在强烈的拒绝声中,日方外务省全力支援下的《大北新报》始终没有达到《远东报》当年的影响力。

《大北新报》的发刊词大唱爱之歌,宣称该报"无时无地不以爱为宗旨",但同时公开表示其"第一义务",是"早日促成"东三省"自治事业"①。由此可见,创立该报的真实目的是为了帮助日本尽快侵吞觊觎已久的东北。

自1922年10月创刊起,《大北新报》每周除周一外,一周发行六期,日出一大张,对开四版,每个版面的尺寸和四开纸差不多,逢中日两国的忌日和重大节日休刊。由于"北满地区不景气",该报一度不得不缩小报纸版面。1926年、1927年的报纸虽仍保持四版不变,但是版面由四开缩小到八开。②

先期日本在东北创办的报纸大多集中在南满地区。营口的《营口新闻》《满洲日报》,旅大地区的《辽东新报》《满洲日日新闻》,奉天(沈阳)的《盛京时报》都是成熟且有代表性的报纸,在当时的南满地区已经形成了报刊网络。《大北新报》的创刊使日本在东北地区的报业系统更加完善,日本在北满地区的话语权因此极大加强。

高桥谦是中岛的好友,继任报社社长,后任侨民会长。山本久治不久接任社长,他们聘请较有社会影响的中国人,如安怀音、王作镐等人任主笔和编辑。报纸内容不听从奉系当局的限制,特别是在郭松龄事件中连续详加报道,期发数陡然增加。1927年,李笑梅继任主笔。该报虽然多次受到哈埠各界抵制,山本久治仍按原定宗旨坚持出版。作为

---

① 《发刊词》,《大北新报》1922年10月1日,第一版。
② 黑龙江省地方志编纂委员会:《黑龙江省志·报业志》,第76页。

第二章 多元化发展的繁荣时代

《盛京时报》的"北满版",《大北新报》在宣传内容和舆论导向上与《盛京时报》高度统一。为了拉近与北满地区人民群众的距离,该报以北满新闻的报道为主,主要在哈尔滨及其周边地区贩卖,同时向南传播,与位于沈阳的《盛京时报》形成照应。这样一来,《大北新报》的出现不仅使日本在北满地区的文化侵略力度加大,更使日本统治满洲文化的"刀"插得更加深入。

总之,这一时期,随着黑龙江民营报刊的发展和日本对黑龙江新闻侵略的加剧,黑龙江地区俄报主导的外报格局被打破。黑龙江地区新闻业也笼罩在日本侵略的阴影之下。

第三章 奴役与抗争的年代
——沦陷时期黑龙江地区的新闻事业

1931年，日本发动侵吞东北的"九一八"事变，东北地区新闻传播业在20世纪20年代出现的繁荣景象戛然而止。不仅报刊停办，书店和出版业萧条，影剧院和其他一切文化事业也都奄奄一息，包括新闻传播业在内的整个文化领域处于一片沉寂的状态。伪满洲国成立以后，日本帝国主义为了建立和维持反动的殖民统治秩序，实现奴役东北民众，掠夺东北战略资源的罪恶目的，并将伪满洲国拉上扩大侵略战争的战车，颁布了一系列法西斯主义的法令法规，以法西斯专制手段在新闻、出版、广播等领域实施全面的殖民主义专制统治，企图以殖民地文化泯灭东北民众的民族意识，扼杀反满抗日精神，顺从日本的殖民统治，进而将东北永远纳入日本的版图。在共产党的领导下，新闻、广播、出版战线上的各阶层、各团体进行了不屈不挠的反满抗日斗争。

第一节 日伪政府的新闻统制及日系新闻业的殖民、侵略宣传

伪满洲国一出笼，就处在日本帝国主义的全面控制和操纵下，东北新闻界也完全操纵在日伪专制机关的手中。国人报纸越来越少，日伪报纸越来越多。伪满成立不久，相继颁布了《出版法》《通讯社法》《新闻法》和《记者法》等一系列新闻宣传的监管法规，为文化专制制度

第三章 奴役与抗争的年代

披上了法律的外衣。为了监督和推行以上的统治政策、法规,日伪政府成立了弘报处等统治机构,对伪满新闻传播事业进行全面的统制与监管。到1936年初,日伪报纸已超过国人报纸4倍。日伪当局为强化新闻统制,1936年9月到1944年9月期间,连续进行了三次新闻整顿,通过调整、合并、关闭,使中、日文官方报纸,从"一省一报"到"一国一报",达到了对日伪报业的高度垄断。这是黑龙江新闻传播事业史上最黑暗的岁月。

一 日伪的新闻统制措施及新闻整顿

"九一八"事变发生后,日本人在东北办的报纸立即配合,发表颠倒黑白的新闻,进行欺骗宣传。1931年11月3日,哈尔滨市日本人办的俄文报纸《哈尔滨时报》创刊,它是"九一八"事变后,为了制造日军侵占哈尔滨的舆论,由日本驻哈总领事馆、哈尔滨特务机关和满铁事务所网罗白俄分子创办的。《哈尔滨时报》第一期即编造"日记",说日本关东军侵华行动,"均因中国军队或胡匪之袭击,日方不能不断然处置之"。还鼓吹"满洲应归满洲人掌握"等谬论,为日本帝国主义炮制伪满洲国作舆论宣传。

日本关东军每侵占一地,立即摧残国人报纸,扶植日本人报纸,以控制舆论。伪满洲国成立后,伪国务院先后设立了资政局弘报处、总务厅情报处,统管新闻出版等宣传舆论阵地,监督一切新闻机关。在各地方的伪政府,则由警察、宪兵、特务等机关,对国人报纸进行监督和控制。

(一)日伪新闻统制措施

伪满洲国初期实行的法西斯新闻统制措施主要是以下三项。

首先,对报纸新闻严格检查。检查由日本特务机关第二班负责。除日伪办的报纸外,一切国人报纸皆在它的统制下接受新闻检查,每天必须把报纸大样送去审阅,没有"检阅济"(审阅完毕)图章,不准复印。伪警察机关亦设有检查股,也负有检查新闻之责。而日本宪兵队的司法系则与日特第二班取得联络,专门惩办"反满抗日"的报纸和记者。检查新闻的同时，日本特务机关还令报纸登载新闻，须分清"本国"与"外国"。其所指的"本国"，就是东北以内的消息；关于关内方面的消息，必须冠以"中国"字样，且须少载中国消息，以突出所谓"满洲国"。并令报纸对日军称为"皇军"或"友军"，而对抗日义勇军、抗日联军则称为"匪军"。自1933年起，各报每日须派记者到日本特务机关，抄录日伪公布的新闻。这些新闻除夸耀所谓"皇军"战功和伪满洲国"王道乐土"外，便是中国某地发生内战等。各报抄得此项新闻后，便原文一字不动地刊出。如有一报将此项新闻有所修改或登载在不显眼的地位，其编辑人员立即被传讯质问，性质严重者便被处以"巧妙编排，反满抗日"的罪名。①

其次，对报纸出版进行严格限制。伪满政府于1932年10月24日抛出了伪《出版法》。这个《出版法》集《日本新闻管理法》《大清报律》和《中国出版条例》之大成，全文共52条，包括报纸、期刊出版事宜均规定在内。仅"不得揭载"的事项，就规定8条，包括"变革"伪满"组织大纲"，"危害"伪满"存在之基础""泄露"伪满"外交及军事机密""波及外交上重大影响""煽动"对伪满"犯罪""惑乱民心及扰乱财政"等。伪《出版法》还规定，伪国务总理大臣随时得以"有障碍"于外交、军事或财政，抑或"维持治安"之需要，禁止或限制报纸、期刊的新闻报道。总之，这些规定都是为了达到控制报刊言论的目的。伪《出版法》还对报纸出版采取事先许可主义，不经许可不准出版。并令已经出版的各报，限期该年底前造报职工名册，备文呈请立案，其以前取得的官厅许可完全无效。各地的伪警察机关，也有所谓《管理新闻章程》公布，其条文皆为限制报纸出版。此外还有限制报纸存在的所谓"新闻事业调查"，各报须填报日本特务机关的调查表、日本宪兵队的调查表、伪警察机关的调查表。这些多如牛毛的填表调查，如果编辑人员忽略未填报，便被日伪警、宪、特机关斥责。其中，以日本特务机关为最详，列举数十项目，如国籍原籍、思想倾向如

---

① 赵新言：《倭寇对东北的新闻侵略》，东北问题研究社1940年版，第35页。

第三章 奴役与抗争的年代

何,对"满洲国"作何感思,对现在的"满洲国"政治有无不满,愿为"满洲国"国民否,是否在"满洲国"结婚,有无子女,对旧政权及中国有何感想,报纸的销售若干,以及登载新闻的标准等。各报的社长、总编辑和工厂管理人,每人均须填报调查表3份,日本特务机关和宪兵队各存留1份,并呈送日本关东军司令部1份。①

最后,垄断新闻来源。日伪政府实行"一国一通讯社"方针,于1932年12月1日在日本新闻联合社、电报通讯社东北分支机构的基础上,成立了伪满洲国通讯社(以下简称"国通社"),并将东北各地中国人和外国人办的通讯社,全部强令关闭。这样,"国通社"就垄断了伪满经济、政治和社会、文化等方面的全部新闻来源,由它独家向各报、电台供给新闻稿。"国通社"设在长春,并在沈阳、大连、哈尔滨设立支社,在安东(今丹东)、锦州、齐齐哈尔、牡丹江、吉林和孙吴、通化等13个市县设立支局,还在一些县设立通讯部和通讯员。这些支社、支局既向总社发送地方新闻,又接收总局发来的中文、日文、俄文等电讯稿,分发给与"国通社"签约的各家报社。② 从而使东北各地的报纸,其文刊登的新闻完全采用"国通社"的电讯稿。而且"国通社"所发的新闻,往往有谕令式的通知,通令各报,某条新闻须绝对登载,某条新闻应如何标题,都安排分明。各报的编辑人员必须照办无误,否则就以"巧妙编排,反满抗日"的罪名,给予惩处。③

在日伪的法西斯新闻统制下,东北各地的国人报纸逐渐减少。哈尔滨在沦陷前,有国人报纸13家,到1936年初只剩下5家。黑龙江省齐齐哈尔等地的国人报纸,有的被日本人接管,有的被迫停刊,已全部消失。同时,日伪当局在哈尔滨一面限制俄文"红党"报刊,一面扶持白俄分子出版法西斯报刊。

(二)日伪对新闻业的"整顿"

伪满洲国成立以后,东北人民反日的仇恨烈火愈燃愈烈。在中国共

---

① 赵新言:《倭寇对东北的新闻侵略》,东北问题研究社1940年版,第37页。
② 伪《满洲国现势》1936年版,第491页。
③ 赵新言:《倭寇对东北的新闻侵略》,东北问题研究社1940年版,第39页。

产党的领导下，武装抗日的烽火遍及各地，报纸上的抗日宣传也时常显露锋芒。为此，伪满政权通过新闻整顿，进一步加强新闻统治，以全面控制"言论机关"。第一次新闻整顿，是1936年成立强制管理报纸的高度垄断机构——伪满弘报协会，吸收沈阳、大连、长春、哈尔滨四个中心城市的11家日伪报纸为加盟社，进行集中统一管理，使报纸成为日伪统治的"一家之言"①。第二次新闻整顿，是1937年由伪满弘报协会按照中、日文报纸各"一省一报"的方针，对其统制外的日本人报纸、中国人报纸，通过收买、兼并、关闭和新办等手段加以整顿，使加盟社报纸扩大为29家，全面控制了伪满各省的报纸。② 第三次新闻整顿是1940年末，建立"弘报新体制"，扩充伪满弘报处，解散弘报协会，公布《满洲国通讯社法》《新闻社法》《记者法》，即所谓的"弘报三法"，通过康德新闻社、满洲日日新闻社、满洲新闻社三大新闻社，统管伪满的中、日文报纸。

1936年，日伪为加强新闻统制，展开所谓"思想战"，以"辟除"反日之"邪说"，实行了第一次新闻整顿。1935年10月，日本关东军报道部、伪满洲国弘报处和满铁等部门的有关人员聚集在一起成立了一个筹备言论统制机关的"弘报委员会"，由日本关东军参谋长板垣征四郎任委员长。经过多次召开会议，研究怎样控制伪满的言论机关，达到"钳制思想，舆论一律"，以利于其进一步侵略和进行殖民统治，探讨成立一个什么样的新闻统制机关，方能实现这个任务。最后，他们决定，要"实现对贯彻国策有特殊作用的报纸、通讯社及其相关的宣传机关经营'合理化'，就必须设立一个有特殊法人身份的弘报协会"，作为伪满弘报委员会的执行机构。③

1936年4月7日，伪满国务院颁布了第51号赦令决定"设立株式会社满洲弘报协会"，并强调这个机构将把报社的言论、报道和经营统一起来管理，纳入日本关东军的所谓"实施国策"轨道。8月10日，

---

① 伪《满洲年鉴》，1937年新闻出版部分。
② 伪《满洲年鉴》，1938年新闻出版部分。
③ 张贵：《伪满弘报协会及其对报业的统制》，载《吉林报业史料》第2期。

第三章 奴役与抗争的年代

在"新京"(长春)大和旅社召开了建立伪弘报协会的筹资会议,由伪满政府出资100万元、满铁出资75万元、满洲电信电话株式会社出资25万元,共计200万元资本金。经过一段紧锣密鼓的筹备,伪满弘报协会于9月28日正式成立,由长期替满铁经营宣传舆论机关的原日本陆军中将高柳保太郎,出任第一任理事长(1938年2月森田久接任)。[①]

该会把沈阳、大连、长春、哈尔滨四个中心城市的10家日伪报纸,吸收为第一批加盟社。其中黑龙江地区的报纸有哈尔滨的《大北新报》(中文)、《哈尔滨日日新闻》(日文)。还有一家准加盟社——《哈尔滨时报》(俄文)。

该会还把伪满洲国通讯社的业务统归自己管理,对外取消"满通社"机构,完全由它对内对外播发新闻电讯和摄影图片,供给各报中、日、俄、英和朝鲜文新闻,将通讯和报道融为一体。这样伪弘报协会就成为日伪的新闻垄断机关,它不仅使日伪报纸在宣传调子上一致,而且在组织机构和经营管理上更加集中统一。通过新闻统制、业务统制、经营统制,使通讯报道"综合化"、言论"统一化"、经营"合理化"。

伪满弘报协会的首脑机关为理事会,下设一局二部,即通讯局、总务部、事业部。通讯局下设通讯部、调查部。通讯部掌管采访、编辑、通联三课;调查部掌管资料、计划两课和满洲情况介绍所。总务部下设事务、经理和管理三课。该会为加强对各加盟社的统制,在宣传报道方面,一切记者采访、编辑出版,均受伪弘报协会的指导和控制;在经营方面,各加盟社一切经济计划、支出,均由伪弘报协会决定方可实施;在组织方面,各加盟社的一切重大人事安排,也由伪弘报协会决定。该会每隔一个月召开一次加盟社长会议,协会理事长、理事和各课长都出席会议,协议决定编辑、经营的方针和措施。在不召开社长会议的月份,就召集各加盟社的编辑责任者和经营责任者的碰头会,实行事务上的联络控制。每周一、周四还召开业务协调参与会,由各加盟社驻"新京"代表、日东关东军报道部、伪满国务院弘报处、伪满治安部和

---

① [日]中村明星:《动荡的满洲新闻界全貌》,1936年出版。

伪满协和会的代表参加，共同协议决定"弘报宣传方针"和有关事项，并立即传至各加盟社执行。①

伪满弘报协会就这样统制各加盟社的经营、报道、言论，使报纸宣传毫无特色，完全是一个调门。从此，东北报纸事业走上了畸形发展的道路。

1937年，日本帝国主义开始以武力全面侵略中国。日伪为了彻底封锁消息和言论，掩盖事实真相，颠倒黑白，蒙蔽东北人民的耳目，进行奴化教育，开始实行第二次新闻整顿，以全面控制东北报业。这次新闻整顿，由伪满弘报协会遵照日伪提出的中、日文报纸各"一省一报"方针，组织实施。并由日伪增加投资300万元，作为整顿经费。1937年5月，伪满弘报协会提出了《满洲第二次新闻整顿方案》，通过收买、兼并、关闭等手段，对28家非加盟社报纸进行了整顿，使之纳入该会的统制之下。

在哈尔滨，1937年9月通过收买，将中文《午报》作为《大北新报》的子报出版，将中文《国际协报》《滨江时报》《哈尔滨警报》停刊，三报人员合并，于1937年11月1日在原《哈尔滨公报》社址，创刊了所谓民间报纸——《滨江日报》；通过收买于1937年10月，将俄文《哈尔滨公报》并入《哈尔滨时报》。1939年12月，将日文《哈尔滨新闻》停刊。伪弘报协会第一批加盟社的日文《哈尔滨日日新闻》继续出版，并于1937年9月通过收买，将日文《牡丹江商报》改为《哈日牡丹江版》。在齐齐哈尔，通过收买于1939年将日文《北满洲日报》停刊，人员并入《黑龙江民报》，由该社于1939年1月出版了日文《齐齐哈尔新闻》。在佳木斯，由三江报社在出版中文《三江报》的基础上，于1940年5月1日创刊了日文《三江日日新闻》。在牡丹江，原来没有本地报纸，通过收买将日文《哈尔滨新闻》停刊后，人员、设备迁移到牡丹江，于1940年1月1日创刊了日文《东满日日新闻》；1940年8月1日又创刊了中文《东满报》。

---

① ［日］森田久：《满洲新闻是如何统制的》1940年8月10日。

第三章 奴役与抗争的年代

通过第二次新闻整顿，伪满弘报协会直接统制的加盟社报纸，在各伪省基本上达到了日、中文报纸各"一省一报"。同时，保留下来的非加盟社的综合性日报大多数是日本人经营，少数是中国人经营，都以"民间报纸"面目出版发行。[1]

在第二次新闻整顿中，鉴于当时国际通讯竞争更加激烈的形势，伪满弘报协会于1937年7月重新成立了"株式会社满洲国通讯社"。由该会投资50万元，使"满通社"得以扩大和强化，工作人员达500余名，比分立前的人数增加2倍。并大力扩充通讯网，恢复和增设各地的支社、局和通讯部。独立后的"满通社"，仍为伪满弘报协会的加盟社，由该会理事长兼任社长，下设编辑局、事业局、总务局。[2] 同年，"满通社"与日本同盟通讯社订立了契约关系，实行"日满通讯网一元化"。"满通社"从伪满发出的新闻，到日本和外国时用"同盟社"的名义；"同盟社"从日本和外国发出的新闻，到伪满用"满通社"的名义。这样一来，"满通社"实际上成为日本同盟通讯社的一个分支机构。[3] 1938年在长春建成了"弘报大楼"，伪满弘报协会和"满通社"迁入办公。通过这次新闻整顿，伪满弘报协会完全控制了以"满通社"为中心的全伪满报纸网，它垄断了东北40余家综合性日报的3/4，占报纸总发行量的90%。[4]

伪满弘报协会的主管机关，是伪满国务院总务厅弘报处。它是伪满最高的宣传和情报机关，其任务是：（一）监督和管理报业机队；（二）制订宣传计划；（三）配置宣传联络机构；（四）实施重大的对外宣传；（五）搜集各种情报。[5] 这个伪弘报处为执行统制报刊、广播、电影等任务，创设了所谓伪满映画协会、伪满放送协会等组织。而伪满弘报协会，也是这类组织中最重要的一个。它虽以股份公司形式出现，但其实

---

[1] 伪《满洲年鉴》，1941年版新闻出版部分。
[2] 伪满洲通讯社：《国通十年史》，1942年版。
[3] 伪满洲通讯社：《国通十年史》，1942年版。
[4] 《伪满洲国史新编》，人民出版社1995年版，第599页。
[5] 赵新言：《伪满洲报业的剖视》，载《东北》杂志第一卷第一辑。

质仍是一个"官"营的组织,代表伪满政府经营报纸、统制报纸、垄断报纸。

1940年末,日本帝国主义在第二次世界大战中,为了适应德意日军事同盟的建立与日美矛盾加剧的形势,进行"总体备战",搞"新体制运动",改组"政府"机构,使其成为"高度国防国家体制"①。11月,日伪开始进行以"精减中央,加强地方"为宗旨,带有临战性质的行政改革。在伪中央减少部局人事费15%,撤销了一些机构,但却扩大了执掌战时宣传和控制思想言论的伪国务院总务厅弘报处。② 它根据《中央地方行政事务合理化要纲》,接管了原属伪治安部的关于电影、新闻、出版物的检查和伪交通部的关于广播、通讯的检查;伪民生部的关于文艺、美术、音乐、唱片、图书等行政事务;原属伪外务局的对外宣传实施业务。在处内设事务情报、监理、新闻、放送、宣传、映画等8个室。由于其机构和权力巨大,被称为"大弘报处"。在扩大弘报处的同时,于12月解散了伪满洲弘报协会。此举是为了建立所谓"弘报新体制",强化伪满政府对宣传舆论的直接操纵。当时《盛京时报》上有一篇《政府当局谈》的报道中说:"政府曾将新闻放送检阅事务及其他弘报关系事务,统合于弘报处,以谋行政事务合理化及弘报职能强化。同时对于通讯新闻组织经重新检讨,鉴于时局紧迫,一方面谋通讯新闻事业之更活泼,他方为避免事务重复之无益,政府认为直接监督满洲国通讯社及全国新闻社,尤属当前政策,兹遂决定解散株式会社满洲弘报协会之方针。"③

1941年8月25日,伪满政府公布了"弘报三法",即《满洲国通讯社法》《新闻社法》《记者法》,以"强化弘报宣传"。根据"弘报三法",进行了第三次新闻整顿,通过《康德新闻》《满洲日日新闻》《满洲新闻》三大新闻社,统管伪满的中、日文报纸。

伪《满洲国通讯社法》规定,"满通社"为伪满特殊法人,它起着

---

① 《伪满洲国史新编》,人民出版社1995年版,第428、645页。
② 《伪满洲国史新编》,第428、645页。
③ 《盛京时报》1941年1月18日。

第三章　奴役与抗争的年代

伪满弘报大动脉和轴心作用。其事业范围为：（一）搜集国内外信报；（二）对于国内新闻社和放送局，供给国内外信报；（三）对于国外通讯社和新闻社，供给国内外信报。该法仍实行"一国一通讯社"的方针，明确规定供给信报之事务，非"满通社"不得为之。①伪《新闻社法》规定，报社为伪满特殊法人，报社的设立、合并、关闭，属于伪满政府的命令事项，诸如："新闻社须经国务总理大臣的批准。"伪满政府"认为公益上有必要时，可将新闻社合并"，伪满政府"认为公益上有必要时，有权命令解散新闻社"。同时还规定，报社须依伪满政府之命，"将其指定事项刊登或不刊登于新闻纸上"。伪满政府"对于新闻社有权发布监督上或公益上所必要的命令"②。伪《记者法》规定了记者的考试、登记、惩戒等事项，其目的显然是为了压制言论自由，保守战时机密，迫使记者为日本的侵略政策、战争政策服务。③

康德新闻社，由伪满政府出资 200 万元，于 1942 年 1 月 22 日在原"弘报协会"所在的弘报会馆成立。将大同报社、盛京时报社、大北新报社等 11 家中文报社统归它管辖，全部改名为康德新闻社"支社"，以原报名出版报纸。黑龙江地区的大北新报社改名康德新闻社哈尔滨支社，以原报名出版《大北新报》；黑龙江报社改名为康德新闻社齐齐哈尔支社，以原报名出版《黑龙江民报》。④

康德新闻社在"统合"各地已有中文报社的同时，还在没有报纸的偏远地区新设支社，创刊中文报纸，以利"思想战"。如 1942 年 7 月至 8 月间，康德新闻社相继在黑龙江地区的北安、东安（密山）、黑河等地设立支社，出版《北安新报》《东安新报》《黑河新报》等中文报纸。在东北新闻史上，当时是中文报纸分布面最广的时期。并由满洲新闻社统一组织出版《满洲新闻》《哈尔滨日日新闻》《齐齐哈尔新

---

① 伪《满洲帝国现行法令类纂》第二卷，第 130 之 11—23 页。
② 伪《满洲帝国现行法令类纂》第二卷，第 130 之 11—23 页。
③ 伪《满洲帝国现行法令类纂》第二卷，第 130 之 11—23 页。
④ 伪《满洲年鉴》，1943 年版"新闻纸"部分。

闻》《三江日日新闻》《东满日日新闻》《东满新闻》等日文报纸。①

　　日伪就是这样以三大新闻社作为"母体",将各地中、日文报纸作为它们的"卫星群",来分别进行严格控制,以适应其侵略战争政策的需要,进一步欺骗和麻醉东北人民。

　　随着战局的发展,日本帝国主义的侵略战争日趋败势,伪满洲国也趋于日暮途穷的境地。在这严重的紧张局势下,伪满政府资报处于1944年3月召开弘报协议会,研讨"在决战体制下",完成"弘报之使命"。4月6日,伪满政府发布《日字新闻统合要纲》,决定将满洲日日新闻社同满洲新闻社合并,以"结集其总力,准备思想战"②。5月1日,满洲日日新闻社与满洲新闻社合并,在长春成立了满洲日报社,出版日文《满洲日报》。为实施日文报纸"一国一报"方针,将原属满洲日日新闻社和满洲新闻社管辖的各地日文新闻社,全部改为满洲日报社的"支社",报名也全部改为《满洲日报》,只是在报头下面标明所在地名,作为它的"地方版"。

　　如《哈尔滨日日新闻》,就改名为《满洲日报·哈尔滨》。其他日文报纸皆如此。

　　1944年9月,康德新闻社也遵奉伪满政府关于中文报纸"一国一报"方针,将各地支社出版的中文报纸,全部改名为《康德新闻》,在报头下面标明所在地名,作为它的"地方版"。只有哈尔滨的汉奸报纸《滨江日报》,仍作为所谓"民间报纸"被保留下来。这种高度集中垄断的"弘报新体制",使日伪报纸在宣传报道上,基调更加一致,舆论更加一律。甚至有时各地报纸的某一版面,从内容到编排也一模一样;有时各地报纸皆设同一名称的"专栏"。在宣传内容上更加露骨地代表日本帝国主义利益鼓吹"击碎美英,建设东亚""国人奋起,协力亲邦""决战下致力国民精神之统一""国民同襄圣战""慰劳友邦将士",以及捏造日军侵华的"战果",散布诬蔑东北军民抗日斗争的谣

---

① 伪《满洲年鉴》,1943年版"新闻纸"部分。
② 《滨江日报》1944年3月17日、4月17日。

第三章 奴役与抗争的年代

言。替垂死挣扎的日本帝国主义和即将土崩瓦解的伪满洲国，作舆论上的最后效命。

二 日系新闻业的殖民、侵略宣传

日伪政府在伪满统治初期大力发展日伪报纸，使日伪报纸在东北各地泛滥。从"九一八"事变到1936年初，日伪就新办了中文报纸14家、日文报纸8家、俄文报纸1家、朝鲜文报纸1家。总之，新办各种文字的日伪报纸共达24家，遍及沈阳、长春、吉林、哈尔滨、齐齐哈尔、佳木斯、安东、锦州、辽阳、北安、抚顺、鞍山、铁岭、延吉、承德、山海关等地。在哈尔滨，日伪新办俄文报纸1家、日文报纸1家。

俄文《哈尔滨时报》，创刊于1931年11月3日，社长为日本人大泽隼，聘白俄分子奥沙瓦为总编辑；日文《哈尔滨新闻》创刊于1932年3月29日，大河原厚仁任社长兼主笔。加上原有1家中文报纸——《大北新报》、1家日文报纸——《哈尔滨日日新闻》，使哈尔滨的日伪报纸共达4家。在齐齐哈尔，日伪在接管《黑龙江民报》后，于1931年12月17日以原报名出版，后成为伪黑龙江省公署机关报，日本人桂五郎任社长，聘中国人金中孚为总编辑。对国人进行欺骗和"思想诱导"，灌输殖民地思想，从思想、文化上奴役黑龙江人民。

1936年4月7日，伪满国务院发布51号敕令，实行中、日文官方报纸"一省一报"的方针，对报纸进行调整和收买。其中包括中文《大北新报》、日文《哈尔滨日日新闻》、俄文《哈尔滨时报》。并投资42万元于1938年建成哈尔滨弘报会馆大楼（现哈尔滨日报社旧楼），三家加盟社和伪满通讯社哈尔滨支社迁入这里集中编辑、印刷、营业，实行所谓的"经营合理化、言论统一化、通讯综合化"。下面将《哈尔滨新闻》《哈尔滨日日新闻》《大北新报》分别介绍如下。

《哈尔滨新闻》于1932年3月29日创刊。这是沦陷期间日本人在哈尔滨的一家较有影响的私营日文报纸。主办人大河原厚仁，1886年生于日本熊本县，民国初年到哈尔滨，任大阪《朝日新闻》通讯员（记者）。1920年4月，他与大阪《每日新闻》通讯员佐藤义晴、《大正日日新闻》通讯员荒木升，三人合办哈尔滨通讯社，曾出小型日文报《哈尔滨新闻》。后来该报与《北满洲》等三报合并出版《哈尔滨日日新闻》时，大河原厚仁曾出任编辑人兼发行人。

1929年，大河原厚仁重回哈尔滨通讯社。"九一八"事变后大河原乘机扩充组织，把通讯社改为报社，就在哈尔滨沦陷1个月后，在道里石头道街24号，出版了日文晚报《哈尔滨新闻》。他自任社长兼主笔，期发千余份。

大河原在哈的新闻活动，沦陷初期十分活跃。该报发展很快，有较完备的印刷设施，如当时较为先进的轮转印刷机等。1933年6月，增出晨报4版，第二年10月，早晚两报分别添页为对开6版。

大河原长期充当日本侵华舆论宣传的主力人物，在伪满洲国成立后，他的梦想实现了，更加肆无忌惮地鼓吹"王道乐土""大东亚共荣圈"等殖民政策，以使日本永远侵占东北。但是，作为一家私营报纸的主办者，他表面上还保持有一定的"自由立场"，《哈尔滨新闻》表面上不像《哈尔滨日日新闻》那样紧跟日伪官方。该报以普通读者为对象，努力以温暖柔和的调子迎合群众的口味，版面上有关电影、戏剧和妇女、家庭等栏目较多。因此，日伪当局对它报道迎合大众的做法表示不满，要求它必须向"作为北满日文报使命的'文化制作者'的方向发展"[①]。于是，大河原厚仁退居二线做了顾问。

1939年12月，日伪当局为了强化"新闻统制"，由满洲弘报协会"收买"了《哈尔滨新闻》，然后将其设备搬到牡丹江市，筹办出版了《东满日日新闻》。

哈尔滨沦陷后，《哈尔滨日日新闻》充当了日本占领者在哈的主要喉舌，内部机构也随之扩大和加强。"主干"大森清腾实际主持社务，下设整理部、社会部、取材部，以及营业部、庶务部等，报纸扩大为对开6版，并附出晚报。在纪念创刊15周年时，期发数超过万份，号称

---

① 黑龙江省地方志编纂委员会：《黑龙江省志·报业志》，第26页。

第三章　奴役与抗争的年代

"哈尔滨第一报"①。

1936年9月,《哈尔滨日日新闻》奉命加入了满洲弘报协会,正式成为日伪在哈尔滨出版的"国策报道机关"。11月,曾任满铁齐齐哈尔事务所长、日本驻齐领事的古泽幸吉继任社长。此人早在1907年,曾就职于日本驻哈领事馆,长期参与了日本入侵哈尔滨和齐齐哈尔的活动。由于弘报协会的支持,《哈尔滨日日新闻》进入了它最兴旺的时期。从1937年起,先后在齐、牡、佳市等地分别出版《哈尔滨日日新闻》地方版;并在长春、沈阳、大连和东京、大阪等地设立支社、局。报社内部也调整充实机构,扩充设备。

1937年12月,古泽幸吉调任俄文《哈尔滨时报》社长,弘报协会指派寒河江坚吾任《哈尔滨日日新闻》第5任社长。1938年11月,《哈尔滨日日新闻》迁入了新落成的弘报会馆大楼,1939年3月购置了高速轮转印刷机,版面扩大为对开8版。因此而自诩为"北满报界的王座"②。

1942年初,日伪实行"弘报新体制",《哈尔滨日日新闻》被纳入伪满"新京"长春《满洲新闻》系统,后沈阳《满洲日日新闻》并入,改称《满洲日报》,为日本发动的太平洋侵略战争鼓噪。1943年3月,寒河江坚吾作为"弘报系统有功人员",受到日伪当局的奖励。但是,随着侵略战争的不断失败,《哈尔滨日日新闻》也每况愈下,版面一再减张。1944年5月,奉命更名《满洲日报·哈尔滨》版。1945年8月15日,在日本宣布投降时终刊。

1944年,日伪在黑河、北安、东安(密山)设立康德新闻社支社,出版《黑河新报》《北安新报》《东安新报》等日伪主办的日文报纸。这些出版物统由长春满洲新闻社管理。随着战局的发展,日伪又实行了中、日文官方报纸"一国一报"的方针,对报业进行高度垄断。1944年4月,伪满国务院发布《日字新闻统合要纲》,将满洲日日新闻社和

---

① 黑龙江省地方志编纂委员会:《黑龙江省志·报业志》,第27页。
② 黑龙江省地方志编纂委员会:《黑龙江省志·报业志》,第27页。

满洲新闻社合并,在长春成立了满洲日日新闻社,并于5月1日出版了日文《满洲日报》,将各地出版日文报纸改为《满洲日报》的地方版。哈、齐、牡、佳的四家日文报纸,也成为《满洲日报》的地方版。延至1945年8月15日日本宣布无条件投降,该报也随之终刊。

哈尔滨所有日系报刊里面最为重要的当属《大北新报》,哈尔滨沦陷后,《大北新报》以战胜者的姿态傲居哈埠国人各报之上。伪满洲国建立后,《大北新报》成为伪满政府的耳目喉舌。"七七"事变后,《大北新报》开始报道"战事"鼓吹"战绩",掩盖日本在中国的罪恶行径。《大北新报》创刊的22年中,不论是前期为殖民主义进行宣传,还是中期鼓吹"战争论""独立论",始终为日本政府服务,是日伪时期日本在东北地区的重要殖民宣传机构。

日本在占领东北后,为了逃避来自国际以及其他独立政府的谴责,扶持清朝最后一位皇帝溥仪成立伪满洲国。该报借以帮助东北"独立"为名,竭力宣传"满洲国"概念。为了使东北境内人民接受伪满政权,潜移默化殖民思想,不断地向东北原住民渗透国家概念。并且极力宣传"满洲国"将成为一个"独立"的世外桃源国家,激发东北人民对和平、安稳的向往,骗取其信任后,更好地进行文化渗透。

在"满洲国"创办之初,《大北新报》曾大力发表官员的述职演说,不仅表达了伪满洲国成立的必要性,同时暗讽东北之前的统治政策等,力求让民众接受伪满洲国成立的合理性。1937年,《大北新报》的报道《日本国民表示决心》:"四日午前七时半顷在调查团入京之前在东京驿头有以'向国际联盟调查委员表示日本国民之决意'如左忧国文字者日本国民必死守父兄以血肉换来之满蒙为世界和平英美必由中国撒手'日本国民之意志一至承认满洲国'。"① 日本努力呈现出承认伪满洲国的地位,以及在国际上支持伪满洲国成立等表现,以求换取东北人民的信任,用文化渗透的方式腐蚀东北人民。

《大北新报》主办人山本久治是"中国通"。他早年毕业于日本关

---

① 《日本国民表示决心》,《大北新报》1932年7月5日,第二版。

第三章 奴役与抗争的年代

西大学，1916年在军队退役后即来中国东北，先在日本共同通讯社奉天支社干了一年"勤务"，然后进入《盛京时报》。数年之内崭露头角，被派到哈尔滨主办《大北新报》。他曾说："在中国办报很难"，"对于中国人来说，只会从表面上搜集新闻，就没有当记者的资格。报纸上如果没有好文章，他们就放弃那种报纸。如果不充实文艺和文艺栏，就会失去读者。真是难啊！"为此该报办了不少文艺副刊和专页。中共地下党员金剑啸就曾经进入其中的《大北新报画刊》进行抗日宣传。

1933年6月1日，《大北新报》脱离《盛京时报》独立，成为日本占领者在哈尔滨的机关报。该报为此增设机构，扩大版面，每日对开8版，期发6000多份，并增出《大北新报画刊》，竭力鼓吹"日满协和""王道乐土"。1935年4月，该报编辑长侯小飞作为伪满"八大有力满文报纸"的"优秀记者"之一，参加伪满记者团，跟随溥仪去东京朝拜日本天皇。4月6日，该报第1版用特大黑体字制作通栏题，报道日满"二圣交欢"，而且故意使用欢字古体"驩"，以示隆重。当报纸印好上千份时，发现错为"二圣交驴"，最后只得重新印刷。①

该报一直站在"反苏联""反共产党"的立场上，通过诋毁苏联与共产党，减小苏联在东北地区的影响，借以美化自身，为其殖民统治做铺垫。在其前期报道中，反苏言论明显，多次通过报纸报道中伤苏联。伪满洲国创办初期，一篇名为《又盗取货车，满洲国将严重监视》的文章报道："绥芬河站，最近俄方行动，自五月一日至五月三日间，所有入境货车，数仅四辆，反之出境货车，竟达六十九辆之多，若斯行焉，则将来尤需严重监视云。"②在《大北新报》创刊后针对苏联的负面报道可见一斑，抓住错误不断放大，对东北人民进行洗脑从而达到"东北早日在日本的帮助下脱离中国而独立"的目的。③同样被《大北新报》排斥的还有共产党，在其报道中，不乏"赤匪"与"保卫国家"的伪满国军的战争。其中，在《大北新报》报道《鄂省匪势仍猖獗，

---

① 黑龙江省地方志编纂委员会：《黑龙江省志·报业志》，第22页。
② 《又盗取货车，满洲国将严重监视》，《大北新报》1933年5月6日，第二版。
③ 《又盗取货车，满洲国将严重监视》，《大北新报》1933年5月6日，第二版。

一举肃清殆难奏效》中写道:"国军正努力剿赤而赤匪亦有努力反攻之口号,赤匪疑连用军事策略,于九月一日以前占领一重要城市为政治根据地,蓄边事败坏,疆土日削,面内部之煎迫,亦到短兵相接时期,自热河形势严重。此间最高负责者颇感失彼之痛苦面请各方之意见。咸谓无论如何,绝不变更剿匪计划,否则危机掣肘,国必不可救云。"① 除上述内容外,一篇名为《安定人心,统一思想》的报道,内容更清晰地展示了日本侵略者对于东北的舆论控制。其内容写道:"满洲国是世界的理想国。共产党国民党军阀匪贼是王道满洲国乐园的害虫。我们乐园的第一要务就是要剪除害虫。打开东亚难局全赖满日真正合作。反动分子是妨碍我们生业的盗贼,大家要一致起来扑灭他。国民欲享安居之福必须彻底歼灭匪贼。剿除匪患安居流亡之地建设新国是我们国民共负的责任。"这篇报道"描绘"了阻碍"满洲国"②前进的敌人,以及如何在日本的"帮助下"脱离中国独立后的"安居乐业、国泰民安"的假象。

1936年,伪满弘报协会成立时,《大北新报》作为11个"加盟社"之一,第一批入会。按照弘报协会"新闻统制"的计划,该报于1937年8月强行"收买"了曾经长期与之抗争的哈埠国人小报《午报》,并利用《午报》在读者中的广泛影响,继续用原报名出版。此后,这张小报专门刊载十分低级庸俗的社会新闻和黄色新闻,麻醉和毒化普通市民。人们蔑称它为"小午报"。

1937年"七七"事变后,《大北新报》积极鼓吹战争,以配合日本侵略者的步伐。该报还曾专门改版鼓吹"友军""皇军"的"战功",自侵华战争全面爆发后到《大北新报》停刊前,该报于每日头版进行战况专门报道。由于战争的范围不断变大,《大北新报》办报规模也随之扩大。同年11月1日,在纪念创刊5周年时,版面增加到对开3大张12个版。并与其他日本在哈新闻机构一起出资兴建"哈尔滨弘报

---

① 《鄂省匪势仍猖獗,一举肃清殆难奏效》,《大北新报》1932年8月5日,第一版。
② 《安定人心,统一思想》,《大北新报》1932年6月25日,第一版。

第三章 奴役与抗争的年代

会馆"。翌年11月，从道外桃花巷迁入新落成的"弘报会馆"大楼，与其他共同出资的哈尔滨日日新闻社、哈尔滨时报社等一同办公。这些报社一同合作，不仅提高了出版效率，还提高了办报质量。这时可谓该报的极盛时期，它不仅称霸哈尔滨中文报业，同时按照弘报协会的安排，先后在牡丹江和北安等城市出版地方版。编辑长即总编辑改由日本人中村太郎接任，采编人员增加到数十人。还在长春、沈阳、大连以及日本东京、大阪等地设立了支社。随着战争规模的不断扩大，日伪政府进一步认识到从思想上进行殖民主义宣传的重要性，开始变本加厉地操控舆论，加大力度进行殖民宣传，重要版面大多鼓吹殖民主义与战争，副刊也是如此。

1938年7月7日，也就是"七七"事变一周年，《大北新报》曾刊登一组以时间为轴的画报，题为"日华事变纪念书刊"，其内容为："昭和十二年七月七日之夜在卢沟桥附近中国军队对夜间演习之日军，开枪射击，日军将附近之龙王庙占领矣。于七月八日，对中国军开始总攻击，将南苑及其他要地相继占领。皇军更击破残虐之通州的敌军，八月八日乃队伍堂堂开入北京城。八月廿八日夜，受攻击侵入天津中国军命令之日军，猛攻一整夜，终将其逐出。娘子关、忻县两方面进迫太原之日军，十月六日，开始总攻击，狂战八日，占领太原。上海方面旗舰'出云'上指挥全舰之畏谷川司令长官，其雄姿真使敌军亦恐惧不前，向各舰开放炮门，江上几为濛濛之炮烟所附，凄惨已绝。日本空军荒鹫部队，愤慨中国侧之炸击，乃奋起出动。自九月廿一日起，日军目指大场镇，开始总攻击，其后与敌大激战。激战一月后，上海战线第一线大场镇、庙行镇，皇军举全力开始总攻击，完全陷落。十二月十日，南京总攻击南京总攻击命令一下，日军对南京，决死攻击，十三日敌都陷落。皇军大胜后，华人齐起建设新政权，十二月十四日，临时政府在北京成立。"① 由这篇报道可清晰看到《大北新报》在"七七"事变后的立场，由内到外都是日军进行殖民统治、舆论控制、新闻统制的

---

① 《日华事变纪念书刊》，《大北新报》1938年7月7日。

工具。

1940年，太平洋战争爆发前，《大北新报》组织了特别宣传周，在报纸显要位置刊登一些宣传侵略的口号：

> 改造心理安定人心统一思想　特别宣传周
> 满洲国是世界的理想乐园
> 共产党国民党军阀土匪是王道满洲国乐园的害虫
> 我们乐园里的第一要务要剪除害虫
> 打开东亚难局全赖满日真正合作
> 反动分子是妨害我们生业的盗贼
> 大家要一致起来扑灭他
> 国民欲享安居之福必须彻底剪灭匪贼①

后来，按照"一国一社"和"一省两报"的方针，在重要城市设立伪满洲国通讯社分支机构，并在各伪省公署所在地有计划地出版中、日文报纸各一份。同时，日本特务机关和伪满弘报机构还扶持日本人办报，组织汉奸报纸。日原有日文报纸也加大力度进行对战况的报道，宣传希特勒及德国法西斯的言论。"二战"期间，"为应欧洲之新事态""希总统将一战到底"等新闻标题在《大北新报》的报道中屡见不鲜。其中，昭和十五年六月二日所刊登的《希总统今后作战方策》明确报道了德国法西斯的战况，"德意志军，最近即将对巴黎开始猛烈的一天攻击，法兰西军，原来统计的四百万之大兵力，但共中只有百万兵力，已因此次之大会战死伤乃至成俘虏，所以法兰西今日之兵力以减少至二百万矣。反之德意志军队有八百万优势之兵力"②。由上述报道可见，《大北新报》在"二战"的战争宣传中依然倾向于为轴心国的侵略宣传。

---

① 《大北新报》1940年11月1日，第四版。
② 《希总统今后作战方策》，《大北新报》1940年6月2日，第一版。

◈◈ 第三章 奴役与抗争的年代 ◈◈

在太平洋战争爆发后，因战争局势不断恶化，部分报纸印刷必需品供给不足，日伪实行"弘报新体制"。1942年初，大北新报社奉命改为长春康德新闻社哈尔滨支社，只能以缩小版面来应对危机。山本久治调任康德新闻社专职理事，须滕勇胜接任社长。1944年6月，连报名也奉命改为《康德新闻·哈尔滨》。

后来随着日本侵略战争的节节退败，为了更好地统治东北人民的思想、操控舆论，伪满洲国政府推行"一国一报"政策，将各个报纸全部纳入康德新闻社名下。由于日本发动的侵略战争节节失败，伪满物资越来越匮乏，报纸版面不得不一再缩减。1944年，该报彻底更名为《康德新闻·哈尔滨》。在日本签署投降协议后，1945年，在哈尔滨创办22年之久的《大北新报》也随之永久停刊。

第二节 日伪统制下的国人新闻事业

日本侵略者为了进犯哈尔滨，于1932年1月指令大汉奸、伪吉林省"剿匪"军司令于琛澂率伪军向哈尔滨进攻。正当哈市形势危急时，主张坚决抗日的依兰镇守使李杜与旅长冯占海，率领抗日部队突然赶到哈尔滨，将于逆伪军打得纷纷败退。日本侵略者竟对此提出严重抗议，并以"哈尔滨形势不稳"为借口，直接出兵哈尔滨。2月3日、4日，李杜、冯占海率领抗日部队同日军激战两天后，退守宾州等地。这就是著名的"哈尔滨保卫战"[1]。由于当时日军兵临城下，哈市人心惶惶，国人各报也都暂时停刊，所以"哈尔滨保卫战"没能在报纸上得以报道。只有中共满洲省委秘密出版的《满洲红旗》附刊，对此作了报道。[2]

2月5日，日军侵占哈尔滨后，继续摧残国人报纸。"九一八"事变后揭露日军侵占沈阳真相的《哈尔滨新报》《华北新报》《晨光报》

---

[1] 《满洲事变作战经过概要》（第1卷），中华书局1981年版，第32页。
[2] 《满洲红旗》附刊第1期，1932年1月30日出版。

《国民公报》等已暂时停刊的国人报纸,不准再行复刊。《国际协报》社长张复生亲自撰写以《日本军队能如此侵占东北?》为总题目的社评,从9月20日起每日发表一篇,共计发表50篇,猛烈抨击日本侵略者,记者王研石赴沈阳,采访日军侵占沈阳后的惨状,在该报出专版揭露日军烧杀掠抢等法西斯暴行。因此除不准《国际协报》复刊外,还逮捕了记者王研石。对《滨江时报》《哈尔滨公报》《东三省商报》和《午报》等国人报纸,虽准予复刊,但都被迫由宣传"抗日"转为"拥日"。《国际协报》经过社长张复生多方奔走,请求哈尔滨商会帮助,才于3月7日被最后一个准予复刊,并释放了记者王研石。哈尔滨陷落前,共有13家国人报纸,经过日军摧残只剩下6家。仅有的1家英文报纸《哈尔滨日报》被查封。甚至连日本财阀西片朝三创办的《民声晚报》,也因为发出与《盛京时报》不同的声音而被取缔。

一 日伪统制下的报刊业

在日本统治东北殖民地期间,出于侵略战争和殖民统治的需要,伪满新闻传播被牢牢地绑在日本军国主义的战车上,服务于日本法西斯的内外政策,狂热地吹嘘伪满"建国精神"、日本"皇军"的"节节胜利"和"大东亚共荣圈"的迷梦。这一切,均在弘报处等文化统制机构的统制和运作下进行。伪满统治初期,在黑龙江地区的5家国人报纸中,其政治态度和状况也不同,有被迫改变宣传方向,但对日伪统治不满的;有自觉拥护日伪,并为其统治服务的;有被汉奸直接插手,为日伪忠诚效命的。现将《午报》《东三省商报》《哈尔滨公报》《滨江时报》4家国人报纸(《国际协报》将在本章下一节单独论述)分别介绍如下。

《午报》在哈尔滨沦陷后虽被核准为副刊,但日本占领者却对这家曾经"带有浓厚排日色彩,善用煽动性语言"的小报,严加限制。社长赵郁卿以"愤慨"为笔名,表达他对"王道乐土""日满协和"的愤慨。1935年他在该报《警世钟》专栏,以老报人身份指斥日伪的新闻统治,说他们对报纸"所载他们的劣迹,认为是狗咬耗子多管闲事,

第三章 奴役与抗争的年代

不是肆行无理取闹,就是叫骂无理陷害"。赵郁卿对日不满的言论,惹恼了日伪当局。1936年日本宪兵队以《午报》报道失实为借口,将他逮捕,并打伤了他的腿。后经他的旧友、青帮头目任某保释后,逃回山东原籍。《午报》在其妻王惠贞主持下继续出版。1937年8月15日,赵郁卿创办的《午报》被大北新报社强制"收买"。

哈尔滨《东三省商报》,在"九一八"事变后,由《国际协报》社长张复生之叔张子淦出资接办。该报复刊后,较多地采用英亚电讯稿,用客观手段安排国内各地和伪满的消息,一定程度上表现了与日本占领者合作的态度。1933年张子淦病逝后不久,《东三省商报》停刊。该报于1932年附出的《商报晚刊》仍继续出版。该报同当时一些不甘心"转向"的报纸一样,只刊消息,不发言论,在报道中仍采用客观主义手段。1934年8月15日,该报以《朱毛拟在川甘边境建设新共产区》为题,报道红军长征消息,稿中说"重庆成都之间","约三十万"农民援助红军,并指出"蒋介石氏之讨共产军工作,前途极为悲观"。这样正面报道红军长征,在当时的报纸上是少见的。①

《哈尔滨公报》在沦陷后不久复刊,并立即改变宣传方向,提出以"日满亲善""宣扬满洲国王道政治"为办报口号,当即受到日伪当局的夸奖,称其"言论正大"。不久,傀儡溥仪向该报颁赐亲笔题词"辅德博仁"。社长关鸿翼也成为日伪的"红人",1935年4月,傀儡溥仪出访日本时,他被指定为"访日记者团"成员之一,随同访日。②

《滨江时报》是哈尔滨沦陷后,第一家复刊的国人报纸。该报复刊第二天,即抢先刊载独家新闻,匆忙发表尚未出笼的伪满《新国家的独立宣言》。3月初,傀儡溥仪由日军扶植"登基",该报以大字标题《维皇登极普天同庆/尧天舜日于斯万年》,极尽"讴歌"之能事。从

---

① 黑龙江日报社新闻志编辑室编著:《东北新闻史》(1899—1949),黑龙江人民出版社2001年版,第240页。
② 黑龙江省地方志编纂委员会:《黑龙江省志·报业志》,黑龙江人民出版社1993年版,第63页。

此，该报完全转向，成为粉饰"日满合作""王道乐土"的点缀品。①该报在日伪统治下共计出版六年时间。《滨江时报》的报道内容受到日伪政府的严格垄断，只能发表"经过许可"的新闻，这些新闻几乎都是日伪政府发出来的"通稿"。1934年新年，《滨江时报》不但邀请伪满官员题词，刊登其"玉照"，还登载粉饰日伪统治的文章，比如北满特别区长官、伪哈尔滨特别市市长吕荣寰的《在经济恐慌下满洲国民应有之觉悟》和《一周年之回顾与将来之企望》，伪哈尔滨警察厅厅长金荣桂的《论警察与国之关系》，关东军参谋长小矶国昭的《满洲国建设之途》等，还组织《大亚细亚联盟之我见》等谄媚性征文。

除了上述综合性报纸外，还有一家国人办的画报——《哈尔滨五日画报》。

如前节所述，在日伪实施的三次新闻整顿中，国人报纸生存艰难，不断萎缩。

自1933年起，日伪政府规定，各报发布的新闻必须出自满洲通讯社发布的稿件，因此，各家报社每天必须派记者去抄录，绝不允许自行采编，否则予以处罚，甚至对不听从日伪当局指挥棒的媒体人士或知识分子进行残酷的迫害，1936年发生的"民报事件"就是一起典型的事例（对此事件下一节将作详细介绍）。

1937年10月，三家在哈尔滨办报时间较长的民办报纸——《国际协报》《滨江时报》《哈尔滨公报》被迫合并，改为日伪机关直接操纵的《滨江日报》。从此，《国际协报》以及其他民办报刊彻底淡出了国人的视野。随之，在伪黑龙江省会齐齐哈尔、伪三江省会佳木斯、伪东满省会牡丹江开始实行"一省一报"，并被伪满弘报协会吸收为"加盟社"。同时，还成立了受日本帝国主义操纵的新闻团体——哈尔滨记者协会。同时，日伪还实行"一国一通讯社"的方针，以伪满洲国通讯社取代所有的通讯社，并在哈齐牡佳等地设支社或支局。

---

① 黑龙江省地方志编纂委员会：《黑龙江省志·报业志》，第53页。

第三章 奴役与抗争的年代

此外，黑龙江地区的黑龙江民报社、三江报社、东满报社，也被强行改制为康德新闻社哈尔滨支社、齐齐哈尔支社、佳木斯支社、牡丹江支社。1944年9月，康德新闻社将各支社的中文报纸，一律改名《康德新闻》，在报头下标明所在地名。黑龙江地区7家康德新闻社支社出版的中文报纸，全都改名为《康德新闻》。直到1945年8月15日日本无条件投降，伪满洲国垮台，日伪报纸也随之终刊。

在日伪严酷的新闻统制下，国人报纸或停刊，或被兼并。存留下来的，也只能甘愿成为日伪效忠的汉奸报纸。较有代表性的当属自称"北满唯一民有报纸"的汉奸报《滨江日报》。

1937年，在伪满境内强化"新闻统制"，迫使国人报纸全部停刊。其中《哈尔滨公报》《国际协报》和《滨江时报》，因出版时间较长，各有一定的读者和社会影响。它们虽然已经陆续转向，但日伪当局对它们仍心存芥蒂。如果也勒令其停刊，又将损及"日满协和"的高调。于是由哈尔滨特务机关长樋口季一郎出面主持，一再斡旋，费时一个多月，终于把三家报社改组成一家所谓"民有报纸"，在原《哈尔滨公报》旧址，出版了《滨江日报》，并选派与日本特务头子土肥原贤二相知有素的王维周出任社长。

王维周（1889—1961），又名王希太，原籍河北抚宁，幼年入私塾10年，民国初年到哈尔滨经商，20年代投靠日本侵华势力。"九一八"事变时任沈阳日中总商会会长，被土肥原委任为沈阳四民维持会长。土肥原调任哈尔滨特务机关长时，王维周到哈任东北航务局常务理事兼协和会长。王不懂办报，但他为日伪卖命，因而被破格委任为报社理事会长兼社长，原来三报社长都以股东身份列名理事。下设总务局、编辑局、营业局，全社共有雇员70多人。

1937年11月1日，《滨江日报》举行创刊典礼，日本在哈各机关首要全体列席，伪满官宪及地方绅商纷纷表示热心赞助。樋口季一郎机关长即席致辞说：此报"乃系本职经手而创设，故对该社今后之发展一切之事，均负有重大责任"①。

但原来三报社长并不甘心王维周任社长。12月1日和5日，张复生、关鸿翼和范介卿开理事会，"议决解除王维周社长职务"，"改任王维周为本报参事，社务暂由张复生、关鸿翼、范介卿共同负责"，并把决议公开刊载在本报上，一时满城风雨。哈尔滨特务机关马上进行干预，对张复生三人软硬兼施，继续支持王维周。为时20余天，才平息了这场风波。11月28日，该报披露："本报理事诸公，因社务与王社长一时发生误会，已经解释明了，王社长已照常复职。"②

对于特务机关的扶植，王维周感恩戴德，他再三表示"贡其愚忠，效其绵力"，提出充分利用这家"北满唯一民有报纸"，"联朝野为一体，洽君民为一家"，使该报成为日本法西斯"推行大亚细亚主义唯一无二的优良工具"，从而"使满洲之王道乐土期达实现"③。

在报纸创刊三周年时，土肥原从东京亲笔题词祝贺，大肆吹捧王维周不仅在"九一八"事变时是日本侵略军"同舟共济之良朋""臂助"，而且在哈"肩荷新闻报国之大任，倡导协和，鼓舞休明，昕夕擘画，三载于兹，于日满联系进行宣达工作，暨安定民生，努力建设东亚新秩序诸事物，更属卓收勋绩，广著成果，深得吾人景仰"④。王维周将祝词作为"嘉奖状"，制成大幅锌版，多次在周年纪念时刊载。⑤

不懂办报业务的王维周为驾驭原三报人员，有意拉拢原《滨江时报》社长范介卿，排斥和疏远张复生与关鸿翼。并特别聘请已经退休的老报人杨墨宣，委以重任。范介卿早年包办《远东报》发行，长于报纸经营，就让他任理事兼营业局长。杨墨宣曾任《远东报》《松江日报》等编辑长，在哈埠报界颇具影响。王维周登门拜访，邀他重新出山，同时兼任报社总务和编辑局长，破例地在每天报头下的"发行人"

---

① 《滨江日报》1937年11月2日，第一版。
② 《黑龙江省志·报业志》，第82页。
③ 《滨江日报》1937年11月2日，第一版。
④ 《本刊创刊三周年纪念》，《滨江日报》1940年11月1日，第一版。
⑤ 《黑龙江省志·报业志》，第83页。

第三章 奴役与抗争的年代

栏中印上他的姓名,用以招徕读者。原《国际协报》末任总编辑赵秋鸿,是当时哈埠颇有名声的大"作家",出任编辑局次长,但在每天报头下的"编辑人"栏中,印着他的姓名。

报纸最初4年,每天对开8版,第一张4版是所谓"硬性记事"的新闻版;第二张4版是所谓"软性记事"的各种副刊和专刊。"硬性记事"为论说和国内外政治、军事、经济电讯。"软性记事"为一般新闻,以及文艺、家庭、妇女、卫生医药等。

新闻版稿件来源有四:主要是伪满通社电讯稿;其次是转译给日本国内各大报的消息;此外酌转大连《泰东日报》、沈阳《盛京时报》和长春《大同报》等关于南满的报道;北满和本埠消息,由本报外勤记者及各地分社与通讯员采访提供。除上述四类稿件外,其他人投递之访稿,概不刊布。这种做法与伪满各地中文日报略同,因此报纸内容往往重复雷同。

与原来三报人不相同的是,新报创刊后,王维周组织杨墨宣、赵秋鸿等几个老报人轮流撰写社论,题目多由王拟定,翻来覆去地向日伪当局表忠心。如以《皇恩浩荡,紫气东来》(1943年3月1日)为题,无耻地吹捧傀儡溥仪。在版面编排上也力求花样翻新,耸人听闻。尤其在1941年更新印刷设备后,新闻图片显著增加,一些宣扬日军侵略"武功"的消息,经常制作锌版标题。在日伪举办重大活动和"节日"时,常以"主催"或后援身份参加,并特别发行专刊,或开辟专栏,如所谓"支那事变周年纪念专刊""富家强国运动专刊""排共讲演大会专刊"、庆祝"国兵法"实施特辑号等。此外还举办"纸上恳谈""征选标准美人"等活动,连续刊载"美人"照片和选票统计等,粉饰太平,诱骗读者"勤劳报国"[①]。

副刊各版"采取主编人自行编辑,实以自行著作者为先决条件",因此,主编人和刊名经常变换,但万变不离其宗,即"致力于促进建国盛业之重大使命",同时改变文坛"平凡沉闷""逐渐没落"的局

---

① 黑龙江省地方志编纂委员会:《黑龙江省志·报业志》,第84页。

面，从而"振兴满洲文艺"。创刊初期有《文艺》《江天一览》《杂俎》《粟末微澜》和《艺苑》。1938年4月，新设文艺周刊《创作与批评》；1940年又设《暖流》。1941年调整版面，副刊作了较大调整。

第5版是《珊瑚岛》，"包括世界珍闻、人间故事等，取材以大众趣味为原则"；第6版仍为《粟末微澜》，"以旧文学、诗词、歌、赋、小说、笔记等为主体"；第7版是"新文艺"，共有《大荒》《漠烟》《少年文艺》《北地文艺》4个文艺周刊；另有《纸上奉仕》双周刊；11月又新设《滨江文艺周刊》；第8版是《台上与幕上》，专门"登载电影与戏剧之消息与评论"。

这些五花八门的副刊，都不同程度地打上殖民地文化色彩。有些是赤裸裸地讴歌"日满协和"和"王道乐土"的，有些是用所谓"软性记事"麻醉和毒化读者的；也有少数文艺周刊，如《暖流》和《大荒》等，是具有爱国思想的青年作者合办的同人刊物，他们以寓言式的作品，曲折、隐晦地反映日伪统治下人民的悲惨遭遇，以及作者的憧憬和希望。但他们不是报社雇员，无法使专刊长期办下去，所以社会影响有限。

太平洋战争爆发后，黑龙江地区的弘报机关组织各家报社进行蒙骗宣传，包括黑龙江《大北新报》在内的多家报纸随行其中。而《滨江日报》则推出各国领袖的散文杂记。如《模范女性之一　张伯伦的夫人》中，对英国首相张伯伦的夫人做了一番充满讽刺的描写。

大宴英王夫妇

唐宁街十号的旧房子，就在她的监督下，有的拆掉，也有的重建，厨房也改装过，俨然崭新的模样。她样样都合意了，便选了一个晚上，在客厅里大宴英王夫妇，邀请了不少贵宾名流作陪，成为唐宁街十号近年来的一桩盛事。此外，她在每个星期四晚，都举行"朱古力集会"，也总是十分热闹的。

第三章 奴役与抗争的年代

喜欢幽静生活

> 除了例定的应酬外,她也喜欢幽静的生活。他俩在私室里,一个一边吸雪茄,一个轻轻地奏着钢琴。他看得倦了,便跑到她的跟前,低声和她合唱。天气清朗的早晨,便喜欢一同到公园去散步。那伦敦的市民,也不时看得到他们。
>
> 张伯伦偶遇着紧急的事,晚上不能回家,总在百忙之中打电话给她,不止一次,每日却有两次与三次,这是他的老例。去年他乘飞机去慕尼黑,即打电话回国,那时英国政府和他的太太两者究竟谁先接的她的电话,聪明的读者一定猜得出来。有名的交际名手。张伯伦太太年轻时候,就天赋有一种有趣的特性,很喜欢跟不相识的人接近。①

这里所谓"聪明的读者"一定能看出,这对每天只知道吃喝玩乐的首相夫妇形象。尤其是震惊世界的慕尼黑会议期间,这位首相对妻子的关爱居然超过了对国家大事的重视。

1942年8月,《滨江日报》社奉日伪当局命令改为"特殊法人",范介卿为常务理事,张复生由理事改为闲差"监事"。三局各股改部,从业人员也有增加,并陆续在长春、沈阳、大连、吉林、齐齐哈尔、海拉尔、黑河等市和日本大阪、神户等地,开设了分社。在伪满建"国"10周年时,全社有18人被作为"尽粹弘报宣传之政绩功劳者"受到伪满当局的表彰和奖赏。但是,不甘心与敌为伍的张复生,是年借故离哈南下,在天津隐居。1943年4月1日,伪满洲国政府特别表彰了王维周。

1944年2月,哈尔滨日本宪兵队派到《滨江日报》社的特务韩澄宇、徐漪因为嫉妒赵秋鸿等人,密告报纸上有反满抗日言论。宪兵队立即逮捕了王维周、范介卿、赵秋鸿和支星芒等人。王、范、支等人入狱不久即先后获释,只有赵秋鸿被判了刑。王维周出狱后,当即按照哈尔

---

① 《模范女性之一 张伯伦的夫人》,《滨江日报》1940年10月17日,第六版。

滨特务机关的指示进行改组,杨墨宣不再兼职,只任总务局长,刘荃荪任编辑局长(后由文中接替);日特分子雷东发同时兼任编辑局次长和编辑部、新闻部部长。

由于日伪政府严格控制着新闻的报道方向,报纸版面充斥着谎言、谬说以及为伪满统制歌功颂德的腔调,而且内容僵化呆板、文辞不通、不中不日,普通民众厌恶至极,致使发行量每况愈下。日伪政府通过掌控的新闻舆论机构,实行舆论宣传战。1945年8月15日,日本宣布无条件投降,《滨江日报》终刊。

二 日伪统制下的出版业

黑龙江地区直接统制图书出版、印刷、发行的机构是伪满图书株式会社、书籍配给株式会社以及出版协会的分支机构。东北沦陷时期,黑龙江出版的图书总计约1015种,这些图书绝大多数使用日文,其内容也多为宣传"皇道顺化""建国精神"。伪满洲国成立后,规定"出版物中的国名、人名、地名、技术用语……一律采用日文的片假名拼音"。与此同时,日本加大国内法西斯图书的输入量。1941年,日本图书输入最多,达3440万册。另外,中国内地的图书受到严格的限制,凡带有革命、抗日以及民族、民主思想的书籍绝对禁止输入,甚至连出现"中国""中华"字样的图书也在禁止之列。[①] 因此,黑龙江地区原有的民间出版业急剧萎缩,而日本人或受日本人控制的出版业却有畸形发展。

东北沦陷时期,黑龙江的民族出版发行业、印刷业在政治、经济的双重压迫下,书局、印刷局、杂志社大多废业或倒闭,能够挣扎下来的也很少再出版图书。苏俄在黑龙江的图书、期刊出版业也受到沉重打击和严格限制,品种和数量都急剧萎缩。相反,日伪各机关、团体、杂志社、报社则大量出版宣传和美化侵略政策、为奴化教育服务的反动书

---

① 黑龙江省地方志编纂委员会:《黑龙江省志·出版志》,黑龙江人民出版社1996年版,第55页。

第三章 奴役与抗争的年代

刊。这些书刊使用的文字多是日文。

在对出版业严密统制的 14 年里,黑龙江出版的中文图书(包括翻印图书)仅有 175 种,日文图书却多达 831 种,中文图书仅占日文图书的 21%。这些得以出版(翻印)的中文图书,多是对日伪统制无害的言情、武侠小说,如《长相思》(王公磊著)、《哈尔滨的一个女性》(曲狂夫著)、《马敬泊艳情小说》(马敬泊著)、《十二金枪镖》(白羽著)及《黄慧茹恋爱史》《雍正剑侠图》等。还有迎合日伪统治当局的需要,鼓吹"建国精神""国民道德""五族协和""共存共荣",宣传普及"国语"(日本语),为奴化教育服务的图书,如《百科全书问答合集》(路非著)、《红皮新式大字典》等书。真正摆脱日伪文化警察的"审查",自费出版的带有进步意义的中文图书凤毛麟角。

东北沦陷时期,黑龙江的图书出版机构,主要由各级伪公署及其殖民统治机构和团体垄断。其中,出版图书最多的是隶属满铁调查局的哈尔滨铁路局经济调查所。该所设在哈尔滨铁路局内,是满铁大调查部设立的专门负责黑龙江、内蒙古及苏联远东地区经济、政治情况的调查机构。

日本人主持的北满经济调查所从 1935 年开始出版图书,到 1944 年的十年间,出版图书有 215 种,如《北满农家经济收支计算调查表》(1935)、《额尔古纳河调查志》(1935)、《世界小麦预想收量》(1935)、《蒙古共和国国民经济概要》(1936)、《哈尔滨满人商工业兴废概况》(1936)、《北满的农业》(1936)、《北满拓殖计划资料》(1937)、《北满主要都市的经济动向》(1937)、《苏联远东企业一览》(1937)、《苏联远东的财政金融》(1938)、《北满工业鸟瞰》(1939)、《北满农业气候概论》(1939)、《大兴安岭矿产资源调查报告》(1939)、《蒙古共和国之养马业》(1940)、《骆驼之饲养管理》(1942)、《野菜栽培与除草》(1942)、《库漠屯俄国人部落概况调查报告》(1943)、《牛奶新防腐》(1944)等。1945 年日本战败投降后,这些图书及北满调查所收集的资料，大多成为苏联的战利品，被没收并运往苏联国内。

此外，黑龙江境内大多数伪省、市、县、旗公署都出版过一些图书。其中包括有关政务、法令、规则等日伪统治黑龙江服务的书籍，以及为日本侵略者统治黑龙江服务的"事情""调查""要览""概况"等资料书籍。出版图书最多的是伪哈尔滨特别市（后滨江省哈尔滨市）公署，从1932年到1944年的13年间，共出版图书92种，涉及的内容比较广泛，如《法令摘要》（1932）、《大哈尔滨》（1934）、《满洲大豆与北满》（1943）、《壬申哈尔滨水灾纪实》（1934）、《哈尔滨特别市例规暂定类集》（1935）、《哈尔滨市政概观》（1938）、《哈尔滨年鉴》（1939）、《哈尔滨市政要览》（1944）等。

除上述出版机构外，日本财阀或工商巨头在黑龙江设立的各类机构（特殊会社或准特殊会社），以及日本商工会议所等机构也十分注意搜集有关经济、政治、军事等情报，并将有些资料编辑成册，印刷出版。其中出版书籍较多的有伪满洲国铁路总局哈尔滨铁路局、齐齐哈尔铁路局、牡丹江铁路局、哈尔滨日本商工会议所、齐齐哈尔日本商工会议所、哈尔滨兴信所、哈尔滨日本特务机关、北满制糖株式会社、伪满洲国哈尔滨航空联合局、伪满洲中央银行齐齐哈尔分行及哈尔滨分行、日商哈尔滨交易所、伪滨江税务监督署（后改为哈尔滨税务监督署）等。

上述各机构中，哈尔滨铁路局出书较多，约54种，齐齐哈尔铁路局出书约50种，牡丹江铁路局设立较晚，出书也较少，但仍有28种之多。这三家铁路局出版的图书，有关铁路本身业务内容的极少，多数是根据满铁调查部的统一要求对铁路沿线及周围地区进行的经济状况"调查"①。

日伪时期黑龙江地区的主要出版机构及其出版物情况摘要介绍见表3-1。②

---

① 黑龙江省地方志编纂委员会编：《黑龙江省志·出版志》，第63页。
② 本表根据《黑龙江省志·出版志》第55—63页相关资料整理而成。

第三章 奴役与抗争的年代

表 3 – 1

出版机构	主要出版物及其时间
北满经济调查所	《北满农家经济收支计算调查表》（1935）、《额尔古纳河调查志》（1935）、《蒙古共和国国民经济概要》（1936）、《哈尔滨满人商工业兴废概况》（1936）、《北满的农业》（1936）、《北满拓殖计划资料》（1937）、《苏联远东企业一览》（1937）、《苏联远东的财政金融》（1938）、《北满工业鸟瞰》（1939）、《北满农业气候概论》（1939）、《大兴安岭矿产资源调查报告》（1939）、《蒙古共和国之养马业》（1940）、《骆驼之饲养管理》（1942）、《野菜栽培与除草》（1942）、《库漠屯俄国人部落概况调查报告》（1943）、《牛奶新防腐》（1944）
伪哈尔滨特别市公署	《法令摘要》（1932）、《大哈尔滨》（1934）、《满洲大豆与北满》（1943）、《壬申哈尔滨水灾纪实》（1934）、《哈尔滨特别市例规暂定类集》（1935）、《哈尔滨市政概观》（1938）、《哈尔滨年鉴》（1939）、《哈尔滨市政要览》（1944）
哈尔滨铁路局	《北满工作事情》（1935）、《北铁沿线概况》（1935）、《京宾、滨州沿线事情》（1936）
齐齐哈尔铁路局	《特产物概要》（1936）、《扎赉诺尔煤矿事情》（1939）、《齐齐哈尔事情》（1939）、《龙江省之工场调查》（1939）
牡丹江铁路局	《东满（管下）粮栈之实态调查》（1937）、《三江省农业统计（康德4）》（1938）

在期刊的出版发行方面。日伪时期黑龙江地区创刊的期刊，主要以日文期刊为主，首先是有关商业、工业、农业、航运、畜牧、铁路运输等方面的"经济调查"和"经济统计"刊物，共有47种。其次是各级伪政权的公报日文版。此外还有一些宣传"建国精神""王道乐土""五族协和""日满亲善""共存共荣"，以及为所谓"涵养民力、善导民心"服务的刊物。

1935年日本攫取中东铁路权之后，利用原中东铁路的出版和印刷设备出版期刊，其中较有影响的是满铁会社哈尔滨事务所编辑、北满铁路印刷所印制的日俄两种文字的《铁道人》杂志。1939年4月11日，满铁会社哈尔滨图书馆创刊《北窗》（双月刊），除刊载有关伪满洲国的一些文化评论外，也刊登有关苏联的"文化动态"，但大量内容还是刊载黑龙江和苏联的政治、经济、社会的"调查报告"。如《满洲都市生活探讨》特辑、《西伯利亚开发史谭》等。长期从事"北满田舍调查"的日本人福田一撰写的《桦川闲记》在《北窗》连载后，由于文章记录了佳木斯一带经济、社会、民情等调查资料，对日本进一步经济掠夺有参考价值，因而在日本统治者中产生了"令人瞩目"的影响。

这一时期的日文期刊具有高度集中、垄断的特征，在83种已知出刊时间的日文期刊中，属于日本各机关、社会团体及各级伪政权主办的达78种，占比达到94%。各级伪政权主办的期刊，编辑出版的实际权力都掌握在日本人手中，有的出日文、中文两种版本，具有明显"官制文化"的特征。

太平洋战争爆发后，日本国内和伪满洲国的物资，包括出版用的纸张、资金供应极端困难。日伪当局从1940年开始整理定期出版物，实行"战时体制"，对言论和出版采取更加严酷的措施，包括一部分日文期刊也被停刊。黑龙江地区的日伪机关、团体主办的期刊均作为"秘""极秘""军秘"文件处理。因此，从1943年开始黑龙江不仅没有新的日文期刊创刊，即使继续出版的日文期刊也大多数改为内部发行，不向社会公开。

和书刊出版发行紧密相关的是印刷业。日伪统治的14年里，黑龙江的印刷业曾一度增加到120多家，且遍布黑龙江地区的大部分市、县，但没有一家是专业印刷厂。与民国初期相比较，一是印刷技术没有大的进步；二是日本人开办的印刷厂急剧增多。在日伪当局的摧残下，民族印刷业特别是书刊印刷业逐渐萎缩。伪满洲国时期以铅印为主，但一度萎缩的石印却有回升，这是因为日伪统治当局强令各县都要编印资料图书，因此，一些大的县城开始兴办或发展石印作坊，一些偏远小县只能抄写或复印、油印上呈。所以，这一时期除大量铅印和部分石印出版物外，还有抄写、油印、复写等文书形式。

日本人在黑龙江开办的印刷业中，书刊印刷业达41家，仅哈尔滨、齐齐哈尔、牡丹江、佳木斯等4个城市就有32家，日本印刷业工人近2000人。其中，规模最大的近泽洋行分支机构遍布黑龙江全境。日本

第三章　奴役与抗争的年代

侵略者出于控制印刷品的目的，在印刷业比较集中的哈尔滨和日伪统治力量比较薄弱的牡丹江成立了印刷业组织，而在齐齐哈尔、佳木斯和黑龙江各县城也都建立了有印刷业参加的商、工各业的综合性商会，统一配给印刷物资、纸张和审查印刷品的内容。这种有中日印刷业共同参加的所谓民间同业组织，实际权力掌握在日本人手里，中国人业主董事、理事不过是陪衬而已。

黑龙江沦陷后，图书发行完全受日伪当局的统制，满洲图书株式会社及满洲书籍配给株式会社全面垄断了图书发行业，在伪满洲国内设有400余处贩卖所，在黑龙江地区有82处，并由300多个地方书局组成贩卖网，黑龙江地区有80家。在此期间，满洲书籍配给株式会社及其所辖的各级贩卖所成为黑龙江图书发行的垄断机构。

1937年3月29日，伪满洲国政府发布《满洲国图书会社法》（"第41令"）。同年4月6日，由伪满洲国政府、日本书籍株式会社、东京书籍株式会社、大阪书籍株式会社、日满文教株式会社共同出资，在长春成立了"满洲图书株式会社"。该会社的使命是，"对与国策不相容之类书籍悉于驱逐、取缔"，其任务是统一管理"满洲国科教用图书之印刷、出版、发行，关东军用图书之印刷，优良图书之采购、批发、配给以及优良图书之编辑、出版、发行"，"除编辑、发行全部教育图书外，大量编辑一般书籍、杂志"。[①] 满洲图书株式会社成立后，由各市、县（旗）教育会组成400余处贩卖所及300余家地方书局，黑龙江地区有82处贩卖所和70多家书局，组成贩卖网，全面垄断教科书和其他图书的出版、印刷和发行业务。

1939年12月27日，伪满洲国政府又设立了满洲书籍配给株式会社，受伪民生部监督，接替原满洲图书株式会社的业务，具体包括"内地（指日本）书籍、杂志的购入及分配，国内（指伪满洲国）书籍、杂志的普及与输出，教科书的购入及配给"，以及"积极协助"文化警察"反间谍""审阅禁止发行"图书等业务。另据1937年公布的

[①] 黑龙江省地方志编纂委员会：《黑龙江省志·出版志》，第290页。

伪满洲国《贸易统制法》，书籍、杂志等被列为"指定输入统制品"，因此，满洲书籍配给株式会社成为唯一的"输入统制（书籍）"机构。①

三　日伪统制下的广播业

广播是当时最迅速、最便捷传播统治当局意旨的有效工具，因此，"九一八"事变爆发后不久，日伪当局就劫夺了东北四省（包括热河）的电报电话机构及沈阳、长春、哈尔滨广播电台，随即成立满洲电信电话株式会社，先后由关东军要员广濑寿助（师团长、中将）、山田乙三（关东军司令官、大将）等人担任总裁，全面垄断东北的电讯电话及广播事业。其中的广播事业分别成立新京（长春）、奉天（沈阳）、大连和哈尔滨四家中央放送局，另在黑龙江地区的海拉尔、齐齐哈尔、北安、佳木斯、牡丹江等地设立放送局，在日伪政权的直接统制下充当殖民者的传声筒。各广播台站必须唯伪新京中央放送局（后升级为放送总局）的马首是瞻，而伪新京放送局又直接受满洲电信电话株式会社控制，所有广播节目必须经由日本人主管的电政科审查，"电政科可以对原稿的某些字句提出修改意见，也可以勒令禁止广播，不仅可以对广播稿件详加检查，即对于广播使用的唱盘的审查亦毫不松懈"②。同时，日伪警宪每年实行春秋两次例行大检查，对广播新闻系里的重点目标（中国人）进行审查检举，甚至肆意逮捕关押。1942年秋及1945年春，伪新京放送局及哈尔滨放送局分别有几名中国职员被逮捕，这些人莫名其妙地被关押几个月，并受到严刑拷问。还有几名中国职员被列入伪首都警察厅特高课的"黑名单"，准备于1945年10月逮捕，幸而特高课动作之前日本宣布投降，这些人才免于被逮捕的厄运。③

日伪当局接管哈尔滨广播无线电台后，台名改为哈尔滨放送局。呼

---

① 黑龙江省地方志编纂委员会：《黑龙江省志·出版志》，第290页。
② 赵家斌：《日伪统治下的东北广播》，孙邦等编：《伪满文化》（伪满史料丛书），第268页。
③ 陈鸿钧：《回忆伪满洲国"新京放送局"》，孙邦等编：《伪满文化》（伪满史料丛书），第274页。

第三章 奴役与抗争的年代

号仍为 COHB，波长 445 米，频率 674 千赫，发射机功率降到 500 瓦，使用一部广播发射机，每天固定时间分别用日语和汉语广播，另有俄语广播节目。由于广播时间、节目不固定，加上播出的都是"日满一德一心""日满提携""王道乐土"之类，听众人数急剧下降。1928 年时，哈尔滨有收音机 1200 多台，1932 年下半年降到 700 多台。其中有收音机的中国人仅 153 人。1932 年 11 月，哈尔滨放送局改变呼号为 MONB。1933 年整修机器，发射机功率恢复到 1 千瓦，固定了广播时间和节目。同年 9 月 1 日，哈尔滨放送局归属满洲电信电话株式会社哈尔滨管理局管理。1938 年 5 月，哈尔滨放送局改为哈尔滨中央放送局，1941 年 3 月，迁到松花江街 601 号新址，进行全满联网广播。1942 年 12 月太平洋战争爆发后，广播由放送局统一安排。各中央放送局仍然分担制作广播节目的任务。

哈尔滨放送局的地方节目时间是 15 分钟，规定可以自选节目广播，也可以转播伪新京（长春）中央放送局的节目。地方台既无记者，又无自选新闻材料的自由，因而哈尔滨放送局的地方节目时间基本不自办节目，有时转播"满洲国通讯社"统一发布的消息。1934 年以前，哈尔滨放送局工作人员是从日本放送协会和关东军特殊通讯部抽调出来的，全是日本人，到 1935 年，放送局才开始吸收中国人参加广播工作。1935 年，满洲电信电话株式会社试行收音机赊销、修配收音机减价、简化收听手续等措施，企图扩大收听范围。后因收效甚微而停止。哈尔滨放送局改为哈尔滨中央放送局后，1940 年 7 月，哈尔滨中央放送局增设第二放送——汉语广播。1942 年 11 月，哈尔滨中央放送局又增设第三放送——俄语广播。至此，哈尔滨中央放送局成为东北地区唯一有三个放送（3 个频率）、各用 1 千瓦发射机、总发射功率共 3 千瓦的广播电台。1945 年 8 月 15 日，哈尔滨中央放送局中午播出日本天皇裕仁《投降诏书》的录音后终止了广播。

东北沦陷时期，今黑龙江省境内除哈尔滨广播放送局还建有 7 座放送局（广播电台），分别是：齐齐哈尔中央放送局、牡丹江中央放送局、黑河放送局、佳木斯放送局、富锦放送局、北安放送局、东安放送局。上述放送局都是无线广播转播台，齐齐哈尔和牡丹江放送局"升格"为中央放送局后，在联网广播中，仍属于无线广播转播台的性质。

东北沦陷时期各放送局广播节目的设置，由于多为"全满"联网广播，各放送局（广播电台）的节目相差无几。虽然不同时期的广播节目各有不同，但总的来说不超出以下几类：报道、实况转播、讲演讲座、儿童时间、对学校广播、文艺节目、广告、行情等。其内容随着日本帝国主义侵略战争的不断扩大而有所侧重。初期宣传伪满洲国"王道乐土"。"七七"事变后侧重于宣传"日满支相提携，建设东亚新秩序"，太平洋战争爆发后以"圣战必胜"为主要内容。

第三节　民营报刊《国际协报》的生存与抗争

"九一八"事变发生后，哈尔滨《国际协报》立即派出记者王研石冒险进入被日军占领的沈阳，采访被日军攻占后的惨状，发回独家消息和新闻照片，并出专版揭载日军的法西斯暴行。

在 1931 年 10 月 1 日的特讯《日军占领东北各地民食断绝金融破坏土匪横行千百万人民失了国家保护》中报道："最近沈阳市内面粉每袋上涨至现洋十元，尚无购处，其他日用品之来源无不断绝，市价之高，固远过于水灾区域也。沈阳城市之治安，虽靠日军维持，但区域广大，并非其力之所能及，而原有警察均被日军缴械，只留六百多徒手，毫无能力可言。更因为被日军击毙数名，故警察亦逃走，全城秩序实际无人维持。入夜后，即为匪徒浪人世界，盗劫之案，无日无之。朝鲜莠民尤肆无忌惮，以木棒小刀为武器，在商埠以外各地作侵扰之行动，美商花旗洋行亦被侵入一次，美领曾向日方提出抗议，沈阳居民逃避一空，如日军就不撤退，则所有华人将有弃其财产，全数逃避之日。"① 同日消息《今日之辽宁　试问究系谁家天下？》中报道："二十五日以来所组

---

① 天津特讯《日军占领东北各地民食断绝金融破坏土匪横行　千百万人民失了国家保护》，《国际协报》1931 年 10 月 1 日，第三版。

第三章 奴役与抗争的年代

织之地方维持委员会,渐次为维持治安及行政中枢,最近将推选有力之官员为市长,疑将现由日本宪兵队所指导下之自卫团,移交该维持会改组为警察,或保安队,归该会直辖本日日方已发大枪一千。"而此时的日文《满洲日报》则传出消息:"沈阳之中国绅民等,组织时局解决方法讨论会,讨论结果,将有所谓宣言发表。"《国际协报》转载这一消息后,指出这"恐系日人有作用之宣言"①。

一 "九一八"事变爆发后《国际协报》的言论报道

"九一八"事变爆发后,张复生满怀民族义愤,以《日本军队能如此侵占东北?》为总题目,从9月22日起,逐日撰写社评,痛斥日寇侵华罪恶历史,讴歌马占山将军率部抗敌,吁请国人破除对国际联盟的幻想,反对蒋介石的"不抵抗"政策,提出"中华民族唯有从屈辱警觉中坚忍奋斗",团结抗日。到齐齐哈尔陷落后止,共计50篇,洋洋六七万言,在广大读者中引起了强烈的反响。"这在东北乃至全国新闻界中可谓创举。"② 该系列报道从国际视野出发讨论在当时国际环境下日本侵略中国的实质,这些社评中的第25篇《日本军队能如此侵占东北——非战公约之精神与国人之自决》可以作为例子,体会这些社评的思想情感与主张。

> 非战公约签订于一九二八年八月二十七日,至一九二九年七月二十四日华盛顿政府举行庄严典礼,始宣布发生效力。中日两国为同等加盟国,其尊重法规奉行义务之职任,亦无所歧视。非战精神,为国与国相互之纷议,力避直接冲突,须共同听取最高疏解手段与和平方法,以排斥一造施行国家政策发动战争目的者。

接下来,列举了相关条款。

---

① 《今日之辽宁试问究系谁家之天下》,《国际协报》1931年10月1日,第三版。
② 王翠荣、吴廷俊:《伪"满洲国"中国人报纸的命运》,《国际新闻界》2009年第12期。

就公约之非战原则论（一）为缔约国间应放弃以战争为施行国家政策之工具；（二）用和平方法以解决国际任何性质之争端。公约重要含义如此，规定至为明了。今日本于九月十八日起依照其关东军司令官猛烈凶横之军事设计，二十四小时以内，占领辽吉两省。并夺沈海吉长四洮铁路交通行政，配置重兵于洮南，直予齐齐哈尔以重大威胁。越辽宁铁路经新民锦州直撼山海关。

东北本部军政重心，则处处表现其无预备、无抗拒之退避。由战争发动日算起，迄今已有旬余，除一造绝对取不抵抗主义外，日本之军事行动，仍未少停。东北政治神经生脉，全部在其军事指导下改换组织。而国有佳通路线管理人物亦皆由其战时均由司令官另行支配，东三省最高行政机关，没落其指挥能力，即三分之二之两千万民众，将无所依靠以生存。此等景象，果推移至于何时。以中国全部论，无异其肩背已为割断，腹部心脏将如何以活用其技能。兵工厂北大营，俱成人之战利品，民众之捍卫力全失。言战则已非其时，若言和，则自始即未应战，和字意义从何说起。且日本自始亦未宣战，而攻城略地袭击式之占领，则始终无间断。其驻日内瓦之代表，未尝不云"停止军事动作"，未尝不云"中日直接交涉"而事实已入代管时代，所谓"保障占领"一语，固出诸日本人之口，军事行动不停止，战斗动员不撤退，将如何揭始和平折冲之幕。

中国政府能在保障占领重围之下，能简派代表言和中国民族能屈服于不宣而战之主义之下，屈首承认任何权利之丧失？华府会议之九国公约，国际联盟之共同规约，与非战公约，在欧战后均为人类和平之最大保障—民族之生存权，诚不容依赖此类印版文字侥幸以图存。但此类条件，果否尚有权威，能约束一强国之压迫弱者，或可予加盟国一共同之重视，当以此为最终之试验，若果如英代表所言"日本之占领满洲国联无干涉之必要"，吾中国民族应据实告诉世界弱小民族，国联全部规约之无信义。吾中国民族应立时郑重声明退出所有国联团体。此后中国民族更当认明友敌为正当结合或

第三章 奴役与抗争的年代

放弃。殊如世界各国对日之强占东北辽吉两省,不乏公论主张或依据正义为对日之抗议者,中国民族可采取国民外交正当行动,为进一步之联合,中国民族有脱离国民外交正当行动,为进一步之联合,中国民族有脱离国际联盟之自由,有宣布非战公约无效之自由,更有分别仇友缔结攻守同盟之自由。东北辽吉两省虽一时受暴力之践踏,然民族自卫权之发动,绝不以暂时外来暴力而终于屈服。中国四万五千万民众,当致其最后自决之努力。①

《国际协报》对于九国公约的期待是该报最后抱有的希望,实在是不是办法的办法,不是希望的希望。这篇文章既有对日本侵略者的谴责,对东北当局的失望,对非战公约的失望,进而又要退出条约,重新确定敌我友的关系。既愤慨,但又感觉苍白无力,正如"一个弱小民族"的无助呐喊。

同日的另外一篇社评更是预测了日军侵略东北与第二次世界大战爆发的内在隐患,这在1931年"九一八"事变爆发,远东战争策源地形成过程中的论述,应当说很有远见。该评论指出,日版的既定目标即是占领朝鲜,确保"东三省及中国北部、西伯利亚,允许日本自由行动",同时"中国南部必须和日本连合一气"。接下来论述道:

> 关于这一点的调查,日本有充分达成目的的希望。再日本没有防御远方殖民地的必要,所以他的海军有最大限度的集中性。菲律宾距日领台湾极近,更有急速占领的可能。这是日本比较占有利的地位。
>
> 他方美国,在太平洋上,没有一个稳固的海军根据地,所以美国必须以优越的舰队歼灭日本的舰队乃有致胜的希望。其作战目标,第一在急速夺回菲律宾以确立他在太平洋上的海军根据地。第

---

① 复生:《日本军队能如此侵占东北?(二十五)》,《国际协报》1931年10月22日,第二版。

二在封锁日本食粮和原料的来源。第三以主力舰进攻日本海，占领小笠原岛，以出中国海，谋日本和中国、朝鲜、西伯利亚等相结合，以期达成封锁日本的计划。因为美国的富力胜过日本，这是战败日本唯一的方策。

由这一点概括的分析，日美战争的结果，一定会由其他国家所造成，特别是要以中国的向背为转移。假设中国拒绝了供给日本战时食粮和原料的需要，彼人无论如何的尽职，必然要趋于灭亡的一途，假设中国要对日本保持一好意的中立，则美国的封锁政策亦不致实现。所以在日美两国开战以前，日美两国必定以外交手段向中国拉拢，这时的外交战当然集中在中国的向背一点上。所以我们中国民众呦！日美战争，正是我们收回既失权利的时期，我们要期时日的到来，以最善努力达成我们的目的。

我们知道：这次日美战争不仅是日美两国的战争，乃是第二次世界大战的爆发点。第二次世界大战，包含有三种不同性质的战争。第一是帝国主义列强间矛盾冲突的战争；第二是帝国主义和苏联的战争；第三是殖民地半殖民地民族革命的战争。我们要知道：这三个战争都不是孤立的单独的，而是彼此互相保持微妙的连环关系的。这三种战争，无论哪一种战先爆发，都必然的要连带的引起其他的战争。据多数的调查，日美战争实有爆发的可能。所以我们说日美这一单独的战争是世界第二次大战的起始点。

战争之所以发生都是必然的不是偶然的，都有他之所以发生的客观条件存在，而非是穷兵黩武的英雄所自由造成的。我们知道：第二次世界大战是由第一次世界大战的母胎内生长出来的，第一次大战后，国际帝国主义者形成一个新的对立状态，战前世界殖民地的分割自然会不适于战后新帝国主义的要求，所以我们断定世界市场的再分割，却是第二次世界大战的主要原因，由此我们就可以知道，帝国主义制度存在一天，战争实不可避免的。所以这样的世界大战，却不是任何人所能倡导而发生的，也不是谁个人可以防止的。他是必然要发生，也是必然要消灭。

第三章 奴役与抗争的年代

但是我们的聪敏绝顶的帝国主义政客们却要在维持帝国主义制度继续存在的时间，组织国际联盟，用法律上道德上的手段来消灭战争，什么裁减军备，什么非战公约，这不过是一种欺骗手段，还在会中（指《九国公约会议——引者注》）找到对于自己有利的条件而已。帝国主义下的虚伪和平者，无论说出什么天花乱坠的口号，什么民族自决，自治啦，我们全世界的弱小民族，谁还能上他的当呢？所以我们弱小民族的民众们，只有准备着我们的实力，等候着必然要来的世界大战，我们在这次大战里要真正的实行民族自决的口号，来奔于我们民族革命战争，消灭帝国主义战争，最后全世界要展开一个新的局面，要达到一个新的时期，在那个阶段上我们才可以收回一切丧失的权利和自由，我们才能从压迫下解放出来。同胞们，大战的惨剧正展开在我们的面前，我们还能袖手旁观？[①]

当时国联为调解东北纠纷举行了三次会议，并于12月10日通过决议案。决议案的大概内容是：（一）要求中日政府履行9月30日曾提出的议决案，早日将日军向满铁附属地内撤退完竣。（二）国联理事会要求中日双方实行必需办法，避免事件继续扩大并制止一切能发生事件冲突牺牲人命之行动，两当事国应承认此种事实。（三）中日两国应随时将事件之推进情形，报告国联理事会，供理事会明了一切。（四）要求各理事会会员国将其所接各该国在东省代表之报告，交国联理事会。（五）决定派特别委员会，由五人组织之，前往东省，实地调查，并向国联报告有碍各国国交及中日和平互相谅解之处，又中日政府应各派代表，为协助员，加入此项委员会，并中日当事国应予该委员会以便利，俾可获得其所欲得之材料。如中日双方开始直接交涉，则委员会并不干涉，又对中日之军机，亦无权干涉。此项委员会之组织及工作，无论如何，不能再使日军之延缓撤退，此为日政府于九月三十日之议决案中所应允者。（六）下期理事会议，定明年一月二十五日召集，但议长有权

---

① 林鹏：《东北问题与第二次世界大战》，《国际协报》1931年10月22日，第十版。

于必要时，召集紧急理事会议。此决议故意混淆了侵略与被侵略的战争性质和责任，空洞无物，对于日本侵略者没有任何实质约束力。张复生撰写了《申论国联第三次之决议案》社评，对此进行了充分分析论述。

    由十一月十六日起至十二月十日止，经过十次以上之秘密会议，五次以上之公开会议，除两当事国之辩论外，中立会员间之质证检讨，殆为国联有史以来十二年中最为艰苦之工作。世界舆论之诘问责备，与其自身之苦闷应付，殆无殊于当事国一造之被人侵略，同一苦境。盖东北问题为中国全民族之死活问题。国联只解决东北事件，犹不啻其本身维持和平力量公开之实验。一九一九年巴黎和会结束欧战，创立国际联盟之最大目的，为弭止未来国际战争，共通构成一新世界的保障安全之组织。故联盟规约第八条，曾揭示裁军义务之共守信条。即规定联盟国承认维持和平必须裁减军备之最低限度，以足供保证国防及履行国际义务之用为限明年二月间举行之裁军会议，等如国联后唯一生命事业。日本占领满洲之后，世界舆论公认为裁军会议当头极大影响。中日同为加盟国，设国联规约以一造暴力而破坏。则时隔两月之裁军会议，当然以使用武力侵占满洲之故，而留一恶例。各国将援为口实，相率以营造军备为自保条件。国联生命线上之巨大事业，无异以满洲事件而自掘一坟墓。然则今次巴黎通过之议决案与其所为解决东方之中日纠纷，毋宁谓为来年军缩会议成功失败之一殷鉴。而国联自身之死活，与欧洲国际之安危亦当以仅此所谓满洲事件为其断案。吾人重视国联解决东北事件之含义，愈觉其责任直接影响于来年军缩会议之前途。试再录十日通过之决议案。
    据白利安主席宣言，本议决案大意，第一为制止直接危害和平；第二使易于解决两国问题根本纠纷，并为要求中日避免冲突及关系恶化计，特通过派遣调查委员会案。是其宣言主旨，殆已举国联应负之责任，而以"制止直接危害和平，与解决两国间根本纠纷"之两语释明之，除第一条规定两当事国应履行九月三十日议决

第三章 奴役与抗争的年代

案,并恳切申述"日本应早向附属地撤退其军队"之期待外,第二条更要求中日双方实行必需办法,承认避免事件继续扩大,并制止一切能发生事变冲突牺牲人命之行动。此外第五项派遣调查委员会,亦曾说明为"派往东省实地调查"且附有"报告有碍各国国交及中日和平互相谅解之处",虽有不干涉直接开始交涉与中日军事行动之约束,但又说明,"此项委员会之组织,及工作,无论如何不能再使日军延缓撤退,此为日政府于九月三十日之议决案所应允者",其含义诚觉重大,愿日本于已经接受之决议案,而不履行撤兵,其为违反国联执行法律效力之约束,在九月三十日以后十二月十日以前,已显示其直接军事行动于极长时间以内。而此次决议案第五条所谓"调查委员会之运作无论如何不能再使日军延缓撤退一语",将如何执行其规定之效能?委员会只有随时报告之力,自始即无强制性的特权之赋予。至谓"有碍各国国交际中日和平相互谅解之处",解释已至困难。殊知天津、锦州之于辽宁铁路,日军进攻黑龙江之通过中东路,皆直接足以发生中英、中俄间最称险恶之印象。国际之于远东一般的政策,且已举均衡大势及商业上共通利益,显然在东北被占领之时间性上,根本为无期延长之摧毁。凡此恶化事实,皆非吾人所忍言。而决议案最后执行之权威,既未约定一肯定撤兵期限,则其未来形势扩大自更难预测。斯诚吾人重大之遗憾者矣。①

经过该文章对国联第三次决议案的一系列分析,得出的一个基本认识就是国联对于日本没有任何约束,对于中国制止日本侵略的诉求也没有任何实际意义。所以,遗憾之情溢于言表。

日本发动"九一八"事变是日本军部少数军人的擅自行动,而当时的日本并未完全法西斯化,日本内阁议会等对于侵略中国是有不同声音的。由此,对于日本的政治走向,当时国人也存在一些模糊认识,甚

---

① 复生:《申论国联第三次之决议案》,《国际协报》1931年12月30日,第二版。

至有对于日本政党内阁的不切实际的和平幻想。在1931年12月，犬养毅就任首相后，《国际协报》在《犬养毅内阁与东北大局》中作了深刻分析，明确指出，内阁首相的更迭，目前对于日本军部势力已经没有制约作用。

文章谈道，"日本朝野两党之对立形式，任至何时不能变更。则其国策上之所标榜，吾人敢断言为党的政见之替代。人物头脑之更迭，到底难转移其既定国策之丝毫，民政党组阁初以调整中日国际之理解自命币原氏之合理外交，始终不敌其军部之实力发动论"。故犬养毅内阁之出现，其占领东北军政设计之步骤，倘忍为一时的变更或中止势所难能。日本数十年来之政治史，完全操纵诸资本阶级之手。资本家之后援，无疑议的为有力之军阀……日本之宪政史，实际不过一部黄金之争斗史而已……因此，虽然当时犬养毅"以数十年清操与对中国国民党主义伦理化之先觉固尝以两民族彻底提携为柱东亚大局之领导者自命。今后当此万分危急局面，将如何以打开中日交恶国民仇恨之僵势。吾人当静观其运用斡旋之大政方针矣"①。

在这一时期，《国际协报》还发表了诸多关于抗战的倡议。抗战是全社会、全民族的事情。例如《国际协报》就发表了针对当时学生运动和电影院在抗日救亡中应有的态度与行动的言论。

首先是在当时抗日救亡学生运动风起云涌的时候，提出了一些冷静的思考。在《时局紧张中——学生应有的态度》中指出，孙中山先生在他的"别黄埔军官学校"的演讲词里提到军人对于国家政治应当奉行什么样的主义。"因一国政治力的应付与决断的责任虽说在临时当局的身上，而一般国民与在学校的学生也不能漠不相关地把它置之脑后！原因是国是，今天的国民学生明天也许会有很大的责任。"因此，要保持对于现政治的观察力。这一点至关重要，尤其是学校的同学们，对于现在的环境要有深切的认识。

从前官界曾这样说，"中国所最难治的一为学生一为军人"。这可

---

① 复生：《犬养毅内阁与东北大局》，《国际协报》1931年12月16日，第二版。

第三章 奴役与抗争的年代

能是因为这两种人物数量最多,各地方的学潮、兵变经常会发生。负责管理的人也感觉很棘手。但平心来说,"兵是缺乏学识的集团,学生是有智识的分子"。因此压制兵力利益用更强大的势力,解决学生问题,则非要用感化和解说不可。

接下来文章从没齿难忘的日军暴行,想到了学生本身。"啊!这是多么一种惨痛的消息传到了我们的耳骨!我们的血未干,心未死,应该怎样的摩拳擦掌来应付这险恶的环境!我们现在已没有安逸游乐的余暇去消遣了。"在眼前所昭示的是,"你们的国家快要灭亡了,你们快去奋斗吧!这是不忍言的时局,这是我三省的官民不好应付的时局!也只有去奋斗了!但事实上又发生了无数的苦难情形。""试想我们是不是赤手空拳的、无抵抗的。在这种情形之下我们一定会想出了我们老例子所干的一切:演讲,宣传文字,游行示威,喊口号,罢课愿请当局,通电全国声援,等等!等等。"

最后文章指出,这些事情任学生做来是非常可堪钦佩的。而实际尚早而不需要,因为演讲固然是开发一般民众的心智,游行示威、呼口号等足以提振人民的精神。"但在现在所谓一方面的暴行没有底止的时际,我们虽力竭声嘶,所得到的只是国人一时的兴愤与恐怖,与当地的日侨更大的反感而已。"① 这在表达了对时局的悲观、失望和对学生的理解、包容的同时,也是号召大家理性对待当前悲惨局面,实际上是深感无能为力与无所适从,只能主张最基本的保护学生和不刺激日侨。

在《抗日声中对于电影院的建议》中又提出了类似电影院这样的娱乐场所,国难当头应有的责任与行为。文章指出,爱国不必天天在口头上讲着,要加紧我们的工作,能给国家有点帮助的工作。哈埠影院很多,目前正因为影院是民众们聚合的场所,更应该做以下一些工作。

(一)在电影开映之前,画几张日本侵占我们的野心的漫画映给观众看,画要画得简明有意义,而有力量。

---

① 《时局紧张中——学生应有的态度》,《国际协报》1931年9月25日,第九版。

（二）利用电影每一本演完的时间，在银幕上映出大标语的灯片两三句（要每一句都不同）。

（三）改奏悲壮激昂的音乐，使观众能在音乐上激起紧张的情绪。

（四）翻译外国电影片时，在可能范围内设法翻上促醒民众的暗示警句。

（五）在戏院四周的墙壁上，贴些抗日的言论。

在说明书，或在所登广告的中缝和两旁，都刊些醒目抗日的文字。这都是电影界为国民一份子的应尽责任，事情既不难办，又可表现实际上的爱国心肠。很盼切地希望见诸事实！①

自1931年9月23日始，副刊主编赵惜梦将副刊做了重大调整，大量刊载爱国诗词、散文、小说、杂文等体裁文章，使其变成抗日救亡的阵地。《国际公园》是《国际协报》的综合性文艺副刊，每日固定在第9版，有醒目的刊头，以发表散文、诗歌、小说等新文学作品为主，另外还登载一些小品、游记等。

在《第一步工夫》《第二步工夫》《第三步工夫》三篇杂文中，号召人们在国难来临之际，"每个人都放开自己的眼，每个人都抓回自己的心""行为务必要改得规律，智力务必要用得正当""我们的意志要统一，我们的力量要集中"，以实际行动而不是空喊的口号来实施救国方针。②

在《第三步工夫》中写道：

在这样紧张的空气里，忽然传来一种东部地震的消息，因此在一般人惊惶的面孔，居然添上了一层喜气，似乎是这样一来，日军便可以减杀了锋锐，我们便可以脱离了危机，这实在是一种没有出

---

① 《抗日声中对于电影院的建议》，《国际协报》1931年10月17日，第九版。
② 《抗日声中对于电影院的建议》，《国际协报》1931年10月17日，第九版。

第三章 奴役与抗争的年代

息的心理。

要知道可怕的危机,不只在这次,敌人的锋锐,不只是日军,实际上我们无时无地不在可怕的危机之中,无时无地不在敌人的锋锐之下。而况,他们这一次的地震,是发生在十六这天,在日军暴动的以前,当然早已知道,何尝是他们的意外?何尝是他们的锋锐?

我们只有一条可靠的道路!自强,所以,我希望每个人都放开自己的眼,每个人都抓回自己的心,把行为务必要改得规律,把智力务必要用得正当:这样,我们的本身,才能够健壮起来。然后,把这样许多健壮的分子,合拢成一个健壮的集团,这么才能有相当的坚固。所以,我们的意志要统一,我们的力量要集中,这是我们现在应该用的第三步工夫。

我知道在这样紧张的空气里,在这样危急的时期里,只有一个"干"字,才能合乎一般人的脾胃,才能使一般人觉得痛快。但是,这只是感情上一时的冲动,这只是心理上一时的高潮,对于事实,万不会有丝毫的补益。我希望都能拿出来绵密的感情,都能拿出来沉静的心理,从根上一步一步的来用工夫,这虽是脱不了"老生常谈"的旧调,但只有这样才是真正的爱国的表现,才是真正的救国的方针。

能够这样,纵使日军便如此的占领了东北,我们终会有反败为胜逐尽我们的敌人一天!不能这样总是日军这次真的退去了,这种玩惯了的把戏,他们随时随地可以玩一套,反正我们是不能抵抗,任我们整天的喊"干干"终于还是没有一点用处。[1]

副刊《国际公园》破例每天特制通栏口号:如"你怎样雪耻?你怎样救国?""你认识敌人吗?你看准敌人吗?"等。中秋节时,口号改为"炮弹什么滋味?月饼什么滋味?"在哈埠各报中最为突出醒目。每

---

[1] 《第三步工夫》,《国际协报·国际公园》1931年9月25日,第九版。

日头题照例刊载杂感式短文,文章结合实际动员群众奋起抗敌。

如 1931 年 10 月 17 日,张啸严的《中秋》中的景色环境的渲染表现了无尽的凄凉。文中写道:"我记得去年的中秋节,天气是多么好啊!蔚蓝色的天,暖融融的太阳,趁着一片月色,但夜间如玉盘似的明月悬挂天空,照着狂歌酣舞的世界,叫人陶醉在这大自然里。今年呢?与去年便大不同了,晨间,天色昏暗,天空被大大的黑云都遮满了,一阵一阵的细雨,打在树叶上,沙沙作响,一阵阵的秋风,吹到人身上,毛发直竖,我一出门,接连打了几个寒战,庭前几棵老树上黄了的叶子,被风一吹,都簌簌地一片一片落下,益发替这中秋节添了些杀气。"①

《国际公园》副刊还刊载了诸多反映国破家亡的悲伤的诗歌,如达秋的诗《归来》。

归来

这里并不是他的故乡,
但是他,他还在归途上彷徨;
归来了,归来并没有什么新的奉赠。
他带来了人间不尽的悲伤。
他还是"幻灭"中的人哪?!
与从前没有什么两样。
看吧!他青黄着脸两眉不放。
咳!"有怨与谁诉,怀忧只自赏"。
这里并不是生他的故乡。
但是他,他只是在归途上彷徨;
归来了,归来并没有什么新的奉赠。
他,他却带来了人间不尽的悲伤。

一九三四,二,二六于本埠

---

① 张啸严:《中秋》,《国际协报》1931 年 10 月 17 日,第九版。

第三章　奴役与抗争的年代

《国际公园》还刊登了多篇连载的散文。

平子创作的《一个青年的理想》，表达了一个青年学生更加复杂的情感。既有抗敌的决心，又有对胜利的憧憬。该文章在《国际公园》连载了两期。文中写到，中日正式宣战了，学生们都换了装束，纷纷从军去了。"当一个黎明，天空布满烟气，我们这队开拔到前线上，大炮轰轰地响着，炮弹在空中爆炸，更有毒气弹扫射下来，当地落在地面上爆炸的时候，就会散出浓重的毒瓦斯烟气。但我们勇敢极了，一点也不惧怕，我们仿佛并不觉得身临枪弹、火药之林。在我们的眼前和心中了，有仇人凶残的面影和雪耻杀敌的决心，我们身体已献给国家了，死何足畏！我们愿意为救国雪耻而死。死是荣耀，苟且贪生是为可耻了……"

在续篇中又虚幻地描写了胜利的场景。在群众的欢呼声中唱着歌回来了！街上到处扬着青天白日旗，民众发狂似的舞蹈，高呼："中华民国万岁！得胜军万岁！"大把的五彩纸花、纸条撒在空中，纷披散落，盖了我们满头满身。"我们含笑向他们点头，挥手。各国公使、领事也来欢迎我们，争先恐后地向我国庆贺胜利。自动地愿意取消不平等条约、领事裁判权和租借地。数十年来受尽外人欺侮的中国竟由下等的国际地位一跃而为第一等强国，执世界之牛耳。""日本被我国战败，但我国并不欺凌、压迫他们，仍让他们退还三岛，安居乐业，勿再滋事，朝鲜恢复独立，使其自主，台湾、琉球仍愿归化中国。于是各弱小民族高颂中国之功德，一时中国为远近崇拜。"[①]

这篇文章让人读来感慨万千，在侵略铁蹄下的国人，对于胜利的憧憬与期盼，真就像是遥远天边的星辰，又像是一个白天的梦幻。

这一时期，《国际协报》还创办新闻摄影画报《国际画刊》（4开4版，周刊，赵惜梦兼任主编）。所刊新闻照片如"日军在沈阳街市令中国市民面墙而跪，然后用枪刺刺之""日军活埋看《不准逗留》布告之中国人民""日军在沈阳绑缚中国人街市示众"等。画刊创刊时期发3000多份，很快就超过1万份。《国际协报》期发也增至1万多份。

---

① 平子：《一个青年的理想》，《国际协报》1931年10月17日、18日，第九版。

11月4日，嫩江江桥抗敌战打响了。《国际协报》星期日不再依例休假，报纸由周6刊改为每日出版，并发起募捐劳军活动，加出专页刊载捐款单位及个人名单。11月9日，特派赵惜梦与记者刘荃荪携带劳军款项和物品、食品，直赴江桥战场。10日先后在战地和医院代表哈埠各界向抗日健儿表示慰问，并一一分发劳军钱物，极大地鼓舞了指战员们的斗志。同时，赵惜梦及时向报馆电传抗敌战况新闻，并被马占山将军指派为他的代表，接待赴齐齐哈尔采访的外国记者和驻华武官。

1931年11月19日，日军占领齐齐哈尔，12月下旬日军进犯锦州。随着时局的变化，《国际协报》不得不暂时休刊。在12月23日发表休刊社评中指出，"盖中国目前所可惧者，即在人人不能各尽其责，设中国全部人民，均能各尽其责，则吾人敢断言最低限度，国家亦必不至被人灭亡"①。同日《国际协报》发表了《本报紧要声明》说明临时停刊之原因。"本报现因时局关系，处境十分困难，同时印刷机器，因赶印年报，忽生障碍，故决自明日起，暂行停刊，一俟日内印机修理完竣，即行出版重与读者相见。在此期中所有本报外欠外款款项等，均仍照常办理，负责人员，毫无变动，因恐外间不明真相，发生误会，特此郑重声明。"虽然文中说休刊的原因是机器故障，但明眼人从"因时局关系，处境十分困难"，就可以体会出休刊的真实原因。12月23日，《国际协报》宣布暂时停刊。1932年2月5日哈尔滨沦陷，国人报纸相继暂时停刊。

二 伪满洲国成立后《国际协报》的言论报道

1932年3月1日，伪满洲国正式出笼。日伪当局为了给"新国家"制造"日满协和"的升平景象，准许哈尔滨中国人报纸相继复刊。《国际协报》后来经哈尔滨商会等函请和张复生多方努力，于1932年3月7日伪市政局才核准最后一个复刊。复刊后，版面缩减为每日对开两大

---

① 星氓：《本报处今日环境下所望于"中国人"者》，《国际协报》1931年12月23日，第九版。

第三章　奴役与抗争的年代

张半，共 10 个版。原来每日必有的社评停止了，这是因为张复生声明封笔，不再撰写每日社评。但为了报纸的生存，只在新年写一篇应景文章，后来集成《建国文存》一册，向日伪各机关分送。每遇当局刁难，就把这个小册子拿出来应急做挡箭牌。日常编报业务，多交总编辑代理。为了扶植和培养青年文艺作者，副刊在哈埠报界率先从优支付稿酬。国内外新闻版以客观主义的手段混发各中外通讯社的电讯稿，虽然不乏日本侵略军的"武功"战报，但同时还大量刊载中国政府和广大人民群众的抗敌活动。

1934 年元旦，是伪满洲国成立周年纪念，《国际协报》头版的新春颂词版面颇耐人寻味。在整个版面上，关东军主要军官的祝词，异口同声赞颂满洲国的繁荣，下面却刊登了两篇表达悲愤痛苦情绪的诗歌，其中一首署名三郎的，即是作家萧军。这两首诗歌更是把伪满洲外交部部长谢介石的题词夹在中间。①

首先是关东军司令官，武藤信义的致辞：

> 今宣言建国不过十月，其基础已告成，回忆昨春，且惊万象面目一新，而不能不祝其步武之急速进展也。
>
> 果何实致今日欤，天之时乎，非也，地之利乎，亦非也，实由欲招徕东洋和平与人类福祉之大理想之下，日满两族共存共荣之大旗之下，两国国民提携义举协和之现实所致也。
>
> 日满两国之存亡，由满洲建国之成败而定，东洋复兴与否，亦紧乎此。而此问题，现时国际上处理作为世界之重大事件，在日内瓦之国际联盟会议，即以此为中心而纠纷，帝国代表努力阐明满洲国独立之自然性及必然性，帝国国民亦一致后援之。想世界列强，决不能抑压帝国之正义，亦不能蹂躏满洲国民之幸福，必于近日可得圆满解决，以赴日满两方之冀望，是所确信者也。
>
> 遇岁多难关而时逝，怀洋洋希望而年改，昭和新政第八年，满

---

① 以下祝词和诗歌见《国际协报》1934 年 1 月 1 日，第一版。

洲建国大同二年，于斯来矣，灿烂新春必于新兴东亚活泼遍地之新国土上，首齐齐光辉，东洋诸国，将于其光辉中，更坚握其手，亚细亚诸族，将于其光辉中，认识希望之前程，诚为吾人切祷之至焉。

然后，是伪哈尔滨市特务机关长小松原道太郎的致辞《迎此新春敬致满洲国国民辞》：

以友邦日本国民的一份子感叹道：岁岁年年花相似，岁岁年年人不同。

现在的满洲建设惨云一扫，魍魉均敛其踪迹，地上乐土，现正坚实的迈进着坚实的步骤。日满两国，应将其历史的经济的亲密的程度尤行浓厚，将其唇齿辅车的关系更加密切，以资拥护东洋永远平和，而保守东洋神圣，将东洋夺还东洋人手，实属赋予东洋民族至高之历史的使命，亦属神圣之义务，是诚所以值此有意义的建国最初之第二年头，与满洲国三千万同胞致辞，以启其认识觉悟也。

在版面的两首诗《新年的致礼》《致咏秋》，将伪满外交部长谢介石的题词夹在其中。诗中写道：

《新年的致礼》之明

我们没了恐惧，
我们没了忧愁，
竞进吧——在这暴风雨的汪洋里
飞驰起，我们生命的轮舟

春天，是在我们的对岸，
美丽，是在我们的前面。

那里有着：

第三章　奴役与抗争的年代

长青的园林，
恬静的湖山，
更有的是：
可耕种的良田。
哭声与笑声，
怎得相和？
洪流与烈焰，
怎得相合？
啊！这是人间！人间！
好个肉搏的人间！
是谁呦！造成这人间血泊？

看啊！春天，是在我们的对岸，
美丽，是在我们前面。
看啊！
那什么狂涛呦！
在掀起了远天！

我们没了恐惧，
我们没了忧愁！
载起吧！这人间的罪恶，
竞进吧！这生命的轮舟。

《致咏秋》三郎

我们只爱你的孩子般心肠，
我们只爱你无滞积的胸膛！
这心肠，
这胸膛，珍重起吧！
不要问什么老迈，

什么忧伤!
将它们斩断。

漂流,我们谁不是在漂流?
流浪,我们谁不是在流浪?
问什么故园!
问什么家乡!
谁说我们不该尽情的歌唱?!

歌唱,尽情的歌唱!
流浪,尽情的流浪!
漂流啊!我们尽情的漂流吧……

问什么——故园!
问什么——家乡!

一九三二年,十二,二九

  三郎是作家萧军的笔名,两首诗表现的是对失去家园的痛苦,和对现实悲惨生活的哀痛。这些情感的表达与上述新年祝辞中对伪满粉饰的太平形成了鲜明的对比。

  在《国际公园》等副刊的阵地,《国际协报》仍继续新文艺的宣传。1932年秋,《国际公园》促成了萧军和萧红的结合,并鼓励萧红为该报新年征文写了她的第一篇小说《王阿嫂的死》。她在哈尔滨的作品,不少都是在《国际协报》发表的。1933年,中共地下组织指派白朗考入《国际协报》,编辑副刊。12月24日,金剑啸、罗烽和萧军、萧红等共产党员和进步青年作者,在长春《大同报》合编的《夜哨》文艺周刊被迫停刊。1934年1月18日,又在《国际协报》新办了《文艺》周刊。每周对开一大版,刊头由金剑啸设计。主编白朗在发刊词《文学的使命》中,针对日伪当局的禁令而提出:"文学不能规定目的

第三章 奴役与抗争的年代

地",而应表现"人类在广大的宇宙间是怎样的生存着","是怎样在垃圾堆上和阴沟打滚"。《文艺》主要撰稿人有金剑啸(巴来)、罗烽(彭勃)、萧军(田倪)、萧红(田娣)、白朗(刘莉)、舒群(黑人)、金人、山丁、达秋(唐景阳)等。与此同时,他们在《国际公园》上还发表了不少作品。因此,《国际协报》曾被誉为"东北作家群"的"摇篮"。现将以上作家的主要作品介绍如下。

在散文创作方面。1934年3月30日、31日,4月1日,《国际协报》副刊《国际公园》发表了悄吟(萧红)的散文《蹲在洋车上》。作者写她小时候见祖母上街总是坐马车回来,有一次却坐了人力车回家,并讲了一个乡巴佬怕拉车的向他多要钱不敢坐在座位上,蹲在踏脚板上,逗得街上行人发笑的笑话。后来她背着家里人想到街上去买一个皮球,到繁荣的闹市区时,不但找不到卖皮球的那家商店,就连回家的路也找不到了,站在马路上发怔。一个好心的洋车夫让她上车把她送回家去。在回家的路上,她想起祖母讲的乡巴佬蹲洋车的故事,为了逗街上行人观看发笑,她从座位上爬下来,蹲在踏脚板上。车进她家大门时,她为了逗奶奶和爷爷发笑,大喊着说:"看我,乡巴佬蹲东洋驴子!"奶奶、爷爷大笑着从屋里跑出来。就在这时,母亲也骂着从屋里出来。她想起自己是背着家里人上街的,怕母亲打她,精神一紧张,从车上滚了下来。祖父不问青红皂白上去就打车夫,连钱也不给,把车夫打走。她非常不满意祖父。她问祖父:"你为什么打他呢?那是我自己愿意蹲着。"祖父斜着眼睛说:"有钱的孩子是不受什么气的。"

作者最后议论说:"现在我廿多岁了!我的祖父死去多年了!在这样的年代中,我没发现一个有钱的人蹲在洋车上;他有钱,他不怕车夫吃力,他自己没拉过车,自己所尝到的,只是被拉着舒服的滋味。假若偶尔有钱家的小孩子要蹲在车厢中玩一玩,那么孩子的祖父出来,拉洋车的便要挨打。可是我呢?现在变成个没有钱的孩子了!"[1]

---

[1] 悄吟:《蹲在洋车上》,《国际协报·国际公园》,1934年3月30、31日,4月1日。悄吟,即萧红。其他的散文有:《弃儿》《小黑狗》《广告副手》。

1935年11月1日,《国际协报》副刊《国际公园》发表了姜椿芳的散文《呼兰之行》。作品记叙作者和几个朋友到呼兰去野游,被当作城里的阔人受到当地一些人的围观、敬重和特殊待遇,使他深深地感觉到有钱人"高贵"无钱人"下贱"的不合理现象和传统恶习。作者姜椿芳(1912—1987)在哈尔滨时的笔名有绿波、青、筠、老牛、少农、江水、蠢坊、江鸥、泥藕、三洋、姜椒山、厚非、侯非、欧之、林陵等,江苏常州人。曾任共青团满洲省委宣传部长,主编地下刊物《满洲青年》;中共满洲省委宣传干事,主编地下刊物《满洲红旗》。1935年6月13日同金剑啸一起被捕,因没有查出"罪证"被释放。后去上海从事党的地下工作。他在哈尔滨期间写有很多散文和杂文,如《人生是过客吗?》《高尚人的哲学》《文明、潮流、摩登》《流浪》等。

在小说创作方面。1935年3月27日、28日、29日,《国际协报》副刊《国际公园》发表了达秋的短篇小说《老王》。故事讲的是工人老王为工厂主干了大辈子活,当了14年工头,年老体衰时被一脚踢开使他痛切地认识到资本家是没有良心的。他在城里没了活路,只好到乡下去投靠老朋友于万才。他满以为在农村不管穷富总还可以活下去。没料到农村和城里一样,天灾人祸不断,打下的粮食不够交地租。于万才因交不起租种费,没有租到田种,靠打零工过活,而雇零工的人家太少,找不到活干,一家3口人处在饥饿状态。在生活的压迫下,老王、于万才、孙安、赵贵等一群穷苦农民,被迫走上了造反的道路,离家当胡匪去了。[①] 这篇作品是达秋(唐景阳)在哈尔滨从事革命文学活动中,完成的为数不多的小说作品之一。

1934年5月11日、12日、13日,《国际协报》副刊《国际公园》发表了金人的短篇小说《出路——她们之一》,故事讲的是一个叫芬的少女,在富裕和睦的家庭长大,养成无忧无虑、天真活泼的性格。中学毕

---

① 达秋:《老王》,《国际协报·国际公园》1935年3月27日、28日、29日。达秋(1914—1971),原名唐景阳,笔名达秋、井羊、林珏、珏等,黑龙江安达人。1934年在哈尔滨从事革命文学创作,1936年6月被迫逃往上海。他在哈尔滨时期的创作主要是诗歌,小说较少。

◈◈◈ 第三章 奴役与抗争的年代 ◈◈◈

业后准备去日本留学,突然母亲病故,全家的生活重担都落在她的身上。出国留学的理想破灭了,在生活的压迫下,性格也变得忧郁沉默了。①

1934年,总编辑王星岷和王研石相继离哈入关。后来,王星岷任汉口《大光报》总编辑,王研石去天津《益世报》。继任者为冯战侯、张子麟。1935年初接替白朗编副刊的赵秋鸿,代理编辑长。除《国际公园》外,《国际协报》还新设了《珊瑚网》《游艺》《家庭》和《文艺周刊》等副刊。

后来,主编张复生1949年返哈,1953年病逝。

黑龙江沦陷时期,日伪政府虽然对新闻出版进行严格控制,当时中共组织地下党员进入以《国际协报》为代表的公开发行的报刊,以其副刊为阵地进行文学创作,一篇篇文学作品像黑夜中一颗颗闪亮的明星,给黑暗中的人民带来希望与光明。

第四节 黑龙江新闻传播战线的反满抗日斗争

东北沦陷后,黑龙江新闻传播战线的爱国人士一直没有停止同日伪统治当局的斗争。中共黑龙江各级组织在从事地下革命活动和武装斗争的同时,十分注重文化界的反满抗日斗争,通过秘密散发小册子、创办报刊、编写油印宣传品等形式宣传群众、打击敌人。同时,注意影响和发动爱国知识分子利用日伪的报纸副刊、广播电台,揭露日伪统治的黑暗,在黑龙江民众中产生了重大影响。

一 新闻出版战线的斗争

1932年初,中共满洲省委迁入哈尔滨,出版机关报《满洲红旗》,

---

① 金人:《出路——她们之一》,《国际协报·国际公园》1934年5月11日、12日、13日。作家金人(1910—1971),原名张少岩,又名张君悌、张恺年,笔名金人、田凤、高曼,以金人名行于世。河北南宫人。1928年到哈尔滨,曾在"东省特区地方法院"当过雇员。另有小说《阿松》《怅惘》《妈妈回来了》等。

宣传中国共产党的抗日救国主张，发表东北军民抗击日本侵略的消息。共青团满洲省委和满洲总工会，分别在哈尔滨出版了报纸《东北青年》《东铁工人》。黑龙江地区的各抗日游击根据地，也纷纷出版油印抗日小报，从 1932 年到 1940 年，中共地下组织创办和领导的各种革命报刊，先后共出版 14 种。

"九一八"事变后，针对日本人报纸颠倒柳条湖事件真相，故意嫁祸于人的虚假报道，中共北满特委主办的《哈尔滨新报》率先揭露日本侵略者的阴谋，从国际法的观点斥责日本侵犯中国主权的行径。1931 年 12 月，中共满洲省委从沈阳迁到哈尔滨之后，哈尔滨一度成为中国共产党领导东北人民抗日斗争的指挥中心。为了组织群众开展抗日斗争，在 1932 年 1 月 1 日制定的《两月工作计划》中提出："党报《满洲红旗》在十五号以前出版第一期，以后每星期经常出版，真正使它成为省委策略路线指导的报纸。"① 《满洲红旗》1932 年 1 月 30 日在哈尔滨重新创刊，由省委秘书长聂树先负责编辑。第一期《满洲红旗》8 开 2 版，后改为《东北红旗》《东北民众报》，还创办了机关刊物《战斗》，同时出版《满洲红旗副刊》。《满洲红旗》是中共满洲省委迁至哈尔滨后秘密出版的第一份机关报。

头两期《满洲红旗副刊》，各载一篇新闻评论：《哈尔滨二十六事件的意义》《二月八日市民大会失败的经验和教训》。前文，就吉林伪军攻击哈尔滨事件，抨击日本侵略者。后文，主要批评中共地下组织内的某些右倾恐日思想。《满洲红旗副刊》第一期还刊载了《目前宣传鼓动的重要口号》，如"罢工、罢课、罢业，反对日本帝国主义及其新工具进攻哈尔滨""民众立刻武装起来，赶走日本帝国主义出满洲"，共 35 条。

《满洲红旗》第三期第一版刊登了长篇社论《论上海事变》，约 2000 字。热情歌颂"十九陆军士兵的英勇抵抗"，揭露日本帝国主义的侵华野心与罪行，并批判国民党政府的"不抵抗"政策。这期报纸共

---

① 《东北地区革命历史文件汇集》甲 9 册，1988 年出版，第 155 页。

第三章 奴役与抗争的年代

刊载 17 条消息，多数是黑龙江和东北地区的抗日斗争近况。伪满洲国成立后，《满洲红旗》于 1931 年 9 月 18 日改名为《东北红旗》，出版的第一期内容为纪念"九一八"事变一周年专号。在出刊 18 期后，于 1933 年 6 月"根据新的路线，把《东北红旗》改变成更群众化的刊物"，又改名为《东北民众报》，继续出版，每期四五百份不等。① 1935 年 4 月，《东北民众报》终刊。

《战斗》，1932 年 9 月 20 日在哈尔滨创刊，是中共满洲省委的党内教育刊物。在《发刊词》中说："《战斗》，是省委具体地领导下级同志在政治上、理论上、工作方式与方法上求得解决的刊物；《战斗》要把一切战略与战术以及实际工作的经验等，能够供给同志们经常的去学习与阅读。"后来《战斗》刊载了众多关于工作中转变领导方式，反对机会主义，学习贯彻上级指示精神的文章。1933 年 2 月至 1934 年 4 月，《战斗》又出刊了第三期至第十二期。每期刊物都配合省委的中心工作，发表指导抗日斗争和党的建设的文章。

如 1934 年 1 月 20 日，《战斗》登载了署名"亮"的《论东北目前反日游击战争的新阶段》，文章分析了东北反日游击战争由于执行党的统一战线策略，已进入各种抗日部队联合作战的新阶段后，指出："满洲全党应当了解东北目前反日游击战争这一新阶段，使满洲党更加有可能顺利的领导反日民族革命战争走向彻底胜利的道路。"1934 年 2 月、3 月，也登载了《扩大人民革命军的宣传　深入到广大群众中去》《发动广大群众斗争来反对敌人的白色恐怖和第二期讨伐》等文章。② 1934 年 4 月，由于中共满洲省委机关被敌人破坏，《战斗》出至第十二期后，暂时停刊。

1934 年 10 月，中共中央上海局派杨光华任中共满洲省委书记，重新组成中共满洲省委常委。在省委宣传部长谭国甫的主持下，《战斗》于 1935 年 1 月 21 日复刊，出版了第十三期。在《编后的几句话》中

---

① 《东北地区革命历史文件汇集》甲 16 册，第 393 页。
② 《东北地区革命历史文件汇集》甲 18 册，第 249、269、323 页。

说："《战斗》复活了！在一九三五年的第一个月复活了！停刊半年多的《战斗》，正当反帝抗日的工农红军在几个战线上获得伟大胜利，争取几个苏区打成一片与四川首先胜利的今天，正当日本强盗积极吞并华北，华北处在万分危急的今天，正当日帝及其走狗疯狂进行'讨伐'与反日民族革命斗争胜利的开展的今天，我们的小小《战斗》出版了。这就要使得《战斗》担负起更大的任务，真正来领导与推动满洲的神圣的民族革命战争的彻底胜利。"①

由于中共共产国际代表于1935年2月底发来紧急电报，把中共满洲省委多数负责人调去苏联莫斯科讨论满洲党的工作，只有一名常委留守机关，使省委工作处于停止状态，一直到1936年1月撤销中共满洲省委。所以《战斗》第十三期，实际成为终刊号。

从抗日游击队到人民革命军期间，在东北抗联早期的活动中，在今黑龙江境内的北满、吉东等地区均建立了抗日根据地。在这些抗日游击区内，当地中共组织和抗日军队合办的抗日报刊纷纷创刊。

在北满地区，中共珠河中心县委于1934年10月，在珠河县（今尚志）四方坨子抗日游击根据地创刊了《珠河群众小报》，由哈尔滨反日总会派来的黄铁城负责编印工作。《珠河群众小报》出版第一期时，正值俄国十月革命纪念前夕，报纸登载了《庆祝十月革命节十七周年》短文，还有中央苏区建设、珠河反日游击队战斗、打垮伪国兵等内容的报道②。

1935年1月，哈东支队扩编为东北人民革命军第三军，赵尚志任军长，冯仲云任政治部主任。同年4月创刊了哈东《人民革命报》，并附出画报。1935年5月4日出版的《人民革命报》第二期，共刊载16篇稿件。一版刊载社论《纪念红色五一劳动节》，重点揭露"日本强盗在东北疯狂的'讨伐'、奸淫、掠夺、烧杀、奴役"等法西斯罪行，并歌颂东北人民革命军第三军奋起抗敌的英勇战绩。最后号召"工农劳

---

① 《东北地区革命历史文件汇集》甲21册，第313、297页。
② 黄铁城：《珠河群众小报》，载《新闻传播》1996年第3期。

第三章 奴役与抗争的年代

苦群众,团结起来","驱逐日本帝国主义滚出满洲,打倒满洲国,光荣地建立自己的东北人民政府"。同年夏天,日伪军又对哈东进行"大讨伐",第三军在战斗中遭到严重损失,《人民革命报》也暂时停刊。9月10日,中共珠河中心县委执委扩大会议决定,主力部队撤离,留第三团开展恢复根据地的斗争。

在吉东地区,中共绥宁中心县委于1932年7月,派组织部长李春根及其爱人到穆棱县新安屯抗日游击队密营,建立《绥宁报》编印处,出版《绥宁报》。

1933年5月,中共满洲省委吉东局在穆棱县下城子成立。1934年2月,吉东局书记孙广英派赵志刚、黄秀珍夫妇,到绥棱县西山坡一座小土房里建立了《反日报》编印社。报纸内容,主要刊载党组织领导工农运动和抗日游击队打击敌人的情况,并把敌人报纸上的消息为我所用,改造成正面报道材料,揭露敌人的阴谋诡计、谣言,宣传抗日军民的英勇事迹。1934年4月,《反日报》改名为《吉东战报》。[①]

1936年初,中共满洲省委撤销,成立了南满、北满、吉东三个省委。东北抗日联军也相继改编成三路军,分属三个省委直接领导。在黑龙江地区主要是中共吉东省委及抗联第二路军,中共北满省委及抗联第三路军。在省委和抗联的统一领导下,在极其艰苦的条件下创办了众多抗联报刊。1937年3月,中共吉东省委在林口县三道通乡四道河子东北抗联第五军营地成立,军长周保中任省委常委。在周保中的倡议和支持下,先后创办了吉东《救国报》和党刊《前哨》。经过整编,抗联第二路军成立后,创办了《东北红星壁报》。1939年4月12日,中共北满临时省委在通河县召开了二次执委全会,会上通过决议,正式成立中共北满省委。同时决定撤销北满联合总司令部,成立东北抗日联军第三路军及其总指挥部。省委常委李兆麟任总指挥。中共北满省委和东北抗联第三路军成立后,曾创办《北满救国报》和党刊《统一》。[②] 从1932

[①] 《牡丹江日报社》附:《牡丹江地区报业志资料》。
[②] 黑龙江日报社新闻志编辑室编著:《东北新闻史》(1899—1949),黑龙江人民出版社2001年版,第297页。

年至 1940 年，中共地方组织及东北抗日联军共创办 24 家报纸。在黑龙江省地域计创办 10 份报刊。见表 3 - 2。①

表 3 - 2　　　　　　　　黑龙江地区的抗联报刊

出版地	出版时间	报名	创办者	简况
今牡丹江市穆棱市	1931 年 7—11 月	吉东《绥宁报》	中共绥宁中心县委创办	8 开纸 2 页，单面油印，每期 80 份
	1934 年 2 月创刊，4 月改名为《吉东战报》，出至 6 月	吉东《反日报》	中共吉东省委创办	8 开纸 2 页，单面油印，每期 80—100 份
今哈尔滨市尚志市	1934 年 10 月创刊	北满《珠河群众小报》	哈尔滨反日总会创办	现存仅一期，油印 30 余份
	1935 年 4—9 月	哈东《人民革命报》	中共珠河中心县委创办	2 张蜡纸刻印，4 版，版面设计整齐美观，字体刻字较规整，印刷清晰，附画报
今牡丹江市林口县	1937 年 6 月 1 日至 1939 年 2 月	吉东《救国报》	中共吉东省委领导下的抗联第二路军创办	4 开 4 版，蜡纸油印，原定半月刊，1937 年 11 月 20 日改为月刊，后为周刊
	1938 年 2 月 7 日创刊，终刊时间不详	《前哨》	中共吉东省委机关刊周保中指示创办	32 开，月刊，发行 200 份
今双鸭山市宝清县	1940 年 5 月至 9 月 10 日	《东北红星壁报》	中共吉东省委领导下的抗联第二路军创办。周保中指示创办、赵尚志为主笔，抗联第二路军总部壁报社编印	蜡纸油印，第 2 期 16 开 8 版，各版立文竖排，第 1、3、5 版起首均刻有报头，9 月 10 日第 5 期为 8 开 2 版

---

① 本表格根据《东北新闻史》第 297—300 页相关内容整理而成。

第三章 奴役与抗争的年代

续表

出版地	出版时间	报名	创办者	简况
今哈尔滨市通河县	1940年2月至9月之后,具体终刊时间不详	《北满救国报》	中共北满省委领导下的抗联第三路军创办,东北抗联第三路军总指挥部编印	8开2版,蜡纸油印,原定每月2期,曾出版"号外"
	1939年7月15日至1940年6月13日之后,具体终刊时间不详	《统一》	中共北满省委机关刊,北满抗日救国社出版发行,中共北满省委宣传部编辑,秘书处印刷,冯仲云主持编辑工作	32开,蜡纸油印,原定半月刊,1940年4月9日出版"红五月专号"

各抗日游击根据地还都曾出版过图书和期刊,中共北满临时省委、吉东省委,都在秘书长领导下配备编辑人员和设立印刷所,前后刊行油印版期刊、图书数十种。由于日伪军队对根据地、游击区的反复"讨伐"、围剿,使抗日联军无法建立长期、巩固的根据地,经常处于流动作战的状态下,印刷器材和已经出版的书刊经常在转移时被日伪军破坏、焚掠,只有为数不多的几种保存下来。

1937年冬,日伪统治当局调集6万多人的日伪军,对抗日根据地实行军事大讨伐。东北抗日游击战争进入最艰苦的阶段。即使在严酷的环境中,中国共产党在抗日联军中的政治工作者,仍没有放弃宣传群众的责任,千方百计克服困难,编印有关政治、军事常识方面的教科书、文化课本和宣传材料等。"八女投江"中的烈士之一、抗联五军妇女团指导员冷云,牺牲前就曾为部队编印宣传材料和文化课本。当时任东北抗日联军第三路军总指挥部秘书长的张中孚,就曾在残酷的战斗间隙撰写了反映东北人民反抗日本帝国主义侵略的长篇小说《风暴》。抗日游击根据地后期出版的图书,能够见到或见于史料记载的还有5种。如中共北满省委和东北抗日联军第三路军总指挥部曾在佳木斯一带设立印刷所,于1939年、1940年间翻印了毛泽东主席在中共中央六届六中全会上的讲话《中国人民解放的道路》,编印了包括《露营之歌》在内的《革命歌曲集》。1939年前后,驻宝清县兰棒山区后方基地的中共吉东省委书记、东北抗日联军第二路军总指挥周保中,为了加强干部、战士的思想政治工作,亲自编写了《政治科学常识》《社会科学常识》《军事科学常识》等3种教科书,由中共吉东省委秘书处编辑、缮印、装订,分发给机关和部队,作为政治学习和进行思想教育的教材。从这些珍贵文献可以看出,中国共产党在黑龙江的各级组织,即使是在"火烤胸前暖,风吹背后寒"的严酷环境里,仍然重视出版事业,并且一直将它作为宣传群众、武装自己、打击敌人的有力武器。

除了共产党组织直接创办的各种地下及根据地报刊外,在日伪统治区还有共产党在公开出版报纸中进行的地下斗争以及其他爱国报人在新闻出版战线进行不屈的斗争。在《大北新报画刊》及《黑龙江民报》中共产党员的地下活动便是典型的代表。

大北新报社附《大北新报画刊》于1933年5月28日出版第1号。画刊每周一期。4开4版,用白道林纸单色彩印,每期用一种颜色。报社专门成立了画刊部,第一任部长晋辑五。画刊社址不与大北新报社在一起,先后曾设在道里四道街、七道街,1935年迁到道外尚横街13号(《午报》后院)。

画刊的版面上突出所谓"艺术"图片、美人玉照和言情小说等。第1版是广告版,但居中都刊"仕女玉照"一幅;2、3版是艺术作品版,附有少量广告;第4版半版小说连载,半版广告。

1933年12月,李笑梅接任画刊部长,继续原定宗旨,突出"艺术与女人"。1934年8月,中共地下党员金剑啸应聘为画刊编辑,提出改变办刊思想。他提出"画刊不仅是艺术的,而更是社会的"。并指出:满篇都是一般"仕女"的照片,会使画刊"千篇一律,那岂不更糟"。主张"多注意新闻照片、艺术名作的照片、值得人一识的仕女照片,以及世界上的政治家、外交家、艺术家、科学家、哲学家等个个学术部门有所专长的人的照片,这些至少每期介绍一个"。同时提出文字稿"不但要简短,最好是有意义的"。总之要"多播下与人类有用的种子,结出可充人饥的果实"。

据残存画刊,当时曾以"世界名人"为题,刊载了斯大林的半身

第三章 奴役与抗争的年代

像,以及木刻画《列宁在十月》和《攻击冬宫》。这些图片引人注目。金剑啸被画刊辞退。

一年后,金剑啸从齐齐哈尔回到哈尔滨不久,《大北新报画刊》因主持人孙惠菊经营不善处于困境。金剑啸与姜椿芳等人筹资接办画刊,但仍请孙顶名为主办人,每月给他30元酬劳。金剑啸担任实际上的画刊主编,中共地下党员姜椿芳等参加采编。社址也迁到道里商市街13号南屋,4月20日出版了新刊第1号。

新画刊改为5日刊,版面也改为16开,初为每期6页,后增至12页。第1页不再刊载广告,在报头下安排大幅艺术作品或摄影照片。其他各页也重新调整,增加新闻报道和国际时事评述,以及揭露日伪统治下劳动人民痛苦生活的报道,同时突出进步文化艺术的宣传。从形式到内容面貌大为改观。

画刊正面还刊载红军的捷报。如报道贺龙、萧克率领的红二方面军长征中,在云南和西康建立"边区民族革命政府"。金剑啸创作的漫画《山西》:一只身上写明"共产军"的猛虎,向持枪而逃的"国民党"军人追去,说明文字是:"共产军自进入山西省后,国民党颇为震骇,尽力围剿,但勇虎比猎人聪明,'剿者'反被剿矣!"[①]

新画刊极少有所谓"王道乐土"的宣传,却常常刊载本刊记者采写的纪实新闻,披露劳动人民的悲惨遭遇。如伪满警察在中央大街飞车撞死幼女,同记工厂女工一天劳动16个小时,"都变成机器",以及极乐寺的难民区,等等。[②] 新画刊还大量刊载中外著名作家,如鲁迅、郭沫若和高尔基、马雅可夫斯基等的头像、作品、语录或逸事,以及其他世界名作。

金剑啸在主编画刊期间,还发表了他撰写的寓言故事《胜利之后的威纳斯》,短诗《哑巴》,剧本《咖啡馆》,文艺短评《文坛登龙术》《挂羊头卖狗肉与说漂亮话》,以及一些漫画等。6月13日,金剑啸等

---

① 《黑龙江省志·报业志》,第79页。
② 《黑龙江省志·报业志》,第79页。

被捕,新画刊只出了11期。①

《黑龙江民报》原为黑龙江省主席万福麟之子万国宾所办,于1929年元旦在齐齐哈尔创刊。1931年11月19日,日本关东军侵占齐齐哈尔后,将该报作为敌产没收。并派随军的满铁职员桂五郎,于12月17日将其复刊。

据日本关东军齐齐哈尔特务机关长曾表示:日军侵占黑龙江省城齐齐哈尔后,急需向中国民众"宣传日军的正当行动,及满洲国前景"②。《黑龙江民报》复刊后,桂五郎任社长,金中孚任总编辑,由关东军每月拨款哈洋100元,日出1000份,免费向各界赠阅。计划在伪满洲国出笼后,期发5000份,向全省各县及部队"无偿赠阅"③。

1933年2月,按照伪满《出版法》的规定,民报重新注册,正式成为伪黑龙江省署机关报。为了制造"日满协和""共存共荣"的假象,报社社长和总编辑改由"满人"担任。1934年10月,中共地下党员王复生,化名王甄海,经伪省署总务厅秘书长李浓如推荐,就任社长。社内设总务部,部长为日本人仓内勇,控制报社人事、财务实权。该报每日对开4版:第1版广告,第2版要闻,第3版地方新闻,第4版副刊。

《民报》原来设有副刊《嫩流》和文艺周刊《荒原》。沦陷后因编辑人员纷纷逃避,副刊无专人编辑,毫无生气。1935年6月,中共地下党员金剑啸由哈尔滨来齐齐哈尔主编《民报》副刊,他在王复生的支持下,新办《芜田》文艺副刊,旨在开垦由于日军入侵而荒芜的文坛。不久又开办《艺文》周刊,以接续他与罗烽、白朗、萧军、萧红等在《国际协报》曾专设的《文艺》周刊。这两个专刊经常刊载暗含有反满抗日思想作品,如王复生的短诗《谁的世界》,金剑啸的散文《王二之死》《瘦骨头》,记者刘乃风的小说《小香之死》,小学教师晓希(黑龙江省女作家田琳)的散文《招魂》等,都不同程度地反映了

---

① 《黑龙江省志·报业志》,第80页。
② 《黑龙江省志·报业志》,第80页。
③ 据伪《满洲国年报》记载,期发只达到3000份。

第三章 奴役与抗争的年代

所谓"王道乐土"上人民群众的悲惨生活及他们渴望光复中华大地的急迫心情。金剑啸的代表作,长诗《兴安岭的风雪》曾在副刊上节载。为了纪念逝世不久的法国著名诗人巴比塞,副刊出版专号,发表他的诗作和木刻头像,介绍他的生平。副刊面貌一新,吸引了不少爱好文艺的进步青年。

王复生和金剑啸还在报社内外组织读书会、同仁会、人生改善会、经济研究会等,培养和发现志同道合者。11月,民报筹备纪念创刊2000号活动。12月24日,在庆祝会当天,金剑啸等人组织白光剧社,演出美国作家高尔特的话剧《钱》,和金剑啸创作的反对包办婚姻的独幕话剧《母与子》,以及反映劳动人民痛苦生活的《黄昏》等。这次演出有女演员登台,为齐齐哈尔前所少有,所以更加轰动全城。但日伪当局认为这次纪念活动,是"做出普及共产主义的剧本,而把它公开地宣传,为了达到该党的目的进行宣传",所以勒令停演,并且传讯王复生,追查金剑啸的来历。1936年2月,金剑啸被迫离开齐齐哈尔。①

6月13日,日伪当局在齐齐哈尔和哈尔滨同时动手,逮捕了王复生、金剑啸以及新闻、教育界等爱国人士和无辜群众百余人,制造了轰动一时的"黑龙江民报事件"。日伪当局在一个多月的时间里,百般折磨、严刑拷打王复生、金剑啸等人。8月15日,日伪第3军管区军法处判处王复生、金剑啸和《民报》编辑阎达生等5人死刑,立即执行(另2人在狱中拷打致死)。有26人被判无期或有期徒刑。上午10时,王复生和金剑啸等人被惨杀。

此后,日伪当局进一步强化对《民报》的控制。每天报头下的发行人(初为宋相五,后为刘世文和于捷峰)、编辑人(娄止善)和印刷人(富介卿,后改傅瑞华)的姓名虽然仍是中国人,但实际上的主管者却是日本人仓内勇,不久由加藤勘治代理社长。1938年2月,该报奉命加入弘报协会,成为该会第2批加盟社员,完全纳入日伪法西斯新闻统制。为此,人员设备等有所充实。从3月1日开始增加版面,由对

---

① 《黑龙江省志·报业志》,第81页。

开4版扩大为6版，并仿照《大北新报》新设了一批专刊。副刊《芜田》更名《黑水艺舟》，连载魏毓兰著的《黑水稗史》及旧体诗。其中有不少关于黑龙江地区的历史资料。

1939年9月，日文《齐齐哈尔新闻》社长片山诚三兼任《黑龙江民报》社长，两报一套人马，总务部长中岛市治，日文报编辑长山口新一，中文报编辑长孙浩文，添购了制版机和新铅字。但是，版面上仍然充斥着殖民地语言"协和语"，鼓噪"大东亚共荣圈"。而且由于扩大侵略战争而造成的物资匮乏，使这家号称"北满西部唯一的满文版"，在增版不久又缩减到对开4版。1942年初，根据弘报新体制，被改为康德新闻社齐齐哈尔支社。1943年，版面再缩小为4开4版。副刊《嫩流》连载《汤公案》《醉黄花》之类宣扬封建腐朽思想的小说。1944年9月，该报报名也被取消，成为《康德新闻·齐齐哈尔》。1945年8月15日日本宣布无条件投降后，编辑长李化民主持恢复原报名《黑龙江民报》继续出版。不久，因制造反苏舆论，被苏联红军解散。

二　其他依托新闻媒体的反满抗日文艺活动

日伪统治期间，中共满洲省委和中共哈尔滨市委，为了配合抗日武装斗争，动员群众奋起抗日，特派罗烽、金剑啸、舒群、姜椿芳等一批中共党员，团结白朗（女）、萧军、萧红（女）、达秋、金人等爱国进步青年，从事抗日爱国文学创作活动，对群众进行抗日反满爱国思想教育。他们利用哈尔滨《国际协报》《哈尔滨公报》《五日画报》等报纸副刊发表了大量诗歌、小说、散文、戏剧等抗日救国文学作品。其中尤其以《国际协报》的副刊《国际公园》最有影响力，是上述作家主要的创作阵地。

除了上文提到的利用报刊阵地进行的反满抗日活动外，其他媒体也是反满抗日的重要阵地。广播媒体哈尔滨中央放送局就是其中的一个重要阵地。纵观日伪统治下哈尔滨中央放送局的14年，虽然处处受到日伪当局的严密控制，但是抗日活动始终没有停止过。其中最有代表性的有众所周知的"口琴社事件"、《南船北马》事件、广播剧《新天地》

第三章 奴役与抗争的年代

事件，以及 FY 合唱团和"十姊妹"在放送局进行的斗争。①

1935年4月，哈尔滨口琴社成立，当时是哈尔滨唯一由共产党人领导的音乐团体。社长袁亚成、口琴队队长侯小谷（中共党员）、副队长王家文，有队员40余人。聘请了哈尔滨著名音乐教育家刘忠、叶长春、任白欧为艺术顾问。社址在哈尔滨道里区中国八道街4号。

1935年末，口琴社在哈尔滨南岗大直街中东铁路俱乐部（今哈尔滨铁路局文化宫原剧场）演出了施特劳斯的圆舞曲、舒伯特的小夜曲和俄罗斯的《伏尔加船夫曲》等乐曲。还在口琴音乐会上不顾日伪统治者的禁令，在袁亚成的指挥下，演出了揭露、控诉日本军国主义在"九一八"之夜，偷袭沈阳北大营，屠杀中国人民，侵占中国领土的合奏曲——《沈阳月》（袁亚成作曲）。口琴社为了让更多听众听到这首乐曲，在哈尔滨中央放送局中国职工的大力协助下，以改换曲名的办法，瞒过了日本的检查，在中央放送局成功地播出了《沈阳月》。1936年10月17日至19日，哈尔滨口琴社又举行了公演，并在哈尔滨道里区巴拉斯电影院门前高悬大幅广告。并在《国际协报》刊登广告，申明公演的宗旨和目的是"普及口琴音乐，提倡高尚艺术""音乐是人类精神上的食粮，音乐是激发人们心灵的良剂"。② 此次公演演出了《大路歌》《开路先锋》《汉宫秋月》和《天堂河地狱》等中外名曲。每天演出8场，尚不能满足观众的要求。1936年10月19日，《国际协报》报道称："演奏乐曲极得一般人士之欢迎，博得全场掌声不已。该剧院因屡接本埠爱好音乐人士函请及电话敦促，故特得该口琴社长袁君，定今日（十九）晚七时、九时加演两场，以飨关心者之渴望云。"③

口琴社的活动引起日伪当局的注意，1937年4月15日和18日，当局先后两次逮捕了侯小古、王家文、陈笑岩、李哲范、唐嘉伟、柳桥、孔繁绪、聂其瑶、陆怀章、聂宜慈、金真淑、崔昌林、沈玉贤和刘忠等

---

① 以下四个事件的介绍系根据《黑龙江省志·广播电视志》（黑龙江省地方志编纂委员会编，黑龙江人民出版社1996年版）相关内容删节整理而成。
② 广告《哈尔滨口琴社公演》，《国际协报》1936年10月17日，第一版。
③ 《国际协报》1936年10月19日。

人，关押在哈尔滨市警察厅地下室（今东北烈士纪念馆），软硬兼施、严刑逼供。侯小古受尽酷刑，于 1937 年 9 月在齐齐哈尔市壮烈牺牲，王家文等人被判 5 年徒刑，其他队员经半年或 3 个月的关押，因无证据先后被释放。顾问叶长春被哈尔滨市教育局以"教学不利"为名开除教育界，从此失业。

1934 年，哈尔滨市私立龙光学校校长王雁秋，投给哈尔滨中央放送局"节目编成"边永逯一篇广播稿，题目是《南船北马》。表面上是一篇趣味性的闲话，讲的是各个地方人们的不同习惯。南方水多，到处是河沟港汊，出门总得划船。北方地广路长，外出常常需要骑马。其实王雁秋是在抒发一种怀念国家的情绪，用趣闻闲话的方式，引起广大听众时时想念北方与划船的南方同属中华，不能忘记北方骑马的辽阔土地正是祖国不可分割的领土。边永逯编辑稿件后送审，只待稿件被通过后，通知王雁秋届时到电台播讲。

《南船北马》的广播稿送到邮政管理局电政科业务股第二放送监督室时，负责收发监听的郝清廉没有看完稿子，也没有盖上"供览"章，所以股长、课长都没有过目。负责《南船北马》稿件的边永逯在节目播出 30 分钟前打电话询问郝清廉，询问是否可以让王雁秋播出稿子。郝清廉没有细看稿子，为逃脱责任，竟推说稿子内容文不对题，是胡扯，暂且不予播放，让边永逯另换节目。然而，临近播出时间仅剩 30 分钟，无论如何无法更换，边永逯于是向郝清廉解释，认为稿件没有什么问题，可以播放。郝清廉却说："你放你负责！"边永逯一气之下回答道："我负责！"结果，收音机里终于按照节目的编排传出王雁秋播讲《南船北马》的声音。但刚播出不过几分钟，第二放送监督室的电话响起，边永逯故意不接，直到王雁秋播完稿子才接电话。果然是郝清廉来电追问。为了避免节外生枝，边永逯抢先报告第二放送主事赵忠恕，二人又一起向放送局长日本人高桥将武报告，咬定邮政管理局有意刁难。结果，高桥出面和邮政管理局的日本人联系，总算把事情压了下来。

1944 年 7 月 25 日晚 7 时，哈尔滨中央放送局在《儿童节目》时间里，播出了一出广播剧《新天地》，编剧"孤帆"（赵乃禾）。剧情是

第三章 奴役与抗争的年代

讲述在一个山村的院落中，杂居着几个民族的居民，有日本人、朝鲜人、俄国人和中国人。日本人是这个村子的村长。山区每年都有山洪暴发，大家对于洪水都很恐惧。这一天日本人告诉大家晚上有特大山洪，人们要到村中一座石头房子里避难，还要用沙袋加固房身，堵严门窗。如果禁不住这次洪水，那么大家就死在一起。于是全院的人都聚拢到这座房子里，在恐惧的气氛中等候着命运的裁决。笃信天主教的俄国人在行将就死的时候良心发现，进行了忏悔。他说，过去他在村中干了坏事，卖牛奶往里面兑凉水，很对不起大家，请求饶恕。接着朝鲜人也进行了忏悔，说他在村中卖大烟，进行贩毒活动，坑了不少人。日本村长也深负歉疚感地说，他在村中借教小孩子们学日语之故，接受了家长送的许多钱物，而孩子也没教好，很不应该，对不住大家。就在忏悔旋风愈刮愈烈，大家乱哄哄一片之时，有一个中国人因房子里空气稀薄，搬开沙袋捅破窗子，居然有一束晨曦射入室内，新鲜空气和远近的鸡鸣声一齐钻进这座黑暗的石头房子，外边根本没有什么山洪来过。这时大家都来问村长，这个日本人只得承认是诓骗蒙蔽了大家，其实并没有什么洪水。人们从恐惧中释放出来，又说笑起来，他们围着村长开玩笑，说："哈哈，原来你是一个大骗子！"就在大家的嬉闹狂笑中，结束了这出闹剧。

广播剧播送完了以后，新京（长春）"弘报处"一位裴事务官把电话打到哈尔滨邮政局郝清廉那里，让把"孤帆"的广播剧《新天地》脚本第二天寄往"弘报处"，说这出戏里面有反满抗日的言论。郝清廉一听事关重大，找来赵乃禾问明情况才知道，广播剧把"满洲国"这个所谓"新天地"写得一片漆黑，各种人都欺侮中国人，他们都是骗子，而最大的骗子是日本人。这个节目还正赶上"协和会"建立纪念日，又是对"全国"广播。郝清廉急忙命赵乃禾把原脚本收齐通通烧毁，另写一个可以冒充而又没有把柄的脚本顶上，赵乃禾立刻动手另写一个脚本交上去。

伪满洲国对于广播控制很严，广播稿件或广播节目一律由邮政管理局电政科业务第二监督室审查监听。邮政管理局属伪满洲国交通部。与此同时，宪兵队、电信电话管理局也都进行监督管理。另外还有伪满思想文化统治中枢伪国务院"弘报处"总监督。所有广播稿件要求一式五份，按照放送局庶务课的填表编号，分别呈送给邮政管理局、宪兵队和电信电话管理局，然后放送局及广播员自留一份。稿子到了邮政管理局电政科业务第二监督室，经过收发监听后交"系"主管，再一级级呈送"系"主任、股长、事务官、科长（理事官）、副局长、局长层层审查，签字盖章。

　　哈尔滨邮政管理局电政科股长小西健治、科长安武柳条、局长植田三郎都是宪兵队本部的"嘱托"，持有宪兵队证件，宪兵队提供给他们一个《要注意视察人名簿》，其中赵乃禾、边永遽、赵文选等人被记录在册。赵乃禾毕业于哈尔滨铁路学院，懂俄语，属工大系统倾向共产党的人物，他在社会上很活跃，喜欢喜剧，在《月光曲》《烽火万里》等话剧中曾被特邀饰演主角。他演技好，声音洪亮，仪表扮相英俊，博得社会各界的注目，受到一些青年的崇敬。他的演剧活动被视为有秘密结社之嫌。后来经郝清廉通过各种渠道斡旋，弘报处裴事务官才不再追究。不过，在日本人眼里，赵乃禾已被列入"紧急处置"人员名单之中。哈尔滨中央放送局局长高桥将武也在暗中加强了对赵乃禾的监视，搜集他的材料，以为赵乃禾是共产党的地下工作者，幸亏"八一五"日本人垮台，赵乃禾才算免遭毒手。

　　FY 是哈尔滨放送局 MTFY 代号的最后两个字母，Y 是放送的意思，F 是哈尔滨放送局的第次号。FY 合唱团即哈尔滨放送合唱团。成员有电台专业人员，也有业余音乐爱好者。该团由放送局拨款制作节目，但不属于放送局编制。合唱团负责人刘忠（刘性成），是一位音乐家。原是一位中学音乐教员，为许多古诗词谱过曲子，如柳永的《雨霖铃》、李清照的《菩萨蛮》、李煜的《虞美人》、王国维的《阳关三叠》，还谱过诗人徐志摩的《快回家吧姑娘》等。这些诗词中许多是"托儿女之辞，写君臣之事"。1937 年，刘忠因口琴社事件被日本警察机关逮捕，最后因为没有确切证据被释放。但仍被日伪政府列入《要注意视察人名簿》，时时予以监视。FY 合唱团的许多成员具有较高的音乐素

第三章 奴役与抗争的年代

养,如指挥王钧鼎,曾指挥过音乐家赵元任的《海韵》大合唱,由俄国交响乐队伴奏。公演时引起外国人的叫好和惊讶。王钧鼎还在广播电台宣讲《音乐欣赏》,每周一讲,讲贝多芬、莫扎特等大音乐家及其作品,边放音乐边讲解,有时影射日本侵略者。为此,哈尔滨宪兵队名册上,王钧鼎已被画上了两个圈。然而,王钧鼎一如既往,照例坚持讲下去,不久王钧鼎的音乐"嘱托"被解除。

FY合唱团多时达五六十人,哈尔滨一些职员、教员等音乐爱好者踊跃参与,培养了一批音乐人才。FY合唱团制作的节目多是中性的、庄严的歌曲,或者演唱一些外国的著名歌曲,像《魔王》《菩提树》《流浪者之歌》等。即便如此,放送局还是对合唱团不放心,伪警视厅特意推荐一名叫张扬的"嘱托",进入由哈尔滨青年学生组成的"古风音乐会"①,专门演奏"国乐",以期钳制FY合唱团。这名"嘱托"不仅参与"古风音乐会"的排练演出,还时常窜到FY合唱团排练或演播现场实施监督。但FY合唱团还是以合法的形式演唱了一些李清照和李后主的诗词,用来感染人们不忘国耻,唤起人们反抗日本殖民主义统治的意识。

哈尔滨中央放送局有一个放送话剧团,专门演广播剧。剧团中的一些人,由于思想倾向相近,艺术趣味相投,在演剧活动中互相照应,于是以年龄为序称为"十姊妹"。但实际上"十姊妹"并非全部是女性,也并非10人而是13人。他们是:尘沙(洪徽善)、傅澄、曹雷、白鸢、白浪、苏秀、侯爵、石笛、张扬、乐然、陆园、凤眠、寒梅。这些人年龄相差近20岁,每个人的阅历、修养各不相同。"十姊妹"的说法一传出,立即引起了日伪的注意,暗中跟踪与调查"十姊妹"的背

---

① 1939年初春,在哈尔滨第二中学音乐教师叶长春的支持下成立古风音乐会。成员有王昭麟、王一韵、郭维侯、韩则梯、罗记公、魏雅风、崔永增、黄魁第等乐手和歌手韩瑛、韩琳。这些人多数是学生,也有部分小职员和手工业工人。古风音乐会,为当时东北三大民族音乐团体之一(另两个是新京熏风音乐会、奉天金风音乐会)。地址在哈尔滨道外南五道街一座小阁楼上。因为古风音乐会在社会上的频繁活动,引起了日伪特务机关的注意。1943年王一韵被捕入狱,受到严刑拷打,后经亲朋多方营救,才被释放。因此,古风音乐会在1944年停止了活动。

景、社会关系以及日常活动等。但"十姊妹"的演出活动照常进行，而且喊出"为艺术而艺术"的口号。"十姊妹"只演出艺术性强的话剧，不演下流荒诞的剧目和所谓的"国策剧"。用"艺术至上"抵制日本人的干涉，以艺术性为理由争演有意义的剧本。有一次他们演出曹禺的《日出》，日本人把尘沙叫去质问为什么演该剧，尘沙回称该剧有艺术性，人们愿意听，愿意看，别的剧本没有人来听或来看。日本人没有办法，就强迫尘沙在演出前必须向观众说明剧本是发生在1935年以前的事。"十姊妹"剧团在演出前便让一个小青年敷衍一句"剧中说的是1935年以前的事"，然后照常演出。"十姊妹"剧团还以艺术性高为由演出《晦明风雨》，该剧本内容是良家被突然闯进来的坏人搞得家破人亡，老百姓一看，不必多说，剧本的意义就清清楚楚了。

　　1945年8月19日，苏联红军进入哈尔滨。尘沙把"十姊妹"的人组织起来，用了两天时间排出话剧《沉冤》，第三天就公演。随后，中共哈尔滨党组织负责人孙刚黎找到他们，把剧团正式改称"八一五"剧团。他们连续排演了《蜕变》《血溅山河》等剧目，收到了很好的演出效果。后来，"八一五"剧团改称为"塞北风剧团"，"十姊妹"的成员几乎全都参加了这个剧团，集体参加了东北民主联军，从此，他们脱离了哈尔滨广播电台。

　　民族危亡之际，在中国共产党的领导、组织、参与下，黑龙江爱国作家、艺术家自觉地运用各种新闻传播媒体紧密配合现实斗争，把宣传抗战救国放在重要地位，为抗日奔走呼号，鼓舞了广大民众，成为东北乃至全中国抗日斗争的重要组成部分，在东北抗日救亡运动史上留下了辉煌的一页。

第四章　新民主主义新闻事业的胜利
——解放战争时期黑龙江地区的新闻传播事业

解放战争期间，党派遣大批新闻宣传工作者进入黑龙江，宣传党的政策和革命思想文化，以党报主导的人民新闻事业逐步建立和发展。

时任东北局第一书记彭真提出了一个口号，靠"两万干部、十万兵、一张报纸"开展工作。① 一张报纸就是《东北日报》，东北局充分发挥新闻宣传的作用，实现党中央"发展东北我之力量并争取控制东北"的战略。彭真同志最初直接领导《东北日报》，并为该报选派了一批领导骨干，可见党对宣传工作的重视。当时，国民党政府通过与苏联政府签订执行《雅尔塔协定》的《中苏友好同盟条约》，取得"接收东北主权"的合法地位。这种复杂的形势，在人民群众的思想上造成了极大的混乱，一是对国民党政府抱有盲目的"正统观念"；二是对中国共产党的力量和政策存有怀疑，以及对美帝国主义援助蒋介石集团打内战的实力估计过高，等等。面对这种纷繁复杂的情况，在全国解放最早的黑龙江地区，中国共产党建立了报纸、期刊、广播、通讯社和出版事业，对广大群众进行爱国主义、国际主义和"打倒蒋介石，解放全中国"的宣传教育，积极地配合了建立巩固东北根据地和支援了全国解放战争。

---

① 黑龙江日报社新闻志编辑室编著：《东北新闻史》（1899—1949），黑龙江人民出版社2001年版，第316页。

第一节　以党报为核心的人民新闻宣传体系的建立

抗战胜利后，中共中央决定成立东北局，任命彭真为书记，抽调部分中央委员与中央候补委员以及两万多名党政干部来到东北建立革命根据地。中共中央发出《关于建立巩固的东北根据地》的指示，派遣两万名干部和十万军队进入东北，领导东北人民消灭日寇和伪满残余势力，肃清汉奸，剿除土匪，建立各级地方民主政府。在东北抗联的协助下，在苏联红军的公开配合下，东北民主联军在东北率先抢占了一些城市。但后来苏联政府为履行它同国民党政府签订的《关于中苏此次共同对日作战，苏联军队进入中国东三省后，苏联军总司令与中国行政当局关系之协定》，通知我党、我军领导机关和武装力量退出已经占领的哈尔滨，并要求我军不要在有苏军驻守的地区同国民党作战，准备将城市政权移交给国民党政府。① 中共中央决定将工作重心放在乡村，以便发动群众，建立根据地，逐步积蓄力量，准备转入反攻。东北军民在中共中央东北局的领导下，经过艰苦努力，深入各中小城镇和广大农村，广泛发动群众，进行土地改革，建立农民武装，锄奸反霸，肃清敌伪残余势力，创建了东满、北满、西满以及南满四个根据地。在此过程中，以党报为核心的新闻宣传体系逐步建立。

一　各级党报、军报的创刊

1945年9月3日，在现黑龙江地区的黑龙江、合江、松江、牡丹江、嫩江五省和哈尔滨市，中共党委成立后，决定着手创办自己的机关报。《黑龙江日报》《松江新报》《合江日报》《牡丹江日报》《新嫩江报》和《哈尔滨日报》相继创刊。1946年5月，中共东北局机关报《东北日报》迁哈尔滨出版，同年11月，《西满日报》在齐齐哈尔创

---

① 张梅、李述笑：《哈尔滨文史资料——纪念哈尔滨解放四十周年专辑》，黑龙江省出版局1986年版，第57页。

第四章　新民主主义新闻事业的胜利

刊。同时创办的还有东北民主联军政治部主办的《自卫报》《反攻报》《部队生活》等部队报纸。参与创办中共各级党报的人员，大多是来自延安、晋察冀、山东、苏北等解放区的新闻工作者，他们在极端艰苦的条件下开展工作，并培养了一大批本地的年轻新闻干部。

东北局下属各分局所领导的地域面积广大、人口众多，开展各项工作的任务十分艰巨。在这种情况下，分局领导更加重视党报的重要作用。随着东北解放区的扩大，以《东北日报》为核心的党报体系，逐渐建立起来。在陈云、李富春、陶铸与张闻天等同志的指导下，各根据地的党报也进行了新的探索。

比如，中共西满分局所领导的地区，主要是中长路沈阳至哈尔滨线以西和齐齐哈尔以北的北安、黑河等地，共划分四个省：嫩江（省会齐齐哈尔市）、黑龙江（省会北安）、辽北（省会白城子）、兴安（省会王爷庙，后改名乌兰浩特）。这块广大地区，也是《西满日报》的主要报道和发行范围。1947年9月，中共西满分局撤销，《西满日报》于1947年9月18日终刊，共出刊308期。李富春同志主持西满地区工作时，到西满日报社总结办报经验，指出今后努力方向。要求党报工作者应该深入采访，发现问题，报道经验，发扬自我批评作风。

李富春指出："我们党报工作者不应光反映好的一方面，而应发现问题，报道经验并要深入研究检查发现缺点……因为只登好的，会麻痹我们干部的思想，今天一切为着战争的胜利，除战争以外，群众运动是我们的生死问题。我们要鼓舞表扬，更要自我批评，这样才能起指导和推动作用。目前的任务还要继续深入群众运动，加强群众组织，培养群众积极分子。"

"要把群众运动搞好，还有'负担'、'穿衣'各种为群众兴利除弊的问题。我们必须组织群众解决这些问题。报纸上亦应报道这些问题，传播解决这些问题的经验。"①

---

① 《李富春同志向西满日报同志报告指示报道方向》，《东北日报》1946年12月7日，第一版。

陈云指导《辽东日报》工作时指出："革命要靠一文一武，武是军事斗争，文主要是党报，通过党报来宣传党的政策，组织群众。"张闻天在指导《合江日报》工作时指出："坚持为人民服务的方针，紧紧依靠人民"，我们的战争一定能够取得决定性的胜利，并号召"党政军民一起动手，为本报充当通讯员，主动地找材料积极地写文章"，使得报纸能够成为百姓翻身的有力"支柱"。陶铸在指导《胜利报》工作时指出，中共党报与国民党报纸的根本区别就是它反映人民真实情况，反映政府和人民军队的政策和方向，团结一切民主力量同人民的敌人做斗争。后来陶铸同志还要求《胜利报》实现地方化、群众化、通俗化。①

应当说，在各地党报体系中，关于全党办报、群众路线、批评与自我批评相结合等，既是共产党一贯提倡的优良作风，也是基本的办报路线。中国共产党全党办报、群众办报的办报方针产生于1942年延安《解放日报》改版。1944年2月26日，《解放日报》首次正式提出"全党办报"的思想。1948年2月，毛泽东同志发表的《对晋绥日报编辑人员的谈话》对"全党办报"进行了全面阐述。关于无产阶级党报的作用和任务，他指出，"在于它能使党的纲领路线，方针政策，工作任务和工作方法最迅速最广泛地同群众见面"，"在报纸上正确宣传党的方针政策，通过报纸加强党和群众的联系，这是党的工作中的一项不可小看的，有重大原则意义的问题"；关于办报的路线和方针，他指出，报纸要"靠大家来办，靠全体人民群众来办，靠全党来办，而不能只靠少数人关起门来办"；关于党报的风格，他指出应当是"生动的、鲜明的、尖锐的，毫不吞吞吐吐"；关于党报工作者的学习和修养问题，指出"为了教育群众，首先要向群众学习"②。

无产阶级新闻事业是党的一种宣传工具，也是党的一个有力武器。毛泽东曾在陕甘宁边区文教座谈会上针对报纸问题指出："没有报纸便

---

① 以上陈云、张闻天、陶铸同志对报纸工作的讲话，转引自《东北新闻史》，第351—369页。

② 毛泽东：《对晋绥日报编辑人员的谈话》，《毛泽东选集》（第四卷），人民出版社1991年版，第1318页。

第四章 新民主主义新闻事业的胜利

不好处事"，党组织"应该把报纸拿在自己手里，作为组织一切工作的一个武器，反映政治、军事、经济的一个武器，组织和教育群众的一个武器"。[①] 共产党报纸之所以占领东北地区老百姓的舆论高地，除国民党腐败、国民党军队战斗不利、苏联外援等客观因素，最根本的还是中国共产党在东北解放区采取了正确的方针、路线，使自身力量迅速壮大，赢得了人民群众的广泛支持。

这一时期的党报向黑龙江解放区人民宣传共产党的主张和各级党委、政府的方针、政策，传播前线胜利消息，揭露国民党反动派散布的谣言和诬蔑之词，在反封建斗争、生产支前、民主建政等各项工作中，发挥了指导工作、交流经验、联系群众、教育群众等重要作用。在办报实践中，这些报纸大多面向农村读者，在地方化、通俗化方面，都作出了努力。其中，1946年5月迁来哈尔滨的《东北日报》作为中共中央东北局的机关报，对整个东北解放战争和根据地建设起到了重要的宣传指导作用。（本书将在下一节详细介绍）《黑龙江日报》（1947年4月曾用名《新黑龙江》）最为突出，它归纳的三性——战斗性、指导性、群众性和三化——地方化、通俗化、群众化方针，在读者中很有影响。《哈尔滨日报》在办城市型的群众报、开展工人通讯工作等方面也颇有成效。这些都为黑龙江地区党报事业提供了有益的经验。当时各类主要报纸的办报宣传活动简要介绍如下。

《哈尔滨日报》创办于1945年11月25日，中共哈尔滨市委机关报，中共哈尔滨市委在中共中央东北局北满分局的领导下成立。军管哈尔滨的驻防苏军以执行中苏政府间协议为由，要求中共领导机关和部队撤出哈尔滨。中共党和军队机关及部队随即撤至宾县和三肇地区，中共哈尔滨市委转入地下。为向哈尔滨八十万市民宣传抗战胜利后的时局和中共的方针、政策，粉碎国民党的欺骗宣传，使人民丢掉盲目的"正统"观念，中共哈尔滨市委以共产党员唐景阳的个人名义申请办报，

---

① 单永新、郭雨佳：《解放战争时期中国共产党在东北地区率先胜利的战略策略因素探析》，《东北师大学报》2015年第2期。

在刚刚停刊的中共松江省工委机关报《松江新报》的基础上，创办《哈尔滨日报》，公开宣传中共的政策与主张。阐述中共和平民主、团结建设的主张和政策，揭露国民党向解放区的军事进攻。并针对国民党抹杀东北人民的抗日历史，宣传中共与东北抗日联军同东北人民的血肉联系、东北抗日联军的英勇事迹。同时通过宣传报道，对比解放区和国民党统治下民不聊生的情况，使读者识别优劣。

《松江新报》1945年11月14日创刊，中共滨江地区工作委员会机关报，是抗日战争胜利后中国共产党在黑龙江地区出版的第一张报纸。当时哈尔滨市由苏联红军实行军管，在征得苏军卫戍司令部同意后，地区工委以个人名义创办此报。社长陈飞，社址在哈尔滨道里地段街2号（伪弘报会馆旧址）。11月16日，中共滨江地区工委会撤销，该报即由中共松江省工委领导。

该报宗旨是向广大群众宣传共产党的主张，并进行政治启蒙教育。创刊号刊载发刊词《我们的任务和立场》说："我们是东北人民大众的立场，为东北人民大众服务……我们拥护新民主主义，拥护和平民主团结三大方针，反对在东北实行一党专政的法西斯主义……我们是松江新报，它又是哈市人民大众的喉舌，它要说哈市人民大众要说的话，并反映哈市人民大众在实行民主反对专制独裁以及建设新哈尔滨市等各种斗争中的真实情况。"报纸为日刊，8开2版。1版为国际国内新闻和评论，2版为地方新闻。时事新闻来源多为新华社口语广播，也间有苏美通讯社电稿。国内新闻主要是揭露国民党反动派准备内战、进攻解放区的消息。地方新闻报道党建立人民武装的活动、哈市成立总工会及省府接收敌产等。同年11月23日在驻哈尔滨苏联红军的要求下，中共松江省工委等党和军队机关以及部队撤出哈尔滨，搬到宾县等地。《松江新报》随之停刊，约出刊11期。

《合江日报》前身是解放战争初期在佳木斯出版的《人民日报》。1945年11月下旬，中共合江省工作委员会成立后，即派工委宣传科长叶方接管了在伪《康德新闻》佳木斯支社旧址出版的国民党市党部报纸《佳木斯民报》。叶方利用该社原有人员及印刷设备，创办了省工委

第四章 新民主主义新闻事业的胜利

机关报合江《人民日报》，叶方兼任社长。1946年2月，曾在延安《解放日报》工作过的陈元直调来合江，接替叶方的社长职务。随后，来自老解放区的毛星、赵路、徐莹等陆续到报社工作，原留用人员先后离开报社。

《人民日报》除刊登新华社电讯外，还刊发一些剿匪、反奸清算等地方新闻和评论。1946年7月1日，合江《人民日报》改名《合江日报》出版，以县区干部及村的主要干部为读者对象。该刊的第1期，刊有中共合江省委书记张平之（张闻天）为纪念中共建党25周年撰写的文章《紧紧依靠人民战胜敌人》和《改版的话》。

1948年3月，土地改革结束后，《合江日报》即把恢复和发展农业、工业生产、支援解放战争作为报道的重点。除重大消息外，还增设《国际一周》《要闻简报》。1949年3月以后，由记者和工人通讯员写的反映工人生活的人物通讯开始在报纸上出现，如《党员李士禄又积极起来了》《掌钳工人毕景华的转变》《模范段长隋振东》等，报纸宣传重点转向以城市为中心，全面反映社会生活的变化。这一时期，该报还针对部分干部中，由于事业胜利，腐化堕落现象有所滋长的情况，加强了批评报道。同时，该报还注意密切与读者的联系，在4版设有"答读者问"栏，回答读者提出的各方面问题并刊登建设性的《读者来信》等。1949年4月，松江省和合江省合并为新的松江省。《合江日报》于当年5月5日终刊，共出刊1014期。①

1946年4月23日，东北民主联军进驻齐齐哈尔。中共嫩江省工委即派人接管了国民党办的《嫩江日报》，于5月1日创办了省工委机关报《新嫩江报》，社址在齐齐哈尔市永安大街丰恒胡同1号，社长先后由孟奘、吴宏毅担任。该报创刊后，配合地方政权初建工作，宣传党的路线、方针和政策。报道了齐齐哈尔市和嫩江各县群众反奸清算、分配土地、支援前线等活动，同时以较大篇幅刊载时事新闻揭露国民党反动

---

① 黑龙江省地方志编纂委员会：《黑龙江省志·报业志》，黑龙江人民出版社1993年版，第104页。

派发动内战的阴谋和解放区军民自卫反击战场上不断取得胜利的消息。副刊名为《北极》，主要刊登诗歌、小说、散文等。1946年10月30日，因中共西满分局出版《西满日报》，该报终刊。1947年9月，《西满日报》停刊后，中共嫩江省委于同年10月10日重新出版机关报，定名为《嫩江新报》，社长孙泱。中共嫩江省委在创办报纸决定中规定《嫩江新报》是中型地方性报纸，其主要对象是区村干部，同时照顾到各机关部队学校的干部及城市读者。1947年12月18日，报社抽出一部分编采人员参加农村土地改革，同时，省委感到报纸面向农村读者还不够通俗，遂决定将日刊改为"以农民群众及地方区村干部为对象的通俗的2日刊"，以大篇幅集中报道农村平分土地运动与生产。①

《齐市新闻》是中共齐齐哈尔市委员会机关报，创刊于1947年5月10日，社址在齐齐哈尔市工会胡同4号。该报主要以工人、中学生、职员、街道干部、市民为读者对象，贯彻地方化、通俗化、群众化的方针。在《发刊辞》中说："齐市各界同胞不论你们有什么意见，有什么要说的话，不论是见到听到做到的事情，都希望大家能真实地及时地写稿子寄到本报来。"

《齐市新闻》在创办的两年中，围绕该市的中心工作，报道了反封建斗争、政权建设、支援前线、发展工商业及城市建设等内容，宣传了共产党的城市工作政策。1948年春，该报多次报道扶持工商业、保护工商业的政策和措施。同年6月30日1版头条加框刊发社论《纪念"七·一"，坚持党的城市工作政策》，就贯彻中共"发展生产，繁荣经济，公私兼顾，劳资两利"的城市工作方针，阐述了意见。《齐市新闻》是地方城市小报，新闻强调短小，除头条外，平均文章在三四百字以内，百字左右的零讯、短讯，每期都有一批。评论多为短小精悍，社论在千字左右，短的只有四五百字。综合性副刊名为《龙沙公园》，刊登杂文、评介、诗歌、小笑话、文化生活、卫生常识等。该报由齐齐哈尔市工人印刷厂（后改名齐市新闻印刷厂）印刷，报纸发行初期由

---

① 黑龙江省地方志编纂委员会：《黑龙江省志·报业志》，第105页。

第四章　新民主主义新闻事业的胜利

《西满日报》（后为《嫩江新报》）发行部代办。1948年4月交邮局统一办理。1949年5月30日，嫩江省和黑龙江省合并为新的黑龙江省时，该报因并入《黑龙江日报》而停刊，共出刊421期。

《自卫报》于1946年4月25日在吉林省梨树县创刊，由东北民主联军总政治部主办。同年5月至6月间，社址随总部迁至哈尔滨。1947年5月至8月，夏季战役时，因部队行动，发行困难停刊。读者对象主要是连以上干部，前方主力部队发至连，后方机关部队发至营。1948年1月，东北民主联军改名为东北人民解放军，《自卫报》从1月24日第121期起改由中国人民解放军东北军区政治部出版。

《自卫报》在哈尔滨的两年多时间里，热情地宣传了马列主义、毛泽东思想，紧密地配合了中共和部队的中心任务，在各个战役和各项运动中起到了教育鼓舞作用。《自卫报》经常报道部队遵守纪律和执行政策的情况。随着战争的胜利发展，解放军解放了许多大中城市，该报把部队入城政策和纪律的宣传报道提到了重要的位置。辽沈战役前，东北军区司令部颁布了《部队入城纪律守则》，该报进行了集中宣传报道，表扬了许多遵守纪律的单位。同时，也发表了一些部队通过检查改正缺点的稿件，如《"动员"部检查纪律收回影响，军民团结像一家人》。报纸还介绍了用参观、报告、对比的方法来进行城市政策教育的经验。1948年8月和9月，发表了两篇社论，题目是：《坚决遵守工商业和城市政策》《坚决遵守新区政策和群众纪律》。

辽沈战役开始不久，1948年9月26日，《自卫报》改名为《东北前线》。在战争最紧张的日子里，《东北前线》没有出版，到11月6日才继续出版。11月6日头版转载《东北日报》社论《庆祝沈阳解放，庆祝东北解放》，刊登了中共中央祝贺解放东北伟大胜利的贺电。该报注意知识性和趣味性，经常通过故事、问题解答、歌谣、谜语、游戏等形式，给读者提供适时必要的时事和常识资料，帮助干部战士提高政治觉悟和文化水平。1948年12月，该报随部队迁离哈市。[①]

[①] 黑龙江省地方志编纂委员会：《黑龙江省志·报业志》，第107页。

二 各类专业报纸及机关团体报纸

除了中共各级党委及部队的机关报外，其他各类报纸也均有较大发展。1946年12月，合江省最早创办了以农民为对象的《农民报》（后改名《庄稼人》）。松江省创办了《松江农民》，嫩江省创办了《嫩江农民》。这类通俗报纸，在农村干部和农民中很受欢迎。面向工人读者的有《新工人》《合江职工》。其中铁路系统有《西铁消息》《火车头》；矿区有《鹤岗工人》《矿工周报》（双鸭山）、《鸡西工人》等。这些报纸在黑龙江地区，有的在全国也具有开创性的意义。其中具有代表性的是《庄稼人》《松江农民》《西铁消息》。

1946年12月7日，《合江日报社》为农村读者创办了《农民报》，是黑龙江地区最早创办的省级群众报。1947年8月15日改名《庄稼人》，在《合江日报》第4版刊出。该报语言通俗浅白，内容多是农民喜闻的或身边"活生生的实在事情"。对新华社时事电讯，编者都加以通俗改写，有的还改编成鼓词、说唱。地方稿件中，农民喜爱的故事、唱词、歌谣占较大比重。有"意见"（编者写的短评）、"表扬·批评""建议""读者问答""小常识""问事处"等栏目。曼硕在该报上常刊发连环画、插图等。该报于1949年5月20日停刊，近两年半期间，共出刊187期，连同前期《农民报》共出刊231期。

《松江农民》于1947年5月1日创刊，由中共松江省委宣传部直接领导的松江农民社编辑出版，地址在哈尔滨南岗区阿什河街20号（后改29号）。主编为宣传部宣传科长、作家周立波。1947年7月7日出版第9期后，周立波去五常县七区周家岗村体验生活，为他正在创作的长篇小说《暴风骤雨》补充素材，报纸暂时停刊。该报内容密切配合省委有关农村土地改革、生产、支援前线等中心工作。所载各类稿件都力求通俗浅白，采用农民语言。新华社时事电稿经改写，有的采用农民喜闻乐见的说唱形式。该报由铁路印刷厂印刷，每期印好后，由中共省委机要交通班的交通员直接送往各县，再由县委交通员分送各区。至1948年4月13日，该报出刊32期，停刊时间不详。

第四章　新民主主义新闻事业的胜利

《西铁消息》由中共西满铁路委员会主办，1947年1月1日在齐齐哈尔创刊，是全国人民铁路第一家正规的企业报。西满铁路管理局后改名齐齐哈尔铁路管理局，《西铁消息》名称未改。该报是市职工总会为向全市职工进行思想教育，引导工人努力发展生产，支援前线，提高政治、文化、技术水平，活跃职工生活并交流工会工作经验而创办的。该报创办初期，针对工人文化程度低、识字少的情况，十分注重通俗化，无论报道和文章乃至标题，都用浅显明白的口语写成。1953年9月30日该报终刊，共出刊512期。

另外，一些机关和团体还创办了《北光日报》《民主新报》《工商日报》《黑龙江青年》《学习报》《儿童报》。面向文化界和知识分子的报纸有《生活报》《文化报》。用少数民族文字出版的报纸有《人民新报》《民主日报》《战斗报》。私营报纸也有相当数量，大都在哈尔滨出版。复刊的有《哈尔滨公报》《午报》。创刊的有《大华日报》《大众日报》《民声日报》《松江商报》等。延安《解放日报》1946年9月1日曾以《民主政治培育下，哈市民营报纸如雨后春笋》为题，作了报道。

《北光日报》是哈尔滨市中苏友好协会机关报，1945年12月12日创刊。1945年11月23日，中共松江省工委机关和部队撤出哈尔滨后，中共哈尔滨市委以市中苏友好协会为公开的办事机关。友协会长为中共东北局北满分局委员、中共哈尔滨市委委员李兆麟。《北光日报》在李兆麟的直接领导下，和中共市委机关报《哈尔滨日报》相配合，向广大群众进行公开的宣传工作。当时哈尔滨广大群众和知识分子，刚从沦陷14年的日伪统治下解脱出来，对共产党不了解，相当多的人有盲目"正统观念"，加以时局动荡不定等因素，该报便以中间立场出现。在《创刊辞》中说："我们无党无派，不偏不倚，把握中苏友好同盟的精神和信念，促进中苏两大民族的团结，加强中苏两大民族间的理解和认识，坚决完成我们的神圣事业，我们要求中国的政治民主化、党派平等化，推进全国的和平、民主、团结。我们希望两党共同建立独立、自由、幸福的新中国，永远不发生内战。"① 由于所处的特殊环境，该报由无党派人士马英林任社长，实际办报人员有副社长李江、总编辑丁健生及庄启东、曾扬清、周玉兰等，均为中共党员。

该报的"中间立场"主要表现在创刊初期刊登的新闻和言论，既采用新华社的，也采用"中央社"的，对国共两党领袖的称谓，不加党派色彩。1945年12月28日，国民党市长杨绰庵等到哈，该报刊登了欢迎社论。之后，对这位新市长的讲话、文告等，都作了客观报道。这一阶段，编者主要是通过选用不同通讯社电稿、发表读者呼声等，向读者阐明事实真相，表达编者的宣传意图。

东北人民对中共领导的东北抗日联军业绩是十分景仰的。该报于1946年1月16日刊载前抗联第三路军政治委员冯仲云记述的《东北抗联十四年奋斗简史》，连载16期，历时月余。1946年3月9日，抗日将领、哈尔滨市中苏友协会长李兆麟被国民党特务分子暗害。该报于3月12日一版，以特大字通栏题"人民公敌中国法西斯特务分子残暴罪行"，发表了这一骇人听闻的消息，并围绕这一事件连续发表社论、署名文章和来信，宣传李兆麟英勇抗日事迹和献身精神，控诉国民党反动派的罪行。此后，该报即不再以中间立场出现。而以直接的方式，宣传中共中央和省、市委的方针、政策，电稿也主要采用新华社播发的电讯。1946年4月28日前后，该报刊载社论及各界人士谈话等，欢迎人民自卫军进驻哈市，为哈尔滨顺利回到人民怀抱，作了积极的舆论引导。

该报有副刊《文学》《民众世界》《综合》等。1946年5月28日，《东北日报》由长春迁哈尔滨出版，《北光日报》与《哈尔滨日报》一同合并于该报而停刊。

《人民新报》于1945年10月16日创刊于牡丹江市，是由受中共领导的高丽人民协会（后改为牡丹江市朝鲜人民民主同盟）所主办的朝鲜文报纸。初期负责人为韩松云，不久由李洪烈继任。

---

① 《创刊辞》，《北光日报》1945年12月12日，第一版。

第四章　新民主主义新闻事业的胜利

该报主要以北满地区朝鲜族农民为主要受众，兼顾其他各阶层读者，创刊初期以中立的民间面目出现，歌颂抗战胜利，宣传国民党与共产党合作，刊载新华社、朝鲜中央通讯社以及世界各主要通讯社的电稿。随着时局的发展，1945年11月以后，该报逐步表现出明显的倾向性，积极宣传中共的政治主张，揭露和谴责国民党蓄意挑起内战的阴谋，宣传朝鲜族聚居区的反奸清算斗争、参军、剿匪、支援前线、土地改革、民主建政等。如1945年11月25日刊登毛泽东在中共七大会议上作的《论联合政府》讲话摘要；12月28日刊登中共中央东北局《关于目前东北时局的具体主张》等，使广大朝鲜族读者及时了解中共的政治主张和各项政策。该报还经常发表社论，配合当时的政治形势，宣扬革命舆论，号召人们在中共的领导下，团结一心，为解放战争、政权建设贡献力量。1946年5月15日，国民党在牡丹江策动的暴乱事件发生后，该报连续报道事件经过，揭露事件主谋者的反动面目，宣传中共领导下人民和军队的强大力量，对稳定群众情绪，瓦解残敌，起到积极作用。该刊于1948年3月2日终刊，共出刊750期。报社人员迁至哈尔滨市，与松江军区朝鲜支队主办的《战斗报》合并，出刊朝鲜文《民主日报》。

《文化报》于1947年5月4日创刊。主编萧军，30年代东北革命作家，抗日战争期间去延安，1946年9月回到哈尔滨市，在中共中央东北局宣传部资助下，创办了鲁迅文化出版社和《文化报》，地址在哈尔滨道里尚志大街5号。《文化报》第7期后，因萧军参加土地改革暂时停刊。1948年元旦复刊，改为4开2版，5日刊。萧军在《复刊词》中说："本报任务，只在为读者报道一些文化消息，此外介绍一些文化常识、短文、小诗、书评、剧报及杂碎之类；本报编辑还是抱了'摆小摊'与'卖零食'的精神和气魄，只要某些残钉碎铁，一粥一饭于读者生活和学习上稍有用处，我们就心满意足，此外无求。"[①] 该报于1948年8月15日，因刊发社评及某些文稿，受到《生活报》的全面批

---

① 《复刊词》，《文化报》1948年1月1日。

评，而展开了"两报论争"。此后，有关方面停止了"对萧军文学活动的物质方面的帮助"，该报遂于1948年10月12日停刊，共出版65期，发行量达万余份。《文化报》停刊后，东北文艺界、教育界展开了对萧军及《文化报》的批判。1949年4月2日，《东北日报》刊载了中共中央东北局《关于萧军问题的决定》。

32年后，中共中央组织部、宣传部于1980年同意有关部门对萧军重新作出的结论。指出："1948年东北局《关于萧军问题的决定》认为萧军'诽谤人民政府，诬蔑土地改革，反对人民解放战争，挑拨中苏友谊'，这种结论缺乏事实根据，应予改正。"肯定"萧军同志拥护中国共产党，拥护社会主义，是一位有民族气节的革命作家，为人民做过不少有益的工作"[①]。

解放战争时期，中共黑龙江地区的许多县委，也陆续创办了县委机关的小型报纸。1946年8月，宾县、甘南县最早创办了县报。随着剿匪斗争的胜利和土地改革运动的深入开展，各县县报竞相出刊。至1948年，在松江、合江两省最为普遍，大多数县份都办起了报纸，其中包括边远的同江、饶河两县。初步统计，至1949年初，黑龙江地区出版县报达29家。这些县委小报，有油印、石印、铅印，都是在艰苦条件下，因陋就简办起来的。县报以村干部和农民群众为对象。既重视指导交流实际工作，又有农民喜闻乐见的内容。都因紧密反映各地实际工作，切合群众文化水准，通俗易懂而受到农民欢迎。

尚志《庄稼报》，在1948年4月全县召开动员春耕生产和劳模大会时，介绍了荣获"劳动状元"称号的军属刘老太太事迹，刊登了劳模名单，使先进人物的名字和事迹传遍城乡，推动了全县生产竞赛运动。《汤原小报》在合江出刊较早，是办得较好的一家县报。《合江日报》称"它内容活泼，又来的及时，文字比较通俗精干，编排技术也不错"，曾两次介绍该报的经验，对合江地区其他县报起了示范作用，受

---

① 黑龙江省地方志编纂委员会：《黑龙江省志·报业志》，第117页。

第四章 新民主主义新闻事业的胜利

到中共合江省委宣传部的表扬。①

1949年6月，松江和合江两省合并为新的松江省。为了加强省委机关报《松江日报》的力量，应中共松江省委要求，原松江、合江大多数县报相继终刊。原黑龙江、嫩江地区出刊的县报，此时也多停刊。

此外，历史上在20年代和30年代初期曾经出版的总数达40多家的英德波兰文报刊中，《波兰天主教星期日报》一直出版到1949年。1946年9月，新华社东北总分社在哈尔滨出刊《英语新闻》，是中国人在黑龙江地区公开出版的第一家英文日报。

这些不同种类的报纸对象不同内容各有侧重，但共同的是，都以一定篇幅报道解放战争的胜利消息、各解放区动态，密切配合当地中共组织和人民政府的中心工作。到1949年9月，由于行政区划调整，四省并为两省，以及党和政府对报业进行调整等，报纸的种类和数量都大为减少了。

三 党领导下的新闻媒体对哈尔滨解放的报道

1945年8月15日，日本宣布无条件投降。8月18日，苏联空、海、陆军陆续进占哈尔滨，成立了苏军卫戍司令部，对哈尔滨进行了全面的军事管制。蒋介石派遣大批特务人员来哈尔滨进行秘密活动，收罗日伪残余，加官晋爵，形成了"蒋伪合流"，企图占据哈尔滨，并攻占山海关、锦州等要地。但国民党精锐部队当时远在中缅边境、云南、四川等大后方，直到元旦才完成接收。所以，哈尔滨在相当一部分时间里仍在苏联的军事掌控下。国民党只是在哈尔滨名义上建立了政治统制。

国民党在黑龙江地区也创办过一批报纸，但是由于脱离群众，其存在时间都很短。其中，《青白日报》1945年9月在哈尔滨创刊，油印小报，内部发行，主办人是国民党哈尔滨市党务专员办事处宣传科长罗明哲。早在1941年7月，罗明哲在哈尔滨第一国民高等学校时，参加了国民党"东北抗战机构"，在小组内分工搞宣传，一度编辑油印小型周

---

① 黑龙江省地方志编纂委员会：《黑龙江省志·报业志》，第120页。

刊《正言报》，秘密散发，但为时很短。国民党哈尔滨市党务专员办事处于1945年9月成立后，油印《青白日报》用以指导党务活动。不久小报停刊，罗明哲后来发表声明脱离国民党，参加了中国共产党，成为黑龙江省一位著名教育家。

《佳木斯民报》创刊于1945年10月，由国民党佳木斯市党部书记长杨之明和宣传部长何宝信分别任社长和总编辑。该报是在伪满《三江报》基础上创办的，采编人员仍用原报人马。同年11月，中共合江省工委派宣传科长叶方等接管《三江报》后，创办佳木斯《人民日报》。

《北斗日报》于1946年初在牡丹江市创刊，油印，主办人是国民党牡丹江市党部训练科长姜学墙和宣传科长张福山。这两个特务分子曾组织"五四青年剧社"，举办纪念俄国十月革命的演出，以诱骗知识青年，还建立"铁血暗杀团"，策划暗杀中共领导干部。此外，一些在光复后成立的国民党党部，也用石印、油印或铅印，出版了五花八门的国民党县党部机关报。如兰西《晨光报》、依兰《民声报》、东宁《国民日报》、苇河《苇河通讯》、瑷珲《真理报》、郭尔罗斯后旗（今肇源）《晨光报》等。这些小报寿命很短，少者出三五期，多者出20多期，随着国民党党部溃散而终刊。

国民党接收期间，哈尔滨工厂停工、经济萧条、物价猛涨、民怨沸腾。国民党在哈尔滨大搞特务活动，于1946年3月杀害了中苏友好协会会长李兆麟将军，导致其大失民心。4月26日，哈尔滨市各界代表130人，联名吁请东北民主联军进驻。4月28日，东北民主联军松江军区部队进驻哈尔滨，至此，黑龙江地区全境基本解放。在中国共产党领导下，普遍建立起各级人民政权。哈尔滨解放时，党在黑龙江地区的主要报刊包括《东北日报》《北光日报》《哈尔滨日报》等对当时的情形进行了详细的报道。

1946年4月28日哈尔滨解放，各报发表了简讯、消息、特写、社论等。具体情况如表4-1所示。

第四章 新民主主义新闻事业的胜利

表 4-1　　　　　　　　　1946 年 4 月《东北日报》①

报道内容	报道篇数
共产党新闻	94
国民党新闻	74
民主党派人士新闻	22
国外新闻	74
其他新闻	52
合计	316

1946 年 4 月,《东北日报》共发新闻 316 条,对哈尔滨解放进行了详细报道。该报持续关注东北解放区战争动态,并连续报道各地东北民主联军情况。从宏观的角度报道民主联军进驻的意义影响,东北民主联军进驻后哈尔滨市各方态度,哈尔滨解放对东北地区解放战争的影响。通过哈尔滨市民对自由民主的盼望突出东北民主联军可靠安全的形象。

表 4-2　　　　　其他报纸对哈尔滨解放的新闻报道情况

	消息、特写	社论	公告
《北光日报》	《应八十万市民请求　人民自卫军进驻本市　市面秩序安宁情绪稳定》②		《为进驻哈尔滨告哈市同胞书》⑤
	《市民代表前发代电　要求民主联军迅速进驻哈市》③		
	《人民自卫军进驻哈市后　市面颇呈活泼景象　军纪严明市民同赞》④		

---

① 此表格根据《东北日报》1946 年 4 月共 24 期的头版报道制成。
② 《应八十万市民请求　人民自卫军进驻本市　市面秩序安宁情绪稳定》,《北光日报》1946 年 4 月 29 日。
③ 《市民代表前发代电　要求民主联军迅速进驻哈市》,《北光日报》1946 年 4 月 29 日。
④ 《人民自卫军进驻哈市后　市面颇呈活泼景象　军纪严明市民同赞》,《北光日报》1946 年 4 月 30 日。
⑤ 《为进驻哈尔滨告哈市同胞书》,《北光日报》1946 年 4 月 28 日。

续表

	消息、特写	社论	公告
《哈尔滨日报》	《昨日黄昏时候 民主联军陆续进驻哈市 市民夹道欢迎人民自己的军队 个别地方有少数匪伪进行抵抗》①	《欢迎民主联军进入哈市》③	《为进驻哈尔滨告哈市同胞书》④
	《蔼然可亲的民主联军 老百姓都争着看自己的军队》②		
《东北日报》	《我军开入哈尔滨前 哈市各界代表签请进驻》⑤		
	《民主联军进驻哈尔滨市 四平我军坚守阵地屡挫进犯顽军 国民党飞机肆意轰炸通化梅河口和平居民》⑥		
	《哈尔滨十五万人民举行盛会 热烈欢迎民主联军 各界人士咸庆自由获有巩固保障 万众一致强烈表示保卫胜利成果决心》⑦		

从国民党撤军后的"和平民主大会"到哈市代表的联名吁请，《北光日报》报道了从哈尔滨的士绅到普通市民，从哈尔滨市民的殷切盼望到迎接进驻的盛况，对东北民主联军进驻前后进行了翔实的报道。进驻前，关注哈尔滨市以谢雨琴为代表的名士、民主人士、普通市民的态度，尤其是对无政府状态下的哈尔滨的态度和对民主联军的态度。进驻

---

① 《昨日黄昏时候 民主联军陆续进驻哈市 市民夹道欢迎人民自己的军队 个别地方有少数匪伪进行抵抗》，《哈尔滨日报》1946 年 4 月 29 日。
② 《蔼然可亲的民主联军 老百姓都争着看自己的军队》，《哈尔滨日报》1946 年 4 月 29 日。
③ 《欢迎民主联军进入哈市》，《哈尔滨日报》1946 年 4 月 24 日。
④ 《为进驻哈尔滨告哈市同胞书》，《哈尔滨日报》1946 年 4 月 29 日。
⑤ 《我军开入哈尔滨前 哈市各界代表签请进驻》，《东北日报》1946 年 5 月 9 日。
⑥ 《民主联军进驻哈尔滨市 四平我军坚守阵地屡挫进犯顽军 国民党飞机肆意轰炸通化梅河口和平居民》，《东北日报》1946 年 5 月 3 日。
⑦ 《哈尔滨十五万人民举行盛会 热烈欢迎民主联军 各界人士咸庆自由获有巩固保障 万众一致强烈表示保卫胜利成果决心》，《东北日报》1946 年 5 月 13 日。

第四章 新民主主义新闻事业的胜利

过程中，关注民主联军军纪、军风、着装、武器、食宿情况。进驻后，报道民主联军对城市的管制纪律、对老百姓和记者的态度。通过接受过例行检查的过路行人对值岗兵士的描述，报道刻画出了东北民主联军兵士军纪严明、礼貌守矩、态度和善、不滥用职权、不贪小便宜的形象。通过记者和一科部长接触的细节描写，报道刻画出了东北民主联军领导级艰苦朴素、纪律严明、踏实稳重、是非分明的形象。

在东北民主联军进驻前，《哈尔滨日报》就发表了国民党管控下哈尔滨工厂停工、经济萧条、物价猛涨、民怨沸腾等情况的社论，刊登了东北民主联军司令部、政治部的公告书，为东北民主联军进驻作出充分预热。东北民主联军进驻后，以内容丰富的通讯和特写主要刻画哈尔滨治安稳定、市民的喜悦以及恢复正常生产生活的变化。民主联军进驻前：关注国民党管控下的社会生产生活情况、民主联军剿匪动态、哈尔滨市各方势力态度，以官方发布平台的形式刊发松江人民自卫军公告动态。民主联军进驻时：关注民主联军军容军貌、哈尔滨市各阶层市民态度。民主联军进驻后：关注民主联军食宿情况、哈尔滨市生产生活情况。通过学生、商贩对民主联军欢迎之热烈、相处之和谐的情况的描写，突出民主联军和蔼可亲、爱民护民的形象。通过对招待处工作人员安排民主联军食宿情况的采访，突出民主联军作风朴素的形象。通过对民主联军进驻后商贩、工人正常开工、恢复生产生活的情况的描写，突出进驻后治安稳定、民主联军安全可靠的形象。

"得民心者得天下。"人心向背从来都是取得战争胜负的决定因素。而报纸是战争中的舆论武器，国共双方都试图通过舆论来赢得主动。谁真正代表人民、反映人民的心声，谁就能赢得舆论支持，甚至有助于战争胜利。也可以说正义战争符合人民的根本利益，代表人民的思想和情感要求，能有效地进行舆论威慑；而非正义战争违背了历史发展的规律，不符合人民的根本利益，则必然不能有效地进行舆论威慑。[①] 解放

---

① 徐宁：《解放战争中舆论战的巧妙运用——以平津战役为例》，《中国纪念馆研究》2015年，第227页。

战争中，打好舆论战在共产党和东北民主联军高度一体化和高度融合中发挥了积极作用。"不战而屈人之兵。"通过一系列有效的报纸舆论战策略，形成了有体系、有特色的报道方式，充分而立体地从不同侧面反映进程，对鼓舞我军士气、瓦解敌军斗志、获得百姓舆论支持产生重大作用。

从1931年到1945年东北沦陷的14年间，哈尔滨地区经历了日伪、苏联红军、国民党等多方势力的管控。苏军撤出后，之所以相比于国民党的管控，哈尔滨市民更热切盼望东北民主联军进驻，一方面是国民党管控下的哈尔滨工厂停工、经济萧条、物价猛涨、民怨沸腾；另一方面，共产党运用新闻媒介掌握话语权优势，在报道中突出日伪时期国民党一度放弃东北地区，是东北民主联军作为"人民自己的军队"始终坚持抗争，并突出东北民主联军在共产党的领导下治军严明，通过报纸在民众舆论中树立了良好的形象。主要表现在以下两个方面。

第一，提早部署，占领舆论阵地。

据统计，解放战争时期，在哈尔滨地区的报纸共29家，中文报纸27家，外文报纸2家，其中以《北光日报》《哈尔滨日报》为代表的代表或偏向共产党立场的报纸，不仅数量上占大半，在报道质量、经营管理、报纸销量上也占绝对优势。这些报纸通过不断报道东北民主联军抗击敌伪、剿匪清贼的胜利消息，宣传东北民主联军对待百姓和善可亲，对比国民党管控后哈尔滨工厂停工、物价飞涨、经济萧条、民怨沸腾的惨状，极大地发挥了新闻舆论的作用，为共产党争取民心、获得舆论支持作出极大的贡献。因而联名吁请东北民主联军进驻，成为情理之中的事情。

第二，以小见大，树立良好形象。

《北光日报》《东北日报》《哈尔滨日报》对哈尔滨解放事件的报道，有几个共同之处，一是人物采访占比大。报道中的采访对象包括工人、学生、商贩、妇孺、招待处接待人员等社会各个阶层。不仅力求客观公正，增强说服力，而且丰富报道内容，加强趣味性。二是运用大量直接引语还原情景。口语化的语言表现给人一种情景再现、真实还原的

第四章 新民主主义新闻事业的胜利

感觉，体现真实性和可信度。三是加大动词、形容词的运用。从小孩子的"疯跑"到行人的"群伫街头，争相观看"，从民主联军检查时的"严肃细致"到买冷饮时的"和善可亲"，一系列的动词连用、形容词妙用，无不通过大量细节直观地展现百姓的兴奋、民主联军的可靠。

这些报道成功地通过大量的人物采访和记者亲身接触，从外貌、动作、神态等多个方面，以白描的写作手法，运用大量的直接引语来表现东北民主联军军风优良、军纪严明、和善可亲、艰苦朴素、踏实可靠的形象，为共产党军队在民众舆论中树立良好形象起到极大的作用。

宣传是政治工作中不可分割的组成部分。从日伪侵略到苏军管控，再到国民党接收，东北地区几经动荡，东北地区人民对于和平、民主、自由的渴望尤为热切。共产党在新闻战线提早占领舆论高地，无疑为之后工作的开展奠定了良好的舆论基础。同时共产党报纸以贴近群众为方针，运用质朴生动的语言，为老百姓说话，为自由民主斗争发挥了重要的喉舌作用。

随着东北民主联军的进驻，哈尔滨成为全国第一个解放的大城市。在哈尔滨解放后，中共中央东北局、北满分局领导中共哈尔滨市委、市人民政府以共产党报纸为宣传阵地，放手发动群众、深入土地改革、加强政权斗争、开展党建工作、恢复发展生产、积极支援前线、着手文化教育、全面建设城市，使得哈尔滨不仅在短时间内恢复振兴，为东北乃至全中国的解放作出了巨大贡献的同时，更积累了管理、建设大城市的宝贵经验。在这个过程中，报纸起到了重要作用。

第二节 《东北日报》的新闻业务探讨与报道实践

解放战争时期，中国共产党进入东北后，随着各根据地的建立，新闻事业也不断发展壮大。其中，最先创办的是中共东北中央局机关报，也是中共第一份大区党报《东北日报》。东北局第一书记彭真，最初直接领导《东北日报》，为该报选派一批有办报经验的领导骨干。后来由宣传部长凯丰直接领导《东北日报》。在艰苦战争年代，《东北日报》

几经播迁，辗转来到哈尔滨，解放战争时期在哈尔滨出版时间最长。从1946年到1948年东北解放，《东北日报》创办了《新闻通讯》副刊对新闻业务进行探讨，在这一平台提高理论水平，端正写作态度，交流写作经验，为各地新闻工作者提供业务指导。以《东北日报》为主的东北党报，贯彻全党办报、群众办报的方针，对党的各项工作提供了有力的支持，尤其在土地改革过程中，《东北日报》不但全面报道土改的情况，更成为开展工作的重要平台。

一 《东北日报》的新闻业务探讨

党中央提出的"全党办报"的核心思想是报纸要由全党一起来办，不是由某一部分人来办。这就要求全党包括各级领导干部在内的所有党员都要参与新闻报道，都要提高自己的新闻业务水平。为此，《东北日报》创办《新闻通讯》副刊（以下简称《新闻通讯》）。在发刊词《写在前面》中，编者指出："《新闻通讯》今天创刊，我们编辑这个副页的目的，在于和本报各地通讯员。"及其他爱好新闻工作的同志，一起研究问题，交换经验，以利于更好地推进新闻工作的展开。"东北解放区的新闻工作，虽还处在一个开头阶段，但一年来，在紧张战斗的环境及各种新的复杂条件下，已开始逐渐走向和群众结合，其在建立与发展中间，有不少其他解放区所没有过的经验值得我们及时总结，同时有不少新的问题也需要我们及时解决，特别是在各地通讯工作逐步开展，大批新的通讯员同志开始学习写稿的情况下，对于人民新闻事业的基本认识，以及采访写作等技术上提高，更需要我们及时研究。"因此，"希望今后的《新闻通讯》，能够得到各地新闻工作者及广大通讯员同志扶植，共同担负起这个艰巨的任务"①。1946年至1948年间，《新闻通讯》主要从以下四个方面展开了探讨。

第一，提高党报理论水平。

提高业务水平的基础是理论素养的提高，这就要首先明确党报的基

---

① 《东北日报·新闻通讯副刊》（第一期），《东北日报》1946年12月21日，第十二版。

第四章　新民主主义新闻事业的胜利

本办报路线——群众路线。《新闻通讯》中明确提出报道的中心是"写群众"。"共产党的报纸,所以不同于一般资产阶级的报纸,就在于坚定不移的群众观点,和为群众服务的方针。"① 因此党报的大量篇幅,必须为群众生活、群众运动所占据。反映群众的要求,发挥群众的创造,解决群众的困难,并经常不断地报道群众运动中涌现的英雄人物和英雄事迹以教育群众,推动工作,这就是新闻工作中的一个基本任务。群众是一个新闻资料的丰富源泉,只有充分反映群众,才能使我们了解群众,也只有在彻底了解群众的基础上,才谈得到和一个群众结合的桥梁,指导群众工作,所谓一切政策的"从群众中来,到群众中去",报纸正是其中的桥梁。②

同时,要贯彻"全党办报"的方针。"报纸要办好,必须各个工作部门同志一齐下手,就是所谓大家办报,大家办报的主要内容是给报纸写稿,普通叫做通讯员,写通讯。"写稿对工作有着重要的促进作用。对于个人来说,文化程度低的可以用来提高文化,练习写作能力。一个干部具备一定的写作能力,对于工作有许多方便,暂时没有或者不好,就要锻炼,给报纸写稿就是最好的办法。写稿还可以锻炼观察和思考能力,把一堆千头万绪的事情整理得井然有序。对负责同志说来,可以趁机总结工作,整理经验。因为书面材料一定要整理得比口头讲述更有条理。对工作来说,可以交流经验,少碰钉子、少走弯路。而反映最先突破经验的稿件,则是最有指导意义的文章,真比空洞议论价值大得多。对群众教育,使用事实最有效果,新闻通讯就是这种事实材料。对领导机关来说,新闻通讯是最具体的情况反映,可以得到工作报告中找不到的材料,至少可以补充工作报告的不足,因而它对决定政策是有很大作用的。

例如1946年12月,《新闻通讯》提出了党的六项中心工作任务——土改、发动群众、春季大生产、双拥、支前、劳动互助。土改和发动群

---

① 关寄晨:《写群众》,《新闻通讯》1946年12月21日,第十二版。
② 关寄晨:《写群众》,《新闻通讯》1946年12月21日,第十二版。

众是排在最前面的两项任务。这就是具体明确提出了今后各部门同志"要报道消灭夹生饭的具体办法和经验,这是报纸目前急需要的稿件,特别是怎样把一个村屯的夹生饭煮熟的,其具体过程和事实,均望能详细而生动的写出来,以供其他地区参考学习"。"消灭夹生饭后,农民已发动起来的地区,我们希望能找出典型,反映其各方面之新气象,看究竟一个成熟的地区,和夹生饭有什么不同,特别是如何同准备生产联系起来的办法经验"①。

第二,端正新闻工作的态度。

提到给报纸写稿,当时很多同志容易有顾虑:不会写,写不好;写作是白费事;写稿与工作无关,是额外负担。"其实,不会写,学习下去就会了,写不好,练习长了就写好了,若不打消这种有害观念,则永远不会写或写不好的。写作绝非白费事,至少可以作为自己练习,进而还可得到别人意见。坚持写下去,终究会被采用的。"从事人民解放事业的同志,工作力量发挥越多越好,绝无什么分内分外之分。问题在于该做不该,既该做又能做就来做,并把它做好。《新闻通讯》以任成玉同志作为典型。他是陕甘宁赤水县特委书记,没有读过书,由于积极努力学习写作,已成为一个很出色的党报通讯员,给党报写了很多通讯,得到很多的好评。②

《新闻通讯》还为各部门的同志提出了方便、可行、门槛较低的新闻工作方法。一是提倡写工作通信;二是要求大家寄材料来。这样一方面是大大降低了写作的难度;另一方面也使群众工作的丰富材料能源源不断地来充实报纸。

首先,写工作通信,在目前说来是报社与做群众工作的同志中间加强联系的一种最好的方式,很多同志不知道怎样写新闻,或者没有写新闻的习惯,但是写信总是不成问题的,因此提倡大家给报社写信,在信上可以毫无拘束地把你所遇到的问题以及你这一时期的工作情况、工作

---

① 《目前报道的中心工作》,《新闻通讯》1946年12月21日,第十二版。
② 《大家给报纸写稿》,《新闻通讯》1947年1月31日,第十二版。

第四章　新民主主义新闻事业的胜利

经验等,详细地写给编辑同志,不用顾及新闻格式、开头结尾、文字结构等束缚。当然在工作中有什么疑问和困难,也可以随时提给报社。这样,报社可以从来信中编写出报纸所需要的资料,且可通过这一形式,在报纸上介绍经验,讨论问题。其次,要求大家寄材料来,无论各项工作的报告、总结,都希望能多复写一份给报社,这样既可以了解当地的工作情况,而且可以编写报纸所需要的稿件。以上两个办法,各地都可以做到,因此《新闻通讯》积极提倡,希望在"全党办报"的号召下,"大家能热烈的答复我们的要求"①。

第三,强调新闻写作的基本原则——真实性、准确性。

《新闻通讯》编辑指出,新闻通讯写作最要紧的是两个原则:第一,要真实,必须真实才会发挥应有的作用;第二,要准确,写得一目了然。

《东北日报》当时接到读者来信说通讯员的来稿中,某些地方由于过分夸大,或没经过详细调查,造成与事实不符的不真实现象。比如有报道把双城民青盟员只有八十人而写成八百人,把中学生排演《血债》写成民青盟员排演《血债》,且准备赴哈公演等。《新闻通讯》明确指出,新闻必须真实,是每一个写稿同志的第一个信条。在任何情况,任何时候,均不能忽视。因此每一篇稿件都必须贯彻对人民最负责的态度,做到完全真实。绝不允许丝毫的夸张和失实。否则,会对党报带来极大危害。

新闻不真实会降低党报在群众中的威信。读者发现有一条不真实的新闻,就会对其他很多新闻产生怀疑,即令以后有百分之百真实的重要的报道,也易以怀疑眼光对待。党报是反映群众生活和实际工作的。党的各种政策执行的情形,要经过报纸反映上来,然后领导机关再根据这些反映制定政策,计划工作。如果报道不真实,那么领导机关就要根据不真实的情况去决定政策,布置工作,结果政策行不通,或发生错误,对革命工作就会形成巨大阻碍。由此可见,"一切写稿同志,在思想上

---

① 穆青:《提倡写工作通信》,《新闻通讯》1947年1月31日,第十二版。

均不能有丝毫忽视,认为稍微夸大一点不要紧,可以增强宣传意义,其实往往就因为这一点点夸大,就弄巧成拙,得到的却是反效果"[1]。

1947年9月4日,《东北日报》转载了《晋绥日报》的《不真实新闻与"客里空"新闻之揭发》。在全国各大解放区反对"客里空"运动开始后,《东北日报》更加进一步对其进行了讨论。其实,《东北日报》早在半年前就已经在《新闻通讯》中开始强调新闻真实性原则了。

首先,要求全体通讯员同志提出批评与意见,指出党报上还有哪些不真实的新闻。"不管记者或通讯员的那些稿子有错误?立场到一字之错,那些稿子给改错了?那些稿子处理得不当?给通讯员提的那些意见不正确?将此作为党报通讯员义务之一"。其次,要求写稿要认真,坚持审稿制度。凡是亲自做的工作,亲自见到的事实,或经过详细调查的,问题就报道得比较深入、生动、具体,凡是道听途说,未经调查了解,或只听从不加判断研究得来的材料,常常易出毛病,因此要求大家在写稿时,多加思虑,文字上大可不必去费劲推敲,可是对待"真实性"的问题,就必须以认真严肃、老老实实负责任的态度。所以《新闻通讯》希望各级党委、中心通讯组、行政负责同志,能担负起审稿的责任。来稿经过上级负责人审阅,是十分必要的。[2]

第四,严格新闻写作的基本要求。

首先,认识新闻价值,正确选材。新闻的价值,主要是决定于取材,因之只有掌握了充分的材料,才会写出好新闻来。凡是当前人民最关心的,工作正在做的或者人民正在行动的事情都可以要,问题是在于怎么去搜集,怎么去处理材料的取舍。一个新地区,可以作一般情况的报道;一个刚萌芽的问题,可以介绍出来,供大家研究;成功的经验,可供他处参考;失败的教训,可供他人警惕,这些当然是新闻的取材。但是,要避免重复和一般化,就必须熟悉时局的动态和特点,才能练习自己的工作,掌握报道中心,使写出来的新闻有交流经验或反映情况的

---

[1] 《新闻必须真实》,《新闻通讯》1947年1月15日,第十二版。
[2] 《再谈新闻真实与审稿的问题》,《新闻通讯》1947年12月29日,第十二版。

第四章 新民主主义新闻事业的胜利

作用。还应该注意的是着重反映新鲜而又有意义的事态，如反映那些在工作上能起带头作用的，在群众中能起教育作用的，在报道中能交换经验推动创作的材料，因为这些材料都是对广大群众有利的。

其次，要讲求写作效率。有些通讯员来信，认为应该给党报写稿，自己也愿意写，但总感到工作太忙没时间写。工作很忙，若想每日划出若干小时，或每周找出几天来专门写稿，那是不大可能的。而抓紧许多"短"的间隙来动笔的话，却能解决问题。但抓紧"短"的空隙写稿，不是马虎从事，动笔前多加考虑，写完后多加删改，还是必要的。另外，写稿也不必写得太难，只要清楚明白、真实、迅速地写出一件事物，找出一个问题来就是好稿子。最后，配合整理材料，或写报告时把其中可以公开发表的材料写成稿子，对时间精力也都是很经济的。

最后，掌握基本写作方法。写一篇新闻究竟怎样起头与收尾是没有一定格式规矩的，从新闻写作来讲，事情怎样开始就怎样起头，事情怎样结束就怎样收尾。只要能把一件有新闻意义的事情，用事实写出来，别人看得懂就行。不过一般来说，新闻和写其他文章的不同点，就是把最重要的事情放在最前面。关于起头，有两个经常用的方法：一是开门见山，就是在一篇新闻一开始，就把事情发生的时间地点叙述下去，一直到要叙述的事情结束，新闻也就结束了。二是用新闻导语，"新闻导语"是在一篇新闻的最前边，用极精练的一两句话，把全篇的中心意思写出来，再开始叙述正文，读者看前面的几句话，就可以概括地知道这篇新闻在说明什么问题。不过新闻导语必须简练，一般较长的新闻多用导语，短小的新闻常用开门见山的方法。

至于收尾，当时有不少同志稿子里写上"云云"，再不就是"由此观之"之类的一些议论。"云云"老实讲来颇有道听途说的意思，新闻都是事实，不是道听途说。"由此观之"之类是与事实无关的议论，是八股文中的"合"，新闻则不需议论。那么到底怎样收尾？就是你觉得要报道的事情写完了，那就是自然的收尾了，不要写"云云"或"由此观之"之类的议论。①

二 开展评奖与介绍心得体会促进新闻业务实践

《东北日报》组织了优秀稿件评奖和心得体会介绍等活动，将以上的业务探讨进一步贯彻到了报道实践中。《东北日报》定期在报纸上进行优秀稿件的评选，获奖稿件作者奖励党报纪念册一本。现结合以上《新闻通讯》中探讨的几项业务方面的要求，将报纸上对几篇有代表性的获奖稿件的评价和两篇作者的工作心得、体会略作介绍。

在贯彻群众路线方面比较好的一篇获奖稿是张承炎的《双城九区征麦　贯彻群众路线》。② 文中具体提出了工作办法——走群众路线，这是任何工作的成败关键。那个时期报社收到许多有关"麦征"的稿件，独有这一篇报道最完整最具体，给读者加深了这种认识——任何工作必须贯彻了群众路线才办得好。另外，该稿简练有力，几句话把整个工作过程介绍了出来，"征粮同志下屯后先宣传前方胜利消息，启发群众爱国保田支援前线的思想，在宣传中去发现问题，如在东关村万福屯发现隐瞒麦地及产量的问题，先让群众酝酿，但并没有直接提出纠正，而把这个材料念给群众听，广泛地吸收群众意见，由小组进行讨论，经过七次的补充纠正，做到群众对于麦征完全没有异议，通过后再由评议员把征收率确定，把每户应征量布置下去"。读完了这条新闻，对于正在征粮的同志会有很大的好处。整个消息从头到尾围绕着麦征中贯彻群众路线，所谓一篇文章一个中心，提出了问题又很好地解决了问题。

在新闻写作方面做得比较好的一篇获奖稿是苏东风写的《拜泉照顾小户，又便耕作，先分地板，再分青苗》③ 和孙槐南的《阿城区干会决定彻底割掉封建尾巴，重新分配土地》。④

---

① 《通讯员疑难解答》，《新闻通讯》1947年3月15日，第十二版。
② 张承炎：《双城九区征麦　贯彻群众路线》，《东北日报》1947年10月5日，第2版。
③ 苏东风：《拜泉照顾小户，又便耕作，先分地板，再分青苗》，《东北日报》1947年10月22日，第二版。
④ 孙槐南：《阿城区干会决定彻底割掉封建尾巴，重新分配土地》，《东北日报》1947年10月15日，第二版。

第四章　新民主主义新闻事业的胜利

《拜泉照顾小户，又便耕作，先分地板，再分青苗》是拜泉县《东北日报》的基干通讯员写的，此稿发表时正当各地提出分地与分青苗问题，但如何分法还没有获得适当解决。这篇稿子及时地介绍了该县对处理这一问题的经验，因此对其他地区处理这个问题是有帮助与启发的。该稿简单明了地提出了问题，解决了问题。全文只有六百余字，即将中心内容"分青苗分地板的矛盾"明确提出与解决了，极符合新闻的要求。该文首先提出了分青苗与分地板的矛盾原因，"因为土地与青苗有好坏之分，而且有的好地，青苗并不一定也好，加以租佃关系穿插在里面"，因此分地时发生"大家都希望分得大地主的地，既可多分得好地，又可分得十足的青苗，但这种土地的数量不多，若是把土地带青苗都平均分配，势必把土地割成许多零碎小块，将来侍弄又很不方便"，"某些小地主和富农献出的多余土地，因只献地板，不献青苗，土质虽好，因无青苗可得，小户不愿意要"，"佃户租种大地主的地，大家也可能看中了地板，因青苗不能全得，便犹疑不决"。该稿提出以上分地与分青苗的矛盾后，紧接着介绍了保护富区北部各乡对这一问题的解决办法。全文选材精当，集中明确。

孙槐南的《阿城区干会决定彻底割掉封建尾巴，重新分配土地》把平分土地的许多问题，做了全面系统、清楚具体的报道。该稿先从干部的思想认识写起，指出了有些干部对群众要求平分土地的重要性和复杂性还认识不足。接着写出一系列问题，包括群众对于过去分地的意见；区干会中对平分土地的决定和进行的步骤办法；为了公平合理必须进行的工作；平分土地和征粮、秋收生产、整理组织工作的结合；确定地权，充分满足基本群众土地要求等。从头到尾，一个问题写完后，紧接着就是下一个需要知道的问题，因此层次清楚，交代得明白。如写完分地办法，就写如何使土地分配得公平合理，接着就是工作步骤。特别是在最后写出："只有真正从思想上把群众发动起来，大家一点一滴的都不放松，反复讨论，反复评议，才能彻底打倒封建势力。"这句话乃是运用以上方法分地时，做好做坏的主观条件之一。因之它不仅使读者读过后印象完整，且能引起做同样工作者的注意。根据"干部思想落后于群众,仍满足于砍挖运动中的串地、补地,甚至于还有满足于过去和平分地的"情况,提出要求干部先打通思想的提法。文章写得具体,但文字却非常简练。同时,还能把问题说清楚,如说明干部思想对平分土地认识不足时,介绍平分土地的办法时,及许多比较细微的地方也一一写出,在介绍了一定的原则下,都写得很具体,但却又未使文章冗长,写了许多问题,仅近一千五百字。完全做到了能以精练的文字,写出事实,说明问题。另外,编者给原稿仅改了几个字,这表明写新闻的技术也是相当成熟的。总之,这篇新闻稿既全面又系统,既具体又简练,完成得有效率,是一篇完整的成熟的新闻稿。

  关于新闻真实性、准确性原则方面。《新闻通讯》发表了孙槐南和华山两位同志的心得体会,起到了重要的经验交流作用。《东北日报》发表了著名战地通讯记者华山同志的采访体会《我在连队采访》[①],以作者切身经历说明了新闻真实、准确的重要性。有一次华山到部队采访,发表了一篇战地通讯,里面有一段描写战斗激烈的场面,"机枪像飓风穿过白杨林,树叶随着纷纷卷落"。部队的同志却指出,"冬天白杨树哪来的叶子啊","以感想代替事实,真是主观主义"。后来他"每次写战斗,总要找突出的英雄模范详细谈,还不放心,又找许多参加过战斗的战士补充。反正下定决心,有一句写一句,绝不添枝加叶"。有一次华山采访山地战斗,战士这样说:"敌人在山包包上,顺着土坎坎插过来,往二班那山包包冲,咱一班在这边山包包当预备队,赶紧往过插,刚到一条土坎坎,前面山包包上来一溜敌人。咱一班正要折过去,后面山包包又响机枪了。咱一班占了左边的山包包,谁知旁边的山包包也有敌人,就隔到土坎坎,咱就抢上左边山包包,顺着土坎坎插下去了。"战士越谈越起劲,华山却越听越糊涂,旁边战士补充,又是一大堆"包包""坎坎"。采访巷战也一样,听完以后,全是"土墙砖房,柴垛过道"。当时有些不耐烦了,他说:"到底当时的地形是怎样的?"对方也不耐烦了:"我不是说了好几遍了吗。"后来一直也想不出个东

---

  ① 华山:《我在连队采访》,《东北日报》1947年10月2日,第十二版。

第四章 新民主主义新闻事业的胜利

西南北，无法下笔。对此，华山谈道，"那时毛主席提出为工农兵服务、深入群众的口号"，"战士们流血牺牲不在乎，咱当记者的能埋没了英雄事迹吗？"后来随军采访，他亲自到战场踏查，再找指挥员谈战斗经过，了解那个连队的历史，英雄模范有过些什么事迹，甚至脾气性格，然后再找本人谈。做了一番沟通工作，谈起来就眉眼分明了。有时候战士谈了这里忘了那里，略作提醒，也便可以继续进行采访了。

孙槐南同志的《我的写稿过程和经验》[①]，以作者的切身体会让广大干部群众认识到写新闻对工作的促进作用。

作者以前认为写稿是工作范围以外的事情，是额外负担，是可以做也可以不做的工作。见到别人写稿是出风头，工作只要埋头苦干就行，用不着自己来发扬。后来，从报纸上吸收不少别处的工作经验，感觉到有互相交流经验的必要，但是又有一些不正确的思想阻挠写稿。"害怕暴露工作中的缺点，工作走了弯路，则抱着'哑巴吃黄连'的态度，不愿意告诉别人，恐怕别人见笑，例如工作中发现分配粮食办法已引起贫雇农不满，却未敢报道。"另外认为琐屑的小问题不值得报道，重大的问题自有别人报道，用不着自己"放马后炮"。

后来作者认识到，其实这样反倒认不清问题。比如发现地主扔荒地，当时觉得这是小问题不值得报道，后来在砍挖运动中，才体会到这是地主的阴谋。地主善于利用穷人青黄不接时的"粮荒"，卡住穷人的咽喉，以实现所谓"穷人不能自己种地"的歪曲理论。地主扔荒就是砍挖运动的启示和信号，所以不是小问题，而是值得研究的大问题。"自己因为学习差，弄不清问题的本质，看作是小事情是不适当的。我有时也借口工作忙，没有工夫写稿，其实事实证明正相反，工作越忙发现的问题越多，就越有材料报道。"领导同志亲自动手在百忙中抽出时间写稿，为了和事实相符合，更经常向群众请教，和同志们商量。"这种虚心学习的作风，给了我以很大影响和帮助。在我还没有体会到写稿对于工作帮助的作用时，那只能是勉强着写；在认识到写稿能够帮助整

---

① 孙槐南：《我的写稿过程和经验》，《东北日报》1947年11月1日，第九版。

理自己思想时，便会老老实实地写问题。"譬如"从前常犯工作抓不住中心，粗枝大叶的毛病，但当你写稿时就得反省一下，这时期工作中的缺点、优点、中心工作是什么，结合了哪些重要的工作，用些什么方式方法完成了任务，这一连串的问题，都得用脑子想想才能写，这就给你以锻炼，给你以回忆，给你以克服毛病的机会"。

如果说"硬杀伤"的武力战是一种有形战争的话，那么舆论战就是一种"软杀伤"的无形战争。在这场交锋中，东北地区的共产党报纸不仅数量多而且销量大，较好地占据舆论阵地。走群众路线，坚持全党办报，办党和人民都喜爱的报纸，让报纸发挥喉舌作用，这些都为东北乃至全国解放战争的胜利奠定了基础。东北地区普通民众通过阅读影响力相对较大的共产党报纸，使得共产党在东北地区获得更高的舆论支持，对东北地区解放战争的胜利起到了不可忽视的作用。

三　东北土地改革中《东北日报》的新闻业务实践

随着《东北日报》在新闻业务方面的探讨与努力，整个东北党报体系的采编人员、各地通讯员、各部门工作同志的业务水平有了提高。当时东北地区的报道任务繁重、主题众多，涉及土改、支前、剿匪、建政、恢复发展生产等。本书以《东北日报》对东北地区土地改革报道为例，反映《东北日报》新闻业务的具体实践。《东北日报》贯彻群众路线，深入群众发动群众宣传党的土地政策，及时发现、交流土改中出现的问题，总结经验教训。该报成为指导和推动各级各部门党员干部开展工作的重要平台。

抗日战争胜利后，以反奸清算、减租减息为内容的群众运动广泛深入地开展，农民群众迫切要求获得土地。中共中央决定把减租减息政策改为没收地主土地分配给农民的政策。中共中央局于1946年5月4日公布了《中共中央关于土地问题的指示》（后来被称为"五四指示"，以下简称《指示》），《指示》指出："各地党委在广大群众运动面前，不要害怕普遍地变更解放区的土地关系，不要害怕农民获得大量土地和地主丧失土地，不要害怕消灭农村中的封建剥削……对于汉奸、豪绅、

第四章 新民主主义新闻事业的胜利

地主的叫骂应给以驳斥。各级党委必须明确认识,解决解放区的土地问题是我党目前最基本的历史任务,是目前一切工作的最基本的环节。必须以最大的决心和努力,放手发动群众与领导群众来完成这一任务。"①

接下来《指示》提出对当前土改群众运动工作的具体指导原则主要包括:

(一)党应坚决拥护群众在反奸、清算、减租、减息、退租等斗争中,从地主手中获得土地,实现"耕者有其田"。

(二)坚决用一切方法吸收中农参加运动,并使其获得利益,决不可侵犯中农土地。

(三)一般不变动富农的土地。

(四)对于抗日军人及抗日干部的家属之属于豪绅地主成分者……与我们合作过的开明绅士,应当谨慎处理,适当照顾。

(五)对于中小地主的生活应当给以照顾。

(六)集中注意于同汉奸、豪绅、恶霸作坚决的斗争,使他们完全孤立,并拿出土地来。②

……

《指示》发出不久,东北各级党组织积极响应落实政策,没收不法地主、汉奸、高利贷者、豪绅的土地,分给无地或少地的贫雇农。《东北日报》积极响应《指示》政策,发表大量相关报道。如《东北日报》于1946年5月5日报道,"综合目前各方报道:江北区之泰和分区,没收伪民生振兴会社90垧,汉奸朴寅喜之水旱田62垧,已分配给该区五个屯的贫苦农民,共70户(392口人),每人分得3亩者有257人,其余有二亩半二亩的。"③《指示》下达以后,贫雇农一定程度上得到了土

---

① 《土地改革运动》(上),黑龙江省档案馆编:《黑龙江革命历史档案史料丛编》,1985年出版,第1—5页。
② 《土地改革运动》(上),黑龙江省档案馆编:《黑龙江革命历史档案史料丛编》,1985年出版,第1—5页。
③ 社评:《吉林市贫雇农获得土地——群众欢欣异常互庆穷人翻身》,《东北日报》1946年5月5日,第二版。

地，但地主阶级、汉奸团体在东北地区势力庞大、根基深厚，部分地主为了保护现有的财产伪装成中农、富农，转移土地，隐匿财产。同时部分领导干部思想觉悟不到位，认为中富农应该处于优先照顾的范畴，对于伪装成中富农的地主阶级辨别意识不够，使东北地区的土地改革政策落实十分不彻底。针对这种情况东北局作出指示，全面贯彻群众路线，深入发动群众的力量。

1946年5月21日《东北日报》发表文章《坚决分配日伪及汉奸土地！实现耕者有其田！》指出，要将群众问题作为解决土地分配问题的首席问题，用分配的方法起到发动群众的目的，始终贯彻群众路线，利用农民听得懂的进行宣传。而群众工作的关键是发现与培养积极分子，找到"能当火车头的人"，"坚持发动贫雇农是发动群众的钥匙这一原则，贫雇农作为群众中最多数，把他们发动起来可以带动少数群众，同时贫雇农迫切需要从政治上抬起头来，阶级地位也决定了他们更容易接受新的政策"①。同日，《东北日报》报道了镇安村、连山村两个村分配敌伪汉奸土地的经验。当天的社论《解决土地问题是深入群众运动的中心环节》指出，发动群众运动的中心环节是解决土地问题。通过总结这两个村的经验，社论指出，"一经动手分配土地，真正解决了农民的根本问题，基本群众即更加认识我们与我们结合，自觉程度亦随之提高"，"并且组织起来，保卫自己的利益，实权掌握在农民手里，从正式上翻了身。"经过分配土地的过程，农民组织起来了，农民的自卫武装组织起来了，政权也真正改造了，而农会实际成为村政权的主体。农民的经济地位提高，绝大多数的农民分得了土地，中农也分得土地，佃农富农也分得土地，"二流子经过教育也分得了土地"。这样一来，农村经济就发生了根本变化，农民的经济普遍上升，70%到80%的人口获得了土地，部分地达到了真正耕者有其田，"每人平均分得六亩到七亩土地，每人每年有三担（大担）以上的粮食收获"。农村的经济走向

---

① 社评：《坚决分配日伪及汉奸土地！实现耕者有其田！》，《东北日报》1946年5月21日，第二版。

第四章　新民主主义新闻事业的胜利

普遍的繁荣，而农民的生活走向普遍的改善。这样一来，就打破了过去伪满时代以"城市统治乡村"，"富城市，贫农村"的政策。只有这样，才能做到新民主主义经济的发展，农村经济的繁荣，农民生活的改善，也势必提高农民的生产力，提高农民的购买力，为城市和工业提供丰富的粮食和原料，为工业的积极发展开辟广大的市场。①

根据各地分配土地的经验，社论提出今后解决土地问题的六点意见，主要内容如下。

（一）党必须坚决地拥护农民获得土地这一要求，不仅要减租减息，尤其要坚决分配敌伪及汉奸之土地，实现耕者有其田。

（二）在运动中，不仅要使贫雇农、贫民积极参加，而且用一切方法使中农参加运动，并使其获得利益，决不可侵犯中农的土地。如中农的土地被侵犯，应设法送还或赔偿，整个运动必须取得全体中农的同情和满意，包括富裕中农在内。

（三）一般不变动富农的土地，富农如所耕地全部为满拓地、开拓地或大汉奸之土地，在分配土地时，也须分得一分。

（四）凡是尚未发动分配敌伪汉奸土地的地方，应迅速发动群众起来，解决土地问题，决不能再有什么迟疑和犹豫的现象。应该做到在最短的时间内，认真发动群众，完成上述任务。

（五）关于分配土地的办法，必须把握下列两个原则：第一是最多数的贫苦农民的利益；第二是能真正发动群众，组织群众，改造政权，发展农民自卫武装。分配土地的办法，应以适合这两个原则为最妥当。

（六）关于领导方式问题，一、放手发动群众分配敌伪汉奸土地；二、集中力量于某一地区，由一两个老干部吸收七八个或十多个、二十个新干部组成工作团；三、经常检查监督，介绍好的经

---

① 社论：《解决土地问题是深入群众运动的中心环节》，《东北日报》1946年5月21日，第一版。

验；四、贯彻群众路线，依靠群众，信赖群众；五、掌握材料，研究材料；六、发现和提拔群众中的积极分子；七、在进行分配土地的地区，吸收附近尚未分配土地的村屯的农民代表参加，使他们在这里学得经验。①

最后《东北日报》发出了倡议，"我们还是第一次介绍分配土地的经验，我们相信各地还有更丰富的经验，希望各地党委立即总结，并派人送给我们。"后来，在实际工作中，由于某些地区在群众没有被真正动员起来的情况下就急于分配土地，出现了平均主义的现象。甚至有些地方还出现斗死地主，损害中农利益的情况。对此《东北日报》指出，"私地不应推平，耕者有其田更不等于推平，是准许'剥削'存在的（这里的'剥削'是指允许个体差距存在，有利于实现农业竞争），部分领导干部将'耕者有其田'方针理解为一律推平，陷入平均主义旋涡。"②

随着1947年土地改革的全面推进，《东北日报》着手总结土改工作中的经验教训。1948年1月5日，《东北日报》最先转发了《合江日报》的社论《贯彻贫雇农路线中的三个问题》，对合江省土改中的经验进行总结。农村土地革命的主力是贫雇农，这条路线在实际土改中应该得到遵循，但是事实上某些基层同志理解得并不深刻、并不透彻。因此，为了土地革命的完全胜利，社论再一次检讨与贯彻了贫雇农路线。

贯彻贫雇农路线的第一个问题，就是坚决与充分地满足贫雇农的经济要求。

充分满足贫雇农的要求，是同彻底消灭封建与反封建的剥削完全一致的。只有把地主阶级消灭，把旧富农削平，贫雇农在经济上完全不依赖于地主富农，他们在政治上才能有彻底的翻身。因此，

---

① 社论：《解决土地问题是深入群众运动的中心环节》，《东北日报》1946年5月21日，第一版。
② 社论：《耕者有其田不等于推平》，《东北日报》1946年11月18日，第二版。

第四章　新民主主义新闻事业的胜利

今后在执行《中国土地法大纲》中，"必须一再去怀疑与检查封建与半封建的剥削被消灭的程度，及贫雇农经济要求被满足的程度问题，而不要对自己的工作有任何的自满自足与官僚主义，也不要因为地主富农以及其他资产阶级与小资产阶级分子的叫喊与责难，而发生任何的动摇"。今后的斗争的主要敌人仍然是地主阶级，它是对封建剥削制度的主要基础，"必须给以再三再四的打击，使他抬不起头来，不敢与不能再来翻把"。但富农在政治上的危险，将增加起来了。因为由于富农本身参加劳动的关系，他同劳动农民，特别同中农，有更多的社会的与经济的联系。因此，他必将进行活动，地主在许多地方亦必将经过他进行活动，以争取中农，以孤立贫雇农，以破坏土地革命。对策应是靠贫雇农，团结中农，向着地主阶级与恶霸富农实行坚决的进攻，"并且在斗争中特别注意揭破富农的阴谋诡计"，使之在政治上陷于孤立。只有如此，才能不犯右倾的错误。"这是目前土地改革中的主要危险。同时，只要在经济上，抱定不侵犯中农利益以团结中农的方针，就不会犯左倾的错误。"

只有充分满足了贫雇农的经济要求，彻底消灭了农村封建半反封建剥削，真正实现了中国农村的经济民主，才算是真正解放了中国农村中的生产力。因为中国农村生产力的主要组成部分，就是占农村大多数的劳动农民，而其中的多数，即为贫雇农。"帮助封建地主在政治上压迫劳动农民，在经济上实行半封建剥削的中国富农，在促进农村生产力方面，是完全无能为力的。"虽然土地革命之后，农村中的某些分化将是不可避免的，新富农的产生也将是必然的，然而各种条件决定了中国农村发展的防线，"将不是使农村分化为极少数人发财，大多数破产的资本主义的方向，而是使大多数农民在争取所能争取的方向。以土地革命为基本内容的新民主主义革命的胜利，将给中国农民开辟出走向社会主义的最后解放的康庄大道"，这一点是毋庸置疑的。

贯彻贫雇农路线的第二个问题，就是坚决把全体贫雇农（包括农村工人）组织成为统治的阶级。

应该认清，没有贫雇农的完全统治，就不能有贫雇农的真正翻身，就不能有贫雇农的真正民主。贫雇农代表会，就是贫雇农实现其统治的组织形式。它不是代表少数贫雇农的积极分子的组织，也不是所有贫雇农家庭的代表会，而是代表全体贫雇农的（包括男女老幼，先进与落后的）群众组织，即是代表贫雇农整个阶级的群众组织。任何企图把贫雇农代表会议变为脱离贫雇农群众的少数积极分子的狭小的组织，都是错误的。贫雇农代表会所代表的贫雇农群众，必须愈广泛愈好，而代表会议的代表，必须愈能代表贫雇农利益，愈能为贫雇农服务愈好。这就是要求全体贫雇农群众自己来挑选历史清白、工作积极、作风正派的他们自己的代表，而不要使代表只是少数积极分子的代表。贫雇农代表会就是贫雇农群众与积极分子的统一体。这是贫雇农代表会的一大优点。

其次，贫雇农代表会议不是普通的群众组织，而是农村政权的组织形式，农村政权的代表机关。它有权力接收、征收与分配地主富农的土地财产，它有权力逮捕与处理反革命的地主富农分子，并镇压他们的一切反动活动，它还有权力组织人民法庭审判一切违反土地法大纲的人员与干部。总之，它有一切权力经营乡村中的一切事情。今后乡村中的一切事情，必须由它而不是由工作团决定与处理，由它而不是由工作团说了算。任何干部要由它来选举，对于任何干部，它有批评、弹劾与罢免之权。这是农村政权的基础。只有把贫雇农这一政权基础巩固起来之后，贫雇农代表会才能转变为吸收中农参加的农民代表会。

正是因为建立这样一个贫雇农的代表会议制，就是建立贫雇农在农村中的阶级统治，就是农村中最受压迫与最受剥削的群众的彻底翻身的真正革命，因此不经过许多次严重的斗争的胜利，不经过许多困难的克服，不经过许多曲折，这样的机关是建立不起来的。任何人，如果认为贫雇农代表会只是一个普通的群众团体，只是一个临时的突击工作的组织，是很容易建立，而且也可以任意取消，

第四章　新民主主义新闻事业的胜利

那就没有了解土地革命的政治目的，也没有了解贫雇农会议的真正意义，也就没有真正贯彻贫雇农路线。

贯彻贫雇农路线的第三个问题，就是把党的领导与贫雇农代表会密切结合起来。

过去开辟工作时期，党会经过工作团去动员群众实行土地改革。现在工作团时代应该为贫雇农代表会议的时代所代替了。凡有贫雇农代表会的地方，工作团即应依照具体情况坚决缩小或取消。因为贫雇农代表会是代表全体贫雇农的群众组织，又是农村中唯一的政权组织，因此，我们党也最容易经过贫雇农代表会议来实行无产阶级的领导。只有经过贫雇农代表会这样有群众性的权力机关，我们才能充分贯彻群众路线，充分发挥群众来完成土地革命的彻底胜利。只有经过全体贫雇农大会、贫雇农小组会、贫雇农代表会，以及村的、区的，以至县的、省的贫雇农代表会及其委员会，即经过贫雇农的组织系统，来进行反复的动员、斗争与教育，我们才能真正使土地革命成为群众自觉自愿的群众运动，把土地革命贯彻到底。而过去我们包办代替、强迫命令的作风，在自己所选择的少数积极分子中打圈子，不信任群众，害怕群众的小手小脚的作风，才能真正地加以肃清。点面结合问题中的许多解决不好的问题，也只有经过平贫雇农代表会的这一系统才能得到真正的解决。

我们只要向着这个方向努力，即把党的领导与贫雇农代表会密切结合起来的方向努力，我们就能够克服过去的许多缺点，创造出新方法、新作风，而把土地革命运动推进到一个新的高潮中去。为使领导与贫雇农代表会相结合，党的领导方法不应随着新的情况而有所改变。党应该把过去工作团时代所担负的政权工作的一切事务，交给贫雇农代表会及其委员会，而集中全力于思想领导。

所谓思想领导：第一，就是给贫雇农反复进行阶级教育，打通思想，提高他们的阶级觉悟。在行动之前，我们应该帮助贫雇农在思想上掌握我们的方针、政策，学会划分阶级，弄清敌我友。在行动中，我们应该注意抓住重点，检查工作，发现问题，向贫雇农会议提出建议。在行动后,我们应该帮助贫雇农研究问题,总结经验。总之一句,我们的方针、政策、建议、经验,都得通过贫雇农群众的思想酝酿,交给贫雇农群众。第二,就是充分信任贫雇农的能力与毅力,向贫雇农放手,给贫雇农撑腰。第三,就是注意经过各种贫雇农会议,经过各种训练班,大量培养联系群众中的历史清白、工作积极、作风正派的新干部与新党员,以建立贫雇农群众中的领导骨干与领导核心。

当然,做到这样的思想领导,不是一件容易的事情。不很好地向贫雇农群众学习,不很好地深入群众,检查工作,不很好地了解情况,发现问题,总结经验,那生动具体的思想领导是不可能的。但我们必须向这个方面努力,克服前进中的一切苦难。①

据《东北日报》报道,从1947年12月下旬松江各县的汇报以及各省分地运动材料的反映来看,土地改革运动开始后各地群众均取得经验,发现新的问题。1948年1月6日《东北日报》又发表社论对松江县土改工作进行总结,有些地区已经开始形成运动的高潮,发动了最广泛的群众彻底摧毁了封建势力,实现了平分土地,"有些地区虽然开始工作走了一段弯路,但从弯路中摸得了经验,现在已经找到了新的方法,找到新的出路"。文章再次强调"贫雇农路线的基本内容已经彻底完成,改革需要依靠贫雇农,他们是改革的主力军,他们是农民的大多数,是于封建和半封建斗争最坚定、最坚决的阶级。贫雇农亲自动手干,由贫雇农当权,以贫雇农为领导团结中农及农村中一切反封建的分子"②。

纵观1946年至1947年期间的土改工作,贫雇农路线是在1947年北满的砍挖运动和南满收复区的群众中所明确提出的。陈云同志1947年10月中旬在柳河工作团会议上报告群众基本问题及11月东北局关于

---

① 社论:《贯彻贫雇农路线的三个问题》,《东北日报》1948年1月5日,第一版。
② 社论:《土地分配运动中的几个问题》,《东北日报》1948年1月11日,第二版。

第四章 新民主主义新闻事业的胜利

省委联席会议的通知中曾经有过详细论述。1948年1月,东北局北满省委书记联席会议根据中央土地会议的精神,对贫雇农路线这一问题有了更清楚更明确的认识,把贫雇农路线看作农村土地改革中的基本路线,因而充实与提高了过去所提的一般的群众路线内容,并把砍挖运动中及以前所了解的贫雇农路线提高了一步。《东北日报》对贫雇农路线进行了大量的宣传报道,还把各地土改工作中群众运动的经验教训及时汇总、总结、交流,在这一过程中,无论是东北中央局还是各地党组织对于贫雇农路线的思想内涵、工作方法都有了更加深刻的认识。同时,《东北日报》更是不惜篇幅,对这一路线不断进行更加深刻的阐述。

1948年1月11日,《东北日报》及时将两年来的工作情况进行总结,在充分研究各方面经验教训的基础上,用第一版整版发表了《平分土地运动中的几个问题》,全面细致地对一个时期以来的工作进行了充分的论述。论述的重心依然在贫雇农路线上。

首先,社论系统全面阐述了贫雇农路线的基本内容。

> 一、彻底完成土地改革,必须依靠贫雇农阶级,他们是土地改革的主力军,是农村的多数,是与封建半封建制度争斗最彻底最坚决的阶级。二、与全体贫雇农见面,不单指我们的工作团和干部要与全体贫雇农见面,而且更重要的是把党的政策,即土地法大纲划阶级分地等告诉并交给他们。三、贫雇农亲自动口动手起来干,由贫雇农作主,贫雇农当权。四、以贫雇农为领导团结中农及农村中一切反封建的分子。

接着社论指出,把贫雇农路线提高到今天的工作水平,"就发生真贫雇农路线与假贫雇农路线的区别,真贫雇农路线是根据新的情况新的翻身真正发动全体贫雇农,把权利交给他们由他们亲自去办,假贫雇农路线还多少是保存过去那种做法"。在任何一个地区,凡由军队打下来的,开始时都必须由上而下发动群众,华北八年抗战自卫战争中,新开辟的新收复的区域都是如此，开始时采取这种方式是不可避免的，是完全必需的，这种形式如果运用得正确，在三个月半年之内可以把广大地区的群众初步发动起来。但是用这种形式所开辟的群众运动，多少不可避免地会产生各种形式的包办代替，某种程度的官办群众运动，群众把这种形式称为"官家人""官主"。但是当群众运动发展到一定程度的时候，就必须有计划地逐渐改变由上而下的发动群众运动的形式，而需要过渡到由下而上的发动群众运动，由"官家人"过渡到老百姓，由"官主"过渡到民主。这就是把一切事交给群众自己去办，一切权利交给贫雇农。贫雇农路线就是加速东北的群众运动由上而下过渡到由下而上的发动群众的最好办法。所以贫雇农路线的提出，不仅是平分土地中的基本问题，而且也是改变群众运动由上而下到由下而上的基本关键。

当时贫雇农路线的思想，已经在各地的工作中开始贯彻，已成为平分土地运动中的指导思想。但是在贯彻这一指导思想的过程中，仍有一些顾虑和怀疑。《东北日报》采取一问一答的方式，对土改工作中贯彻贫雇农路线时遇到的问题、疑问，做了直接、明确的解释与回答。

第一个问题是，在夹生区执行贫雇农路线时"流氓"是否会钻进来，是否又会上台，是否地主会搞假斗争，是否会越搞越烂。对此，社论认为，"流氓"一定会钻进来，但是，只要是充分发动了全体贫雇农，流氓会被暴露，很难上台，即使上了台也很快会被群众的高潮所冲洗。例如在砍挖运动时"某屯有一个流氓起来领导挖底产，因为当时群众都发动起来了，群众也知道他是流氓，所以挖底产过程中群众同时也斗争、洗刷了这个流氓"。

至于地主是否会搞假斗争，也完全有可能，只要全体贫雇农真动起来，假的搞不了，开始可能假，结果弄假成真。例如某一村，有一个地主串通一个"流氓"布置假斗争，要他去找一批穷人来斗一下，分一点东西，结果群众斗了之后，把东西一分，大家一合计，觉得地主的东西还不止这样多，群众又把地主真斗了。结果地主布置的斗争，变成"刘备招亲，弄假成真"。

至于会不会越搞越烂，文章指出所谓"烂"，大概主要是指两种情

第四章　新民主主义新闻事业的胜利

形：一是流氓上台；一是侵犯中农。过去经验证明，凡是侵犯中农、乱斗中农的都是流氓当权的地区，凡是真正群众起来的，就很少侵犯中农，如果领导上把对中农的态度向群众说清了，那就不会有侵犯中农的事情。只要是真正贫雇农起来了，就不会侵犯中农，流氓也上不了台。所以真正走贫雇农路线不会搞烂，而且最近的经验也证明，真正充分发动了贫雇农，搞得越深越不会侵犯中农，也就越不会搞烂。

第二个问题是，贫雇农中成分非常复杂，"有要过钱的，有偷过东西的，有加入过家理的，有扎吗啡的，有当过几天胡子的，有流里流气的等"（"家理会"为一反动会道门组织。"胡子"指土匪——引者注），总之贫雇农中没有一点"黑点"的真是很少，这样要动员全体贫雇农很困难。对此，文章给出的解答是，对贫雇农中成分问题，必须区别两种情形：一是要区别对待阶级群众全体贫雇农的要求与对阶级先进分子（今天是农会干部积极分子，将来是共产党员）的要求；二是要分清看待贫雇农的旧社会地主资产阶级的道德观点与新社会共产党无产阶级的道德观点。

各地在贫雇农及干部积极分子中所进行的诉苦、挖穷根、反两面光、挖糊涂、阶级站队，对提高贫雇农及干部积极分子的阶级觉悟，弄清他们的历史，扶正气压邪气，起了非常大的作用。但是对全体阶级群众来说，这种工作的意义主要是提高觉悟了解历史。但并不能拿这些来作为他们参加运动、参加会议、参加组织的条件，"例如某一个屯九十五个雇农站队的结果，只有二十二个清白的，七十一个贫农，只有三个清白的，另一个屯四十二个贫雇农，只有十二个清白的，又一个屯一百一十八个贫雇农，只有五十五个清白的"。贫雇农阶级群众有"黑点""毛病"，是很自然的，反之如果贫雇农阶级群众没有"黑点""毛病"，那倒是不合理、奇怪的，那就是说旧社会很好，旧社会用不着革命。所以对贫雇农阶级群众，不能从他们有无"黑点""毛病"来要求他们。对贫雇农阶级只有一个界限，就是他是否叛变或出卖贫雇农阶级，"即是今天当国民党特务或当地主的狗腿子（与地主商量好来破坏农会，而不是指一般的为地主藏过一点东西），除此之外，不管有多少黑点多少毛病，都是贫雇农，应该包括在全体贫雇农内"。当然，在选择贫雇农阶级的先进分子时（干部和积极分子，今天是一般的农会干部，将来是共产党员），那就要严格一点，还要坚持过去的原则，还是过去的那四点不变，即劳而又苦，贫农雇农，青年壮年，正派积极。如果对贫雇农阶级群众与贫雇农阶级先进分子的要求区别清楚，那么充分发动全体贫雇农是完全做得到的。

"贫雇农阶级群众中有所谓黑点所谓毛病，这是旧社会统治阶级所造成，是地主阶级压迫剥削的结果，是旧社会必然发生的现象。农民起来打倒地主阶级，即取消了产生所谓黑点所谓毛病的社会根源。就可以解除贫雇农精神上的负担，否则他们总觉得自己有黑点有毛病。如果给贫雇农阶级群众精神上套上这样一个包袱，虽然经济上政治上翻了身，精神上还是没有翻身，自己抬不起头，这样就不能发扬整个贫雇农阶级的积极性。"应当向他们说明，在旧社会"搞过娘们，是没有钱娶不起媳妇；要过钱，是因为太贫困，总想侥幸弄几个钱；偷点东西，是因肚子吃不饱；加入三番家理，是因为想有朋友的依靠好谋生活"。地主资产阶级的压迫剥削使他们不得不如此。同时也应向他们指出在新社会，"贫雇农翻了身，分了地，婚姻自由，好好劳动，不要再搞娘们，不要再耍钱，不要再偷东西，今天有了农会，大家团结就有力量，不要再加入家理了等"。

地主资产阶级从剥削的道德来看贫雇农，看着他们是黑暗的。共产党从无产阶级的道德——革命的道德来看贫雇农，看着他们是光明的，正因为是光明的，所以他们从旧社会所带来的"黑点"是可以改造的，而且是一定能改造的。这样说明的结果，一点也不能减弱党在贫雇农干部及群众中所进行的挖糊涂、反两面光、阶级站队的教育工作。过去的一切经验证明：如果不在运动中或运动后对贫雇农进行这样一种阶级教育，那么群众的阶级觉悟就不能提高，就不能使运动巩固和提高一步。

第三个问题是，单独提出贫雇农路线是否刺激了中农。

社论指出，这正如在政府中，在军队中，在经济部门中，以及在一切其他工作部门中提出无产阶级的领导，不会刺激其他革命联盟的阶级

第四章 新民主主义新闻事业的胜利

是一样的道理。实践证明：贫雇农越是充分发动，封建势力越是打得彻底，中农就越是向贫雇农靠拢，中农就越表现积极。贫雇农本身越是团结好，就越能团结中农。

贫雇农路线与团结中农不仅不矛盾，而且是完全一致的，贫雇农越是充分发动，越是有力量，就越能团结中农。对坚决团结中农的方针，是坚定不移的政策。在经济上坚决采取不能侵犯中农的原则，在分果实中满足贫雇农的条件之下尽量也使中农分得一点东西。在分地中打烂平分时中农完全自愿，少的补足。即使对某些富农、中农的土地或牲口有所调整时，也是基本群众内部的问题，采取协商互助的办法解决。对个别中农或因为当过屯牌长或因作恶为老百姓所痛恨者，还是采取斗政治不斗经济的原则。除单独会议外，一切农会、斗争会、划阶级的会、分地的会均应吸收中农参加，并听他们的意见，吸收中农参加到运动中来。

在分地运动中，应当注意在下列情形下，还可能发生侵犯中农利益的事：一是划阶级中，错误地把中农划成富农；二是斗政治中，可能连经济也斗了；三是由地主富农下降的富裕中农，可能因此而被侵犯利益。在分配公粮、战功、优属等负担时，也可能发生对中农特别加重的事情，应当特别注意防止和纠正。

在平分土地中我们必须充分掌握毛泽东的指示："第一，必须满足贫农与雇农的要求，这是土地改革的最基本的任务。第二，必须坚决团结中农，不要损害中农的利益。只要我们掌握了这两条基本原则，我们的土地改革任务就一定能够胜利完成。"

社论的第二大部分是谈转变思想方式的问题，即"跳出旧圈子"。贫雇农路线的提出，这是跳了一个很大的圈子，跳出过去单纯走干部路线或积极分子路线的旧圈子。接下来社论谈了三个具体的问题。

首先是关于工作方法的批判与继承的问题。社论指出，对过去的工作方法和经验，应当采取批判分析的观点来处理，不能一概否定，也不能一概保留，应当采取实事求是的态度。那些好的工作方法和经验，不但不能否定，而且应当发扬，那些不好的，不但应当否定，而且还要从中得出教训。

拿贫雇农大会来说，这是新的工作方法，是好的，但贫雇农大会的提出，并不等于否定过去一切会议的形式（如小组会、酝酿会等），这就要求对过去的经验加以批判分析。在贫雇农大会这个问题上有三种经验：一是单纯地提出贫雇农大会，孤立地提贫雇农大会，把过去好的经验，如屯小组会酝酿教育了解情况的过程都否定了，结果贫雇农大会或者开不起来，或者开不好。二是把贫雇农大会仍然理解为过去一部分贫雇农的会议，只找很少的贫雇农做代表，而代表又未经贫雇农选举。这两点是应当否定并吸取教训的。三是经过了解情况酝酿教育而发动起来的全体贫雇农大会，这是成功的经验，需要保留发扬。

其次是关于干部和农会的问题。社论指出，对新干部应当经过群众审查，这是肯定的。如何审查，何时审查，这就是要看各地的具体情况而决定，并需要有充分的准备工作。如果笼统地宣布解职审查，那就要产生新干部中下列几种情形。"一是高兴，这大概是一批真正劳而又苦的好干部，他们原先不想当干部，怕误工，家庭苦难很多，听说解职后，这下可好了，可以回家去打点柴。二是害怕，这种干部有好的，也有坏的，怕群众斗争，怕上面处罚，怕坏人报复，怕地主翻把。三是埋怨，这种干部也是好坏各有，听到解职后，埋怨说：干了一下革命，现在不要了！这三种情绪对工作都是不利的。"

在夹生区与熟区的工作方法，有很大的不同，也是各地经验所证明了的，因此跳出圈子问题，在夹生区与熟区又要有很大的区别。

如在有些熟区内，那里封建势力斗得比较彻底，就必须直接从分地开始，从讨论分地，进到划阶级，在划阶级中查漏网查化形补斗争。拉林三区的经验证明了这点，由分地开始，转到划阶级，开阶级对比会，在对比会内又开展了斗争。宾县常安区的经验也证明，开了五天贫雇农大会，群众不起劲，后来一提到土地法，大伙劲头又来了。在这里就是要领导上必须深入检查研究，不要把夹生区当成熟区。在夹生区内，那里对封建势力还斗得非常不彻底，在这种地区就必须从斗封建挖底产开始，由挖底产进到分地。这就是

第四章　新民主主义新闻事业的胜利

呼兰长岭区的经验。

在干部问题上也是一样，如汤什河区，干部都是坏的，就应当跳出旧干部圈子，否则干部压在群众头上群众不敢说话。如常安区干部是好的，就不要跳出，否则群众就会说："人家这样好的干部都当不了，我们怎么能干的好。"

对本地新干部的处理，不管是跳出或不跳出，也不管是审查或撤职，群众对旧干部有控告、批评、斗争之权利，但必须绝对禁止打，即使是最坏的也只能交人民法庭处理。因此长岭区所宣布的三条：一、死罪杀不赦；二、大罪从宽；三、戴罪立功，应当为一切地区所必须遵循的好办法。

对新干部与群众的关系上，必须教育干部为老百姓作长工，同时也要教育百姓协助干部。现在基本解放区内，群众的顾虑，贫雇农的顾虑，基本上已经不是中央军来不来，也不是地主的威胁，而是干部问题。一个是坏干部压在群众头上，群众不敢起来，另一个是我们部队干部处理不得当，群众摸不到底，怕沾包，怕当干部。

第三是如何改善会议形式的问题。

现在比较带普遍性的一种形式，是一问一答，有问必答，这种会议的形式，就包括有包办代替的形式，使群众不能充分发表意见，使群众不敢发表意见。必须采取办法改变这种形式，多让群众自由发表意见，在大会小会上不仅要通过大多数人的意见，而且要尊重少数人的意见，要考虑他们的意见。大多数人的意见容易通过，少数人的意见，不见得全都是错的，不会通过，所以必须要尊重和考虑。

归根结底，其实社论所提出的旧圈子的核心问题就是由或多或少的包办代替，转变到由群众自己动口动手自己来办，自己当权。达到这一目的的中心环节，就是充分发动贫农雇农，走贫雇农路线。

文章从各地区土改和群众工作中贯彻贫雇农路线的具体经验出发，针对出现问题均做了具体、详细的阐述。对经验的运用，不管是东北的或关内各解放区的，采取批判分析的态度，首先应当估计当地的具体情况，能够适用的应当立即接受，不能适用的不要勉强搬用。通篇贯彻着实事求是的工作作风，又体现辩证的思考方式，具有很强的针对性和指导性。

1948年3月4日，《东北日报》又发表文章对土改工作中的经验教训进行更加深入的总结。文章"强调各级党委在结束土地改革的地区必须抓紧领导，既应纠左又应防右"。一方面必须继续认真解决"过去土地改革工作中左的偏向所造成的许多遗留问题特别是关于改定成分补偿中农，整党中处分错了的一些干部问题的处理并克服在结束土地改革工作中的左倾残余"；但在另一方面又必须反对和防止右倾偏向，在具体工作上说就是应该"依靠乡村中党的支部、农会中的积极分子，根据既满足贫雇农要求又照顾中农利益要求，团结百分之九十以上的群众"，认真走群众路线①。

《东北日报》作为东北党的机关报纸，积极响应中共中央对于土地改革的号召，以具体事实为依托对东北各地区土地改革落实情况进行了大量的真实报道，总结土地改革中的成就和问题，贯彻东北局面对问题做出的指示，增强了群众对于土地改革和党中央的信心，不但使中共中央东北局和当地群众及时了解东北解放区土改情况，而且《东北日报》本身也成为研究东北解放区土改工作的十分翔实的资料。《东北日报》对于东北地区土地改革报道十分详尽，充分发挥了党报的工作、宣传优势，深入群众发动群众宣传党的土地政策，及时发现土改中出现的问题，及时总结经验教训，成了指导和推动各级干部展开工作的重要平台，也是《东北日报》党报理论的具体实践。

四 《东北日报》对中共党报新闻业务工作方针的继承与发展

全党办报，群众路线，利用党报开展批评与自我批评，这些都是中

---

① 中央工委：《在结束土地改革的地方纠左必须防右》，《东北日报》1948年3月4日，第二版。

第四章　新民主主义新闻事业的胜利

共党报思想实践历史上形成的路线、方针。新闻工作不仅是宣传，更是所有工作的一个基本工作方式。1946年9月1日，《东北日报》全文发表胡乔木同志的文章《提倡人人都写新闻》，对此作了全面的阐述。其主要内容是：

首先，新闻对于党的工作具有重大意义。"从来没有这种文字形式，能够跟今天的新闻相比。若谈作品之多，同读者之多。一种日报上动不动就是上百篇作品，而一种日报还有一天出好几张；一个世界上该有多少日报！拿一年来算，比中国自古以来所有传世之作的篇数还要多得多。读者在世界上要用万万来计算，就在中国一天至少也有几百万。我们生在这个新闻的年代，看着这大好机会绝不能白白放过。"[①] 因此，新闻对于政治工作来说，不光是工具，其本身就是工作的一部分，如果不能与这种大众传播媒介相结合，政治工作本身也无法有效开展。

其次，新闻对于改进党的文风具有重大意义。具备新闻素养可以杜绝党八股。新闻第一强调言之有物，要有具体、实在的内容。对于新闻写作来说，有实际内容是首要的要求，文采是其次的要求，有话则长，无话则短。如果做到这一点，那些套话、空话自然而然就会避免。具备新闻素养可以提高调查研究的能力。要发现具有时新性、重要性、接近性的有价值的新闻，都需观察、选择。而观察和选择又离不开调查研究。所以写新闻能够锻炼调查研究的能力。

再次，具备新闻素养可以提高工作效率。新闻写作本身就要求时效性，因此第一时间发现线索、第一时间发表新闻是新闻的生命力所在。这就要求新闻写作必须简明扼要，直击要害，而这一点恰恰是在当时农村工作中最为紧要的。"我们在今天的农村环境里，说话，作文，绝大多数正是既不迅速又不正确，既不明了又不经济。……学写新闻，正是对症下药。"另外，新闻写作还要求准确性，即用最直接平实的语言，让读者一目了然。对于改变文山会海、效率低下的现象，写新闻是个非常有效的办法。

[①] 乔木：《提倡人人都写新闻》，《新闻通讯》1946年9月1日，第十二版。

最后，写新闻可以学会用事实说话。新闻强调传递事实信息，避免融入个人情感。然而，新闻传播中又无时无刻不体现着传播者的主观倾向、主观意图。这里，新闻最强大的力量恰恰在于用事实说话。胡乔木指出，"新闻叫我们会用叙述事实来发表意见，但是最有力量的意见，乃是一种无形的意见。"新闻正是这种无形的意见，"愈是好的新闻，就愈善于在内容上贯彻自己的意见。我们不要装假，因为我们所宣传的只是真实的事实。但是过于热心的表现，在这个颠倒的世界，却反会使真实的变为可疑"①。

由上文可见，这篇文章的观点正是在《新闻通讯》中深入探讨的，体现了《东北日报》对全党办报、群众办报思想的深入贯彻。在以《东北日报》为核心的东北党报体系的办报过程中，在贯彻党中央全党办报、群众办报思想的基础上，面对新的情况，担负新的任务，对党报工作又进行了新的探索。

首先，由于长期的日伪统治，东北民众普遍文化素质低下，对中共思想与主张十分陌生，而且解放战争初期对国民党还有盲目的正统认识。所以与关内各抗日根据地相比，群众基础比较薄弱。因此，东北党报必须更加深入群众、发动群众，贯彻并创新群众路线。

其次，党中央将东北作为全国解放战争的根据地，近三分之一的中央政治局委员，各大解放区抽调的十万部队和两万干部，以及延安的大部分文化教育工作者开进东北，为东北党的新闻事业的发展奠定了坚实基础。当时的口号是靠"十万部队、二万干部、一张报纸"开展工作，一张报纸就是《东北日报》。因此，东北党报集中了党的大批人才、资源，使得东北党报创刊时，其理论素养与业务水平，站在了一个较高的起点上。

最后，东北解放战争既是战场上的较量也是与时间赛跑。毛泽东曾说过："抗日战争急不得，解放战争拖不得。"在土改、支前、剿匪等工作中，尤其是土改工作取得重大胜利的同时，也曾经出现过过快、过

---

① 乔木：《提倡人人都写新闻》，《新闻通讯》1946年9月1日，第十二版。

第四章 新民主主义新闻事业的胜利

粗的问题。东北党报必须充分进行批评与自我批评,及时纠正实际工作中出现的错误。

党报理论的一项核心内容即是党的报纸一定要为党的中心任务服务。东北解放区的中心任务,与土地革命战争时期的红色根据地,和抗日战争时期敌后抗日根据地不同。后两者的中心任务是坚持斗争发展壮大自身力量,相对来说,解放战争时期的东北解放区除了完成这一任务外还要担负起一个更加重要的任务——为夺取全国解放战争的胜利提供一个稳定的根据地和后援基地。因此,这里的土地改革要实现"耕者有其田",必须进行得更加彻底,群众要进行更加全面深入的发动。东北地区要面对经常出现的新情况、新问题。比如土改中有些地区已经开始形成运动的高潮,发动了最广泛的群众彻底摧毁了封建势力,实现了平分土地,有些地区则出现夹生饭、翻把等工作不彻底,甚至倒退的情况。这就迫切需要及时总结经验教训,并且提供及时正确的指导,这样在实际工作中才能少走弯路,各项工作才能沿着正确轨道顺利开展。

面对东北工作的特殊情况,干部的思想与组织一度出现了问题。正如李富春同志指出:"进入东北后,干部思想会一度混乱,对东北形式斗争方向认识不清,以及组织上松懈,自由主义浓厚,所以要提倡服从组织,服从纪律,雷厉风行,贯彻到底,我们报纸要批评那些缺乏斗志,散漫的自由主义的思想,统一集中提高战斗力,这是目前党的任务,同样也是报纸的任务。"① 这就要求东北党报必须坚决贯彻党报的思想、理论、方针。尤其要创造性地把群众路线、全党办报更加充分地贯彻到办报实践中去。理论与实践的结合,使办报活动突破新闻活动的范畴,成为日常工作的一个重要的、有效的组成部分。这些都是以《东北日报》为核心的东北党报在东北革命斗争实践中的新探索。

---

① 《李富春同志向西满日报同志报告指示报道方向》,《东北日报》1946年12月7日,第一版。

第三节　党的新闻出版事业的发展促进了人民文学艺术的繁荣

在党的领导下，除了建立起多层次、多元化的党报体系外，人民期刊、通讯社、广播、出版事业也迎来了发展的春天。在党的新闻出版事业总体发展的推动下，人民文学艺术日益繁荣，随着东北解放战争的胜利，东北人民政权的建立和巩固，黑龙江新民主主义文化发展也奠定了坚实的基础。

一　人民新闻出版、广播事业的发展

解放战争时期的黑龙江期刊，在黑龙江期刊发展史中是浓墨重彩的一页。延安等老解放区的大批作家、艺术家、文化名人和文艺工作者，来到黑龙江地区，他们深入农村、工厂、部队、学校，在斗争实践中积累了大量的素材，创办了一批很有影响的期刊。他们办的期刊质量高，生动活泼，与群众息息相关，受到广大的工农兵、知识分子欢迎。

解放战争时期，黑龙江先后共出版有 98 种期刊。其中，在 1945 年末到 1946 年初苏联红军对城市实行军事管制和中国国民党接收黑龙江政权的半年左右时间里，出版有 13 种期刊（哈尔滨 12 种，齐齐哈尔 1 种）。在这 13 种期刊中，《先锋》（双月刊）、《热风》（半月刊）是中国共产党人、民族英雄李兆麟领导下的哈尔滨中苏友好协会创办的；《市民生活》（半月刊）、《警察测验》（第一种）是在国民党接收政府领导下，为宣传国民党、蒋介石政府"正统"而创办的；其余 9 种则是民间团体自办的社会科学、自然科学和文学艺术类刊物。1946 年 4 月中国共产党及其领导下的东北民主联军进入哈尔滨、齐齐哈尔，全面掌握黑龙江各级政权后，除《铎风杂志》（周刊）续办到 1947 年 10 月，其余 12 种期刊都仅出版了一期或几期就全部停刊了。以后陆续创办和迁移到黑龙江出版的多种期刊，全部是在中国共产党领导下，传播马克思列宁主义、毛泽东思想，宣传中国共产党的方针、政策、路线，

第四章 新民主主义新闻事业的胜利

用以教育群众、发动群众、武装群众,为建立巩固的东北革命根据地服务的革命、进步刊物。有很多种期刊发行到全国各老、新解放区并流传到国民党统治区,有力地配合了全国解放战争。

现将当时主要期刊介绍如下。

《知识》由当时任东北大学副校长的著名作家舒群主编,是以青年学生和知识分子为主要读者对象的综合性刊物。1946年5月创刊于长春,1946年8月13日迁移到佳木斯东大街(今前进区政府所在地)继续出版。共出版24期后,于1946年12月迁移到哈尔滨道里地段街52号东北书店内出版。1949年初迁往沈阳出版。先后由舒群、纪云龙主编。

由于东北青年处在日伪统治下长达14年之久,缺乏对历史知识、国际知识的真实了解,所以,《知识》的编辑方针有很强的针对性。从它创刊起,就继承五四运动精神,站在青年的最前列,发扬革命传统,介绍、传播中国共产党和中国革命的历史。《知识》辟有短评、时评、漫画、专论、学校与学生动态、通讯报道、文艺、人物志等专栏和讲座,还有座谈会特辑、历史重温、自修知识与科学小品、美国问题、读者往来、资料、习作、插图、诗歌等栏目。

在人物志栏目内,介绍了高尔基、瞿秋白、鲁迅、茅盾、白求恩、斯大林、毛泽东、朱德、李兆麟、李公朴、闻一多、邹韬奋等人物和对刘宁一、罗淑章、云泽(乌兰夫)等人的专访;在学校与学生动态栏目内,先后刊登了《哈尔滨学生联合宿舍巡礼》《合江联中的民青》《东北军政大学介绍》《绥化中学通讯》《哈市女中的栓菌与医疗》《医大生活剪影》《半年来的绥中同学》《民权村小学民办经验》《我们的课堂在农村》等文章;在文艺栏目内,载有刘白羽、李普、舒群、郭沫若、萧军、严文井、茅盾、艾青、西虹、王大化等人的作品和外国文学作品,很受青年学生喜爱。《知识》初到黑龙江时仅发行300份,以后逐渐增多,到迁离黑龙江前,发行量已达4万多份。

《东北文化》是中华全国文艺工作者协会东北总分会会刊,1946年10月10日在佳木斯创办,地址是原合江佳木斯光明大街。编委会由王季愚、白希清、任虹、李常青、吕骥、吴伯箫、姜君辰、陈元直、袁牧之、张仃、张庚、张如心、张松如、张庆孚、智建中、董纯才、塞克、严文井、阎沛林等19人组成。主要撰稿人有于毅夫、水华、天蓝、王曼硕、王阑西、白朗、白晓光、朱丹、李雷、李延禄、李则兰、向隅、何士德、吴雪、吴印咸、沃渣、车向忱、金人、马可、马皓、纪傅坚、陈沂、陈先丹、陈波儿、草明、高崇民、陶端予、梁子超、许可、张望、舒非、舒群、华君武、富振声、冯仲云、蒋南翔、谢挺宇、韩函桐、瞿维、萧军、罗烽、谭荫溥等42位各级领导和名人、专家。编者、作者阵容强大、层次很高。该刊每期发1万册。在当时的《创刊词》中说，"它的主要任务就是协同东北整个文化界，从政治上思想上启发广大东北智识青年、智识分子及一切文化工作者，提高他们的自觉性，鼓舞他们的革命热情，与为人民服务而斗争的积极性、创造性，使之在东北人民解放的光荣伟大事业中发挥应有作用。"明确指明了为人民服务的办刊宗旨。

《人民戏剧》是中华全国文艺工作者协会东北总分会戏剧会刊，1946年12月1日创刊于佳木斯东北文艺工作团二团团部（今合江日报社）内。其主办单位是1946年10月成立的人民戏剧社，编辑委员会由张庚、舒非、塞克、颜一烟、王震云、白桦、沙蒙、吴雪、陈戈、袁牧之、李之华、张水华等12人组成。主要撰稿人有丁洪、王家乙、田方、阿依、陈克、许可、欧阳山尊等44人。《人民戏剧》是黑龙江出版最早的戏剧类期刊，在佳木斯共出版9期，约在1948年末迁到沈阳继续出版。从这本期刊的办刊宗旨看，它为戏剧工作者"解决了一部分剧本问题，提供一些理论和技术材料，给工作紧张，有时还在行军中间的文工团同志"，使"文工团之间能互相知道彼此情况，能够交换彼此的情况，能够交换彼此的经验"，同时也很好地反映了群众文化的要求、呼声。① 曾经发表颜一烟写的一篇报道《佳木斯职工总会联合大演前》，反映东北解放后，佳木斯职工举行联合大公演的群众文化活动。将近有

---

① 《办刊宗旨》，《人民戏剧》1946年12月1日。

第四章 新民主主义新闻事业的胜利

24个工厂参加,有音乐,有舞蹈,有戏剧,有活报剧,有秧歌,连演4天,每天十几个节目,演6小时。作者写道,第一天演出后,我问几位工友:"你们做了一天工,晚上还看6个钟头戏,不累吗?"他们看得正在兴头上,说:"不累!""累也爱看。"还有的说,以前看不到戏,"再演6个钟头还看"①。该刊迁到沈阳后继续出版,改为中华全国文艺工作者协会东北分会戏剧会刊。②

《翻身乐》是黑龙江第一本为农民出版的期刊,以翻身农民、农村干部为主要读者对象,撰稿人也主要是区、村干部,强调通俗性,于1948年3月1日在东北土地改革运动中创刊,由徐今明主编,地址在哈尔滨道里地段街东北书店内。这本32开的期刊虽然注明"一个月出一本",但实际上基本是半月左右出版一期,在黑龙江共出版了24期。1946年初迁到沈阳继续出版,后改名为《新农村》。

该刊在天下大事栏目中,曾刊登前方"我军半年消灭蒋匪75万"、后方"16万人参军"的消息以及华君武的漫画《蒋匪军抢粮的故事》和谭亿作词、唐培竹作曲的《平分土地》歌曲,从形式到内容都适应农民的特点,不仅受到农民的欢迎,而且成为区、村干部的政治时事性读物。该刊指明"这个《翻身乐》是和翻了身的农民、工人和战士在一边的,专门替广大劳动哥们办事的……咱要翻身,要明白翻身的道理和办法,这里有各种尝试和故事,有歌有画,还有各种文化娱乐材料。只要认识1000字就能看懂,如果不认识字,就要请识字的来念,来教……在《翻身乐》里翻身、学翻身,在《翻身乐》里获得翻身的文化果实和快乐"③。这本期刊内容通俗易懂,图文并茂,读者喜闻乐见。比如"创刊周年纪念"这期封面是著名版画家古元的木刻版画,色彩艳丽,人物生动。内文有著名漫画家华君武的漫画《蒋匪军抢粮食的故事》,还有谭亿作词、唐培竹作曲的《平分土地歌》。从内容到形式

---

① 《佳木斯职工总会联合大演前》,《人民戏剧》1948年11月1日。
② 1951年3月17日改为中华全国戏剧工作者协会人民戏剧编委会,地址在北京东四牌楼头条胡同5号。主编是田汉、光未然、韦泯。是中国最具权威的戏剧类期刊。
③ 《见面话》,《翻身乐》1948年3月1日,第一期。

极适合工农兵阅读，并成为区、村干部的时事手册。

《人民音乐》1946年12月创办于佳木斯，中华全国文艺工作者协会东北分会会刊之一，为不定期刊物，由东北书店出版发行。主要编辑有吕骥、王一丁、任虹、何士德、向隅等。主要撰稿人有马可、瞿维、寄明、罗正、向隅、陈紫、刘炽、安波、康荣枚、鹰航、丁屿、彦克、徐辉才、晓星、安娥、翟士奇等名家。这本期刊以发表音乐作品和音乐理论为主，研究音乐理论与创作技巧，评析创作歌曲，报道基层群众的音乐创作活动。1947年出刊3期后停刊。1948年10月在哈尔滨复刊。1949年迁沈阳出刊，是一本在音乐界和读者中十分有影响的期刊。

《东北文艺》（半月刊）1946年10月15日创刊于佳木斯光明大街15号，编辑委员会由王季愚、白希清、任虹、李常青、吕骥、吴伯箫、姜君辰、陈元直、袁牧之、张汀、张庚、张如心、张松如、张庆孚、智连中、董纪才、塞克（陈凝秋）、严文井、阎沛霖等19人组成。主要撰稿人有于毅夫、水华、白朗、朱丹、李延禄、吴印咸、车向忱、金人、马可、陈沂、草明、高崇民、蒋南翔、萧军、罗烽、马加、华君武、萧向荣等27人。创刊后，被确定为中华全国文艺工作者协会东北总分会会刊之一。1947年8月出刊16期后停刊。

《苏联介绍》（月刊）由哈尔滨特别市中苏友好协会创办，是这一时期具有影响的刊物之一。1945年抗日战争胜利后，有很多群众对苏联红军解放东北的作用认识不足。为了对群众进行国际主义教育，哈尔滨特别市中苏友好协会及其所属的哈尔滨兆麟书店，于1947年5月1日创办了黑龙江省第一家，也是全国第一家全面介绍苏联情况的期刊《苏联介绍》（月刊），由李国钧、金人、罗烽、孙耕野、唐景阳等5人组成编辑委员会，由哈尔滨兆麟书店出版发行，最初每期印1000份，后来很快增印到5000份。这本期刊介绍了在斯大林领导下的苏联人民开展社会主义建设并取得伟大成就的情况，宣传了苏联红军在世界反法西斯斗争中的伟大作用，歌颂了苏联人民与中国人民的伟大友谊，在群众和干部中产生了广泛、积极的影响。1949年初，《苏联介绍》改为东北行政区中苏友好协会的机关刊物，迁到沈阳，继续出版到1951年

第四章 新民主主义新闻事业的胜利

7月。

《东北画报》1945年11月30日创办于沈阳,由东北画报社编辑出版,第一任社长罗光达。最初为季刊,8开本,以摄影、美术形式反映东北人民解放战争史实。1946年进入佳木斯市。1947年进入哈尔滨,改为半月刊,16开本。1948年1月改为月刊,5月复又出半月刊。1949年3月改为12开本。1949年5月迁往沈阳继续出版。

《文学战线》由东北书店编辑出版,1948年8月25日创刊于哈尔滨。刊载各类反映人民解放战争的文学作品及文学评论与翻译作品。有工人创作、小故事等栏目。1949年迁往沈阳继续出版。①

这些期刊在中国共产党的领导下,传播马克思列宁主义、毛泽东思想,宣传中国共产党主张,发动群众、教育群众、武装群众,为建立巩固的东北根据地服务,在建设地方人民民主政权,宣传、发动和组织群众发展生产,支援全国解放战争中起到重要作用。有些期刊在新中国成立初被陆续迁往中共中央东北局所在地沈阳以及北京,成了中国著名的、权威性的期刊,黑龙江是这些期刊成长的摇篮。

这一时期是黑龙江期刊重大发展时期,奠定了黑龙江期刊业坚实的基础。除上述的《东北文化》《人民音乐》《人民戏剧》《文学战线》《知识》《苏联介绍》《东北画报》《翻身乐》等期刊之外,李则兰等编辑出版的《文化周刊》、白朗等编辑出版的《文展》等都有很强的时代感和影响力。与此同时,各党、政、军机关也相继办了各类期刊。期刊的创办为建立新民主主义文化发挥了推动作用。

解放战争时期,在国民党军队猖狂进攻的危急时刻,为迅速使人民广播电台开始播音,及时将中国共产党的政治主张和方针政策,向黑龙江人民深入宣传,揭露国民党政府实行独裁、内战的真面目,共产党人以高度的革命责任感,勇敢地挑起创建人民广播电台的重担。1945年8月17日,日本通过广播向苏军投降。8月20日,刘亚楼(化名王松)

---

① 黑龙江省地方志编纂委员会:《黑龙江省志·出版志》,黑龙江人民出版社1996年版,第181页。

随苏联红军进驻哈尔滨，与苏军政治部的代表一起接管了日伪哈尔滨中共放送局，并提议改称为哈尔滨广播电台。曾组织原该台工作的赵乃禾等人，当晚就开始播音，使得哈尔滨的人民广播，比中共滨江工委机关报《松江新报》的出版还早86天。

以哈尔滨广播电台的设备为基础，新华社东北总分社和长春台的部分设备、人员在佳木斯创建了东北新华广播电台。由赵乃禾任台长，隶属东北局宣传部，是各解放区最早建立的面向全区的广播电台。1946年9月23日，开始在佳木斯播音，每天早、中、晚各一次。总25小时，是当时解放区中播音时间最长的广播电台，呼号XNMR，功率1千瓦（后扩大至3千瓦），波长284.4米，频率1055千赫。①

东北新华广播电台是在中国共产党领导下的解放区广播电台中，最早创作播出广播剧的电台。1946年，东北新华广播电台的台长赵乃禾创作写出了广播剧《我们宁死不当亡国奴》，这是解放区地方广播电台最早播出的广播剧，也是黑龙江自己创作播出的第一部广播剧。这一时期，赵乃禾还创作了表现抗日爱国思想的广播剧《新天地》，沙驼创作了抗议国民党反动派杀害李兆麟将军的广播剧《血染荒原》等。② 当时，这些广播剧的播出，对激发广大东北人民的革命热情和斗志起到了一定的作用。

各地方广播电台中最早开始播音的是1946年5月1日齐齐哈尔新华广播电台。1949年5月10日，齐齐哈尔新华广播电台改称齐齐哈尔人民广播电台，为报纸（《黑龙江日报》）和电台一体制。这一阶段的广播宣传，已经逐步走上正轨，增设了《黑龙江新闻》。1949年5月11日建台三周年时，向群众征求意见，进一步改进节目，并按照"地方化"的方针，加强对城市和工人的广播，增加了"轮回节目""职工时间""社会服务""文娱活动"和"唱歌指导"等节目。③

哈尔滨广播电台迁佳木斯参与组建东北新华广播电台后，1947年4

---

① 黑龙江省地方志编纂委员会：《黑龙江省志·广播电视志》，第21页。
② 黑龙江省地方志编纂委员会：《黑龙江省志·广播电视志》，第21—30页。
③ 黑龙江省地方志编纂委员会：《黑龙江省志·广播电视志》，第22页。

第四章　新民主主义新闻事业的胜利

月 20 日，哈尔滨市创办了"新"哈尔滨电台。战争时期，虽经变动，但均未影响正常播音。东北新华广播电台迁往沈阳后，哈尔滨电台归中共哈尔滨市委领导。1949 年 3 月，林青调哈尔滨电台任台长，定名为哈尔滨新华广播电台。1949 年 5 月 1 日，哈尔滨新华广播电台改称哈尔滨人民广播电台。除与北平新华广播电台联播节目和联播沈阳人民广播电台的东北新闻外，还自设有"国内外新闻""松江消息""评论或报道""轮回节目""文化娱乐活动""社会服务""苏联介绍"和"俄语讲座"等节目。[①]

牡丹江新华广播电台于 1947 年 8 月 15 日开始播音，1949 年 11 月 28 日迁往哈尔滨，与哈尔滨人民广播电台合并。1948 年 8 月 15 日由牡丹江广播电台改称牡丹江新华广播电台。1949 年 5 月 1 日又改称牡丹江人民广播电台。牡丹江电台设有汉语和朝鲜语两种语言节目。每天中午、晚上两次播音，共 5 小时。它除了与北平新华广播电台联播节目和联播沈阳人民广播电台东北新闻外，自办节目有"牡丹江节目""职工讲座""职工通讯""轮回节目""行情广告""启事广告""文娱活动""唱歌指导"和"苏联介绍""小常识"（星期日为社会服务）等。[②]

中国共产党领导的人民广播在黑龙江空中电波宣传战中一直保持着优势地位，为巩固东北革命根据地起到了很大的作用。

东北光复不久新华社即在黑龙江地区建立分支机构，传播党的方针政策，动员人民参加与国民党反动势力的斗争。1946 年 2 月初，在当时中共中央东北局所在地吉林省海龙县新华社东北总分社成立。同年 5 月，随东北局从长春迁来哈尔滨，并抽出部分人员去佳木斯，建立了新华社合江分社。东北总分社社长为吴文焘，下设编译、通讯、电务 3 个科。他们每日抄收、翻译新华总社的电讯稿，并向当地报纸发稿。同时还采写、编辑东北地区的新闻，向延安新华总社发稿。并把抄收、翻译

[①] 黑龙江省地方志编纂委员会：《黑龙江省志·广播电视志》，第 24 页。
[②] 黑龙江省地方志编纂委员会：《黑龙江省志·广播电视志》，第 28 页。

国民党中央社和外国通讯的电讯，编成《参考消息》，送东北局领导参阅。

在解放战争时期，东北总分社的编采人员和电务人员，工作条件极其艰苦，经常随军作战南北，夜以继日地坚持采、编、发稿件，多次受到新华总社的表扬。随军特派记者刘白羽写的《光明照耀着沈阳》《英雄的四平街保卫战》《锦州之战一角》和华山采写的《英雄的十月》等通讯，都已成为东北解放战争的忠实记录。① 东北总分社于1948年12月迁到沈阳。

新华社西满分社于1946年初在郑家屯成立。同年5月随中共中央东北局西满分局迁到齐齐哈尔。当时分社长为于岩，下设编辑、采访、电务3个科。他们每日向新华总社和东北总分社采发西满解放区建设和军事活动的新闻，以及抄收新华总社播发的电讯稿，供给当地报纸、广播电台。该分社还在北安、黑河设立了支社，与当地新黑龙江报社、黑河报社合署办公。

1946年11月1日《西满日报》创刊，西满分社与该报报道科业务合一，1947年9月西满分局撤销，该报随之停刊。同时，恢复出版嫩江省委的机关报《嫩江新报》，西满分社转归嫩江新报社管理，每天抄收新华总社播发的新闻，满足报纸和广播电台的需要。

新华通讯社松江分社于1949年6月在哈尔滨成立，与松江日报社合署办公，由松江日报社副社长杨永平兼任副社长，主持分社工作。1951年秋，记者组撤销，记者全部调回东北总分社。②

1946年4月7日，正当国民党在哈尔滨统治的末期，由各家媒体新闻工作者发起举行"哈尔滨新闻记者协会"成立大会，选出干事11人，由《哈尔滨日报》总编辑李文涛任干事长。同年4月28日哈尔滨解放，新闻界情况发生变化，协会于7月31日举行第二次会员大会，讨论扩大改组事宜，选出吴文焘、田春光、穆青、王揖等11人为理事，

---

① 黑龙江省地方志编纂委员会：《黑龙江省志·报业志》，第344页。
② 黑龙江省地方志编纂委员会：《黑龙江省志·报业志》，第346页。

第四章 新民主主义新闻事业的胜利

由《哈尔滨公报》社长关鸿翼任理事长。① 协会改组后对办报方向和报纸群众观点、新闻来源等问题进行讨论。1949年10月因新闻单位减少而解散。

解放战争时期，黑龙江地区出版事业获得了较大发展，黑龙江各地的中国共产党组织为配合党的宣传工作，先后建立各自独立的书店，如1946年3月牡丹江省由牡丹江日报社建立了牡丹江书店，1946年5月中共齐齐哈尔市委建立的齐齐哈尔大众书店，1946年12月黑龙江省（省会设于北安）由黑龙江日报社建立了北安新华书店，以及中共哈尔滨市委领导的中苏友好协会开办了兆麟书店等。这些地方党组织建立的书店，都是独立的发行机构，没有形成系统的发行网络。主要是发行报纸和关内解放区出版的书刊，只有牡丹江书店出版过《中国现代革命运动史》（张闻天著）等为数不多的几种图书。1947年上半年，北安新华书店、牡丹江书店、齐齐哈尔大众书店、《西满日报》发行部等，先后并入东北书店发行系统。哈尔滨兆麟书店于1949年7月15日改由哈尔滨市教育局领导，为发展教育事业，改为哈尔滨教育用品供应社，不再经营图书。

东北书店于1945年11月16日在沈阳成立，隶属东北日报社领导。1946年5月24日，东北书店总店迁到黑龙江，并于8月10日先后在佳木斯市、哈尔滨市建立了办事机构和门市部。

从1947年初开始，黑龙江各地中共组织建立的书店相继划归东北书店统一领导。到1947年底，东北书店已经拥有松江（属总店批发科领导）、西满（经理史修德）、合江（先后由潘建萍、黄巨清、郑士德负责）、牡丹江（经理郑士德）、黑龙江（经理张向凌兼任）、吉林及辽北等7个直属分店，并在佳木斯、东安（今密山县）、哈尔滨建立了3个书刊印刷厂。1947年7月，东北书店总店在哈尔滨正式设立编辑部后，就成为中国共产党领导下黑龙江以至整个东北地区规模最大的集编辑、印刷、发行为一体的出版机构。1948年1月，东北书店脱离东北

---

① 黑龙江省地方志编纂委员会：《黑龙江省志·报业志》，第347页。

日报社，改由中共中央东北局宣传部直接领导，正式定名为东北书店总店。在解放战争时期，东北书店配合党的政治任务出版了大量的图书、期刊，是解放战争中出版物最多的出版机构。

东北书店在黑龙江时期的编辑出版工作，密切配合党的中心任务，为宣传马列主义、毛泽东思想，为宣传党的路线、方针、政策，为宣传群众、组织群众，投入"打倒蒋介石、解放全中国"等参军参战活动及配合土改运动出版了大量图书。最突出的是中央文件和领袖论著，如毛泽东的《论持久战》《中国革命战争的战略问题》《在延安文艺座谈会上的讲话》《中国革命与中国共产党》《新民主主义论》《农村调查》等。为配合干部理论学习，出版了一批马列主义的理论著作以及有关论著，如《共产党宣言》《"左"派幼稚病》《国家与革命》《社会发展史》《政治经济学》《共产主义常识》《世界反法西斯战争文献》《中国近代史》和《中国通史简编》等。

在揭露国民党的反动本质方面，出版了《从"七·七"到"八·一五"》《上饶集中营》《东北蒋管区真相》《人民公敌蒋介石》《东北形势与中共对东北问题的主张》《国民党与共产党》《关于东北问题》等书。为了配合土地改革运动，先后出版了政策文献、手册、歌曲、小说、剧本等书籍，如《怎样分析阶级》《群众工作手册》《平分土地文献》《中国土地法大纲》《土地改革中的几个问题》《受苦人翻身大联唱》《翻身民歌》《活捉谢文东》《白毛女》《地主血腥发家史》《永安屯翻身》等。在宣传苏联方面，出版了《列宁的故事》《苏联红军英雄故事》《钢铁是怎样炼成的》等书。反映人民军队英勇善战和军民一家、官兵一致的书籍有《人民与战争》《无敌三勇士》《官兵关系》《十八勇士》《杨靖宇和抗联第一路军》《一切为了前线》《长征故事》等。对党员、干部进行党性教育的书籍有《中国共产党党章》《论共产党员的修养》《党员课本》《马恩列斯毛论共产党》《论群众路线》《论自我批评》等。其中，以章回小说形式评议国家大事的《国事痛》（许立群著），受到中共中央东北局宣传部的嘉奖和表扬。反映黑龙江农民在党的领导下进行土地改革的长篇小说《暴风骤雨》（周立波著），

第四章 新民主主义新闻事业的胜利

1952年3月13日获斯大林国际和平文学艺术奖。

东北书店还从1948年春季开始出版、发行中、小学教科书，最初只供应合江省，同年秋季开始供应北满各省（今黑龙江省北部地区）。到1948年，东北已经解放的地区都开始使用东北书店出版的课本，秋季开学基本做到了"课前到书，人手一册"。

1948年5月，在哈尔滨出版的《毛泽东选集》是东北书店在黑龙江时期一项十分重大的编辑出版活动。这部巨著的出版，不仅在黑龙江、东北，而且在其他解放区都产生了很大影响。在此之前，由于受各种条件限制，出版的毛主席著作大多是单行本。东北战局稳定之后，黑龙江地区出版图书的条件要比以往任何时期以及当时其他解放区优越得多，中共中央东北局决定出版一部合订的大开本的《毛泽东选集》。1947年10月间，中共中央东北局宣传部长凯丰要求东北书店总经理李文立即组织力量，尽快出版一部收入篇章齐全、内容完整、印刷装帧精美的《毛泽东选集》。凯丰亲自主持编选，拟定篇目，按阐述的问题分为六卷，选入毛泽东1927年3月至1946年12月的文章49篇，报送中共中央审批定稿。正要付印时，毛泽东在中共中央会议上的报告《目前形势和我们的任务》（1947年12月25日）公开发表。东北书店请示凯丰同意，将这篇报告编入《毛泽东选集》，放在六卷之前另立页码。1948年5月东北书店版《毛泽东选集》（六卷合订本）在哈尔滨正式出版、发行，共印行2万部（另有10部特别精装本，送给毛泽东和其他中央领导）。这部六卷合订本《毛泽东选集》是当时历史条件下，收入篇章最全，印刷、装帧最好的精装本，也是当时东北书店版图书中最突出的大型巨著。随着解放战争形势的发展，这部《毛泽东选集》陆续发往长春、沈阳、天津、北平（今北京市）、南京和上海等地，对正处于解放战争中的人民解放军的指战员及新解放地区广大干部、群众系统学习毛泽东思想起到了重大作用。

1949年1月15日至24日，东北书店在哈尔滨召开了第三次分店经理会议，会后东北书店总店迁回沈阳。

解放战争时期，由上海生活书店（1932年由邹韬奋、徐伯昕创办于上海)、读书出版社（1936年由李公朴、黄洛封、艾思奇等创立于上海)、新知书店（1935年由钱俊瑞、薛暮桥、徐雪寒等创立于上海）共同投资在东北各地建立了光华书店。光华书店是以民间面貌出现的中国共产党领导的出版、发行机构，在黑龙江共有佳木斯、哈尔滨、齐齐哈尔3家分店，统归设在烟台的光华书店总店领导。其中，佳木斯光华书店初期曾翻印过生活书店、读书出版社、新知书店的部分图书，后来与齐齐哈尔光华书店一样，主要是发行图书。哈尔滨光华书店除建立门市发行图书外，还有计划地再版、出版图书和报纸，成为当时黑龙江除东北书店外出书最多、最具影响的出版机构。

1946年夏，原在上海生活书店工作的共产党员孙家林夫妇受中国共产党委派来到佳木斯，于1946年12月开办光华书店，后陆续开办哈尔滨光华书店、齐齐哈尔光华书店。1948年2月，邵公文由大连来到哈尔滨，主持整个东北解放区光华书店各店工作。1949年8月15日，哈尔滨、齐齐哈尔、佳木斯光华书店一律改名为生活·读书·新知书店，简称"三联"书店。1954年初，哈尔滨、齐齐哈尔、佳木斯的"三联"书店，分别合并到当地的新华书店。

由于享有上海生活书店、读书出版社、新知书店的专有版权，哈尔滨光华书店从1947年至1948年夏的一年多时间里，大量翻印再版了这3家出版机构出版的进步图书，特别是理论名著，如《辩证唯物主义》《大众哲学》《中国历史》《现代中国经济教程》等。同时，还结合东北战场和东北解放区的情况出版了《战士们》《铁的部队》《土地和枪》《东霸天的故事》《苏联见闻录》《时代的印象》等新书，以及剧本《两天一夜》《上当》《阴谋》《妯娌争先》和《陕北民歌选》《人民歌曲》等歌曲集。也出版了大量的翻译书籍，如《国家与文学及其他》《不屈的心》《夏伯阳》《攻克柏林》《绞索勒着脖子时的报告》（今译名《绞刑架下的报告》)、《希特勒的末日》《列宁勋章》等。据收集到的资料统计，哈尔滨光华书店仅一年多时间就再版、出版了图书79种，实现了党对光华书店"多出版一些图书，支援关内各解放区"的要求。此外，哈尔滨光华书店还创办了5日刊的《生活报》，成为黑龙江和东

第四章 新民主主义新闻事业的胜利

北解放区印数较多的报纸之一。

光华书店在黑龙江期间最有影响的出版活动,是再版《资本论》和《鲁迅全集》。这两部巨著的再版,不仅是当时解放区出版史上的大事,也是中国出版史上的空前大事。

1938年8月,由上海读书生活出版社(后改为读书出版社)出版、发行的《资本论》(王亚南、郭大力译),是中国首次出版的中文全译本马克思经典巨著。这一年上海复社出版、发行的《鲁迅全集》(二十卷),囊括了鲁迅生前发表的全部作品。这两部巨著的出版,产生了巨大的影响。但是,由于资金困难和国民党政府的文化统治,这两部巨著在上海初版时印制数量很少且未再版。哈尔滨光华书店成立后,出版图书多由东北铁路印刷厂(今哈尔滨铁路印刷厂)承印。当时这个厂是东北解放区也是全国解放区中设备条件和技术条件最好的印刷厂。于是,哈尔滨光华书店决定,在出版薄本、中厚本图书的基础上,争取再版《资本论》《鲁迅全集》这两部巨著。哈尔滨光华书店这一出版意图得到中共中央东北局在资金、纸张、装帧材料等方面的全力支持,东北银行贷给光华书店资金黄金500两,东北贸易公司从旅大绕道朝鲜运来装帧用布500匹,过去专为东北日报社和东北书店供应印报、印书纸张的石砚造纸厂,为这两部巨著的出版调拨新闻纸30吨。1947年11月至1948年初,照相制版影印的《鲁迅全集》和重新排版印制的《资本论》相继在哈尔滨出版。其中,《鲁迅全集》印制5000部,每部20卷,共10万册;《资本论》印制1万部,每部上、中、下3卷,共3万册。哈尔滨光华书店出版的这两部巨著,印刷、装帧质量之好,印数之多是解放区从来没有过的,不仅发行到东北解放区各地,而且随着人民解放战争的进程,很快发行到全国各地。

1946年3月9日,李兆麟被国民党特务密谋杀害后,哈尔滨各界人士于3月15日成立"纪念李兆麟烈士善后委员会",并在哈尔滨中苏友好协会内设立了"兆麟纪念协会",决定编辑出版兆麟纪念书籍。1946年5月31日开办了兆麟书店,聘请谢雨琴为董事长,地址在哈尔滨道里地段街56号,1948年2月1日在哈尔滨南岗区义洲街(今果戈理大街）设立分店。兆麟书店从1946年5月成立到1949年7月改为哈尔滨市教育用品供应社期间，先后编辑出版了《苏联名歌选》《思想指南》等介绍苏联情况的专题小册子，翻译出版了《辩证唯物主义与历史唯物主义》《苏维埃政权给劳动人民带来了什么》《列宁论保卫社会主义祖国》，以及班达连柯的剧本《保尔·柯察金》等苏联图书。

除了以上书店之外，规模影响均较大的还有作家萧军创建的鲁迅文化出版社。创设于1946年11月25日，宗旨是宣传鲁迅的文化思想，社址在哈尔滨道里新城大街（今尚志大街）5号。鲁迅文化出版社成立之初，在筹建印刷厂的同时，设立"鲁迅文化出版社门市部"，初时为东北书店代卖书刊。1947年初，印刷厂具备印刷书刊能力后，开始出版图书，门市部成为批发、零售本社图书的书店。鲁迅文化出版社设有编辑部，编辑部负责人由社长萧军自兼。这家出版社人员虽少，但出版活动相当活跃。先后编辑出版了《鲁迅研究丛刊》、短篇小说集《羊》（萧军等著），再版了萧红的《生死场》、萧军的《八月的乡村》，翻译出版了苏联长篇小说《团队之子》，用活页文选的形式出版了鲁迅的部分杂文及《反对自由主义》《马列主义研究提纲》等学习材料。鲁迅文化出版社还为部队出版过军事教材，如刘伯承的《论合成战术》、林彪的《论运动战》等。同时，也为中共中央东北局城工部印制过《告六十军书》《告滇军书》等传单和宣传小册子。鲁迅文化出版社还曾出版萧军主编的《文化报》。鲁迅文化出版社在佳木斯、吉林建立了两个分社，主要任务是发行鲁迅文化出版社出版的图书和《文化报》。鲁迅文化出版社于1948年8月停办。①

报纸、期刊、出版的发展离不开印刷业的发展。到1949年10月中华人民共和国成立前，除中国共产党创办书刊印刷厂、接管日伪印刷厂外，凡有一定生产能力的私营印刷业都派驻有军事代表，在中国共产党的统一领导下。其中，中共中央东北局下属的东北日报社在黑龙江办有3家印刷图书、期刊、报纸的印刷厂，即佳木斯印刷厂、东安印刷厂和

---

① 黑龙江省地方志编纂委员会：《黑龙江省志·出版志》，第68—75页。

第四章 新民主主义新闻事业的胜利

哈尔滨印刷厂。从日伪手中接管的大型印刷厂是沙俄建立的东北铁路印刷厂，而黑龙江私营印刷业中最早接受中国共产党的领导、规模较大的是哈尔滨新华印刷厂。

佳木斯印刷厂是解放战争时期中国共产党在黑龙江建立的规模最大的书刊印刷专业厂，厂址在佳木斯市中山大街原大和旅馆，隶属东北书店总店，它的前身是东北日报社第二印刷厂。1945年9月，中共中央东北局在筹备出版机关报《东北日报》时，分别接收了沈阳的伪满日日新闻印刷厂、兴亚印刷厂和日本人开办的星野印刷所，在战略转移到达长春时，又接收了伪满行政学会和八弦印刷厂的全张印刷机及铸字机、纸张等，建立了东北日报社第二印刷厂。1946年10月转移到佳木斯建厂后，归东北书店总店直接领导，成为印刷书刊的专业厂，改称佳木斯印刷厂。佳木斯印刷厂印制了大批东北书店编辑出版和翻印老解放区出版的政治、理论、文艺图书、期刊，以及供应全东北需要的学生教科书。1949年5月，佳木斯印刷厂迁到沈阳，并入沈阳印刷厂。佳木斯印刷厂是在敌强我弱的战争环境中，艰苦创业建立起来的。它的建立、发展、巩固，对东北书店的发展壮大起到了奠定物质基础的作用。

东安印刷厂于1946年11月在当时的牡丹江省东安市（今黑龙江省密山县）建立，是解放战争时期中国共产党领导的书刊印刷厂，隶属东北日报社，它的前身是东北日报社第三印刷厂。1945年9月，中共中央出版局印刷厂的傅守凡等人，根据中共中央和毛泽东"建立巩固的东北根据地"的指示，奉命从延安出发，随三五九旅第二批部队进入辽宁省沈阳市，接收了原日本东亚印刷株式会社和另一家日本人开办的印刷厂，将其合并，改编为东北日报社第三印刷厂。11月，东北日报社第三印刷厂即随部队撤离沈阳市，经抚顺、通化，绕道朝鲜人民民主共和国境内的满浦、平壤、南阳进入图们，历经无数艰难困苦，于1946年5月到达哈尔滨，11月又转移到东安市，改名为东安印刷厂。1947年春节期间，因不慎发生火灾，大部分印刷设备和原材料被焚毁，不能继续印刷生产。1947年6月，剩余的人员和设备转移到佳木斯，并入佳木斯印刷厂。东安印刷厂是以铅印为主的书刊印刷厂，从1946

年 11 月到达东安市至 1947 年 6 月合并到佳木斯印刷厂前，共印制毛泽东著作和其他革命图书 300 多万册，为宣传群众、教育人民作出了一定的贡献。

东北日报社哈尔滨印刷厂的主要任务是印刷对开四版的《东北日报》，同时也承印东北书店出版的书刊。1945 年 9 月，中共中央东北局在筹备出版机关报《东北日报》时，分别接收了沈阳的伪满日日新闻印刷厂、兴亚印刷厂和日本人开办的星野印刷所，成立了东北日报社第一印刷厂。1946 年 5 月战略转移到哈尔滨，在哈尔滨市地段街建厂，5 月 28 日正式在哈尔滨印刷出版《东北日报》。1948 年初，东北书店脱离东北日报社，转属中共中央东北局宣传部领导，东北日报社哈尔滨印刷厂遂改称为东北日报社印刷厂。1948 年 11 月，与东北日报社一起迁到沈阳。

东北铁路印刷厂位于哈尔滨市香坊区六顺街（今哈尔滨铁路印刷厂址），是解放战争时期中国共产党接管的规模最大的印刷厂，是东北书店、哈尔滨市光华书店印制图书的主要基地之一。东北铁路印刷厂的前身是 1935 年苏联政府将中东铁路路权出卖给日伪当局后，由东省铁路印刷所改名的北满铁路印刷所。1945 年 9 月哈尔滨光复，中国印刷工人在日本人撤离后，推举李广文、杨德庆、许希梦、梁尧四人负责，维持秩序，保护工厂。1945 年 10 月苏联红军接管北满铁路印刷所，由苏军代表担任所长，李广文为副所长，胡汉为东北民主联军驻厂军代表，实行三方共同管理，开始恢复生产，不分昼夜地为东北民主联军赶印传单，1946 年正式改名为东北铁路印刷厂。1947 年苏联红军撤出，东北民主联军接管，任命胡汉为厂长，军队干部王福祥、周跃中、田家祥任副厂长。解放战争时期，东北铁路印刷厂是东北解放区和全国各解放区中印刷设备最先进、技术条件最好的印刷厂，因此，东北书店、哈尔滨光华书店出版的大型图书，都是由它印制的，如《资本论》《毛泽东选集》《鲁迅全集》《大众哲学》《辩证唯物主义》及《中国历史》等书籍，受到中共中央东北局宣传部的多次嘉奖。

哈尔滨新华印刷厂位于哈尔滨市道外区南和街（今哈尔滨印刷一

第四章 新民主主义新闻事业的胜利

厂),是解放战争时期哈尔滨市规模最大的私营印刷业,也是东北解放区第一家自觉接受中国共产党领导,实行民主选举的私营企业。哈尔滨新华印刷厂的前身是墨林堂书局,哈尔滨新华印书馆后改名为哈尔滨新华印书局的印刷部。1946年哈尔滨解放后,哈尔滨新华印书局废业。业主姚桐轩、贾守元在中国共产党宣传的革命思想影响下,毅然提出,将印刷部交给工人管理,并建议由工人选举厂长,实行民主办厂,用实际行动支援前线。他们的做法在整个东北私营工商界引起了巨大反响。1947年初,在贾守元主持的工友大会上,共产党员、工会主任张醒生当选为厂长,原业主姚桐轩、贾守元当选为副厂长,并将印刷部改名为哈尔滨新华印刷厂。①

解放战争时期,这家工厂主要是为东北人民解放军印制军事地图、传单和印制对蒋军、国统区人民进行宣传用的图书。他们的模范带头作用,受到东北解放区党政领导机关的表彰。

二 人民文学艺术的繁荣

报纸、期刊和出版业的发展,有力地促进文化艺术的发展繁荣,为黑龙江新民主主义文化艺术事业的发展奠定了良好的基础。这些报刊以及出版社,为文艺作品的发表提供了重要的平台,更成为凝聚作家的纽带。在解放战争前后从延安等地来到东北的作家、艺术家大多云集在黑龙江各地,使黑龙江文学艺术事业出现了前所未有的发展和繁荣,取得了丰硕的成果,创作出了一大批群众喜闻乐见、深受欢迎的优秀作品。

东北沦陷时期从哈尔滨去往关内的革命作家,除萧红病逝于香港,姜椿芳在上海从事党的地下工作外,塞克(陈凝秋)、舒群、萧军、罗烽、白朗、金人等都积极响应党的号召,相继回到黑龙江地区,在哈尔滨或佳木斯工作。据不完全统计,当时从外省来到黑龙江各地的作家有刘白羽、陈沂、周立波、草明、严文井、张庚、吴伯箫、华山、西虹、陆地、李之华、胡零、颜一烟、公木、林蓝、江帆、李纳、魏东明、夏

---

① 黑龙江省地方志编纂委员会:《黑龙江省志·出版志》,第240—244页。

葵、常工、方青、任钧、李则兰、煌颖、侯唯动、李熏风、雷加、马加、袁犀、蔡天心、鲁琪、李北开等，再加上塞克、萧军、舒群、罗烽、白朗、金人、达秋、梁彦等，在百名左右①。这一时期，黑龙江还涌现出一大批包括工人农民在内的业余作家，如张德裕、任晓远、陈均、崔德志、潘青、任愫、张浪、宁玉珍、庄严等，他们与来自延安的革命作家一道，活跃在黑龙江文坛，为黑龙江的文学发展增光添彩。

（一）报告文学、战地通讯的创作

这一时期的报纸，除了出色完成党的宣传任务外，报告文学、战地通讯的创作也取得了重大成就。中国报告文学是"五四"新文学诞生之后产生的一种新文学样式，它的最大特征之一就是新闻性。20世纪30年代由于受苏联文学的影响，加之阶级矛盾与民族斗争的尖锐和激烈，报告文学有了长足的进展。特别是到了抗战时期，报告文学大量涌现，被誉为"大时代的宠儿"。在解放战争时期，革命文艺工作者写作了很多报告文学，揭露国民党反动派在抗战胜利后抢占东北，破坏和平，发动内战的反动实质与罪行，描写颂扬在抗日反满斗争中浴血奋战、可歌可泣的英雄事迹。

白朗是黑龙江解放战争时期写报告文学成就比较大的作家之一。抗战胜利后，白朗响应党中央的号召，随干部工作团从延安回到东北。1946年3月来到哈尔滨，任《东北日报》副刊部部长，兼任中华文艺工作者协会东北总会机关刊物《东北文艺》副主编。同年12月，白朗以随军记者的身份转战于松花江一带。白朗写有《抗日联军的母亲》《一面光荣的旗帜——记抗联女烈士赵一曼》《民族英雄李秋岳》《八烈士》《张宗兰和她的嫂嫂》《小妹妹》《裴大姐》《王勤夫人》等报告文学。其中以《一面光荣的旗帜》和《八烈士》影响最大，家喻户晓。②白朗报告文学显著的特点之一，就是发掘弘扬女性在抗日斗争中的贡献。在残酷的抗日斗争中，她们在共产党的教育领导下，不畏艰难困

---

① 彭放：《黑龙江文学通史》（第二卷），北方文艺出版社2002年版，第354页。
② 新中国成立后，相继被改编成电影剧本《赵一曼》《八女投江》，搬上银幕，在全国放映。

第四章 新民主主义新闻事业的胜利

苦，流血牺牲，成为抗日爱国的女英雄。更值得一提的是，在这些女性中不但有中国人，也有朝鲜人，她们与中国人民并肩抗日，为东北人民的解放事业流血牺牲，立下了不朽的功劳。白朗的报告文学具有很强的文学性，有记叙、有议论、有抒情，表现方法多样，语言都很洗练、生动，具有很强的艺术魅力。

冯仲云也是比较早以东北抗联为题材写作报告文学的作者。1946年春，他接连在《东北日报》上发表了《抗日联军英雄于天放》和《老李头》等作品，受到读者的欢迎。他的报告文学和白朗等人的不同，他不仅对抗日生活非常熟悉，而且他写的人物和事件，都是他的老战友和他亲身经历的事情，内容翔实，感情真挚，语言生动，很有感染力。

1948年之后，随着解放区的扩大，社会生活的丰富，报告文学的创作题材也越来越宽阔。如白刃的《三秃的冤仇》、白素的《翻身战士萧凤岐》、张开的《复仇的心》等，都是写部队进行阶级教育的报告文学。白刃是从关内革命根据地来到哈尔滨的著名随军记者，写过《鱼和水》《桥》《英雄活着——追念战友张文祥》《郑会和他的"加拿大"》《无敌英雄》《战地三日——辽西围歼战剪影》《重机枪手捉骑兵》等战地通讯和报告文学。

另外，这一时期，王向立的报告文学集《为人民立功》、周洁夫的《老战士》、陈戈的《人民的城市》、蓝澄的《残废工人刘长庆》等，都是较好的作品。

战地通讯是解放战争时期产生的一种文学新样式，既有新闻性、真实性，又有文学色彩。战地通讯直接描写前线战场上发生的真人真事，虽然可以集中进行艺术加工，但是不能虚构。因此，战地通讯都是随军记者耳闻目睹的真实人物真实事件。

在黑龙江解放战争时期最有成就的战地通讯作者有刘白羽、华山、西虹等人。1946年春刘白羽作为"军调部东北执行小组"特派记者到东北采访。回去后写了报告文学集《环行东北》，记述"九一八"事变后，东北人民在中国共产党领导下，同日伪浴血奋战14年的光辉事迹。

同年10月，刘白羽奉命来到东北，任东北大军区军事记者，亲自经历了东北解放战争的全过程。在此期间，曾在佳木斯、齐齐哈尔、哈尔滨等地从事文学创作。在伟大的时代变革中，他以激昂的革命激情，写下了许多洋溢着强烈时代精神和现实教育意义的战地通讯。

刘白羽的战地通讯善于写英雄人物的阶级斗争觉悟、崇高思想境界和无产阶级的硬骨头精神。也写了许许多多气壮山河的英雄模范人物和东北解放战争中的动人场面，不仅受到广大读者的欢迎好评，也为他赢得了很高的文学声誉，而且形成了激昂豪放、雄浑明朗的艺术风格。

刘白羽在黑龙江写作的战地通讯有《韩殿发的经历——郭家屯歼灭蒋军八八师散记》《韩延臻和胡林祥——歼灭八十储备师散记》《全面模范的第八连》《从敌人心窝里爆炸——郭家屯歼灭八八师的一个战斗故事》《在光荣的大旗下》《被俘后的范汉杰》《锦州城下》《第一名旗手》《孤胆作战的英雄们》等。①

1945年抗日战争胜利后，华山由承德撤退到哈尔滨，任东北民主联军政治部随军记者。在解放战争时期，华山写了《风雪中来——哈南前线散记》《家》《前线新春》《在八连——哈南前线散记》《悼英雄营长王连恩》《"突击队到哪我到哪"——特级看护员靳玉库》《直捣核心工事——五次连续突击的"顽强冲杀连"》《就打八十米》《风雪怒卷杀敌声》《光荣属于勇士》《横跨饮马河》《踏破辽河千里雪》《火网下的红旗》《义县之战》《锦州访蒋官》《英雄的十月》等战地通讯。② 华山的战地通讯有两个突出特点：其一，故事性强。华山善于用特写和生活故事的形式写战地通讯。其二，侧重于记述战士的阶级仇恨，表现战士的顽强斗志、英雄气概和无产阶级硬骨头精神。

西虹于1946年到哈尔滨，任东北民主联军政治部宣传部军事记者。他也写了很多战地通讯，如《老机枪小传》《模范班》《一个步枪组——坚守商家屯》《功臣回班》《烈士的安慰者》《战斗组长的榜样》

---

① 彭放：《黑龙江文学通史》（第二卷），北方文艺出版社2002年版，第371页。
② 彭放：《黑龙江文学通史》（第二卷），第371页。

第四章　新民主主义新闻事业的胜利

《一以当百》《单人突击》《登峰攀树救伤员》《老爷岭围歼记》《擦干眼泪复仇》《炮火下入党》《战友归来》等。① 西虹战地通讯的独到之处是，注重于战士的生活和思想情操，以及场面细节描写，类似小说，所以，西虹的战地通讯有的往往被当成小说。

此外，周洁夫的战地通讯也很多，他的作品几乎都是写炮兵战斗生活的，如《新炮手》《复仇的大炮》《大炮打开辽阳城》《铁的连队》《大炮进街——四平战斗的炮兵之二》《顽强的意志》等。

（二）小说的创作

随着土地改革的彻底胜利，解放区迅速扩大，民主政权逐渐巩固，解放区社会稳定，人民生活日益提高，广大革命文学工作者受到革命形势的鼓舞，努力笔耕，适合在报刊媒体上发表的短篇小说获得了空前的大丰收。据不精确的统计，从1947年初到1949年10月1日新中国成立之前，黑龙江地区刊登在各类报刊上的短篇小说集有：刘白羽的《战火纷飞》、西虹的《英雄的父亲》、陆地的《北方》、颜一烟的《保江山》、韶华的《荣誉》、李纳的《煤》、鲁琪的《炉》《东北解放区短篇小说创作选》（第一集）等。② 较有代表性的短篇小说作品有：舒群的《归来人》（1946年3月《东北日报》）、陆地的《最后的夜晚》（1946年8月《东北日报》）、西虹的《我们的连队》（1946年10月《东北日报》）、白朗的《牛四的故事》（1947年4月《东北日报》）、春园的《父亲》（1947年5月《东北日报》）、支羊的《东北人》（1946年12月《东北日报》）、方青的《"火车头"又冒烟了》（1948年7月创刊号《文学战线》）。

刘白羽是这一时期有成就有影响的部队作家，除了上文提到的战地通讯之外，短篇小说的创作也取得很大成就。他的短篇小说《无敌三勇士》在当时是影响最大的一篇，也是这一时期刘白羽小说的代表作之一。1949年初，他将1947年至1948年发表的短篇小说《勇敢的人》

---

① 彭放：《黑龙江文学通史》（第二卷），第373页。
② 彭放：《黑龙江文学通史》（第二卷），第401页。

《一间房子里》《血缘》《战火纷飞》《政治委员》《百战百胜》《无敌三勇士》《回家》《红旗》结为一集,题名为《战火纷飞》,由东北书店出版。

当时最具代表性的长篇小说是周立波的《暴风骤雨》,中篇小说是草明的《原动力》。在黑龙江解放区传播的中长篇小说,在当时起到了形象化教材作用。周立波的《暴风骤雨》在土改干部中广为流传,成为他们最喜爱的读物。草明的《原动力》作为在哈尔滨召开的全国第六次劳动代表大会的献礼作品,受到了与会代表和广大工人的欢迎。《暴风骤雨》和《原动力》这两部小说,都曾收入"中国人民文艺丛书"。它们分别被译成多种文字在国外出版,引起了国际友人的关注。周立波来到东北之后,一直生活在农民当中,而草明则一直生活在工人中间。作家普遍重视作品思想性与艺术性的统一,较为成功地塑造了典型环境中的典型人物。

(三) 散文创作

黑龙江地区的散文创作在"为工农兵服务"的旗帜下,具有了鲜明的政治色彩,并且具有"延安式散文"歌颂新事物的抒情基调。散文被誉为"文艺轻骑兵",无论用何种形式何种方法写作,都要反映人民群众最关心的"热点话题",表现人民的思想感情,用新人物、新思想、新风尚教育人民,团结人民,鼓舞人民,打击敌人。

陆地是这一时期写作散文较多,成就比较大的作者。他的散文《爬犁及其他——农村即景》[①] 发表于《东北日报》副刊,是用诗的构思和语言写作的一篇描写土地改革后黑龙江农村新气象的散文,他将黑龙江特有的高寒气候——千里冰封,万里雪飘以及在严寒之中顶风冒雪送公粮的景象绘声绘色地表现了出来,生动形象。还有散文作家潘青,她最早的散文作品《薅草》发表于1947年。她以时代赋予的开拓者的责任感和女性细致入微的观察,将一个林区大千世界展示得多姿多彩,生动而充满灵趣。这时期的散文作品还有:草明《沙漠之夜》(1946年8月

---

① 《东北日报·副刊》1947年12月20日。

第四章 新民主主义新闻事业的胜利

5日《东北日报》副刊)、萧军《新年献词》(1948年元旦第8期《文化报》复刊号)、金人《我回到哈尔滨》(1946年9月16日《东北日报》)、方青《翻身中》(1946年10月5日《东北日报》)、沫南《宁安行》(1947年6月15日《东北日报》)等。①

(四)诗歌创作

在解放战争期间,黑龙江地区用白话文创作的大众化新诗成了诗歌创作的主体。这一时期的诗歌创作突出体现了两个风格。

一是工农兵诗歌。1948年春,东北人民解放军学习刘邓大军的经验,掀起"枪杆诗"运动。全连枪炮的特点及其使用方法,在练兵、行军、打仗之前,编成诗贴在枪炮上,受到战士们的热烈欢迎,故被称为"枪杆诗"。"枪杆诗"基本上是五七言短句、快板诗和顺口溜,语言生动,合辙押韵,当时报刊上发表了很多"枪杆诗"。

二是大众化诗歌。在文艺普及与文艺大众化运动中,广大革命文艺工作者写作通俗易懂,便于工农兵群众接受的大众化诗歌。在大众化诗歌中,有一部分是用民间曲调写的歌谣和小曲,如发表于《文学战线》的王庆章、周国君的《句句双》是一首农村四季歌谣,共14节。② 本时期还出现了少数工业题材的诗歌,如孙滨的《为人民的铁路立功呀》是用倒叙的方法抒写鹤立养路段工人为了保障佳木斯至鹤岗的铁路畅通,不辞千辛万苦在汛期到来之前完成防护任务的先进事迹。③ 这时期成就较大的诗歌是1948年哈尔滨东北画报社出版的长篇叙事诗《土地》(没有诗作者姓名),该诗语言通俗,全部口语化,音韵和谐,很适合工农兵大众阅读欣赏,而又具有现实教育意义。

由革命作家写作的大众诗歌,共同的特点是尽量使用口语,通俗易懂,抒写工农兵的生活和斗争。这一时期的诗歌还有:史松北《草原——外一章》(1946年11月16日《东北日报》副刊)、白辛《沃土

---

① 黑龙江省地方志编纂委员会:《黑龙江省志·文学艺术志》,黑龙江人民出版社2003年版,第223—224页。
② 王庆章、周国君:《句句双》,哈尔滨《文学战线》1948年第1卷,第3期。
③ 孙滨:《为人民的铁路立功呀》,哈尔滨《文学战线》1948年第1卷,第3期。

颂》（1947 年 3 月 5 日《东北日报》副刊）、孙英林和李九亭《纺纱小曲》（1947 年 11 月 13 日《东北日报》副刊）、彤剑《三年间》（1948 年 11 月 8 日《东北日报》副刊）、潘青《打铁歌》（1948 年 6 月 19 日《东北日报》副刊）、谢树《人民的老功臣陈绍新》（1949 年 1 月 23 日《东北日报》副刊）等。[①]

（五）美术、摄影创作

1946 年、1947 年《东北日报》《东北画报》先后迁到哈尔滨后。一批老解放区的美术家来到黑龙江，并随报刊先后发表了大量美术作品，为黑龙江地区的美术创作打下了基础，树立了风范，产生了深远的影响。

1946 年，老解放区一批版画家古元、力群、沃渣等随《东北画报》陆续来到黑龙江。不仅在《东北画报》《东北日报》等报刊上发表木刻作品，而且在《东北画报》《合江日报》《松江农民报》等报刊上发表木刻插图和木刻连环画作品。其中如古元为《七斗王把头》画的 10 幅插图，产生了很大影响。东北画报社又在哈尔滨、佳木斯等地办了几次解放区木刻展览，展出了老解放区美术家江丰、胡一川、古元、沃渣、力群等人的作品。东北画报社又出版了《解放区木刻选》《古元木刻》《彦涵木刻》等专辑，更使版画这一艺术样式在黑龙江深深地扎下了根基。

黑龙江地区的连环画作品除发表在《东北日报》《东北画报》《合江日报》的综合副刊和《松江农民报》外，大部分由东北书店出版。解放战争期间出版的连环画作品主要有：《八路军到解放新区》（张望）、《小五的故事》（苏晖）、《抓地主》（安林）、《于廷洲罪恶史》《消灭于廷洲》《改造二混子》（曼硕）、《担架队员老王》（洪藏）、《智勇双全》《无坚不摧》（陈兴华）、《独胆英雄》（古元）等。这些作品为黑龙江连环画创作的发展播下了种子。

1946 年后，东北解放区的美术家华君武、张仃、朱丹等经常在

---

① 黑龙江省地方志编纂委员会：《黑龙江省志·文学艺术志》，第 85—86 页。

第四章 新民主主义新闻事业的胜利

《东北日报》《东北画报》两个刊物上发表漫画作品。《东北日报》仅1947年下半年就发表漫画47幅，多是配合解放战争和土地改革运动的政治讽刺性漫画，其中十分之九是漫画家华君武的作品。华君武在《东北日报》发表了大量揭露美帝国主义支持国民党反动派发动反革命内战的漫画作品，较有代表性的有《运输队》《进攻的脚踏石》《后方空虚，败局已定》《磨好刀再杀》《瓮中捉鳖》等作品。当时华君武的漫画在城乡墙头、火车站、兵营里和机关、团体、连队的壁报上到处可见。华君武的漫画对黑龙江的漫画创作有着深远的影响。

1945年至1949年，黑龙江的摄影事业，不仅是黑龙江地区从未有过的发达时期，在全国摄影史上也占有重要地位。当时主要的摄影期刊《东北画报》先后开辟有"摄影""文学""漫画""连环画""部队中来""战地俱乐部""大庆俱乐部""摄影问答"等栏目，先后编辑出版了《〈东北画报〉增刊》《纪念解放后第二个"九一八"》等专号。革命现实主义的摄影传统得到充分发挥，出现了一大批珍贵的历史文献性摄影作品和其他优秀作品。如纪实摄影《翻身农民斗地主》（1946）、《分地》（1946）、《抢修松花江大桥》（1948）、《装配六〇炮支前》（1947）、《哈尔滨人民欢庆抗战胜利》（1945）、《工人踊跃参军》（1947）、《进山剿匪》（1946）、《毛泽东号机车》（1948）等。

黑龙江地区在解放战争中，无论是文学创作还是艺术创作都取得了巨大成就，在新民主主义文化艺术发展的基础上，为1949年后确立的文化体制奠定了基础。

参考文献

一 报刊

《白话报》，1929年11月10日。
《北光日报》，1946年4月。
《滨江日报》，1937—1943年。
《滨江时报》，1923—1931年，1932—1937年。
《灿星》，第2卷第8号，第11号，第19号。
《东华日报》，1930年7月。
《国际协报》，1918—1931年，1934—1937年。
《哈尔滨日报》，1946年4月。
《哈尔滨新报》，1931年12月。
《满洲红旗》，1932年第1期。
《盛京时报》，1907年，1917年，1919年，1929年。
《泰东日报》，1911年3月。
《西满日报》，1946年11月。
《远东报》，1906—1910年，1916—1921年。
哈尔滨《东北日报》，1946—1948年。
日文《吉林时报》，1930年
上海《东方杂志》，1923年。
上海《申报》，1911年，1931年。
中共中央党刊《向导》，1924年1月、2月。
重庆《中央日报》，1946年1月。

参考文献

二 档案

黑龙江日报社档案：高乃贤（高鸣千）：《关于"灿星"社的材料》，1969年。

黑龙江省档案馆编印：《黑龙江报刊》，哈尔滨市纸制品厂1985年印制。

黑龙江省档案馆藏：1907年《龙江公报创设缘起》。

黑龙江省档案馆藏：1907年提学司为创办公报给黑龙江巡抚程德全的呈文。

黑龙江省档案馆藏：1913年12月11日黑龙江省民政长朱庆澜对周亚伯申请创办通讯社的批示。

黑龙江省档案馆藏：1913年何如宾东亚通讯社驻齐支社社长韩鑫楼、编辑岳慕先申请立案呈文。

黑龙江省档案馆藏：1925年4月28日东省特警处查封《特利布那报》等。

黑龙江省档案馆藏：1929年11月30日省政府秘书处转请各机关订阅《东华日报》的函。

黑龙江省档案馆藏：《边声报》简章。

黑龙江省档案馆藏：《程中丞奏稿》。

黑龙江省档案馆藏：《东方晓报社开办总纲》。

黑龙江省档案馆藏：《黑龙江公报》第1期。

黑龙江省档案馆藏：《黑龙江公报章程》。

黑龙江省档案馆藏：《黑龙江官报局简章》。

黑龙江省档案馆藏：《黑龙江时报》总经理玉润给省民政司的呈文。

黑龙江省档案馆藏：程德全1907年10月委派《黑龙江公报》编译、编辑、校对各员的札。

黑龙江省档案馆藏：光绪三十二年十月十五日程德全奏留张国淦获朱批照准给提学的札。

黑龙江省档案馆藏：光绪三十四年三月十九日程德全为赵秉璋恳辞编辑

给提学司专饬的札。

黑龙江省档案馆藏：光绪三十四年三月十九日程德全为准常荫廷开区编辑公报差使的札。

黑龙江省档案馆藏：光绪三十四年正月十八日黑龙江省提学司转发程德全批示的札。

黑龙江省档案馆藏：黑龙江巡抚程德全1907年8月3日《关于派销东方晓报的札》。

黑龙江省档案馆藏：黑龙江省教育厅1929年1月19日为《黑龙江民报》创刊发行给第一中学的训令。

黑龙江省档案馆藏：奚廷黻1908年及1909年为办报困难请求津贴致黑龙江巡抚的禀文。

黑龙江省档案馆藏：宣统三年十月十二日，黑龙江巡抚周树模为参酌吉林官报条例改良江省官报的札。

黑龙江省档案馆藏：宣统元年十二月十二日，黑龙江巡抚周树模为委派张仁静任官报局。

黑龙江省档案馆藏：清驻俄大使1908年给黑龙江省署的复函。

吉林省档案馆藏：滨江警察厅高齐栋1928年12月19日给吉林警务处的呈文。

吉林省档案馆藏：滨江同知章绍洙1910年转详滨江日报社情拨款接济事。

吉林省档案馆藏：郭宗熙与陈昭常电报原件。

吉林省档案馆藏：民国元年八月初九，王德滋为创办《新东陲报》的申请立案书及该报试办章程。

满铁档案，甲种。昭和二年、三年。总体，史书，超峨他会社，第1特册、第2册。

南满洲铁道株式会社总务部调查课：《满洲言论机关的现势》，南满洲铁道总务部调查科1926年11月出版。

齐齐哈尔市档案馆藏：1913年11月24日周亚伯为创办通讯社给省民政长的申请书。

参考文献

齐齐哈尔市档案馆藏：民国元年八月初一，黑龙江都督宋小濂准予《龙江时报》继续招股的咨文。

齐齐哈尔市档案馆藏：宋小濂 1912 年 6 月 19 日给龙江府的咨文。

伪国务院弘报处：《弘宣》，国家图书馆藏第 59 号、60 号、61 号、62 号。

谢学诗：《满铁档案资料汇编》第十三卷，社会科学文献出版社 2011 年 11 月版。

中央档案馆、辽宁档案馆、吉林省档案馆、黑龙江省档案馆编：《东北地区革命历史文件汇集》（1923 年至 1928 年 3 月）（1929 年 5 月至 1936 年 11 月），辽宁美术印刷厂 1988 年 1 月印制。

总理兼编辑长及抄发《黑龙江官报》简章的札。

三 文史资料

蔡鸿源编：《民国法规集成（74）伪满洲国政府法规》，黄山书社 1999 年版。

大连百科全书编纂委员会：《大连百科全书》，中国大百科全书出版社 1999 年版。

大连日报社编：《大连报史资料》，大连日报社编印 1989 年版。

大连市地方志编纂委员会办：《大连市志·广播电视志》，大连出版社 1996 年版。

尔泰、丛林：《哈尔滨电台史话》，哈尔滨市人民政府地方志编纂办公室 1986 年 1 月版。

高丕琨：《伪满人物——长春市志资料选编第三辑》，《长春史志》编辑部 1988 年编辑出版。

哈尔滨市地方志编纂委员会编：《哈尔滨市志·报业·广播电视》，黑龙江人民出版社 1994 年版。

黑龙江省地方志编纂委员会：《黑龙江省志·文学艺术志》，黑龙江人民出版社 2003 年 6 月版。

黑龙江省地方志编纂委员会编：《黑龙江省志·报业志》，黑龙江人民出版社 1993 年版。

黑龙江省地方志编纂委员会编：《黑龙江省志·出版志》，黑龙江人民出版社 1996 年版。

黑龙江省地方志编纂委员会编：《黑龙江省志·广播电视志》，黑龙江人民出版社 1996 年版。

黑龙江省人民政府参事室、黑龙江省文史研究馆编：《龙江文史》（第四辑），黑龙江新华印刷厂 1996 年印刷。

吉林省新闻（报业）志编撰办公室：《吉林报业史料》，1990 年 11 月版。

李新、孙思白主编：《民国人物志》（第二卷），中华书局 1980 年版。

鲁迅研究资料编辑部：《鲁迅研究资料》第 2 辑，文物出版社 1976 年版。

宓汝成编：《近代中国铁路史资料》（上册），《近代中国史料期刊续篇第四十辑》。

齐齐哈尔市志总编室：《齐齐哈尔市志稿·新闻出版志》，1995 年版。

石丽珍主编：《伪满洲国史料》，全国图书馆文献缩微复制中心 2002 年。

孙邦等编：《伪满文化》，吉林人民出版社 1993 年版。

中共黑龙江省委党史工作委员会编：《黑龙江党史资料》第 4 辑、第 5 辑、第 16 辑，黑龙江省统计局统计印刷厂 1985 年版、1986 年版、1990 年版。

中国社会科学院新闻研究所编印：《新闻学研究资料》第 4 辑，新华出版社 1981 年版。

四 著作

刘静严：《滨江尘嚣录》，哈尔滨新华印书馆 1929 年版。

魏毓兰：《龙城旧闻》，黑龙江人民出版社 1986 年版。

吉林省公安厅公安史研究室、东北沦陷十四年史吉林编写组编译：《满洲国警察史》，长春人民印刷厂 1990 年版。

参考文献

方汉奇主编:《中国新闻事业通史》(第一卷),中国人民大学出版社1992年版。

方汉奇主编:《中国新闻事业通史》(第二卷),中国人民大学出版社2000年版。

方汉奇:《中国新闻传播史》,中国人民大学出版社2014年版。

方汉奇:《中国近代报刊史》(上),山西人民出版社1981年版。

黑龙江日报社新闻志编辑室:《东北新闻史》,黑龙江人民出版社2001年12月版。

北京大学历史系编:《沙皇俄国侵略扩张史》(下),人民出版社1980年版。

佟冬编:《沙俄与东北》,吉林文史出版社1985年版。

北京大学历史系编:《沙皇俄国侵略扩张史》(下),人民出版社1980年版。

王绳祖:《国际关系史》(五—八卷),世界知识出版社1995年版。

方连庆:《现代国际关系史》(1917—1945),北京大学出版社1990年版。

步平等:《东北国际约章汇释》(1689—1919),黑龙江人民出版社1987年版。

解学诗:《伪满洲国史新编》,吉林人民出版社1995年版。

[日]满洲国史编纂刊行会编:《满洲国史》,黑龙江省社会科学院历史研究所译,黑龙江省社会科学院1990年版。

陈本善主编:《日本侵略中国东北史》,吉林大学出版社1989年版。

张昆:《中外新闻传播思想史导论》,复旦大学出版社2006年版。

吴廷俊:《中国新闻史新修》,复旦大学出版社2008年版。

卓南生:《日本的亚洲报道与亚洲外交》,世界知识出版社2008年版。

赵新言:《倭寇对东北的新闻侵略》,东北问题研究社编印1940年版。

任白涛:《日本对华的宣传政策》,商务印书馆1940年版。

王翠荣:《国际协报与20世纪二三十年代的哈尔滨》,中国商务出版社2010年7月版。

赵永华:《在华俄文新闻传播活动史(1898—1956)》,中国人民大学出版社 2013 年版。

许金生:《近代日本对华军事谍报体系研究(1868—1937)》,复旦大学出版社 2015 年版。

石方等:《哈尔滨俄侨史》,黑龙江人民出版社 2003 年版。

石方:《黑龙江区域文明转型研究》,黑龙江人民出版社 2006 年版。

列宁:《列宁选集》(第 1 卷),人民出版社 1972 年版。

陈旭麓:《近代中国社会的新陈代谢》,上海人民出版社 1992 年版。

苏全有、陈建国主编:《中国社会史专题研究》,内蒙古人民出版社 2006 年版。

何西亚编:《盗匪问题之研究》,上海泰东图书局 1925 年版。

杨天石、王学庄编:《拒俄运动》,中国社会科学出版社 1979 年版。

李德滨、石方:《黑龙江省移民概要》,黑龙江人民出版社 1987 年版。

瞿秋白:《瞿秋白文集》(第一卷),人民文学出版社 1954 年版。

潘光:《犹太人在亚洲:比较研究》,上海三联书店 2007 年版。

特迪·考夫曼:《我心中的哈尔滨犹太人》,刘全顺译,黑龙江人民出版社 2007 年版。

张铁江:《揭开哈尔滨犹太人历史之谜 哈尔滨犹太人社区考察研究》,黑龙江人民出版社 2005 年版。

曲伟、李述笑:《哈尔滨犹太简明辞书》,社会科学文献出版社 2013 年版。

戈公振:《中国报学史》,上海:商务印书馆 1927 年版。

石方:《20 世纪一二十年代哈尔滨多元文化研究》,黑龙江人民出版社 2012 年版。

曲伟等:《东方诺亚方舟——犹太人在中国哈尔滨历史文化研究》(上),黑龙江人民出版社 2014 年版。

傅明静:《哈尔滨与世界犹太人》,黑龙江人民出版社 2007 年版。

潘光、王健:《犹太人与中国》,时事出版社 2010 年版。

曲伟、特迪·考夫曼:《哈尔滨犹太人的故乡情》,黑龙江人民出版社

2005 年版。

东北地区中日关系史研究会：《中日关系史论集》，齐齐哈尔师范学院编辑部编印，1984 年版。

天津编译中心编：《日本军国主义侵华人物》，中国文史出版社 1994 年 11 月版。

刘寿林主编：《民国职官年表》，中华书局 1995 年版。

李凡：《日苏关系史》，人民出版社 2005 年版。

彭放、铁锋：《黑龙江文学通史》（第二卷），北方文艺出版社 2002 年版。

张梅、李述笑：《哈尔滨文史资料——纪念哈尔滨解放四十周年专辑》，黑龙江省出版局 1986 年版。

刘统：《决战东北》，河北人民出版社 2012 年版。

五 论文

《日人文化侵略下之东北新闻事业——王中致四川报业函》，《记者周报》1931 年第 1 期。

单永新、郭雨佳：《解放战争时期中国共产党在东北地区率先胜利的战略策略因素探析》，《东北师大学报》2015 年第 2 期。

关砚秋、李秀兰：《哈尔滨早期珍贵的史志资料——官办俄文〈哈尔滨日报〉简介》，《黑龙江史志》2000 年第 4 期。

林怡：《黑龙江的近代新闻事业》，《新闻大学》1994 年第 2 期。

刘金福：《〈远东报〉研究》，博士学位论文，吉林大学，2014 年。

罗文斯基：《哈尔滨的社会革命党团体》，《哈尔滨史志》1984 年第 2 辑。

梅娘：《满洲映画的王则》，《新文学史料》，人民文学出版社 2007 年 2 月。

穆青：《访问周保中将军》，《中国记者》2001 年第 8 期。

齐辉：《"九一八"事变前日本在中国东北的新闻扩张》，《现代传播》2015 年第 11 期。

石方：《哈尔滨——北满经济重心及国际都市成因探讨》，《学习与探索》1994年第6期。

石方：《中东铁路的修筑对哈尔滨经济社会发展的作用和影响》，《学习与探索》1995年第4期。

田雷：《黑龙江地区抗联报刊研究》，《新闻大学》2012年第4期。

田雷等：《论哈尔滨近代化外报格局的形成和影响》，《哈尔滨学院学报》2010年7月。

王翠荣、吴廷俊：《伪"满洲国"中国人报纸的命运》，《国际新闻界》2009年第12期。

徐宁：《解放战争中舆论战的巧妙运用——以平津战役为例》，《中国纪念馆研究》2015年第1期。

叶彤、王凯山：《近代东北地区俄日中文报业活动评述》，《新闻界》2013年第13期。

赵永华：《在华俄侨报人连比奇的新闻活动和办报主张》，《俄罗斯学刊》2011年第5期。

六 外文资料

［俄］东省文物研究会编撰：《东省出版物源流考》，1927年俄文版。

［日］北辰社编撰：《哈尔滨遍览》，1910年在大连出版。

［日］军司义南《哈尔滨日本人发展史》一文，原文载昭和十四年日文《北窗》一卷一号。

［日］满铁：《满铁新闻机关的现势》，1926年。

［日］森田久：《满铁新闻是如何统制的》，1940年8月。

Walter Lippman, *Propaganda Technique in World WAR* I, The MIT Press, 1971.

Walter Lippman, *Public Opinion*, Free Press, 1997.

Zechariah Chafee, *Freedom of Speech in War Times*, Nabu Press, 2011.

后　　记

　　东北地区在历史上新闻事业和当地的经济社会发展一样，滞后于关内地区。在地方新闻史研究方面，虽然《东北新闻史》是较早完成的比较全面的地方新闻史著作，但是，从其以后多年来，东北地方新闻史研究少有比较全面系统的梳理，也没有以中国新闻事业史的全局视野提炼出较有特色的研究主题。黑龙江地区更是如此。如同地缘关系一样，黑龙江是祖国边陲，国家文化传播的末梢，一直落后于关内发达地区。但是它又有着重要的战略地位和独特的重要性。

　　今天中国在东北地区构建陆海丝绸之路经济带，开拓中蒙俄经济走廊的大战略下，文化走出去请进来，拓展更加广泛的文化交流势在必行。本土化经营，既包括内容本土化又包括人员本土化，这些都是当年日俄对华传播的基本模式，今天在"一带一路"倡议下，进行本土化的对外传播势在必行。今天的东北亚，侵略与争夺虽然不是国际关系的主题，但战争的危险依然存在，紧张的国际关系无疑是经济发展、和平稳定的最大障碍。中国倡导构建人类命运共同体，对于东北亚地区具有重大意义。今天的中国作为世界维护和平与促进发展的重要力量，掌握新闻传播的话语权，对于促进东北亚地区在"一带一路"框架下共同繁荣和进步具有至关重要的意义。当下要争夺的话语权不是过去的究竟谁应该是这一地区的开发建设者和主宰者，而应该倡导构建人类命运共同体，共同发展进步。主题有变，但是国际传播话语权的作用、影响力没有变。深入研究近代在东北亚国际关系格局下的北满新闻传播业，对于今天推进对包括俄罗斯、日本、朝鲜半岛等国家和地区在内的国际新闻传播具有重要的现实借鉴意义。